"十二五"普通高等教育本科国家级规划教材

面向 21 世纪课程教材

信息管理与信息系统专业教材系列

管理信息系统
Management Information Systems

第 7 版 （简明版）

薛华成 ◎ 主编

张成洪　魏忠　胥正川 ◎ 参编

清华大学出版社

北京

内 容 简 介

本书是一部全面介绍管理信息系统概念、结构、技术、应用及其对组织和社会影响的教科书。本书分为五篇：第1篇介绍管理信息系统的定义、概念、结构和管理、信息、系统的基本知识；第2篇介绍信息技术基础，包括计算机硬件、软件、网络、数据库和人工智能的原理、概念和应用；第3篇介绍应用系统，包括职能、层次、流程、行业信息系统；第4篇介绍信息系统的建设和管理，包括信息系统的规划、开发管理，系统分析、设计和交付；第5篇介绍企业信息管理、知识管理和信息系统分析员的修养等。

本书既注重学习技术、提高能力，又注重学生世界观、人生观、价值观的培养，将课程思政有机融入教学。新版更新了部分内容，增加了拓展案例、即练即测等辅助资源。本书可作为信息管理与信息系统、管理科学与工程、工商管理等专业本科生教材，也可作为MBA、相关专业硕士研究生、管理干部培训班的教材，以及各类技术人员、管理干部的参考资料。

本书封面贴有清华大学出版社防伪标签，无标签者不得销售。
版权所有，侵权必究。举报：010-62782989，beiqinquan@tup.tsinghua.edu.cn。

图书在版编目(CIP)数据

管理信息系统：简明版/薛华成主编．—7版．—北京：清华大学出版社，2024.1
面向21世纪课程教材．信息管理与信息系统专业教材系列
ISBN 978-7-302-55115-7

Ⅰ.①管⋯ Ⅱ.①薛⋯ Ⅲ.①管理信息系统－高等学校－教材 Ⅳ.①C931.6

中国版本图书馆CIP数据核字(2020)第049574号

责任编辑：高晓蔚
封面设计：常雪影
责任校对：宋玉莲
责任印制：刘海龙

出版发行：	清华大学出版社
网　　址：	https://www.tup.com.cn, https://www.wqxuetang.com
地　　址：	北京清华大学学研大厦A座　　邮　编：100084
社 总 机：	010-83470000　　邮　购：010-62786544
投稿与读者服务：	010-62776969, c-service@tup.tsinghua.edu.cn
质量反馈：	010-62772015, zhiliang@tup.tsinghua.edu.cn
印 装 者：	小森印刷霸州有限公司
经　　销：	全国新华书店
开　　本：	185mm×260mm　　印　张：25　　字　数：579千字
版　　次：	1988年5月第1版　2024年1月第7版　　印　次：2024年1月第1次印刷
定　　价：	65.00元

产品编号：079671-01

前言 PREFACE

历经30余年,本书发行了6版,畅销不衰。毕业十几年、在职场上颇有成就的学生反映,越久越感到本书没有过时,一些思想堪称专业经典,十分有用。为此,追述一下历史。

1984年本人在清华大学领导创建管理信息系统专业,担任专业教研室主任时,与汪授泓老师合编了管理信息系统讲义,各部委和大专院校纷纷采用,印数达8000多册。

在清华大学出版社的支持下,由本人和汪授泓老师联合编著了初版的《管理信息系统》,于1988年5月发行,经过多次印刷,印数近5万册。该书版权还被台湾儒林出版社购买,在台湾地区翻印、发行,取名《管理资讯系统》,1992年11月出版。

1989年本人在复旦大学作为系主任,领导复旦初建管理信息系统专业时,担任了国家教委管理工程类教学指导委员会委员,在该委员会支持下,《管理信息系统》(第2版)被列入"八五"教材规划,由本人担任主编进行改写,清华大学姜旭平教授、中国纺织大学(现东华大学)归瑶琼教授参编,并列为"高等学校试用教材"。第2版于1993年6月问世,印数超过20万册,1995年12月获第三届普通高校优秀教材二等奖。

1999年国家教委组织编写"面向21世纪课程教材"时,本书被选入其中,作为信息管理与信息系统专业本科教材。经修改,《管理信息系统》(第3版)面世,并获2000年全国畅销书奖。

进入21世纪以后,本人在澳门科技大学担任行政与管理学院院长,致力于第三次领导创建管理信息系统专业。《管理信息系统》(第4版)于2003年12月出版;之后《管理信息系统》(第5版)作为"十一五"普通高等教育本科国家级规划教材于2007年8月出版;《管理信息系统》(第6版)作为"十二五"普通高等教育本科国家级规划教材于2012年出版,后又被评为上海市优秀教材。各版总印数达140多万册。

党的二十大的召开,开启了我国全面建设社会主义现代化国家的新征程,开辟了马克思主义中国化的新境界,以中国式现代化全面推进中华民族伟大复兴。国内外形势发生了翻天覆地的变化,管理信息系统的PEST(政治、经济、社会、技术)大环境也非同以往。技术上,互联网、大数据、物联网、人工智能、人脑科学均在飞速发展,而且突破了一些关键技术,使过去不能做到的事做到了。社会上,应用大数据大大提高了社会的治理水平,一网通办、一网统管,便民利民,受到人民的称赞。经济上,利用信息促进经济的发展已得到广泛认可,企业均在推行数字化转型,无人工厂已现端倪。国家大力发展数字经济,信息技术经济、信息内容经济、大信息经济均已粉墨登场。政治上,舆情控制、数字传媒遍及,尤其在军事上大大加强了信息战、情报战的创新。这些都对管理信息系统提出了更高的需求,也促使我们编写《管理信息系统》(第7版)。

第7版仍保留原书的特色和风格,吸收了近年来海内外管理和信息技术上的新知识,增加了新内容,包括对管理信息系统的重要性和概念的新理解,数据仓库、网络和云的新知识,增加了新的应用基础,加强了信息系统规划的阐述,加强了系统开发与建设的方法,增加了案例,加强了信息内容管理以及系统分析员修养的论述,在专业课教学中融入了思政教育，强调了育人铸魂的理念，创新了教学育人的形式等。

本书的特点在于从管理出发，强调管理信息系统是个社会-技术系统。本书把管理和技术相结合，科学和艺术相结合，深刻阐述管理信息系统的本质、性质和内容。既重视学生的知识和智商的培养，也重视学生的能力和情商的培养。本书主张，管理信息系统专业是革命型、未来型、系统型的专业，培养的目标是系统分析员和 CIO（企业信息主管）。让他们有宽广的视野和愿景勾画能力，有愿景到战略的规划能力，有由战略到计划的筹划本领，能够组织、领导项目的实施、交付和管理；更让他们有端正的"三观"（世界观、人生观、价值观），有"四个意识""四个自信"和高阶的思维智慧，有潜力发展为各行各业的领军人才。本书定义严格，逻辑清晰，讲述通俗易懂，易教易学，可供有关专业大学生、MBA 学生、教师、经理和干部学习参考。

本书的第 1 篇主要介绍管理信息系统（MIS）的定义、概念、架构，以及相关基础学科的发展，让学生树立正确的世界观，相信人类最后必然走向共产主义，而 MIS 是推进共产主义的重要工具。本篇阐述，MIS 专业是革命型、未来型和系统型的管理专业，这是学习本书要牢记的第一观点，对学生一生有用。本专业的学生进入社会、进入职场，就要以革命者的姿态推进中国特色社会主义事业的发展。

第 2 篇介绍信息技术的概念、原理，由复旦大学管理学院的张成洪教授执笔，他曾是计算机专业的博士，转入管理学院任教，做过信息管理与信息系统系副系主任，也做过复旦大学信息中心主任。学习本篇是让学生掌握 IT 技术的基本原理及其发展趋势，也让一些学生不宜做管理时，有专攻 IT 的潜力，也可有一技之长。

第 3 篇介绍企业应用的流程基础，即应用系统，介绍基本元素的底层逻辑，再大的企业 IT 系统，也是由这些基本管理元素组成。本篇同时讨论了应用系统分类的原则，端正学生分类的模糊概念，减少现代复杂系统中分类混乱带来的困惑。

第 4 篇介绍企业信息系统的开发建设方法，由上海海事大学魏忠副教授主笔。他不仅是上海财经大学的博士和博士后，有扎实和深厚的理论基础，而且多次荣获上海海事大学的教学先进奖，更可贵的是他领导创业，创办了高科技公司——庚商公司，从事 MIS 的开发，有丰富的实践经验和许多创新的亮点。

第 5 篇是信息管理与修养篇。职场上的成功者 80% 靠的是情商，而不是智商。社会有一种流行的晋升规律是，底层靠的是勤劳，中层靠的是智力，高层靠的是智慧，领军人才靠的是品德。本书在技术、管理的课程中融入德育和修养的学习。本书的辅材《一路走来——从无名灾童到信息先锋》就是希望给出一个案例，看主人公经历了多少坎坷，今天总结，有哪些坎坷可以绕过、哪些可以预防。启示教师和学生一起，克服艰难，轻松快乐地走向未来。在科学课程中融入德育和人生观教育正是党中央提倡教学改革的方向。

本书由薛华成主编，张成洪、魏忠、胥正川参编。其中，薛华成撰写第 1、2、3、9、10、11、12、13、18 章，张成洪撰写第 4、5、6、7 章，魏忠撰写第 14、15、16、17 章，胥正川撰写第 8 章。

由于我们水平有限，加之时间紧迫，新的内容实在太多，难以概括，错误之处在所难免，敬请读者批评指正。

薛华成
于复旦大学
2023 年 4 月

目 录 CONTENTS

第1篇　基本概念篇

第1章　绪论 ·· 5
1.1　什么是管理信息系统 ·· 5
　　1.2　当代经济和社会发展趋势 ·· 6
　　1.3　管理信息系统的重要性及其对企业管理的影响 ················ 9
　　1.4　如何学习管理信息系统 ·· 19

第2章　管理信息系统的定义和概念 ····································· 24
2.1　管理信息系统的定义 ··· 24
2.2　管理信息系统的性质 ··· 26
2.3　管理信息系统的概念 ··· 27
2.4　管理信息系统的开发 ··· 34
2.5　管理信息系统的学科内容及与其他学科的关系 ················· 37

第3章　管理信息系统的三个理论来源 ·································· 42
3.1　管理理论的回顾 ··· 42
3.2　信息理论的回顾 ··· 47
3.3　系统理论的回顾 ··· 67

第2篇　技术基础篇

第4章　计算机硬件与软件 ·· 83
4.1　计算机的发展 ·· 83
4.2　计算机的运算基础与计算模式 ····································· 85
4.3　计算机硬件 ·· 91
4.4　计算机软件 ·· 99
4.5　软件开发方法和工具 ··· 107

第5章　数据资源管理技术 ··· 115
5.1　企业数据处理方式 ·· 115
5.2　数据库系统 ·· 117

5.3 数据仓库和商业智能 127

第 6 章 通信与网络 133

6.1 计算机通信网络系统的概念 133
6.2 计算机通信网络的实现技术 133
6.3 计算机通信网络的安全 147
6.4 通信网络在管理中的应用 150

第 7 章 人工智能 154

7.1 人工智能概述 154
7.2 人工智能技术 157
7.3 人工智能应用 165

第 3 篇 应用系统篇

第 8 章 应用系统概论 169

8.1 应用系统的概念 169
8.2 近代应用系统架构的演变 171
8.3 企业平台系统案例 173

第 9 章 职能模块 176

9.1 市场信息系统 176
9.2 财会信息系统 184
9.3 生产信息系统 189
9.4 人力资源信息系统 201

第 10 章 层次和智能管理模块 203

10.1 层次信息系统 203
10.2 决策和智能支持系统 212

第 11 章 流程管理模块 236

11.1 上游供应链系统 237
11.2 中游企业管理系统 240
11.3 下游顾客关系管理系统 241
11.4 流程系统的发展趋势 243

第 12 章 行业信息系统 247

12.1 制造业企业信息系统 247

12.2	零售行业信息系统	248
12.3	交通运输行业信息系统	250
12.4	金融行业信息系统	253
12.5	政府部门信息系统	255

第4篇 开发建设篇

第13章 信息系统规划 **259**
13.1	什么是战略规划	259
13.2	什么是管理信息系统的战略规划	266
13.3	早期管理信息系统规划的主要方法	268
13.4	信息系统规划方法的演进	276
13.5	基于 BPR 的信息系统规划	277
13.6	信息系统规划和企业形象系统	280
13.7	战略规划的几个关键问题的讨论	280

第14章 信息系统开发管理 **284**
14.1	系统开发过程中的认知方法	284
14.2	系统开发发展趋势	291
14.3	开发绩效与规范性管理	295
案例：高校实验教学管理系统开发管理		299

第15章 系统分析 **301**
15.1	系统分析范式	301
15.2	系统调查分析	302
15.3	业务功能分析	308
15.4	数据流程分析	312
15.5	系统模型建立	316
案例：高校实验教学管理系统分析		319

第16章 系统设计 **321**
16.1	系统总体结构设计	321
16.2	代码设计	325
16.3	数据设计	327
16.4	用户界面设计	329
16.5	模块功能与处理过程设计	333
案例：高校实验教学管理系统设计		338

第 17 章 系统持续交付 ·· 341

17.1 系统实施 ·· 341
17.2 产品化导入与开发 ·· 348
17.3 系统交付 ·· 352
17.4 系统运行与维护 ·· 356
17.5 BPR 与持续交付 ·· 358
案例：高校实验教学管理系统交付 ·· 359

第 5 篇　信息管理与修养篇

第 18 章 企业信息管理与信息系统分析员修养 ······························ 363

18.1 企业信息管理的内涵 ··· 363
18.2 企业知识管理 ·· 365
18.3 企业信息策略管理 ··· 371
18.4 企业信息部门的组织 ·· 372
18.5 信息系统分析员的技能 ·· 373
18.6 信息系统分析员的修养 ·· 378
18.7 高阶思维和高层修养 ·· 383
18.8 MIS 铸魂 ·· 385

参考文献 ·· 389

Part 1 第1篇

基本概念篇

第1章 绪论
第2章 管理信息系统的定义和概念
第3章 管理信息系统的三个理论来源

当代中国已成为世界第二大经济体,中国的工业产品已经跨过了廉价的台阶,品质优良,享誉世界,Made in China 已成为可靠品质的标记。中国在量子通信、高铁交通、电能产输、航空航天等领域已走在世界的前列。2020 年全面建成小康社会,2035 年基本实现社会主义现代化,2050 年将建成社会主义强国,实现中华民族的伟大复兴。现阶段中国实际上已实现了工业化,只不过还有些地方发展不充分、不平衡。

世界经济将由农业经济、工业经济、信息经济,向知识经济、智慧经济、康乐经济,最后向艺术经济转变和发展。"大道之行,天下为公",世界总的趋势是朝公、朝共,从来没有变过,尽管中间有些曲折。"共产主义是社会发展的终极目标"的认定,只会越来越坚定。

在共产主义社会,劳动生产率极大提高,物质极大丰富,所有的笨重的体力劳动均将被机器人代替,人们无须为养活自己而劳动,而是做自己想做的工作。工作就是创意,工作就是兴趣,劳动就是人生的第一需要。那时社会的三大差别,即贫富差别、脑体差别和城乡差别均已消失。人们更加平等、自由,社会自觉地实现公平。

这个人类美好的目标距现在还有一段距离,不是马上得以实现,也许需要几百年,甚至上千年,但它是我们共产党人的初心,是所有唱着"我们是共产主义接班人"的后继者的初心,是我们相信一定能实现的愿景。社会主义社会是共产主义社会的低级阶段。坚持正确方向,掌握政策适度,是社会主义不断完善、发展,走向共产主义的必由之路。

生产力是推动社会发展的唯一动力,科学技术是第一生产力,而信息技术(information technology,IT)是第一技术。现代的互联网、大数据、云计算、人工智能等技术推动着我国经济和社会的飞速发展,无一不是信息技术起着关键的作用。管理信息系统(management information systems,MIS)则是管理信息的系统,或是用信息管理经济、社会、企业等的系统。因而,它也是生产力,是掌控第一生产力和第一技术的抓手,也是推动社会发展、实现共产主义的动力。

管理信息系统是先进生产力,是科学发展观,是新时代中国特色社会主义的"四梁八柱"之一。例如,我国的医疗卫生体制改革就把信息系统作为"八柱"之一,见图 0-1。

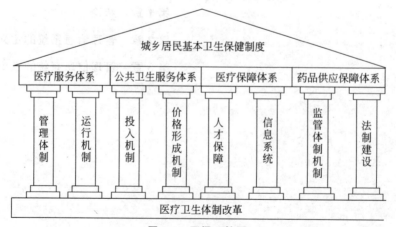

图 0-1 四梁八柱图

管理信息系统是我国当代先进分子正知、正念、正能的领军人才必备的知识、修养、能力之一，也是带领我国社会主义经济发展的政府人员、国企领导人、民营企业家、各种技术项目负责人必备的技能之一。这类先进集体中每一员必须具有信息意识、信息觉悟、信息知识、信息能力，能用信息控制实体运作，会以虚领实、以虚控实、以虚代实，在虚拟空间中，引领实体世界的跨越发展。

管理信息系统是个社会-技术系统，实现管理信息的过程犹如一场革命运动，要有革命的愿景、革命的战略和目标。从业者要有为人民服务的精神，还要有领导群众、组织群众的能力和灵活机动的战略战术。领导信息系统的建设除了需要一批有革命思想和能力的领导干部外，还需要一批专业人才，这就是管理信息系统专业，或信息管理与信息系统专业的培养目标。

信息管理与信息系统专业是个未来型、革命性、系统型的专业，它的培养目标是信息系统分析员。信息系统分析员是技术和管理之间的桥梁，是领导和员工之间的沟通渠道。他又是先进技术和先进管理模式的代表者，应不断地掌握管理和技术的发展趋势。他又是现实的革新者，应能提出变革现实的方案，而且要善于处理矛盾，因势利导，组织实施，具有很强的执行力。他不仅要懂管理，而且要懂技术；不仅要善于说服领导、争取领导，而且要善于动员群众和组织群众。通过他们把技术与管理、领导与群众结合起来，完成企业的管理变革和信息系统的应用。信息管理与信息系统专业的人才，既要有很高的道德觉悟，又要有精深的科学知识，还要有丰富的社会经验和领导能力。他们既要懂IT技术的细节，又要对各种管理职能，如会计、市场、生产管理的逻辑了解得很透彻。这的确对年轻人是很大的挑战，但上进的年轻人是很愿意接受挑战的，年轻人学习的潜力是无限的。

信息管理与信息系统专业培养的人才，既可以从事技术工作，成为IT技术人员或者技术研究人员，又可以从事管理工作，也很容易转向其他专业。很多信息管理与信息系统专业的本科生，深受国内外名校商学院其他专业教授的青睐，因为他们思路清晰，动手能力强。很多金融经济学家、工程院士、管理院士也是出自信息管理与信息系统专业。

21世纪以来，世界科技进步，产品不断更新；交通便捷，地理位置已不成障碍；企业跨国，商业的国界已经消失；市场全球化，竞争激烈化，企业国际化，经济信息化；运营虚拟化，战略短期化，管理过程化，组织扁平化，职能综合化。今天，资本主义的一些痼疾暴露得越来越明显，资本主义政治已无力解决，而泛起了逆全球化的民粹趋势。但是它左右不了全球大的趋势，中国的"命运共同体"主张，深得世界各国赞同，中国将成为全球化的中坚力量，引领世界前进。

在信息与知识世纪的今天，经济信息化、市场全球化，管理越来越复杂，管理的业务已非手工系统所能应付，因此，解决这些问题几乎毫无疑问地要应用信息系统。各企业、组织的领导和经理们无不强调信息系统的重要性。每年数以千亿计的资金投入全世界各企业、组织的信息系统建设中，而效果却没那么理想，50%的系统失败了，80%的系统未达到期望的要求。投资到信息系统建设的资金，有的连个回响也没有，这种现象被许多人称为"IT投资的黑洞"。这究竟是为什么呢？其关键在于没有确切了解管理信息系统的概念。因此，我们把管理信息系统的定义和概念放在本书的最前面。

CHAPTER 1 第1章

绪 论

本章介绍什么是管理信息系统。从当代经济发展趋势分析,讲述管理信息系统的重要性,介绍其对企业管理的影响。因为企业是当今经济的独立的单位,是经济社会的细胞,它最具复杂性,所以本书常以企业作为管理的对象举例,其他的,如政府和教育部门,均可以此为基础举一反三。本章最后介绍对管理信息系统人才的要求及其培养。

1.1 什么是管理信息系统

管理信息系统,从字面上理解就是用于管理的处理信息的系统,或者说用系统的方式通过信息媒介控制,达到管理目的的系统。它由三个概念元素组成,即管理、信息和系统。

"管理"一词在中国字中有深刻的意义。"管",指的是中空之物。中间是空的,一些物质就可以从中通过,例如可以通水、通气。所以"管"就是沟通的意思。"理",指的是纹理,是理顺、分析的意思,就是经过分析后得到有条有理的结果。"管"和"理"放在一起,就是沟通和分析之意。按这个说法,管理就是收集信息、分析事物。这样一来,管理就不能成为目的了,因为把沟通和分析作为目的显然是太一般化了。所以在用管理一词时,必须和它的接受物联系起来。例如,企业的财务管理、市场管理、生产管理、人力资源管理等。在西方的管理理论中有另一种描述,把管理说成"通过他人完成工作"(getting things done through other people)。这从另一个角度说明了管理的特质,管理是管人的,不是自己直接去完成某项工作。通过管人去完成某件事情,多数情况比自己完成还难,但它放大了完成的事情的效果,所以我们要提高管人的能力。

信息是经过加工后,能够对决策者的行为产生影响的数据。例如,行驶中的汽车的仪表盘数据不是信息,只有司机看到并据此做出加速或减速的行为,这时仪表盘数据才是信息。只有人们得到了信息,才可能产生行动。信息好像是处于想法和行动之间的媒介。当代的管理越来越依靠信息。因而,通过信息进行控制的程度表示了管理的现代化水平的高低。人类的早期,所有决策均为经验决策。人们根据自身对环境的观察,在自己的记忆中搜索过去的经验,加以判断,随即作出决策。几乎没有一个搜集信息的阶段。随着事物的复杂化,这种小作坊式的决策已不能适应需要,人们开始了手工收集信息的阶段。在军队里设置了参谋部,在进行决策前由参谋人员将相关信息提交给决策者,再加上决策者的经验,然后作出决策。这时实际上收集信息已由决策过程中分离出来,成为一个独立的阶段。随着IT应用于信息的收集,大量的历史和环境的信息可以保存在数据库中。计算机还有着强大的搜索、比较、综合、分析的能力,信息分析能力得到了大大的加强,甚至可以模拟输出的结果。IT用于信息的收集,提升了信息收集阶段的重要性和水平,它已经向决策阶段延伸,能实现辅助决策的功能。信息收集阶段变成了信息收集与分析阶段,或者叫作信息支持阶段。当代的决策几乎都有很长很大的信息准备阶段,它已由个人经验信息阶段,经过独立的信息收集阶段,发展到信息收集和分析阶段,或信息支持阶段。决策的执行也大量地依靠信息来完成。

系统是为了某种目的而相互联系的部件的总体。系统必须要有部件,部件必须相互联系,联系必然形成整体,整体能够达到一定的目的。这里目的、部件和整体是必备的因素。管理信息系统是一个由计算机硬件、软件和数据组成的系统,又是由人、组织和机器组成的系统,所以它不仅是个机器系统,而且是一个包括人在内的人-机系统。那种把管理信息系统仅当成机器系统的看法,由于忽视了人的因素,常常造成管理信息系统的失败。信息系统的总体趋势是将原来由许多人做的工作,逐渐转移给机器去做。这样,决定什么工作由机器来做,什么工作由人来做比较合适,就必须考虑人的行为问题。人被引入系统中就把系统变得异常复杂了。要考虑人的生理、心理、利益和感情问题等。例如,在流程改造时,有些人担心自己的工作被替代,而让自己去做不喜欢的工作,甚至造成失业,这时就要说服他们,系统替代了他们的枯燥工作,将会给他们带来有兴趣的工作。在系统设计时就应考虑如何安排他们。机器作出的科学决策,可能和某些人的利益冲突,遭到他们的反对,这时就要善于调解引导,要让各方利益得到平衡。在建设和使用系统中均应考虑这些问题。机器属于技术系统,人是社会的人,所以,管理信息系统是个社会-技术系统,而不是一个单纯的技术系统。

管理信息系统是将旧的经济形式转化为新的经济形式的工具,是将旧的社会模式建设成新的社会形态的工具。它是一种先进的生产力,是科学发展观的一个重要的组成部分。这种观念十分重要,现在许多经理、官员,甚至学者往往忽视信息系统的作用,尽管信息处理的落后已经严重影响了他们的经营、管理和研究工作,但他们还总是顾不上关心信息系统的应用。如果企业领导都能像部队领导那样重视信息技术应用,他们说"IT 就是生命",我们就应当说"IT 就是财富",或许信息系统的推广应用就容易得多了。

1.2　当代经济和社会发展趋势

当代经济发展的趋势,几乎一致地被公认,经过了农业经济、工业经济和后工业经济,向着信息经济和知识经济的方向发展。但对于什么是信息经济,什么是知识经济的理解却千差万别。对于什么是信息产品,什么是知识产品的认识也有差别。认定一个社会是什么经济形态,主要根据国内生产总值(GDP)中的成分和就业人数的比例来判断。在农业社会,GDP 中的 50% 以上来自农产品,就业人数中 50% 以上为农民;在工业社会,GDP 的 50% 以上来自工业品,50% 以上的就业人口为工人;而在信息社会,GDP 的 50% 以上应来自信息产品,50% 以上的就业应为信息工作者。这里有个问题就是,什么是信息产品?我们认为的信息产品应当是信息内容的产品,而不是信息技术的产品,也就是说,不是计算机、通信设备和电子办公设备等,因为这些东西的生产和一般的机电设备的生产没有多少差异。信息内容的产品包括书籍、软件、报纸、通信传媒服务、订票服务和第三方物流服务等。它们的输入是数据,输出是有用的信息。知识经济是以知识产品为主的经济。

什么是知识产品？那种认为知识产品是知识含量高的产品的说法显然是不可取的。因为知识的含量是相对的。想当年工业化初期的蒸汽机，它的知识含量也是很高的，它的卡诺循环的原理比现代计算机的"0101"的知识含量要高得多。我们认为，知识产品是信息产品的提升，是由信息中得到的新发现，是创新的东西。例如，论文、专利、作品版权、创意设计，以及一些咨询报告、研究报告等才是知识产品。它们的价值应当只包括它们的初创价值，不包括以后的复制价值。复制就是信息产品了。知识产品的产值要超过GDP的50%，50%的人要从事知识工作，这可能吗？从事知识工作的人要超过全体劳动者的50%，那会有饭吃吗？

在作者初到美国留学时，第一个想到的就是这类问题。我看到商店中物质非常丰富，工业化生产效率非常高，交通非常发达，物流非常顺畅。城市的大楼中灯火辉煌，人头攒动，而广阔的田野中人烟稀少，有许多林旁田地退耕还草，政府补贴，种草美化环境。全美400万农业劳力，生产的粮食喂饱3亿人后，还绰绰有余，拼命地寻找途径向国外促销。美国当时先进企业的一线人员只占企业职工的10%，销售和管理人员占20%～30%，研发人员却占70%，也可以说大部分已是信息工作和知识工作了。1976年美国全国的白领人员已经超过了蓝领人员。未来的企业已不像现在的企业，而更多地像现在的学校和研究所。已有的历史事实说明，技术和生产力的发展可以把原来不可想象的事情变成现实。随着IT技术的新发展，需要人做的工作将越来越多地被IT控制的机器所代替。机器人甚至可以做家务、扫地、煮饭，甚至帮主人搬家具上楼。人们的工作将向高端，向信息和知识需求，向文化艺术追求转移。劳动生产率极大提高，物质极大丰富，人们的吃穿问题将不成问题。从需求的角度可以说，人们将由"吃穿经济"，转到"住行经济"，再转向"健乐经济"。人们的需求正由物质需求向精神需求转移，物质经济形态将向精神经济形态转移。

随着经济形态的转移，经济的经营方式，或者说获利方式也会转移。先进的经济形态向落后的经济形态获取利益，也可说是进行"掠夺"。在奴隶社会，人们采取的是"武力掠夺"。一个部落和另一个部落之间没有什么规则可以遵循。胜利者可以随意处置被征服者。先是把他们统统杀掉吃掉。随着生产的发展，他们觉得不合算，不如把他们当成奴隶，强迫他们劳动，占有他们的剩余价值，在对他们的管理上也是采取武力和酷刑。随着经济的进步，掠夺的方式由武力转向经济形式。在农业社会初期开始了"换物"掠夺，在不平等的换物中占取多余价值。往往强势的一方占优，也往往伴以武力。例如，英国以鸦片换取大量中国的丝绸、茶叶。中国不愿意换，英国就以武力征服，签订不平等条约，强制实行。资本主义初期，物品变成了商品，他们就依靠"商品掠夺"。强势的一方以他们经济和技术上的优势，生产质优价廉的物品，作为专为出卖挣钱的商品，卖给对方，掠夺对方的价值。这种方式要将大量的货物从远方船运过来，耗费大量的费用和时间。于是，商品输出者想到，为何不把资本输出？在对方当地采购原料并制造，再卖给当地，然后把资本汇回即可，这样就省去了运来运去的麻烦。这就是资本主义中期所形成的资本输出方式，或者叫"资本掠夺"。

随着信息和知识经济的发展，赚钱的方式已由武力掠夺、商品掠夺、资本掠夺转向信息和知识掠夺，要求接受方为信息和知识产品付费。过去的规则失灵了，新的信息规则浮现出来了：

(1) 信息(知识)产品的研发成本很高,边际成本或销售成本接近于零。
(2) 信息(知识)产品的产量无限制,生产企业只有第一,没有第二。
(3) 追求第一,产品无限细化,最终导致个人化。
(4) 产品的价值不是取决于生产的成本,而是基于顾客的期望。
(5) 同样的产品可有不同的价格,极端至一个人一个价。
(6) 信息产品是经验产品,只有在消费后才知其价值,要想办法让顾客在未消费前了解它。因此要在"给出内容"和"赚到钱"之间作出平衡。
(7) 信息产品是知识产品,只有学会了才会用。安装和学习付出得越多,锁定得越深,转移成本越高。
(8) 信息经济是注意力经济。信息无所不在,信息过载,创造了注意力的贫乏。
(9) 广告是购买顾客的注意力,为了节省顾客的精力,"一对一"的方式是未来的需求。

基于信息产品的这种性质,人们在经营信息商品时总结出了一套策略,如果不了解它就会认为不合常理。举例如下:

(1) 同样一本书卖给图书馆一个价,卖给教授一个价,卖给学生又一个价。
(2) 微软做了个专业版软件,把它"捅几个洞",当成学生版廉价卖出。
(3) 对老顾客收高价,对新顾客收低价。
(4) 麦当劳开始在上海开店,它不用投入资金,只要投入它的品牌即可。谁愿意与其合作开店,就要出资200万元。它帮你设计建造店面,教你食品的生产和销售,这些费用还要由你支付,包括培训讲课的费用,所获得利润却要对半分。你想不通,不服气,想自己生产"洋白劳",但不懂选址,不懂装修,不懂制作,不懂销售,结果生意不好,"劳了也白劳"。这叫靠品牌赚钱。
(5) 中国的出版社要影印国外的教科书。国外的出版方规定了约束条件,例如,最新版要滞后影印,只许在中国销售,以避免产品回流到美国,影响其既有市场。它提供一本样书,由你照排、编辑、印刷、装订、销售,你要支付给美国出版方版税。这叫靠版权赚钱。

我们许多人不懂信息的价值,认为美国人整天叫嚷保护知识产权是没事找事,殊不知信息和知识产权是他们的命根子,没了这些,他们真的要担心"吃"什么了。

世界已经由武力掠夺、物品掠夺、商品掠夺、资本掠夺,到现在的信息和知识掠夺。武力掠夺、物品掠夺已经一去不复返了;商品掠夺、资本掠夺已经衰退。资本创造的"一本万利"的时代已经成为历史,信息和知识创造的"无本万利"的时代已经出现端倪。认识不到这个规律,我们就会在它的面前迷失方向。在战场上,和机器人、无人机作战,你不能不认为"信息就是生命";在企业,面对信息和知识的掠夺,你不能不相信"信息就是金钱";在政府,你也要相信"信息就是权力"。

当今世界的金融危机,实际上也是对信息经济不了解的表现。资本经营到了不通过实物,以资本赚取资本时,资本经营已经变成了信息经营,成为一种虚拟经济。它放大了实体经济的问题,这种危机的降临再一次提醒我们要很好地研究信息经济,研究新经济的规律,要用信息控制信息,才能保证经济的可持续发展。

信息不仅在微观上能帮助企业提高效率和效益,从宏观上说,信息和知识更是未来社会的产品。信息本身就是一个大产业,哪个国家搞得好,哪个国家就能经济繁荣,民富国强。世界上每年有上千亿美元的市场额。信息系统已逐渐变成一种基础设施。当年克林顿政府号召建设美国全国信息高速公路,成为美国最大的工程建设项目,大大拉动了美国经济的增长,创造了近年来美国经济增长最快、失业率最低的时期。我国台湾目前有7%的在校大学生是在资讯(信息)管理专业学习。由此也可以看出信息系统在经济中的重要作用。

人们的需求从物质转向精神,世界的经济将由物质经济转向精神经济。精神经济不只是信息和知识经济,艺术将是精神经济的最高形式。只有艺术的高度才能达到真正的完美,才能满足人们的最高追求。一般的产品被赋予了艺术的价值,它的价值就会脱离实体,变成"无价"之宝。最近,中国的一个瓷花瓶被拍出4 300万英镑的价钱,约合4.6亿元人民币,这就是一个很好的实证。瓷瓶本来是用品,也可以变成艺术品;椅子本来是坐的,也可以变成看的;体育是健身的,也可以变成观赏的。追求艺术,追求完美,将成为人类未来的巨大需求。

1.3 管理信息系统的重要性及其对企业管理的影响

前节已述,管理信息系统是先进生产力,是科学发展观。正像IT是企业过程重组的使能器(enabler)一样,管理信息系统是经济发展和社会进步的使能器。管理信息系统能帮助企业提高效益和效率,能帮助企业获得战略优势,从而使国家经济繁荣,社会稳定。反过来说,由于管理信息系统不到位,许多事情做不成或做不好,将会导致经济的停滞,社会矛盾的增加,甚至影响国家的稳定。请看以下几个事例。

例1 2007年4月,"五一"黄金周前夕,人们准备外出旅游,股市也表现强劲,银行的柜台前挤满了取款的人群,百姓对银行的服务产生了不少的抱怨。中央银行为了体现关心民生,为民服务,宣布了一系列政策,如提高取款机的取款上限、开通取款机的跨行转款业务等,这些便民利民的措施确实得到了百姓好评。但是,技术上有些能实现,如提高取款上限;有些则不能,如跨行转账。主要是由于IT系统不能支持相关功能,这就是IT管理问题。如果在各银行初建系统时,加入这种功能是很容易的,现在系统已经建成,再去改动就不是一件容易的事了。这是IT的规划问题。现在没有这种功能,引起转账速度减慢,每天不知要损失多少资金。

例2 "春运"难题。前些年,每到春节前夕,回家探亲的大量旅客都会遇到火车票一票难求的问题,票贩子趁机发财,"黄牛"屡禁不止。警察忙得不可开交,百姓无不抱怨。简直已经进入了"三老胡同"——老问题、老议论、老解决不了。管理专家认为这是一个不难解决的问题,只要看看民航就行了,那里为什么没有黄牛呢?为什么不像民航一样用实名制呢?原因很简单,没有强大功能的IT系统。这一IT系统是个复杂的系统,不是说有就有。它需要一大笔经费,需要2~3年的时间。而管理部门没有长远的规划,一直下不了决心,问题也就一直拖下去。这是典型的IT管理问题。不善于看到未来的需求,不善于设立目标,不善于组织资源,因而也就不善于变革现实。科学发展观需要懂得科学管理,先进生产力的代表要懂得工厂管理。经过十来年的努力,如今,高铁技术得到快速发展,网络实名购票技术也日益完善,"春运"难题终于大大缓解。

例3 2007年8月以后，先是猪肉涨价，接着是蔬菜、汽油。猪肉一涨价，带动所有食品涨价；汽油一涨价，带动了许多服务的连锁反应。房地产发展方面，政府提高地价，以为可以减少开发商的暴利，抑制房价过快增长，结果是开发商转嫁给顾客，房价增长更快。这些问题的关键均在于没有依靠生产率的提高来消化成本的上涨。蔬菜在农村只卖0.2元，到了城市就成了2元。低效而漫长的供应链，层层附加了商品的价值。美国超市里卖的蔬菜瓜果比农民自己开车到路边摆摊卖的还便宜。因为，超市从最好最便宜的货源地区批量采购，直接运到超市，而且无人看摊，大大节约了成本。提高劳动生产率的观念在美国深入人心，甚至养成习惯，形成文化。每个人都在想我做事的方法能不能再改进一点、能不能再快点、再好点。

例4 2010年的上海世博会创造了许多的世界第一，如参展国数第一、参观人数第一等。中国人在国内就可欣赏到世界各地的风土人情，欣赏各国文化和工农信息业的新成就和对未来世界的美好梦想。展会也组织得很好，有条不紊，没有出现任何安全问题，深受国内外人士赞扬。服务人员的热情和"小白菜"（志愿者）的服务态度，均给国际友人深刻的印象。上海世博会大大地提高了中国的形象和地位，是一届非常成功的世博会。但是，在参观者的感触中，却有让人感到美中不足的问题——"排队问题"。不少馆要排队四五个小时，有的馆甚至要排队七个多小时。有许多游客"畏队而退"。不少人也感慨中国的老百姓真好，觉悟真高，热情照样不减。为什么这个问题不能解决呢？如果我们能做到完全个性化的服务，做到每人每馆的预约，每个人的排队时间不就可以大大减少了吗？为什么不能把因排队而损失的时间的机会价值降到最小呢？要知道这个价值是相当可观的。即使不能减少时间，如能减少枯燥的排队，增加在园内的休闲时间也好。原因也很简单，IT系统水平不够。当然也有个投资效益问题，这也是个IT规划问题。

例5 澳门和珠海间的拱北关口，号称世界最忙的关口，前两年拥挤不堪，在早晚高峰，排队常在半小时以上。该关口提升了设备能力，采用了指纹识别自助通关，无人验证，一大排几十个闸口，每个闸口几秒钟就通过一个人，一下子把大多数的常客分流出去，大大地减少了排队的时间。拱北关口现在敢于规定：排队超过15分钟，就可投诉，他们立即多开闸口。他们得出一个结论："哪里有排队，哪里就有信息系统用武之地。"

信息系统对当代企业的影响是多方面的，可以归纳列举为以下几个方面。

1.3.1 对运营管理的影响

管理信息系统对管理的影响是自下向上发展的。

首先，是对生产管理或者运营管理产生影响。这时它的影响的主要目标是提高效率，而提高效率主要体现在减少人力和提高劳动生产率上。这时衡量管理信息系统是否成功的标志是减少了多少人力，节省了多少人的工资。用每年节省的工资去回收计算机的投资，看几年能收回。如果3年能收回，技术经济分析就认为是可行的。即

$$T = C/W < 3$$

式中：T——回收年限；

C——购买计算机的硬软件费用；

W——每年节省的工资总额。

在计算机应用的早期年代,达到这个指标是不容易的。例如,在中国,20 世纪 60 年代末,一个工人的最低工资是 40 元,一年总共 480 元。一台 DJS130 计算机的价格是 40 万元。要想 3 年回收成本,需要减少多少工人呢?

$$X = W/480 = (C/T)/480 = 277.78$$

也就是说,用一台计算机要省去差不多 278 人才算是经济的,这显然是很困难的。但是到了今天,情况就完全不同了。和 DJS130 同等甚至更高能力的计算机差不多只有 5 000 元。而一个工人的最低工资大约是每月 1 000 元。用一台计算机节省一个人,投资回收期也就半年,所以现在用计算机来提高劳动生产率是十分合算的。提高劳动生产率虽然是初期的目标,但在今天是最基本的,是一个不可忽视的方面。例如,在 20 世纪末,美国通用汽车公司对其财务部门实行 BPR,结果把原有的 500 人减到 125 人,劳动生产率差不多提高了 4 倍。还是这个通用汽车公司,在 21 世纪初,由于不持续提高劳动生产率和不持续创新,使其产品成本提高,又没有有效益的新产品,没有进行制度创新,其本土企业跌到了破产的边缘。

在运营领域,应当确信提高生产率是永恒的真理,成本的降低是无限的。曾经成功的美国通用汽车公司,一旦放松,已经跌到破产的边缘。而持之以恒的沃尔玛,现仍风光全球。提高运营效率的最大的思想障碍是把困难推给别人。责怪别国的币值低估,责怪社会的就业政策。科学发展观本来就要求在这种环境下,能够改善内部管理,持续地提高劳动生产率,降低成本。

其次,MIS 用于管理以提高效益。开始用于管理的信息系统主要是数据处理系统。顾名思义,数据处理系统就是比人处理数据来得快。过去 100 人计算 3 个月的数据量,现在可能几个人几个小时就处理完了。业务数据的处理,严格地说还不是管理,对管理上的数据加快处理也是很有用的。如一个大型企业要排一个年度计划,用传统方法,十几个人差不多要干 3 个月,而现在用了计算机信息系统 2~3 人 1~2 天即可完成。有时在计划执行的过程中,情况发生了变化,需要对计划进行一些调整,用信息系统作调整计算只需几个小时即可。这又提高了效益。

用管理信息系统来提高计划效率的好处还不只在于节省人力、加快速度,它还可以多做出几个方案,从中选择一个最好的,这就是提高效益。信息系统可以制订计划,一个原因是利用信息系统速度快的优点和它可以模拟计划的执行、预先估计效果的能力,在制订计划的时候多制定几个方案,进行比较,从中选择最好的,从而提高效益,进而可以使有限的资源得到有效的利用。例如,同样的设备可以产出最大;同样的产品量,可以达到产出时间最短;同样数量的原料,可以计划生产出价值最高的产品组合。计划做得好,就可以大大地提高效益。对生产管理影响的另一方面是可以进行计划的控制。发现问题及时纠正,从而也提高了效益。例如,如果知道明天某些机床可能窝工,及时调整安排上新工作,闲置的资源就增加了产出,提高了效益。在企业中用作计划工作的信息系统很多,如材料需求计划(material requirement planning,MRP)、制造资源计划(manufacturing resources planning,MRP Ⅱ)、企业资源计划(enterprises resources planning,ERP)等。这些系统现在甚至快成了像水电一样的公用设施,成了每周 7 天每天 24 小时离不开的东西。

　　提高效率和提高效益合到一起，就是我国提出的"减员增效"。管理信息系统能减员增效，因而它是提高生产力的一种手段，也可以说它是先进生产力的代表。推行管理信息系统的建设，就是推行先进生产力。反之，没有认识这点，在企业中阻碍管理信息系统的发展，阻碍先进生产力的发展，就不能算是好的先进生产力的代表。当前我国许多企业的领导，由于他们受的是工业化时代的教育，虽然他们主观上很想作为先进生产力的代表，但在客观上表现出保守、无奈，成了推行先进生产力的障碍。这些大多数是认知问题，但也有人有许多糊涂的论点，大致如下。

　　(1) 习惯论。习惯论者强调企业已经形成的习惯，或者说是经验。他们认为经验是企业最宝贵的财富，也是最有效的。这话不能说不对，因而也是很迷惑人的。说它是宝贵的财富是对的，而说它是最有效的就未必。在经济和社会高速发展的现代，经验在某种情况下已不再是资产而是负债。企业在改变经验上的培训投入越来越高。培训的主要目的在于否定旧知识，转变旧思想。为什么这种思想还有很大的市场呢？在认识上是由于人的认识惯性，人们自然而然愿意做自己熟悉的事情。在利益上也有保持既得利益的问题，因为他们是旧的利益的创造者和持有者。打破旧的秩序，意味着他们优势的失去，反对是自然的。在先进的生产力的提升中，在管理信息系统的推进中，"千百万人的习惯是一股可怕的力量"，是不能忽视的。

　　(2) 失业论。失业论者认为利用信息系统提高劳动生产率会导致更多的失业，这将造成社会问题。而且，上级行政领导部门也经常希望经济景气，企业能发展，企业能多招工、少裁员，也给企业一定的压力。但是如果以损失劳动生产率来达到高就业，只会导致明天更多的失业。说什么"社会主义的优越性就是3个人的工作5个人做"，这更是对社会主义的错误理解。马克思早就说过"社会主义要创造比资本主义高得多的劳动生产率"，实际上，高得多的劳动生产率才是社会主义的优越性。只有在十分特殊的情况下，例如战争、自然灾害，实行一些降低效率的高就业政策才是可以理解的，但这个过程应当是短暂的。再说，企业也不是只有把人员辞退才能提高劳动生产率。如果能把生产一线上的人数减少，而让他们转移到企业的辅助服务工作，这就既提高了劳动生产率，又改善了企业环境，何乐而不为？

　　(3) 风险论。应用管理信息系统是有风险的。技术不成熟是风险，人员不接受是风险。过去的统计资料也说明了风险的存在。美国在20世纪60年代应用信息系统有过50%失败的记录，中国应用信息系统的初期，也有过80%不成功的情况。风险确实存在，风险必然导致经济损失。风险论者认为在企业财政拮据的情况下，就不应上管理信息系统项目。殊不知在当代，尤其是在提高效率领域，信息系统的应用成功率已经很高。现在西方流行的企业过程再工程(BPR)已经是个工程项目，工程就意味着可达90%~100%的成功率。所以，西方国家的企业恰是在财务困难的时候，想到进行BPR，这反映出我国整体上的认识和应用水平还有很大的差距，连提高效率的应用也认为没把握，说明我国管理信息系统的应用还处于初级阶段。

　　以上各种悖论似乎有理，但背后却掩盖了那种无知无能，而且还不想有知有能的惰性。

1.3.2 对管理者行为的影响

管理信息系统在生产管理上能提高效率和效益,成了管理者的重要工具、得力助手,久而久之就改变了管理者的习惯和行为。

管理信息系统对管理行为影响的主要方向是管理科学化。事实上,推行管理信息系统就要求对管理工作本身规范化,也就是首先实现"没有计算机的计算机管理"。要求管理的流程、程序、步骤标准化。要求工序清楚,工时、定额合理准确,这些就导致了管理的科学化,也就促使管理者更加相信科学、学习科学、依靠科学、推行科学。在管理者的思想、观念、行为、举止等方面产生深远的影响,使管理者中的一些糊涂的观念得到改进,例如,命运论、经验论、关系论等一些无所作为的思想得到抑制。

追求管理科学化的过程,追求推行管理信息系统的过程,就是管理者养成学习进取的习惯的过程。任何事物在开始阶段,均表现为艺术形态,随着人们对它的了解的深入,它就逐渐变为科学,然后变为技术。管理信息系统的推行过程就是把事物由艺术变为科学,甚至技术的过程。在这个变革的过程中,管理者要不断地研究如何转变,也就逐渐养成了学习进取的习惯。在企业中也树立了崇尚科学,以知为荣、以能为荣的风尚,把企业变成学习型组织。

管理信息系统对管理者行为影响的另一方面表现为管理者的决策习惯的改变。远古时代的部族社会,统治者的决策方式是"酋长拍脑袋,一人说了算",当然这也是基于自己的经验。到了资本主义初期,甚至现在,我国许多民办企业还是"小老板拍脑袋"的决策方式,说好听点是凭经验。这种方式在今天巨大的投资、庞大的工程建设项目的情况下已经完全不能适应。所以近代管理理论的研究很多在研究决策。实际上这种研究很多不是在研究最后的决策结果本身,而是在研究决策过程。研究出一条好的途径,沿着这条途径,好的决策就可以顺利得出。这条途径一般是首先调查研究、收集资料,然后分析、提出方案,再后进行方案比较,选出较好方案,然后是验证和执行。这是当代的系统决策方式。推行管理信息系统或者借助管理信息系统进行决策都要沿着这条途径。因而管理者如果过去还有一点"拍脑袋"方式的痕迹的话,现在就要改变为科学的、系统的决策方式。决策方式的改变也是对管理者行为影响的一个重要方面。现代管理者遇到了重要的管理问题时,总是不忙先下结论,而是先收集信息,然后依靠管理信息系统和有关专家进行分析,或者请外部的咨询公司帮助分析,然后才是研究结论。这也是管理信息系统对管理者行为的一种重要影响。

1.3.3 对组织的影响

管理组织是保证管理目标实现的重要手段,是管理的重要问题。由于它和信息技术(IT)相互影响又相互支持,所以和管理信息系统有密切的关系。

从古代作坊式的直线组织到泰勒的直线职能制,虽然有些变化,但变化不大。近来由于生产的发展,信息技术的发达,企业组织面临大变化的前夜,已经出现了各种各样的组织形式,归纳起来可以分为以下几种。

1. U 型组织

U 型组织即直线职能制组织结构(unitary structure),它是一种内部一元化领导的组织形式。

(1) 纯直线制组织,一切均由一个领导说了算,见图 1-1。这种组织在生产企业已很少见,但在小的个体企业,如小饭馆还广泛存在。它只适用于任务明确,而又要求领导集中、控制严格的情况。这可以说是一种树状组织。在这个组织中,每个职工只有一个领导。

(2) 直线职能制组织,如图 1-2 所示。这里,下属各车间和厂长之间属直线序列,它意味着权力的直接隶属。而职能部门一般设市场、生产、会计、人事等科室或处室,不属于直接权力序列,他们无权命令各车间,只有权在全厂制定的规则的基础上办理事务手续。如手续不符合规定,他们可以不予办理;如手续符合规定他们无权不予办理。

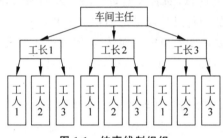

图 1-1 纯直线制组织

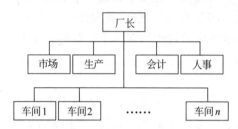

图 1-2 直线职能制组织

职能制的执行往往走样。由于职能部门比较接近领导,而且是全时从事管理工作,因而有为厂长或总经理代行权力的情况,导致他们权力的增长,形成直接对下属亦有领导作用的情况,见图 1-3。这种组织形式的优点是减少了厂长的负担;缺点是增加了车间的负担,而且容易造成"政出多门",办事效率低下等现象。

2. M 型组织

M 型组织(multidimensional structure)又叫矩阵式组织、多维组织。由于组织中职能部门的权力过大和直线组织的分段引起任务的分割,

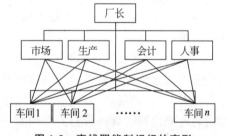

图 1-3 直线职能制组织的变形

每个功能似乎均有人负责,而无人对整个任务或整个任务的过程负责。为了加强任务过程的负责制,许多企业采取了矩阵式组织;矩阵式组织的一维是直线组织,另一维是任务,这个任务或为产品,或为项目,其形式如图 1-4 所示。

无论车间或项目均在职能部门的支持下工作,因而可以认为职能部门处于第三维。这样就形成三维矩阵式组织。

事业部制组织结构,是矩阵式组织在更大范围即大公司范围的实现。其组织结构见图 1-5。

事业部一般是按产品来划分,如某大型通信设备公司分为程控交换机部、无线寻呼台部等。事业部有较大的自主权,自己下设市场部、生产部等,但下设各事业部不是完全子

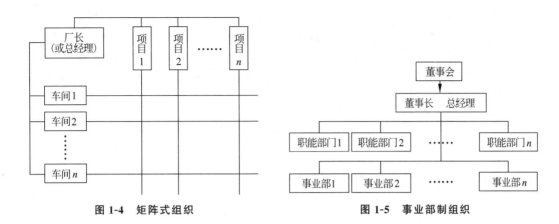

图 1-4 矩阵式组织　　　　　　　图 1-5 事业部制组织

公司,主要表现在两方面:其一是有些事务还是全公司管,如有的大公司实行后勤的统一支持,有的实行财务系统的统一处理,当然信息基础的统一更是其特点。其二是它有为全公司服务或管理的义务。如交换机公司有为全公司做通信规划和指导实现的义务,有为全公司通信设备维修服务的义务。但它在发展自身产品方面有绝对的决策权,当然它又不能重复生产别的事业部的产品。

可以认为,在内部 M 型组织实现了多元化的领导。一些上级的直接领导关系变成了指导关系,平级之间,在过去的统一领导下的配合关系变成了协调关系。多元化的领导必然意味着权力的下放、决策的下放,这样下级才能主动工作。

随着信息技术的发展,管理的幅度可以扩大,过去一个"头"最合适的下属数只有 7~8 个,否则很难领导深入。现在可以扩充到 30 个,因而组织呈现了扁平化的趋势,也就是在组织结构上有"压扁金字塔"的趋势。扁平化的组织是在决策权下放、协调加强的前提下实现的。反之,只有组织具有这种条件才能实现和运行好扁平化的结构。扁平化的组织结构见图 1-6。

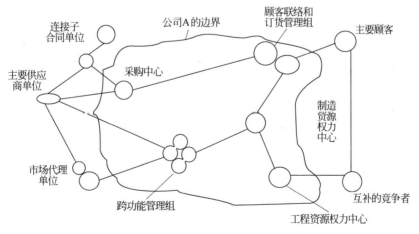

图 1-6 扁平化组织

3. H 型组织

无论是 U 型组织还是 M 型组织,对企业顶层来说均是一个"头"的组织,"多头"只表现在中间层,多个事业部、多个项目组等。其进一步发展就成为多头的组织,即 H 型组织(holding company structure),也就是说公司的内部组织有了外部"头"的成分,其形式如图 1-7 所示。

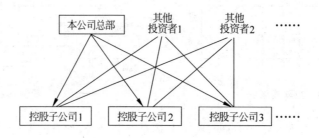

图 1-7 H 型组织

控股子公司实际上只是个利润中心。本公司总部对控股子公司的主要目标就是投资获利。控股子公司本身又有董事会,一切事务包括产品或服务方向、市场、财务等均由自己决定。本公司总部只能通过董事会施加影响,不能直接参与。

由于本公司投资多少的不同,对子公司的影响力也就不同。所以下属子公司又可分为全资子公司、控股子公司和参股子公司,其形式如图 1-8 所示。

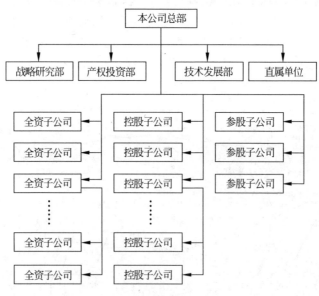

图 1-8 H 型组织结构图

4. V 型组织

H 型组织的进一步发展就是虚拟组织,或叫 V 型组织(virtual organization),虚拟组织又称为动态联盟,它是由多个企业组成的临时性的组织。当一项任务来临时,各企业组成联盟。当任务完成时联盟自动解散,但相互沟通仍然保持,以备以后再次联盟。虚拟组织是"没有组织,胜似组织"。它是当代市场竞争、信息技术发展的产物,它是组织扁平化在企业之间的形式。虚拟组织所跨的地区可以较小,例如仅在上海市;也可以很大,例如全国、全亚洲,甚至全球。虚拟组织属于一种敏捷组织。虚拟组织一般应有一个带头的企业,这个带头的企业手中掌握整个组织的关键资源,这个资源一般是市场和技术,即它掌握着产品的销路,又掌握着新产品开发的技术。它甚至将生产制造部分——这个过去企业必备的资源推出去,因而形成无制造的企业,或称作 fab-less company。其优点在于使企业摆脱了管理制造的机构,企业更容易变革,适应飞速变化的市场。这就是虚拟组织主要的战略优势。从全局来说,虚拟组织有利于很快地重组社会的资源,快出产品,出好产品,适应市场的需要。

由于虚拟组织的出现,企业间的关系发生了很大的变化,许多企业结成了战略伙伴关系,甚至相互竞争的企业也不妨碍在某些项目上实现合作,这就是竞争伙伴关系。虚拟企业,伙伴关系是一个"共赢"的关系,共赢的企业联盟。我们应当关注虚拟企业发展的动向。

管理信息系统对组织形式的影响主要是扁平化和虚拟化,或简称为扁化和虚化。这也是当代管理组织发展的方向。扁平化就是减少管理的层次,扩大管理的幅度,从而简化管理。达到扁平化的条件如下。

(1) 上级要放权。我们常常听人说很忙很忙,怎么办呢?就是放权。放了权,你不管了,也就不忙了。扁平化要减少层次,上级所要面对的下级数量就要增加。如果还像以前一样的管,显然要管的事就多了。放掉一些权,有些事不管,就可以管更多的下级。

(2) 下级要主动。上级放了权,下级要接权。属于你权限范围的事,就要敢于做主,敢于去做。在扁平化的组织中,下级的主动进取是很重要的。敢于做主,就是把自己权限内的决策作正确,那就要很好地了解全局的方向和战略,了解环境的限制和约束。心里怀着全局,就知道什么事该做,什么事不该做,什么是对的,什么是不对的。

(3) 信息就是命令。下一道工序的需求信息就是对上一道工序的命令。例如,沃尔玛连锁超市的化妆品货架上的商品信息,就是对其供应商 P&G 公司的供货命令。P&G 自己查询沃尔玛数据库中的数据,发现缺货就自动送货上架。协作单位的信息也是相互命令,完全省掉了送货单位和收货单位的上级的批准程序。

扁平化的组织是一种自适应的组织。也可以说是自组织、自繁殖的组织。组织的架构可以随着环境的变化而自动改变,甚至是自生自灭。例如,一个研究所的课题组,如果它的研究做得好,它的项目会越来越多,人员也会越来越多,经费也会越来越多。如果它做得不好,项目、经费和人员会越来越少,直至课题组取消。

自适应创造了复杂性,使得组织越来越复杂,成为复杂系统。组织中的成员主要是以横向联系为主,其联系则是按成员数 n 的二次方(n^2)增长。对于这样复杂的组织,要想控制和运行得好,只有依靠信息。扁平化的组织应是信息充分的组织。过去由于信息技术的落后,管理信息系统的不发达,许多企图实现扁平化的想法失败了。许多地方矩阵式组织不成功的原因就在于没有信息系统的支持,导致信息不充分所致。自适应、自组织、自繁殖的组织必须是自学习型的组织,学习型组织将囊括所有这些新型组织形式的特点,我们再次概括总结如下：

(1) 组织目标深入基层，深入群众；

(2) 放权适层，越层沟通，权力下放，信息集中；

(3) 自我做主，主动出击；

(4) 横向联系为主；

(5) 信息就是命令；

(6) 协同胜于共同；

(7) 敏捷和智慧的执行过程；

(8) 良好的信息平台、信息集成和监督；

(9) 弹性的上班时间和地点。

按照这个目标要求，学习的时间多也未必是学习型组织，现在的学校也未必是学习型组织。

1.3.4 对企业战略的影响

管理信息系统对企业战略的影响正像 IT 对于战争的影响一样，是关键性的。一个没有管理信息系统武装的企业，面对一个有 MIS 战略优势的企业，简直是不堪一击。它能做到的事情，你不能；你能做到的事情，它都能做到。你的企业就"死"定了。

管理信息系统可以说是企业的战略资源。当战略目标确定以后，资源就成了决定因素。当企业制定战略的时候就要考虑到信息系统战略。企业战略和信息系统战略的关系可用一个图来表示，见图 1-9。

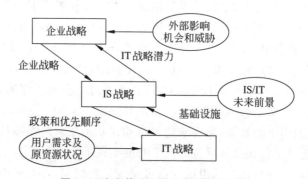

图 1-9 企业战略和信息系统战略关系

图 1-9 说明当企业制定战略时，不仅要考虑到外部的机会和威胁，而且要考虑到 IS/IT 的战略潜力。当企业制定 IS 战略时，要把企业的战略当成自己的目标，同时要考虑到 IT 的发展前景和 IT 基础设施。当企业制定 IT 战略时要把 IS 战略当成自己的指导，同时要考虑到用户的需求和原有的资源。这个图在企业战略和 IT 战略间加入了一个 IS 战略。IS 战略实际上主要制订的是需求计划，也就是根据企业战略我们需要一个什么样的 IT 能力。而 IT 战略实际上主要制订的是供应计划，也就是根据 IS 战略我们如何供应出所要求的 IT 能力，如何建立好 IT 基础设施。

图 1-9 所示的方法无论如何是有先后顺序的，即先制定企业战略，再制定 IS/IT 战

略,尽管在制定企业战略时要考虑 IS/IT 的潜力。现在的趋势是将两者合一,即企业战略和 IS/IT 战略变成一个战略,一套人马、同一时间,一起制定。说明 IS/IT 对企业的战略已经有了十分重要的影响,而且看起来这种影响会越来越大。

信息系统在企业中的地位已经发生了根本性的变化。许多企业已经一刻也离不开信息系统,可以说信息系统现在已是企业的生命线,未来更是企业的生长线,是企业的梦想和现实。"未来的企业要想做什么,将取决于它的 IT 系统能做什么。"(What the business could do is decided by what its IT can do.)只有驾驭好 IT,才能更好地把握未来。

1.4 如何学习管理信息系统

管理信息系统是个社会-技术系统,不是知道了就可以了,而是和一般的技术系统有不同的学习思路和学习方法。

学习是为了培养人才。信息管理与信息系统专业所要培养的人才是一种信息和知识工作者、一种信息经济所创造的信息人才,总的名称叫系统分析员。他的主要工作是分析情况、提出解决方案、领导实施、改进工作。在一些顾问公司中,其职位就是系统分析员;在企业里最合适的岗位是信息主管(chief information officer,CIO),他和企业中的另两个"O"——CEO(chief exccutive officer,执行总裁)和 CFO(chief financial officer,财务主管)一起构成企业的最高领导层,俗称企业高管。这种人才要有信息技术和管理的知识,要有规划、实施和管理工程项目的能力,还要有团结协作、信守承诺、廉洁公正等方面的修养。

信息管理与信息系统的专业目标职业是系统分析员,系统分析员应善于帮助企业领导分析企业环境、确定企业目标、抓住关键因素、改进企业系统;善于提出计算机系统解决方案,选购和运行系统硬件,选购或开发应用软件,善于管理信息资源。所以对系统分析员来说,了解基本组织功能,如市场、财务、会计、生产、供应链等,与了解计算机知识是同等重要的;了解组织变化动态学与了解技术技巧一样重要;了解决策和人的行为与了解程序知识一样重要。美国在信息系统方面,三大权威学会 DPMA(Data Processing Management Association)、ACM(Association for Computing Machinery)和 AIS(Association for Information Systems)于 1995 年初提出了信息系统专业本科生教学计划,名为 IS 95,可作为信息系统分析员专业知识结构的参考,经过修改的 IS 2002、IS 2010 至今仍有参考价值。

IS 2010 认定信息系统专业为介于商企和信息技术间的跨学科的系统性边缘性专业,它和其他专业的关系可由图 1-10 表示。

信息管理与信息系统专业属于管理类专业,因而它应具有管理专业所共有的知识与技能,又应具有 IS 专业的知识和能力。其总体培养计划大致包括 4 个模块,见图 1-11。

其中,全校基础文化素质课或通识课包括语文、外语、政治、历史、数学、品德、体育等。

管理学院核心课程是管理学院中任何专业的学生均要学习的课程,是培养管理知识和技能的课程。信息管理与信息系统专业不同于计算机类专业,很大一部分就在于学生学习了管理课程,具有了管理的基本知识和能力。在大多数管理学院,这些课程包括管理

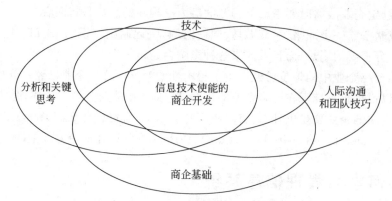

图1-10 信息系统相关的学科领域

学导论、会计学、财务学、市场学、运营管理、管理信息系统、统计学、组织行为学、管理沟通以及企业的法律环境等。

第三个模块就是信息系统专业的专业课了。这些专业课由如图1-12所示的几个模块组成。

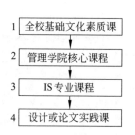

图1-11 IS学生培养总计划

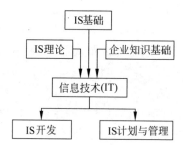

图1-12 IS专业课程模块结构

IS 2010建议的7门核心课程如下：

(1) 信息系统基础(foundations of information systems)

(2) 数据和信息管理(data and information management)

(3) 企业架构(enterprise architecture)

(4) 信息技术基础设施(IT infrastructure)

(5) 信息系统项目管理(IS project management)

(6) 系统分析与设计(systems analysis and design)

(7) 信息系统战略、管理和获建(IS strategy, management and acquisition)

该计划建议了灵活的选配，其课名下允许一些其他的课名取代。例如，它允许信息系统专业隶属于管理学院或计算机学院，允许适合于当地课程名称，如用数据结构和数据库替代数据管理，当然它也希望在具体讲授时加入一些原课中没有的新内容。

我国有关单位也制订了一些参考计划。如笔者于2010年12月参加鉴定的由教育部管理科学与工程教学指导委员会委托清华大学陈国青教授进行研究的CIS 2010项目，也推荐了一份教学计划。它列出的课程和美国的IS 2010 7个核心课程对照如表1-1所示。

表 1-1 美国 IS 2010 与 CIS 2010 核心课程对照

美国 IS 2010 核心课程	中国 CIS 2010 对应课程
(1) 信息系统基础	管理信息系统
(2) 数据和信息管理	信息检索与搜索、数据结构、信息组织、数据库
(3) 企业架构	企业信息系统及应用
(4) 信息技术基础设施	计算机网络
(5) 信息系统项目管理	信息资源管理
(6) 系统分析与设计	系统分析与设计
(7) 信息系统战略、管理和获建	信息资源管理、商务智能与数据挖掘

系统分析员不仅要有很好的知识，而且应有很好的能力和素质。下面给出一个系统分析员的能力模型，见图 1-13。

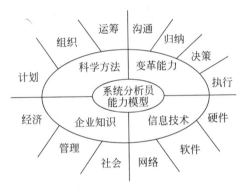

图 1-13 系统分析员的能力模型

图中显示的主要是 4 个方面的能力。一是变革能力，它包括窥视未来，改造现实的能力。技巧上包括沟通、归纳、决策和执行。二是科学方法，包括运筹学的知识和方法，以及组织与计划的能力。三是企业知识，包括经济、管理与社会各方面。四是信息技术，包括硬件、软件和网络。

系统分析员是未来信息社会的知识工作者的代表，他不仅应具有信息社会的知识结构和工作能力，而且还应具有信息社会的思想素质，包括主动精神、创新精神、求实精神、协作精神和刻苦钻研精神等。他应当用科学发展观，先进生产力、先进文化取向和广大人民根本利益的代表要求自己，真正成为用 IT 技术推动社会发展的带头人。

由于本行业需要的人才的特点，本教材的学法和一般知识教材相比，也有不同之处。学习本教材不仅要学习课本的知识，而且要配合课外的修炼，做到学知识、长能力、炼修养和上水平。

(1) 学知识。知识学习有三个层次：知道(know)、知识(knowledge)和技能(skill)。在知道层，一般介绍事物的表层知识，就是知道某种东西的名称和用途，但不一定知其原理。例如，我们知道电灯是用来照明的，开开关就亮，关开关就灭，不一定要知道它的发光原理。在知识层，就要知道一些原理，相信它的逻辑，从而巩固使用的信念。例如，IT 能提高管理的效率和效益，想通了其中的道理，因而成为推广 IT 管理的倡导者。在技能层,则是能掌握实现IT系统的技术知识,能动手实现使用的IT系统。对于信息管理与信息系统专业的学生,我们的要求一般在知识层。就是说知道名词、用途和一般原理,相信其逻辑,可以说具有信息觉悟,从而能将技术和管理结合起来。

(2) 长能力。就是增长能力。当前我国大学培养人才的问题在于,情商低于智商,能力低于知识。加强能力的培养实属当务之急。信息管理人才需要的能力,包括预测、规划、计划、设计和实施、评价和管理的能力。

① 预测能力。谁把握未来,谁就能成功。要把握未来,就要有预测的能力。要做好预测最重要的是会收集信息,分析信息。不仅会收集环境情况的活的一次信息,而且会通过数据仓库或网络收集二次信息。分析能力不仅包括应用数学模型的分析能力,而且,也许是更重要的,会通过自己的第六感官,察言观色,作出综合的、折中的、适合的判断。

② 规划能力。"经理是明天的经理,不是今天的经理,更不应是昨天的经理。"规划就是安排未来。现在的许多经理,今天一上班处理的都是昨天剩下的工作,等到快做完时,已经快下班了,天天如此。规划是要把预测到的未来的愿景描述出来,制定目标,提出实现它们的战略。规划不仅有鼓舞人心的目标,而且有切实可行的策略,规划是未来目标的总体动员令。因而,规划有造势的作用,动先造势,势在必行。规划应使人有振奋感、新鲜感,能像一面旗帜,指引企业员工共同迈向未来。

③ 计划能力。计划是将规划细化,达到可执行的程度。计划是可执行力的第一表现。计划已进入工程阶段。计划出的内容就一定要实现。计划不能随意改动,要保持它的严肃性,除非遇到特殊的情况。未完成计划是要追究责任的,在计划未制订前讨论要充分,一旦制订要严肃对待。

④ 设计和实施能力。设计能力包括系统、硬件、软件设计能力等。设计是一种安排,有很多方案可以安排实现要求,安排也是一种艺术,既要达到目标,又要经济适用。管理信息系统不同于许多技术系统,这里面存在人为因素,需要许多协调、折中,严格说只有最适,没有最优。实施的能力也是要求在各种坎坷中闯出一条可行的道路。把设计和实施建立在所有人都听从你的指挥的基础上,没有不失败的。

⑤ 评价和管理能力。评价是根据目标设立一些可测量的指标,用以衡量执行的性能,或者说达到目标的情况。评价在系统初建时需要,在系统建成运行以后也要不断地评价,以便发现问题,及时解决,保证系统安全高效地运行。管理能力就是管理组织、人力、设备按照设计的需要,正确地运转。

能力的锻炼要和实践紧密地结合,课程内有一些团队作业是一种很好的方式,最好多参加设计和实施项目。作为辅助,学生多参加社会工作,也是非常有益的。

(3) 炼修养。管理能力的提高最终取决于管理的修养。修养是作风的根本。一个单位内每个人都有好的修养,则单位就有好的作风。中国古代主张修身为先,"修身、齐家、治国、平天下",现代我们也强调由自己做起。好的校风是学校的生命线,学校最重要的财富是声誉。学校就好像一个大染缸,学生在其中"染来染去",潜移默化地培养出了好的作风。越在年轻的时候注意修养,修养提高得越快。

(4) 上水平。学知识、长能力、炼修养,总的来说就是使自己和组织上水平。高水平的组织有远见,有大气而不傲气,处事不惊,沉着应对,善于变革,适应环境,使企业能长盛不衰,保持可持续地发展。对个人来说,上了水平就更能从全局整体出发,看到组织或个人的关键问题,善于处理各种矛盾,提出可执行的方案,并善于引导实施,达到成功。这样的人才也就能担当更高层的工作。

学知识、长能力、炼修养和上水平应当是同步进行的,或者说是并行进行的,不是学好了再长,长好了再炼,炼好了再上。越早开始学、长、炼,做起来越容易,成效越大。

总之,管理信息系统是社会-技术系统,它是个未来型、革命型的专业。学习管理信息系统就要愿意革命、善于革命,把我们的世界带向未来。信息的号角已经吹响,信息经济的浪潮已席卷全球,中华民族的伟大复兴,中国的轰轰烈烈的社会主义建设热潮,呼唤着千千万万个信息化领军人才,让我们充满信心,不断学习,不断修炼,积极地投入这个伟大变革中来吧!

即测即练

研讨题

1. 管理信息系统是什么?它和计算机应用有什么不同?
2. 当今世界的经济趋势是什么?什么是信息经济?什么是知识经济?
3. 管理信息系统在当今的经济和社会环境中的重要性是什么?
4. 为什么说管理信息系统是社会-技术系统?这种系统和一般系统有何不同?
5. 管理信息系统对现代企业管理的影响是什么?对运营、管理行为、组织、战略等有哪些影响?
6. 什么是学习型组织?现在有哪些对学习型组织的错误理解?
7. 学习管理信息系统的态度和方法与学其他技术学科有什么不同?
8. 管理信息系统人才培养的目标是什么?你打算如何学知识、长能力、炼修养?

CHAPTER 2 第 2 章
管理信息系统的定义和概念

管理信息系统的英文是 management information systems,简称 MIS。在我国香港、台湾的书中将 information 翻译成资讯,因而它也可称为"管理资讯系统"。本章专门讨论一些管理信息系统的总体上的问题,包括定义、性质、概念、开发过程,以及和其他学科的关系等。

2.1 管理信息系统的定义

如前章所述,我们认为管理信息系统的定义是:用系统的方式,通过信息媒介控制,达到服务于管理目的的系统。

管理信息系统的概念元素包含管理、信息和系统(图 2-1)。它绝不只是信息,更不只是计算机。它是由管理出发或者说是为管理的目的,通过信息手段来进行计划和控制的系统。

管理信息系统发展至今,其定义已有很多种。有的比较抽象,有的比较具体;有的比较科学,有的比较艺术。早在 20 世纪 30 年代,柏德就写书强调了决策在组织管理中的作用,就有了管理信息系统概念的萌芽。50 年代,西蒙提出了管理依赖于信息和决策的概念。同一时代维纳发表了《控制论与管理》,他把管理过程当成一个控制过程,而控制要依赖于信息。50 年代计算机已用于会计工作,1958 年盖尔写道:"管理将以较低的成本得到及时准确的信息,做到较好地控制。"这些都预示着管理信息系统的出现。

图 2-1 管理信息系统的三要素

管理信息系统一词最早出现在 1970 年,由瓦尔特·肯尼万(Walter T. Kennevan)给它下了一个定义:"以书面或口头的形式,在合适的时间向经理、职员以及外界人员提供过去的、现在的、预测未来的有关企业内部及其环境的信息,以帮助他们进行决策。"这个定义说明了管理信息系统的主要功能是提供信息。什么时候的信息?是过去、现在和未来的。什么形式的信息?书面的或口头的。关于什么的信息?企业内部和外部环境的信息。什么时间提供?在合适的时间。向谁提供?经理、职员以及外界人员。用来做什么?帮助他们进行决策。很明显,这个定义是出自管理的,而不是出自计算机的。它没有强调一定要用计算机,它强调了用信息支持决策,但没有强调应用模型、应用数据库。所有这些均显示了这个定义的初始性。直到 20 世纪 80 年代,1985 年管理信息系统的创始人之一、美国明尼苏达大学卡尔森管理学院的著名教授高登·戴维斯(Gordon B. Davis)才给出管理信息系统一个较完整的定义:"它是一个利用计算机硬件和软件,手工作业,分析、计划、控制和决策模型,以及数据库的用户-机器系统。它能提供信息,支持企业或组织的运行、管理和决策功能。"这个定义说明了管理信息系统的目标、功能和组成,而且反映了管理信息系统当时已达到的水平。它说明了管理信息系统的目标是在高、中、低三个层次,即在决策层、管理层和运行层上支持管理活动。它不仅强调了要用计算机,而且强调了要用模型和数据库。它反映了当时的水平,即所有管理信息系统均已用上了计算机。

管理信息系统一词在中国出现于20世纪70年代末80年代初,根据中国的特点,许多最早从事管理信息系统工作的学者(包括笔者在内)给管理信息系统也下了一个定义,登载于《中国企业管理百科全书》上。该定义为:"管理信息系统是一个由人、计算机等组成的,能进行信息的收集、传递、储存、加工、维护和使用的系统。管理信息系统能实测企业的各种运行情况;利用过去的数据预测未来;从企业全局出发辅助企业进行决策;利用信息控制企业的行为;帮助企业实现其规划目标。"朱镕基主编的《管理现代化》一书中定义说:"管理信息系统是一个由人、机械(计算机等)组成的系统,它从全局出发辅助企业进行决策,它利用过去的数据预测未来,它实测企业的各种功能情况,它利用信息控制企业行为,以期达到企业的长远目标。"这些定义指出了当时中国一些人认为管理信息系统就是计算机应用的误区,再次强调了管理信息系统的功能和性质,强调了计算机只是管理信息系统的一种工具。对于一个企业来说没有计算机也有管理信息系统,管理信息系统是任何企业不能没有的系统。所以,对于企业来说,管理信息系统只有优劣之分,不存在有无的问题。

后来,管理信息系统定义面临了一系列的挑战。许多学者在标新立异,总想肢解、分裂管理信息系统,从而使他们的小枝可以壮大。例如,20世纪70年代末,有人说管理信息系统已经过时,现在应当提决策支持系统(decision support systems,DSS);80年代初美国麻省理工学院(MIT)又提议以信息技术(information technology,IT)替代管理信息系统(MIS),这些均未能得到普遍的支持。以后又有人以信息系统来代替管理信息系统。这种替代在美国得到了普遍的流行。这说明了美国信息系统应用最多的领域是管理方面,所以管理信息系统就可简化为信息系统。但在中国不行,因为从事无线电技术的专业早已抢先占用了信息系统这个名词。也有人用企业信息系统(business information systems,BIS)来替代MIS。中文翻译成商业信息系统,那显然窄化了我们的定义,即它不包括政府信息系统、学校信息系统等。况且把business翻译成商业,本身翻译得也不合适。如今,管理信息系统领域出现了许多新名词,如电子商务(E-commerce)、电子企业(E-business)、企业资源管理(enterprises resources planning,ERP)等,按照管理信息系统的定义,这些都不外乎是管理信息系统在新的环境下新的表现形式,统统属于管理信息系统的范畴。

关于管理信息系统定义的这些说法,总的来说分为两种,一种是广义的,一种是狭义的。主张狭义的学者把管理信息系统想象成20世纪60年代的主机带终端的集中式的信息系统,从而认为MIS已经过时。主张广义的学者认为,20世纪60年代的系统过时,不等于MIS过时,MIS的定义仍然有效。美国著名学者Kenneth C. Laudon和Jane P. Laudon教授在2002年出版的《管理信息系统》(Management Information Systems,6e)一书中就再次强调MIS的定义,说:"信息系统技术上可定义为互联部件的一个集合,它收集、处理、储存和分配信息以支持组织的决策和控制。"2018年的第15版也强调了这种看法:"一个信息系统技术上可定义为相互连接的部件的集合,它可以进行信息的收集、处理、储存和分发,以支持一个组织的决策和控制。除了支持决策、协调和控制,信息系统还可帮助经理分析问题、看清复杂的问题和创造新产品。"Laudon又说:"由管理的观点,一个信息系统是一个基于信息技术的,针对环境给予的挑战的组织和管理的解答。"这样说来,任何用信息技术解决管理问题的解答均是信息系统。当代信息系统定义之广可想而知。Laudon还说:"企业信息系统描述了企业经理的希望、梦想和现实。"实际的情况也确实如此。当代的企业要想实现任何期望和梦想,实现任何新战略,没有信息系统的支持是不可能实现的。

2.2　管理信息系统的性质

我国过去许多企业领导受的是工业化时代的教育,对信息知之甚少,对管理信息系统的性质不清楚,因而不善于领导信息系统的建设。他们总以为信息系统就是用用计算机而已。在启动时,他们就请一些计算机专家来讲计算机知识。在应用时,他们既不改变作业流程,更不改变组织,应用效果就很不明显。我们说,管理信息系统不只是计算机应用,它和计算机应用的区别见表2-1。

表2-1　管理信息系统和计算机应用的区别

计算机应用	管理信息系统
必须有计算机	不一定有计算机
是个技术系统	是个社会-技术系统
主要内容为软硬件	主要内容为信息
专家队伍建造	管理系统队伍建造

管理信息系统是人-机系统,人是社会的人,机是技术的机,因而它是个社会-技术系统,它也就是属于社会系统。我们知道生产力是由生产工具加劳动力组成,生产力和生产关系组成经济基础。经济基础和上层建筑才能组成社会。所以社会系统是最复杂的系统(见图2-2)。

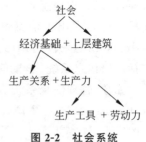

图2-2　社会系统

管理系统也是最复杂的系统。绝不能以庸人的见解看待管理工作,认为它是最没学问的。其实,要想用计算机解决现代管理问题,计算机的能力还需要提高几个数量级才行。现代的大数据技术给解决管理问题展现了曙光,但仍然只是初步。

管理系统由于是要解决管理问题的,所以它属于社会系统。但管理信息系统应用了大量的计算机设备,设备的复杂程度不断提高,技术的选择、技术的使用和维护都是很重要的问题,管理信息系统不能忽视技术的一面,因而它也属于技术系统,所以说管理信息系统是社会-技术系统。既有社会的一面,又有技术的一面。在某种程度上说它更为复杂。

当前许多管理信息系统不成功的主要问题有技术问题,但更多的是忽略了管理信息系统的社会属性。

2.3 管理信息系统的概念

由管理信息系统的定义中我们已得出了一些管理信息系统的概念,下面我们以图的形式给出其总体概念,见图 2-3。

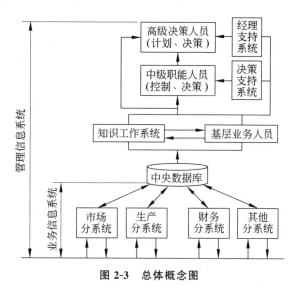

图 2-3 总体概念图

由图 2-3 可以看出,管理信息系统是一个人-机系统。机器包含计算机硬件和软件(软件包括业务信息系统、知识工作系统、决策支持系统和经理支持系统)。各种办公机械和通信设备;人员包括高层决策人员、中层职能人员和基层业务人员。管理信息系统是由这些人和机器组成的一个和谐的配合默契的人-机系统。所以,有人说管理信息系统是一个技术系统,有人说管理信息系统是个社会系统。根据上面所说的道理,我们说管理信息系统主要是个社会系统,然后是一个社会和技术综合的系统。系统设计者应当很好地分析把什么工作交给计算机做比较合适,什么工作交给人做比较合适,人和机器如何联系,从而充分发挥人和机器各自的特长。现在还有一种基于计算机(computer-based)的管理信息系统的说法,就是充分发挥计算机作用的信息系统。为了设计好人-机系统,系统设计者不仅要懂得计算机,而且要懂得分析人。

现代全自动化的工厂的管理信息系统是否就是个机器系统或技术系统了呢?其实也不是,因为它在设计时,还是要考虑社会因素的,再者,即使无人工厂,也还是有很少人的,有时正常运行无人,异常时还需要人。将很少的人减为零,成本将会异常之高,何必追求全无呢?

我们说管理信息系统是一个一体化系统或集成系统,就是说管理信息系统进行企业的信息管理是从总体出发,全面考虑,保证各职能部门共享数据,减少数据的冗余度,保证数据的兼容性和一致性。严格地说,信息只有集中统一,才能成为企业的资源。数据的一体化并不限制个别功能子系统可以保存自己的专用数据。为保证一体化,首先要有一个全局的系统计划,每一个小系统的实现均要在这个总体计划的指导下进行。其次,是通过标准、大纲和手续达到系统一体化,这样数据和程序就可以满足多个用户的要求。系统的设备也应当互相兼容,即使在分布式系统和分布式数据库的情况下,保证数据的一致性也是十分重要的。

具有集中统一规划的数据库是管理信息系统成熟的重要标志,它象征着管理信息系统是经过周密设计而建立的,它标志着信息已集中成为资源,为各种用户所共享。反过来说,如果没有集中共享的数据库,数据还没有成为企业的资源。数据库有自己功能完善的数据库管理系统,管理着数据的组织、数据的输入、数据的存取,使数据为多种用户服务。

管理信息系统还用数学模型分析数据,辅助决策。只提供原始数据或者总结综合数据对管理者来说往往感到不满足,管理者希望直接给出决策的数据。为得到这种数据往往需要利用数学模型,例如联系于资源消耗的投资决策模型、联系于生产调度的调度模型等。模型可以用来发现问题,寻找可行解、非劣解或最优解。在高级的管理信息系统中,系统备有各种模型,供不同的子系统使用,这些模型的集合称为模型库。高级的智能模型能和管理者以对话的形式交换信息,从而组合模型,并提供辅助决策信息。数学模型不仅用于解决问题的决策分析,也用于找出问题的发现分析,这就是现在最流行的数据挖掘,即在一大堆杂乱如麻的数据中发现规律,发现相关性,从而提出创新性的想法,萌发出创新性解决问题的思想。

管理信息系统的结构是指各部件的构成框架,由于对部件的不同理解就构成了不同的结构方式,其中最重要的是概念结构、功能结构、软件结构和硬件结构。

2.3.1 管理信息系统的概念结构

从概念上看,管理信息系统由四大部件组成,即信息源、信息处理器、信息用户和信息管理者,见图2-4。

这里,信息源是信息产生地;信息处理器担负信息的传输、加工、保存等任务;信息用户是信息的使用者,负责应用信息进行决策;信息管理者负责信息系统的设计实现,在实现以后,负责信息系统的运行和协调。按照以上四大部件及其内部组织方式可以把信息系统看成以下各种结构。

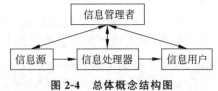

图 2-4 总体概念结构图

首先,根据各部件之间的联系可分为开环和闭环结构。开环结构又称无反馈结构,系统在执行一个决策的过程中不收集外部信息,并且不根据信息情况改变决策,直至产生本次决策的结果,事后的评价只供以后的决策做参考。闭环结构是在过程中不断收集信息、不断送给决策者,不断调整决策。事实上最后执行的决策已不是当初设想的决策,见图2-5。

一般来说,计算机实时处理的系统均属于闭环系统,而批处理系统均属于开环系统,但对于一些较长的决策过程来说,批处理系统也能构成闭环系统。

其次,根据处理的内容及决策的层次来看,可以把管理信息系统看成一个金字塔式的结构,见图2-6。

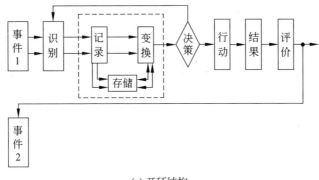

(a) 开环结构

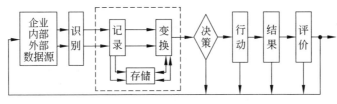

(b) 闭环结构

图 2-5　开环与闭环结构

由于一般的组织管理均是分层次的,例如分为战略计划、管理控制和运行控制三层,为它们服务的信息处理与决策支持也相应分为三层。由于一般管理均是按职能分条的,信息系统也就可以分为销售与市场、生产、财务与会计、人事及其他等。一般来说,下层的系统处理量大,上层的处理量小,所以就组成了纵横交织的金字塔结构。

图 2-6　金字塔结构

管理信息系统的结构又可以用子系统及它们之间的连接来描述,所以又有管理信息系统的纵向综合、横向综合以及纵横综合的概念。不太准确的描述就是:横向综合是按层划分子系统,纵向综合是按条划分子系统。例如,把车间、科室以及总经理层的所有人事问题划分成一个子系统。纵横综合则是金字塔中任何一部分均可与任何其他部分组成子系统,达到随意组合、自如使用的目的。

2.3.2　管理信息系统的功能结构

从使用者的角度看,一个管理信息系统总是有一个目标,具有多种功能,各种功能之间又有各种信息联系,构成一个有机结合的整体,形成一个功能结构(或称为职能结构)。例如,一个企业的内部管理系统可以具有如图 2-7 所示的结构。

由图 2-7 可以看出,这里子系统的名称所标注的是管理的功能或职能,而不是计算机的名词。它说明管理信息系统能实现哪些功能的管理,而且说明如何划分子系统,并说明是如何连接起来的。

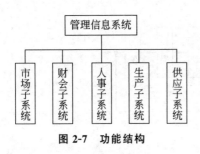

图 2-7 功能结构

实际上,这些子系统下面还可划分子系统,叫二级子系统,不叫孙系统。信息系统的职能结构不是组织结构。例如一个职工考勤二级子系统,在组织上它可能属于生产系统,而在职能上它可能属于人事子系统。

职能的完成往往是通过"过程"来完成,过程是逻辑上相关的活动的集合,因而往往把管理信息系统的功能结构表示成功能-过程结构,如图2-8所示。

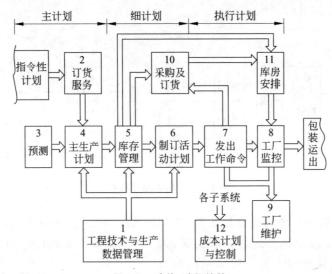

图 2-8 功能-过程结构

这个系统表明了企业各种功能子系统怎样互相联系,形成一个全企业的管理系统,它好像是企业各种管理过程的一个缩影。整个流程自左向右展开,这里企业的主生产计划4是根据指令性计划、订货服务以及预测的结果来制定的。通过库存管理,决定需要多少原料、半成品、外购件以及资金,而且确定物料的到达时间及库存水平。要产生这些信息用到的产品数据,由系统1得到。根据系统5的安排,系统10决定何时进行采购和订货手续;系统11决定何时何地接收货物;系统6决定何时何车间(或工位)进行何种生产工作。系统6所安排的仍只是一个计划,只有通过系统7发出命令,一切工作才见诸行动。系统8在整个工作开始后,不断监视各种工作完成的情况,并进行调整和安排应急计划。最后,进行包装运出。图中还有工厂维护系统9,是安排大修的。系统12是进行成本计划与控制的。这里所画的均是计算机的信息流程,看上去它好像是工厂物理流程的缩影。

2.3.3 管理信息系统的软件结构

支持管理信息系统各种功能的软件系统或软件模块所组成的系统结构,是管理信息系统的软件结构。一个管理系统可用一个功能/层次矩阵表示,见图2-9。

图2-9的每一列代表一种管理功能,图上共有7种。其实这种功能没有标准的分法,因组织不同而异。图中每一行表示一个管理层次,行列交叉表示每一种职能子系统。各

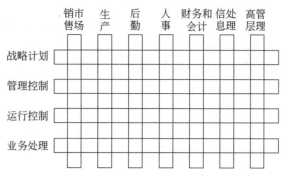

图 2-9 功能/层次矩阵

个职能子系统的简要职能如下。

(1) 销售市场子系统：包括销售和推销。在运行控制方面包括雇用和训练销售人员、销售和推销的日常调度，还包括按区域、产品、顾客的销售数量定期分析等。在管理控制方面，包含总的成果和市场计划的比较，它所用的信息有顾客、竞争者、竞争产品和销售力量要求等。在战略计划方面包含新市场的开发和新市场的战略，它使用的信息包含顾客分析、竞争者分析、顾客评价、收入预测、人口预测和技术预测等。

(2) 生产子系统：包括产品设计、生产设备计划、生产设备的调度和运行、生产人员的雇用和训练、质量控制和检查等。典型的业务处理是生产订货（即将成品订货展开成部件需求）、装配订货、成品票、废品票、工时票等。运行控制要求把实际进度与计划相比较，发现瓶颈环节。管理控制要求进行总进度、单位成本和单位工时消耗的计划比较。战略计划要考虑加工方法和自动化的方法。

(3) 后勤子系统：包括采购、收货、库存控制和分发。典型的业务包括采购的征收、采购订货、制造订货、收货报告、库存票、运输票和装货票、脱库项目、超库项目、库营业额报告、供应商性能总结、运输单位性能分析等。管理控制包括每一后勤工作的实际与计划的比较，如库存水平、采购成本、出库项目和库存营业额等。战略计划包括新的分配战略分析、对供应商的新政策、"自制和购入"的战略、新技术信息、分配方案等。

(4) 人事子系统：包括招聘、雇用、培训、考核、工资和福利、解雇等。典型的业务有雇用需求的说明、工作岗位责任说明、培训说明、人员基本情况数据（学历、技术专长、经历等）、工资变化、工作小时和离职说明等。运行控制关心的是雇用、培训、终止、变化工资率、产生效果。管理控制主要进行实情与计划的比较，包括雇用数、招募费用、技术库存成分、培训费用、支付工资、工资率的分配和政府要求符合的情况。战略计划包括雇用战略和方案评价，工资、培训、收益、对留用人员的分析，把本国的人员流动、工资率、教育情况和世界的情况进行比较等。

(5) 财务和会计子系统：按原理说财务和会计有不同的目标，财务的目标是保证企业的财务要求，并使其花费尽可能降低。会计则是把财务业务分类、总结，填入标准财务报告，准备预算、成本数据的分析与分类等。运行控制关心每天的差错和异常情况报告、延迟处理的报告和未处理业务的报告等。管理控制包括预算和成本数据的分析比较，如财务资源的实际成本，处理会计数据的成本和差错率等。战略计划关心的是财务保证的长期计划、减少税收影响的长期计划、成本会计和预算系统的计划。

(6) 信息处理子系统：该系统的作用是保证企业的信息需要。典型的业务是处理请求、收集数据、改变数据和程序的请求、报告硬件和软件的故障以及规划建议等。运行控制的内容包括日常任务调度、差错率、设备故障。对于新项目的开发还应当包括程序员的进展和调试时间。管理控制关心计划和实际的比较，如设备成本、全体程序员的水平、新项目的进度和计划的对比等。战略计划关心功能的组织是分散还是集中、信息系统总体计划、硬件软件的总体结构。办公室自动化也可算作与信息处理分开的一个子系统或者是合一的系统。当前办公室自动化主要的作用是支持知识工作和文书工作，如文字处理、电子信件、电子文件、数据与声音通信等。

(7) 高层管理子系统：每个组织均有一个最高领导层，如公司总经理和各职能领域的副总经理组成的委员会，这个子系统主要为他们服务。其业务包括查询信息和支持决策、编写文件和信件便笺、向公司其他部门发送指令。运行控制层的内容包括会议进度、控制文件、联系文件。管理控制层要求各功能子系统执行计划的总结和计划的比较等。战略计划层关心公司的方向和必要的资源计划。高层战略计划要求广泛的综合的外部信息和内部信息，这里可能包括特级数据检索和分析，以及决策支持系统。它所需要的外部信息可能包括竞争者的信息、区域经济指数、顾客喜好、提供的服务质量等。

对应于这个管理系统，在管理信息系统中的软件系统或模块组成一个软件结构，见图 2-10。图 2-10 中每个方块是一段程序或一个文件，每一个纵列是支持某一管理领域的软件系统。例如生产管理的软件系统是由支持生产管理方面的战略模块，支持管理控制、运行控制以及业务处理的模块所组成的系统，同时还带有它自己的专用数据文件。整个系统有为全系统所共享的数据和程序，包括公用数据文件、公用程序、公用模型库及数据库管理系统等。当然这个图所画的是总的粗略一级的结构，事实上每块均可再用一个树结构表示，每个树的叶子均表示一个小的程序模块。

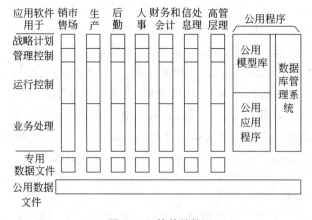

图 2-10 软件结构

图 2-10 的软件结构更多还是面对应用的视角，如更多关心计算机系统内部管理，其架构如图 2-11 所示。

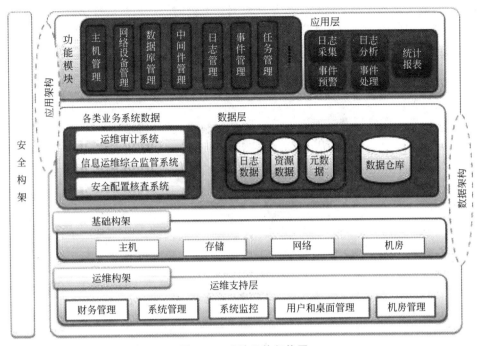

图 2-11 系统总体架构图

2.3.4 管理信息系统的硬件结构

管理信息系统的硬件结构说明硬件的组成及其连接方式,还要说明硬件所能达到的功能。广义而言,它还应当包括硬件的物理位置安排,如计算中心和办公室的平面安排,如图 2-12 所示。

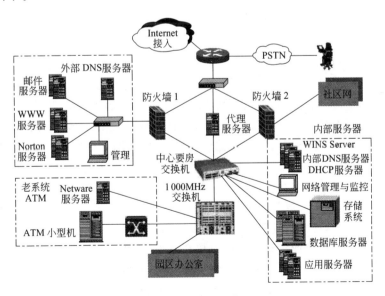

图 2-12 硬件结构

目前我国大多数中小企业应用的是微机网。微机网的结构是由许多台微机通过网络连接起来的。网络的形式有星型、环型和母线型，如图 2-13 所示。

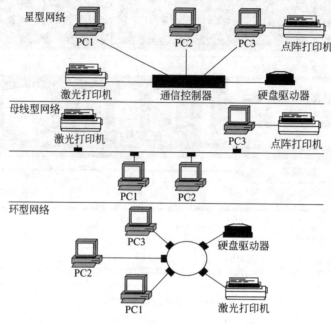

图 2-13　微机网硬件结构

2.4　管理信息系统的开发

管理信息系统的开发是一项大的系统工程性质的工作，一般的系统工程均要有三个成功要素，这就是：①合理确定系统目标；②组织系统性队伍；③遵循系统工程的开发步骤。所有这些要素均要在坚强的领导下才能完成。

首先谈谈领导问题。由于信息系统耗资巨大，历时相当长，并且是涉及管理方式变革的一项任务，因而必须主要领导亲自抓才能成功。信息系统之所以失败，其关键原因是主要管理者不是参加者，而是旁观者。因而可以说主要领导者参与是管理信息系统开发成功的先决条件。因为主要领导者最清楚自己企业的问题，最能合理地确定系统目标，他拥有实现目标的人事权、财务权、指挥权，他能够决定投资、调整机构、确定计算机化水平等，这是其他任何人都不能替代的。现在我国许多企业领导较缺乏管理信息系统的知识，这实际上构成了大多数信息系统不成功的主要原因。

作为领导人员，怎样领导管理信息系统的开发工作呢？首先领导人员应有一些管理信息系统的基本知识，能大概地知道计算机原理和其功能，以及它包括的主要设备；其次，领导人员应有提高自己企业管理水平的设想和运用现代管理科学的设想；再次，领导人员要懂得管理信息系统的开发步骤和每步的主要工作；最后，领导者要会用人，会组织队伍。

领导者推动管理信息系统的第一步是建立一个信息系统委员会。信息系统委员会是领导者的主要咨询机构，又是信息系统开发的最高决策机构，其人员包括对信息系统要求较多的各级管理组织的主要负责人,如财务科、计划科、销售科等。还包括一些有经验的管理专家,例如掌握预测技术和计划技术的专家。还应包括信息系统的系统分析员。信息系统委员会的主要工作是确定系统目标,审核和批准系统方案,验收和鉴定系统以及组建各种开发组织。

在信息系统委员会的领导下要建立一个系统规划组或系统分析组,简称系统组。系统组应有各行各业的专家,如管理专家、计划专家、系统分析员、运筹专家、计算机专家等。这支队伍可以由本单位抽人组成,如宝钢这样的大企业可以做到这样。也可以请外单位的人,如请科研单位、大专院校、咨询公司派出专家和本单位专家结合组成。这样既可以摆脱主观偏见,吸收新鲜思想,又可以避免系统建成后人浮于事而造成负担。

建成队伍后,如果是进行整个企业/组织信息系统的开发,则应首先进行全系统的规划,系统规划是全面的长期的计划,在规划的指导下就可以进行一个个项目的开发。图 2-14 画出了系统开发的各个步骤。

系统规划制定完成后,就可根据规划的要求组织一个个项目的开发。每个项目的开发均可由四个阶段来完成,即系统分析、系统设计、系统实现和系统评价。这四个阶段组成一个生命周期。这个周期是周而复始进行的,一个系统开发完成以后就不断地评价和积累问题,积累到一定程度就要重新进行系统分析,开始一个新的生命周期。一般来说,不管系统运行得好坏,每隔 3~5 年也要进行新一轮的开发。当然,对几年以后的系统规划也要修订。

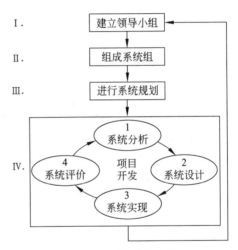

图 2-14 系统开发步骤

系统规划的主要内容包括企业目标的确定、达到目标方式的确定、信息系统目标的确定、信息系统主要结构的确定、工程项目的确定及可行性研究等。

系统分析的内容包括数据的收集、数据的分析、系统数据流程图的确定以及系统方案的确定等。

系统设计包括计算机系统流程图和程序流程图的确定、编码、输入输出设计、文件设计、数据库设计以及程序设计等。

系统实现包括机器的购买、安装、程序调试、系统的切换以及系统的运行和维护等。

系统评价包括建成时的评价和运行后的评价,发现问题并提出系统更新的请求等。

在这些步骤中,值得注意的有以下几点。

(1) 系统分析占了很大的工作量,有人对各阶段所耗人力和财力作了描述,如图 2-15 所示。

从图 2-15 可以看出,在系统分析阶段技术人员的人力耗费是很多的。只有分析得好,计划得好,以后的设计才能少走弯路。那种不重视分析,只想马上动手设计的做法是不明智的。

(2) 开发信息系统不应当把买机器放在第一位,因为只有在进行了系统分析以后,才

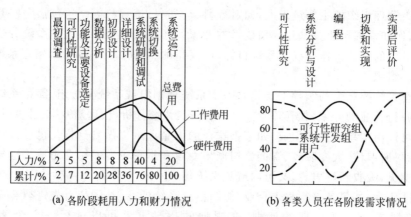

(a) 各阶段耗用人力和财力情况　　　(b) 各类人员在各阶段需求情况

图 2-15　系统开发各阶段人力和财力需求情况

知道要不要买计算机,买什么样的计算机。尤其对于大的系统开发可能长达 3 年,现代计算机差不多 5 年一换代,微型机 3 年一换代,或者说 3 年以后的价格要比原来的少一半,如果一开始就买机器,没等用上就折旧了许多,实在不划算。

(3) 程序的编写要在很晚才进行。程序编写要在系统分析和设计阶段以后,在弄清楚要干什么和怎么干的情况下,而且有了严格的说明时才好进行。若一开始就编程序,可能会编得不合要求,以后改不胜改,反而会大大浪费人力和时间。

某些企业领导对花钱买设备感兴趣,觉得能看得见,摸得着;而投资搞规划搞软件,却舍不得。随着信息社会的到来,硬件的价格在下降,软件价格在上升,已逐渐达到对等的地步。开发人员的费用已大大提高了。如今,一个开发人员的年产值已经达到 100 万元。就是说,如果一个软件要 10 个人年才能完成,则这个软件的价值为 1000 万元。这是对单件生产而言,如果是软件产品,当然每个产品的价格将大大下降。

管理信息系统的开发往往要和企业的变革同时进行,尤其现在,这个趋势更加明显。集企业变革和系统开发于一体的业务流程重组(business process reengineering,BPR)、企业资源规划(enterprise resource planning,ERP)等开发和应用日趋广泛。

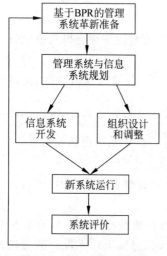

图 2-16　基于 BPR 的信息系统开发流程

BPR 是以过程的观点来看待企业的运作,对企业运作的合理性进行根本性的再思考和彻底的再设计,以组织和信息技术为两个使能器(enabler),以求企业的劳动生产率等关键的指标得到巨大的改善和提高。这就是说,在进行信息系统的规划和系统分析时,首先要考虑管理思想、管理方法和管理组织以及管理系统的变革,充分考虑信息技术的潜能,以达到系统的开发效果,使之合理性最大。以 BPR 为指导思想进行管理系统的变革,才能更好地进行信息系统的规划与开发,因此现在的信息系统开发,趋向与企业进行 BPR 相结合,其流程如图 2-16 所示。

2.5 管理信息系统的学科内容及与其他学科的关系

管理信息系统不仅是一个应用领域,而且是一门学科。它是介于管理学科、数学和计算机学科之间的一个边缘性、综合性、系统性的交叉学科。它运用这些学科的概念和方法,融合提炼组成一套新的体系和方法。为了了解其背景,有必要回顾这些学科的发展过程。

2.5.1 管理科学及其与管理信息系统的关系

管理作为一种活动,自有人类群体以来就已经存在。但在初始阶段,它只表现为一种经验或艺术。只有到了20世纪初,科学管理的产生,逐渐开始了管理科学的研究,也才逐渐形成了学科。

管理科学的发展大致经历了5个阶段。

第一阶段是20世纪20年代,以"泰勒制"为代表的科学管理的出现。这个时期的代表作是泰勒在1911年写的《科学管理原理》,他论述了改直线制为职能制、动作和时耗的研究、分工、劳动定额和计件工资。他第一次把科学原则引入管理中。

第二阶段是20世纪30年代,出现"行为科学学派"。其代表作是1933年美国迈约写的《工业文明中人的问题》,他主张激励人的积极性,甚至鼓吹工人参加管理。

第三阶段是20世纪40年代,出现"数学管理学派",其代表作是1940年苏联康托纳维奇著的《生产组织与计划中的数学方法》,他认为生产指挥的问题主要是数学问题。

第四阶段是20世纪50年代,出现了"计算机管理学派"。这是一股势力,没有明显的代表作,他们把计算机广泛应用于管理,继1954年用于工资管理以后,在20世纪50年代末至60年代初形成了计算机管理的第一次热潮。

第五阶段是20世纪70年代,出现了"系统工程学派"。其代表作是1970年美国华盛顿大学教授卡斯著的《组织与管理——从系统出发的研究》。

后一学派的产生,一般不是对前一学派的否定,相反是对前一学派的弱点加以改进,使前者的愿望更能得以实现。例如,行为科学能激励工人更好完成定额,更便于科学管理的实现;计算机的出现使数学方法的应用成为可能,促进了应用数学的发展;系统工程则是集过去之大成,更加综合,更加全面,它主张分析环境,确定系统目标,什么方法合适,就用什么方法。

近年来,也有一些研究人员提出了一些新的想法,但尚处于雏形阶段。例如,有人提出信息管理学派,认为信息是资源,有了信息就有了一切,信息充分了,管理决策自然就产生了。也有人提出了知识管理学派,认为知识是资源,有了知识就有了一切,拥有了知识,就拥有了未来,也就永远立于不败之地。但这些想法都不太完整,也未达到普遍的共识。

2.5.2 计算机科学及其与管理信息系统的关系

计算机科学显然是与管理信息系统最密切的学科之一。我们看看计算机技术的发展。

计算机现在已越来越成为管理的重要工具,但是在计算机出现以前,人们已经用工具帮助运算和管理,1929年就出现了机械记账机。所以当第一台电子计算机于1946年问世以后,到1954年,短短9年,计算机就已用于工资计算,即用于管理了。计算机技术与企业管理应用的发展如图2-17所示。

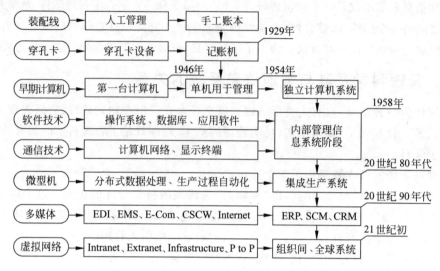

图 2-17 计算机技术与企业管理应用的发展

EDI——电子数据交换,EMS——电子会议系统,E-Com——电子商务,
Internet——互联网,ERP——企业资源计划,SCM——供应链管理,
CRM——客户关系管理,Intranet——企业内联网,Extranet——企业外联网,
Infrastructure——信息基础设施,P to P——点对点网络

西方国家在第一台计算机出现以后,能很快用于管理,是由于有了前一阶段的准备。我国由于基础较差,虽然在1958年就研制出计算机,但直到1975年才在个别项目上(如生产计划)应用于管理。发达国家1958年开始进入企业内部管理信息系统研究阶段,由低级到高级逐渐完善。我国在20世纪80年代初开始有企业投入了管理信息系统的系统运行,但也未达到西方20世纪60年代初的水平。管理信息系统包括数据处理系统、信息控制系统以及决策支持系统。国外20世纪70年代和80年代初期多次兴起决策支持系统的研究热潮,虽然取得不少成就,但仍然没有根本性的突破。后来又掀起用专家系统、人工智能以及知识工程解决决策支持的高潮,在此基础上取得了一些实质性突破。

从20世纪70年代末和80年代开始,管理信息系统已经和CAD(计算机辅助设计)、CAM(计算机辅助制造)结合在一起,构成统一的信息系统,称为集成生产系统(integrated production systems),我国把它称作计算机集成制造系统(computer integrated manufacturing systems,CIMS),我们把它扩充为计算机集成制造和管理系统(computer integrated manufacturing and management systems,CIMMS),这可能是21世纪的生产力和21世纪的管理系统。

20世纪90年代开始,由于微机技术的进步,成本大大降低,性能大大提高,加之网络技术、多媒体技术的成熟,计算机科学在更大更深的范围对管理信息系统产生重大影响。尤其在1993年9月美国克林顿政府发布了《国家信息基础结构:行动计划》的政府报告,世界各发达国家纷纷响应,掀起建设信息高速公路、信息基础设施的热潮。

信息高速公路改变了企业的外部环境,也改变着企业的内部环境。管理信息系统跨出了企业的界限。运营上推行敏捷制造(agile manufacturing),企业群体形成了动态联盟,以供应链系统等形式的信息系统把多个企业捆扎在一起。Internet(因特网)、EDI(电子数据交换技术)、EMS(电子会议系统)等均使这些经营方式容易实现。Internet对企业内部的MIS也产生了影响,企业内联网(Intranet)加快发展。Intranet是把Internet的技术用于企业内部,使企业内部各种网络有了统一的界面,大大方便了使用者,使企业更容易实现无纸办公。计算机技术的成熟为管理信息系统的大发展创造了良好的条件。

2.5.3 数学和系统科学及其与管理信息系统的关系

数学和系统科学对管理信息系统也有很大的关系。

数学是关于数与形的科学。它提供了一套表达事物和逻辑推导的工具。科学是对事物进行明其理、控其行的学术。严格地说,任何事物只有能用数学表达,才算真正做到了科学。在管理科学中应用最广的数学是统计学和运筹学,在计算科学中应用最广的数学有离散数学、线性代数和群论、微分和差分方程、概率和模糊数学等。

运筹学不是数学,但是与数学有很密切的关系。生产实际中提出了数学规划问题,但只有在1947年美国数学家旦泽(George B. Dantzig)发明了单纯型解法后,才使得数学规划得以广泛应用。传统数学对管理影响较深或者用得最多的要算是概率和统计了。在预测中,应用统计列出模型进行估计,处理数据。在决策中,利用概率进行风险估计和达到期望最大的决策。近年来,随机过程也在管理中得到很多应用。

信息论、控制论和系统论,俗称"老三论",也已成为管理信息系统的理论基础。但是这些学科的发展还远远不能满足管理的要求。随着市场全球化、管理过程化、职能综合化、组织扁平化,许多新的问题出现,呼唤着新的数学。也可以这样说,现代管理呼唤着新的数学,任何新的数学的出现均会在管理中找到用武之地。

继"老三论"之后,对管理信息系统最有影响的理论是模糊数学、"新三论"(突变论、耗散结构论和协同论)以及非线性科学(包括分形、分维和混沌理论)。

模糊数学诞生于1965年,其创始人为美国自动控制专家扎德(L. A. Zadch)。开始发展缓慢,到20世纪70年代形成高潮。它和概率论相似,都是用确定的数字来表述不确定的现象的,但它的范围更广。概率论往往认为事物和标准本身是确定的,只是这个事情的发生有一定的概率。例如,我们认定1.7米及以上是高个子,随便找一个人是高个子,则有一定的概率。模糊数学则认为高个子的概念是模糊的,它给出另一个数字"隶属度"来描述这种模糊性。那么身高1.7米的人属于高个子的隶属度为0.8,说明他模模糊糊地属于高个子。模糊数学也和概率论一样,可以对原始的模糊数据进行运算,通过模糊逻辑、模糊函数,从而得到模糊的结果。根据模糊结果作出模糊的决策。模糊数学在管理上得到越来越多的应用,对管理信息系统也产生着重要的影响。

从根本上影响管理信息系统理论的应当是"新三论",即耗散结构论、突变论和协同论。

耗散结构论(dissipative structure theory)是研究开放系统的理论,而管理信息系统本身就是开放系统。耗散结构论认为一个远离平衡的非线性系统,通过与外界交换物质、能量和信息,当控制参量越过某一阈值,系统可能失稳,由无序状态变为一种时间、空间或功能有序的新状态。这和任何孤立系统熵只增不减的"热死学说"不同,它认为开放系统的熵来自两部分,一部分是本身不可逆过程引起的,一部分则是和外界交互得到的,两者之和可以达到熵的减少,系统趋于有序,因而系统可以是自组织。所有的自组织均是由非线性导致的。这种现象可以用分叉图来表示,见图2-18。

图2-18中,λ为系统内某个控制变量。当它变化超过某个阈值λ_1时,系统失稳,本来要沿a'发展下去。但是由于内外交互的结果,它走向另一个稳态b或c。分支实际上是革新。管理信息系统现在所推行的BRP,也正是要推行这种革新,挽救"死寂的企业"。

分叉图还告诉我们,回顾和预测是不同的,回顾只是一条路,而预测可能面临分支。经理应当是明天的经理,明天并不包含于今天和过去之中。

突变论(catastrophe theory)是研究由于结构不稳定而产生突变现象的数学分支。突变论通过对结构稳定性的分析来说明和预测形态变化的发生。突变有两种含义,一种突变是当某一参数,例如压力,达到一个界限时,系统就产生破坏。这就是普通的突变。另一种突变并不是原系统的解体,而是系统的生存手段,通过状态的大的变化,维持系统本质不变。突变论就研究这种突变。

突变论中研究的突变在4个控制变量下,有7种基本突变:折叠形、尖顶形、燕尾形、蝴蝶形、双曲形、椭圆形和抛物形。

最简单的突变的一个截面如图2-19所示。

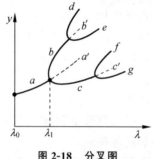

图2-18　分叉图

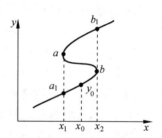

图2-19　突变现象截面

当x变量由小变到大时,到达b点后,y产生跳跃,而当"由大变小时"在a点产生跳跃。显然曲线是平滑的,但其中有些状态是无法达到的。正反方向的跳跃在不同点,产生了"滞后"现象。这就是要进行矫枉则必须过正的现象。

协同论(synergetic)集中研究自组织现象,寻找支配自组织过程的一般原理和普遍规律。自组织是在没有外力的干预下,通过少数变量控制,通过子系统合作能达到宏观有序结构。协同论是德国斯图加特大学哈肯(Haken)教授创立的,他于1971年首次提出协同论概念。他认为当一个远离平衡点的系统由无序走向有序时熵不一定减少,而且可能增加。有一些缓慢变化的变量,叫作序参量,主宰着系统演化的整个过程。在系统的演变过程中,子系统的相互作用形成了序参量,而序参量又决定子系统的行为,这些就是自组织的特征。当代的企业和企业联盟,在网络支持下的管理信息系统实际上都是自组织系统。协同论的思想对管理的应用定会有广阔的前途。

"新三论"的理论基础可以说是非线性科学。因而 20 世纪 80 年代以来西方科学界刮起了非线性风暴。它也称作复杂系统理论。

系统论强调整体的功能大于部分之和,强调整体的不可分性。分形理论则揭示了部分构成整体所遵循的原则和规律,强调部分的全息性与整体的统一性,找到了部分过渡到整体的桥梁。

分形和分维的理论尽管是刚刚开始,但是已显示出其在管理中应用的巨大潜力。现代的大型企业集团和网络上的管理信息系统均期待这些理论的成熟和应用。

混沌学(chaos)是研究非线性科学的核心理论。混沌并不是一团糊涂的无序,而是内在的非线性动力学本身产生的不规则的宏观时空行为。混沌不是无序,而是一种非周期的有序。混沌是自然界或人类社会一种更普遍的现象。混沌现象的背后,隐藏着具有无穷嵌套的自相似性的几何结构,并具有吸引子。吸引子是系统行为的归宿或系统行为被吸引到的地方。混沌吸引子是系统总体稳定和局部不稳定共同作用的产物。

对于复杂的非线性系统,系统有分叉现象。分叉又是倍周期,即周期越来越小。当周期无穷多时,则相当于无周期,系统就进入了混沌。系统进入混沌有普遍的规律性,不随方程的形式而变。这就是重整化群理论,用处理简单问题的方法去处理复杂的问题。混沌系统具有三个主要特征:(1) 内随机性,产生混沌的根源在内部而不在外部;(2) 分维性质,构成分形结构——奇异吸引子;(3) 有序的无序,普适性。

混沌消除了决定论和概率论两大对立描述体系间的鸿沟。混沌理论企图抓住复杂性背后的简单规律,探索无序中的有序和混沌中的和谐。

未来的世纪是非线性的世纪,未来的管理也是非线性的管理,而未来的管理信息系统也必须在无序中走出自己的有序。

这些标志概括起来说,就是系统的观点、数学的方法和计算机的应用。严格地说,没有这三条就不能算实现了真正的管理现代化。

综上所述,可以看出管理信息系统是基于数学、计算机科学、管理科学的一门综合性、边缘性、系统性的科学。从事管理信息系统的工作,应有一些基本知识的训练、基本技能的训练,还应有一些基本素质和修养的训练。

即测即练

研讨题

1. 管理信息系统是什么?它和一般的计算机应用有什么不同?
2. 管理信息系统有几种分类方法?它是根据什么原则进行分类的?
3. 管理信息系统应包括什么子系统?子系统之间是如何相互联系的?
4. 管理信息系统的结构有几个视图?你是否认为还有另外的视图?如果有,是什么?
5. 管理信息系统的开发特点是什么?有几种开发方式?各有哪些长处和缺点?
6. 生命周期开发方式每阶段的重点是什么?请评述生命周期法开发的问题和困难。
7. 管理信息系统是否一门学科?其性质如何?

CHAPTER 3 第3章

管理信息系统的三个理论来源

管理信息系统的概念是由三个部分组成,即管理、信息和系统。管理、信息和系统已是发展十分成熟的独立学科。管理信息系统是建筑于其上的系统性、边缘性、交叉性学科。为了理解管理信息系统的概念,首先了解管理、信息和系统的概念是十分必要的。管理信息系统的三个理论来源就是管理、信息和系统理论。

3.1 管理理论的回顾

3.1.1 管理的定义

自有人类以来就有了管理,如中国古代就有《孙子兵法》《资治通鉴》等。但真正把管理作为概念和理论来进行大量研究还是在20世纪初工业革命时代开始的,因而可以说它还是个很年轻的学科。近来关于管理的一些较精确的定义和概念已经出现。

美国著名学者罗宾斯(Robbins S. P.)给管理下了一个定义:管理是通过他人既有效率又有效益地完成活动的过程。效率(efficiency)是指又好又省地完成工作,可以通俗地想象成单位产品的资源消耗最少,单位时间的产出最大。而效益(effectiveness)是指很好地达到目标,其产出是有效的、有用的。效益要求我们做正确的事情(doing the right things);而效率则要求我们正确地做事情(doing things right)。

以上定义是由管理的目标来说明的。如果由另外的角度,可以得到另外的说法。例如,可以由功能、角色和技能出发来得出不同的定义。

由功能出发的定义是由著名的法国实业家亨利·法约尔(Henri Fayol)给出的,他在20世纪20年代所著《一般工业管理》一书中,把管理的职能定义为计划、组织、指挥、协调和控制。计划包括定义目标、建立战略、制订计划。组织包括确定由谁来进行何种工作、应用什么样的组织结构、谁来决策、向谁汇报等。指挥包括向下属发令、激励下属、选择最有效的沟通手段、解决矛盾冲突等。协调包括与外单位的沟通,签订协议和合同,保证各自按时按质完成相关工作,以确保总体任务的完成。控制包括监控工作的进行,不断和已定目标相比,保证实现的工作和计划相符。

由角色出发的定义是由亨利·明茨伯格(Henry Mintzberg)给出的,他在20世纪60年代末经过大量仔细的研究发现,大多数经理经常是处于变化的、无模式的、短期的活动中,其决策不可能是系统的。亨利以管理角色来表示某种管理行为。他把角色分为三类十种。三类是人际关系角色、信息角色和决策角色。人际关系角色包括三种:一是形象代表者,二是领导者,三是联络者。信息角色包括三种:一是监视者,二是传输者,三是发布者。决策角色包括四种：一是创业者，二是麻烦处理者，三是资源分配者，四是谈判者。

技能论的代表是罗伯特（Robert L. Katz），他在20世纪70年代初把管理技能分为三种：一是概念技能，二是技术技能，三是人际技能。概念技能是对事物从总体上的抽象思考的能力，使之能全面长远地掌握事物的发展。技术技能是指一些科学的管理技术和把IT用于管理的能力。人际技能是指善于做人的工作，具有沟通、激励、领导等能力，善于动员、组织、带领和控制群众去完成既定目标的工作。

综上所述，我们可以知道由不同的角度来看管理，可以给出管理不同的定义和不同的分类。现在给管理下一个综合的定义：

管理是为了某种目标，应用一切思想、理论和方法去合理地计划、组织、指挥、协调和控制他人，调度各种资源，如人、财、物、设备、技术和信息等，以求以最小的投入去获得最好或最大的产出目标。

对管理有另一种说法，即"管理是通过他人完成工作"。这个定义强调了管理的一个很重要的方面，就是管理是要通过管理人去完成工作，而不是事事都亲自去做。强调了管理者就是要管理人，要更加重视人的工作。

3.1.2　管理的性质

关于管理性质的争论已延续了几个世纪。

首先遇到的问题是：管理是艺术还是科学？由于知识的不全面，有人过分强调它是艺术，有人过分强调它是科学。我们说它既是艺术又是科学。当我们对某种事物不甚了解时，往往把它纳入"艺术"的范畴。例如，孙悟空一个跟斗翻十万八千里，没有任何依据，只是一种想象的描述。如果我们对事物的规律和原理有所知时，就把它纳入"科学"的范畴。例如，第二次世界大战时的导弹，距离几百公里甚至上千公里外也能发射到，但可能距离目标很近，也可能偏差几十公里。如果我们对某种事物完全了解并掌握了它的规律，那么它就变成一种"技术"或"工程"。例如，当今的导弹，发射几千公里而误差不超过两米。明白了这个道理后，就不会片面地强调管理的科学面或艺术面了。

其次遇到的问题是：管理是定性还是定量？这个问题和第一个问题有关。当我们对一个事物不了解时只能定性，例如，只要能赚钱这个生意就可以做。定性是表示是或否，做或不做。定性分析往往依赖于经验，但经验有时也不仅给出定性，也可能给出量的估计，如成功率大约为70%等。定量多依赖于科学，依赖于数学计算，管理科学和一般管理的一个主要区别就是强调定量方法。随着科学技术的进步，应用科学的方法也可以处理定性的问题。管理科学的定量方法虽然能给出很确定的解答，但这种解答是否一定对，还是个复杂问题。由于原始数据的不准确，或者模型的过于简化，往往使结果不可信。从我国甚至世界的实际情况看，管理科学化虽然是我们追求的目标，但离完全的科学还差得很远，绝不能忽视或轻视管理的经验。

最后一个问题是：管理是文科、理科还是工科？在国际上，管理已成为一门独立的学科，我国现在也已把管理学当成一个独立的学科门类，这意味着理、工、农、医、文、法、管都是平行的学科。过去，过分强调分科，而较少强调综合。纯粹的文理科，培养的学生大多有片面性。难怪有人说,过去理工科培养的学生呆头呆脑,左脑发达;文科培养的学生滑头滑脑,右脑发达。我们需要的管理人才,要左右脑均衡发展,有头有脑,既有智商,又有情商。管理人才应当是能文能武,站得高、看得远、想得深。

由此问题派生出来的问题是管理和经济的关系问题。我们说管理不是经济,经济也不是管理。也可能管理是经济的一种手段,经济是管理的一个对象。搞管理的应该懂点经济,搞经济的应该懂点管理,但绝不能把它们视为等同。往往用经济的手段去进行管理,是一放就乱;用管理的思路去指挥经济,是一抓就死。过去我们实行的计划经济,就是错误地用管理的方法去管经济。

3.1.3 主要管理科学家的论点

与管理信息系统关系最为密切的应当说是管理科学,下面简单介绍一些管理科学家的论点。

1. 泰勒

虽然在泰勒以前也有一些管理先驱,但因为他们的理论并不系统,所以影响有限。直到泰勒进行了一系列工业管理的实践,并于1911年发表了《科学管理原则》一书,他才第一次把科学原则应用于管理领域,同时也把管理带进科学殿堂。因而泰勒被西方广泛认为是"科学管理之父"。泰勒做过学徒、普通工人、工长、技工长以及钢铁公司的总工程师。他还有高速切削工具等的发明专利权。泰勒毕生的主要事情是提高生产效率。他所倡导的动作和时间研究、计时和计件工资、职能管理制度,的确为提高生产效率所必需,但他认为科学管理不只这些,他把科学管理的基本原理归纳如下。

（1）凭科学办事,代替凭粗浅经验办事。
（2）集体行动协调,避免不相合拍。
（3）做到彼此合作,而不是个人主义的混乱。
（4）追求产出最大,而不让它受到约束。
（5）尽最大可能培养工人,使他们和公司都取得更大的成就。

这些思想实际上也都是现代管理的基本思想。他还主张劳资双方不要把注意力放在盈余分配上,而应把注意力转向增加盈余上。这实际上已有了资本主义后期"把蛋糕做大"的思想。泰勒还认为科学管理是一次思想革命,是雇主和工人如何对待工作,同事如何相互对待的一次思想革命。可以说,科学管理不仅是生产力的革命,也是生产关系的一场革命。

泰勒有许多追随者,较有名的是甘特,他是一位机械工程师,他创立的计划图表法,至今还是一种流行的简易的方法。还有吉尔布雷恩,他进行动作研究,将砌砖动作从18个减少到5个,从而在不费力的情况下,将劳动生产率提高了一倍。

2. 法约尔

法约尔是现代经营管理理论的创始人,他在1916年出版了《一般工业管理》一书。尽管很晚他的思想还未广泛流行,但现代管理的理论模式和他的思想十分吻合,至今才发现,当时他的论述已达到全面的程度。

他提出了以下对主管人员的品质要求和训练。

(1) 体质方面：健康、有活力、有风度。
(2) 智力方面：学习、判断、适应和智能活力。
(3) 精神方面：干劲、负责、坚定、忠诚、机智、尊严、创新精神。
(4) 教育方面：相关知识的广和博。
(5) 技术方面：本职工作的熟练掌握。

他认为对工人最重要的是技术，进入主管层，经营才能越显重要。他的分析至今仍是较全面的论述。

法约尔提出了14条一般管理原则。

(1)劳动分工；(2)职权、职责、权责相关；(3)尊重、协议、服从、尽力、重视声誉；(4)命令统一，一个上级；(5)计划统一，指导统一；(6)个别服从总体利益；(7)报酬公平；(8)集中程度；(9)等级清晰；(10)各有其位，各就其位；(11)公道、公正；(12)使用期稳定；(13)首创精神；(14)团结精神。

虽然这些原则显得有些零乱，但的确概括了管理的许多重要方面。

3. 迈约

迈约是行为科学学派的主要代表人物，他在20世纪30年代和西方电气公司合作进行了著名的霍桑试验，结果显示，试验小组无论在照明加强或减弱的情况下，生产率均在提高。其主要原因在于小组成员因试验引人注目而感到自豪。因而士气、关系、社会因素是管理的成功因素。行为科学认为人是社会的人，企业应当为社会做贡献，应关心职工，应当认为职工有权在产出中获得生活资料。他们甚至还鼓吹工人参加管理。

利用数学和计算机来进行管理是20世纪40—50年代的热点。20世纪40年代的苏联，社会蒸蒸日上，工人劳动热情高，干部认真负责，因而他们认为管理的问题主要是计划问题，计划做得好，生产就能搞得好，所以产生了数学管理学派，其代表作是1940年康托纳维奇所著《生产组织与计划中的数学方法》一书。在20世纪40年代的美国，由于大批运筹学专家由军队转到了企业，在企业掀起了应用运筹学的高潮，对生产、计划、市场、运输等均产生了很大的影响。

继1954年计算机成功地运用于工资运算以后，计算机在会计、库存、计划等方面逐渐展开并掀起热潮。20世纪60年代初期是第一次管理信息系统的热潮。当时的一些论点比现在更激进，甚至认为计算机可以代替一切管理。但在20世纪60年代末期，由于兴建的许多管理信息系统大约有50%不成功，使人们陷入了迷惘。人们进行了更多的研究，也出现了各种派别，出现了各种新名词，实际上使管理信息系统的研究更繁荣、更深入。

20世纪70年代以后，系统科学得到很大的发展，将系统理论用于工程，系统工程繁荣一时，也将它用于管理。其代表作是1970年华盛顿大学教授卡斯特所著的《组织与管理——从系统出发的研究》。

后一种学派的产生，一般不是对前一种学派的否定，相反是对前一种学派的弱点进行补充，使前者能更好运作。例如，行为科学激励工人更好地完成定额，更便于科学管理的实现。计算机的出现使数学方法的应用成为可能。而系统工程是集过去所有成就之大成，什么方法合适就用什么方法，并把它们集成综合，达到更加全面，更加合用。在以上所有理论、思想、方法的影响下,20 世纪 80 年代对管理影响最大的实用技术是业务流程重组(BPR)它所使用的方法是工程方法,不是管理艺术法或管理科学法。工程法的最大特点是它的精确性、可重复性。BPR 所确定的目标应当是 100% 可完成的,至少也有 90% 以上的概率。

BPR 是由一些信息咨询公司为客户构建系统时积累起来的。其较完整的概念归纳是由哈佛大学哈默(Michael Hammer)教授提出的。

BPR 以企业过程为对象,从顾客的需求出发,对企业过程进行根本性的再思考和彻底的再设计;以信息技术(information technology,IT)和人员组织为使能器(enabler),以求达到企业关键性能指标和业绩的巨大提高或改善,从而保证企业战略目标的实现。这里有几个关键点。

(1) 出发点——使顾客满意,企业战略发展。
(2) 途径——改变企业过程。
(3) 手段——以 IT 的应用和人员组织的调整为方法。
(4) 特征——企业性能的巨大提高。

美国在许多企业中推行了 BPR,有 1/3 的成功者,其效果就十分显著。它可使企业成百倍地提高劳动生产率。未能得到成功的企业主要的问题在于管理,在于人员组织,只有很少数是由于信息技术问题。而在管理中,组织和激励是最重要的问题。BPR 和管理信息系统的应用是密不可分的。

我们将管理的理论、方法作个简单的总结,对于掌握未来的管理是很有意义的,见表 3-1。

表 3-1 管理科学理论和方法回顾

年 份	概念或工具	开发倡导者
1940	多技能群组方法	(英)运筹组、布莱开特
1940	生产计划数学	(苏)康托纳维奇
1947	单纯型法	乔·旦泽
1950—1960	PERT、CPM、OR 模拟计算机	欧美
1970	车间调度、库存、预测项目管理、MRP	约瑟福·奥里斯
	质量、服务中心批量处理	麦当劳餐厅
1980	制造战略、JIT、TQC、工厂自动化	哈佛商学院
	CIMS、FMS、CAD、CAM、ROBOTS 等	日本丰田汽车
1990	TQM、鲍尔德雷治(Baldrige)、戴明(Deming)	(美)质量控制学会 ISO
	BPR	米切尔·哈默

由这个回顾我们可以看到,管理的理论出自生产,由生产逐渐转到经营,由产品转到服务,由低层转到高层。由运营转到战略决策。但生产的管理至今也未完全解决,用信息技术解决生产管理问题,仍然是很复杂很有挑战性的基础工作。

3.2 信息理论的回顾

信息是管理信息系统的最重要的成分。过去有些人对管理信息系统有些错误的理解,把它看成计算机系统,过多地强调了其技术面。殊不知,管理信息系统最重要的成分应当是信息。管理信息系统能起多大作用,对管理能作出多大贡献,都取决于有没有足够的和高质量的信息,而能否得到高质量的信息又取决于工作人员对信息的认识。以下将对信息的基本知识作一些介绍。

3.2.1 管理信息的定义和性质

哲学上的唯物论观点认为,物质、能量和信息是物体存在和运动的三种形式,三者缺一不可。本体论承认它们的存在,是最基本的概念,不能用其他概念解释。从认识论角度看,信息是物体运动的一种反映形式,可以相对独立存在。

在我们的日常生活中,信息一词已被滥用,数据和信息也经常是不分的。但在管理信息系统的概念中,信息和数据的概念是不同的。管理信息概念至少包括以下一些意思:信息具有"新鲜"和使人"震惊"的感觉;信息可以减少不确定性;信息能改变决策期望收益的概率;信息可以坚定或校正未来的估计等。

1. 管理信息的定义

信息系统中常用的信息可以定义如下:信息是经过加工后的数据,它对接收者的行为能产生影响,它对接收者的决策具有价值。

根据这个定义,行驶着的汽车中的里程表上的数据不是信息,只有当司机看了里程表,并据其作了加速或减速决策的那个数据才是信息。

数据是一组表示数量、行动和目标的非随机的可鉴别的符号。它可以是字母、数字或其他符号,也可以是图像、声音或者味道。数据项可以按使用的目的组织成数据结构。

可以比喻数据是原料,而信息是产品,如图 3-1 所示。

与原料和产品的概念相似,一个系统的产品可能是另一个系统的原料。那么一个系统的信息可能成为另一个系统的数据。例如,派车单对司机房来说可能是信息,而对公司副总经理来说,它只是数据。这种情况可用图来说明,如图 3-2 所示。

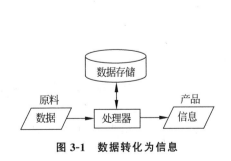

图 3-1 数据转化为信息

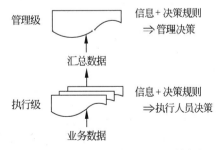

图 3-2 一级信息可成为另一级的数据

信息的广义定义至今争论不休,没有定论。有人说信息是消息,有人说信息是知识,有人说是运动状态的反映,当然也有人说是经过加工后的数据。信息是不是物质,信息有无价值,至今也争论不休。总之,信息是一个社会概念,它是人类共享的一切知识、学问以及客观现象加工提炼出来的各种消息的总和。

在管理信息系统学科中认为信息是有价值的。

信息的价值有两种衡量方法:一种是按所花的社会必要劳动量来计算;另一种是按照使用效果来衡量。

按照社会必要劳动量来计算信息产品的价值,其方法和计算其他一般产品价值的方法是一样的。即

$$V = C + P$$

式中:V——信息产品的价值;

C——生产该信息所花成本;

P——利润。

例如书籍的价值就可以这样计算:把生产书所用的纸张、能源、设备折旧和人工费用等算出,就得到成本,再加上按国家规定的合理的利润率算出的利润,就得出书的价值。提供信息服务的各种学习班也可以这样定价:把学习班所需的教材、请教员、做实验、租用教室及其他服务所花费用,加上合理的收益,即得出办班服务的价值,由此可算出学生应交的学费。

按照使用效果来衡量,是确定信息价值的另一种方法。该方法认为信息的价值等于在决策过程中用了该信息所增加的收益减去获取信息所花费用。这里所说的收益是这个意思:如果在设计选择方案时,由于用了信息进行方案比较,在多个方案中选出一个最优的,与不用信息随便选一个方案,两种方案所获经济效益的差额叫收益。

$$P = P_{\max} - P_i$$

式中:$P_{\max}$——最优方案的收益;

P_i——任选某个方案的收益。

比较合理的是用几种方案的期望收益代替 P_i,再书写严格一些:

$$P = \max[P_1, P_2, \cdots, P_n] - \sum_{i=1}^{n} \frac{1}{n} P_i$$

如果不是在多个方案中选一个,而是直接利用信息和模型选的最优方案,那么上式应为

$$P = P_{\text{opt}} - \sum_{i=1}^{n} \frac{1}{n} P_i$$

式中:P_{opt}——最优方案的收益。

在工厂制订生产计划时,可以用计算机多制订几个计划,从中选择一个最好的计划,其收益也应当这样计算。

值不值得收集信息,或值不值得使用新的信息系统,要用"全情报价值"来衡量。所谓全情报价值是指获得全部情报,对客观环境完全了解,得到最优决策,与不收集情报所得最好收益之差。

举例说明,某个体户由外地向北京运菜,如北京市场好,可按原价卖出3车;如市场为

中,可卖2车;如市场差,只能卖1车。每车6 000千克,每千克赚1元。如超过以上市场情况多运,则多运的部分要便宜处理,每千克损失0.5元。按照以往的统计规律市场好的概率θ_1为0.3;中,θ_2为0.5;差,θ_3为0.2。各种方案和各种情况的收益矩阵见表3-2。

表3-2 收益矩阵

C		θ_1 好 0.3	θ_2 中 0.5	θ_3 差 0.2	期望收益(EMW)/(元)
a_1	6 000	6 000	6 000	6 000*	0.3×6 000+0.5×6 000+0.2×6 000=6 000
a_2	12 000	12 000	12 000*	3 000	0.3×12 000+0.5×12 000+0.2×3 000=10 200
a_3	18 000	18 000*	9 000	0	0.3×18 000+0.5×9 000=9 900

表中a_1、a_2、a_3表示三种运输方案,即每天运6 000、12 000或18 000千克。

全情报价值:

$$\text{EVPI} = \sum_{i=1}^{3} P(\theta_i) \max[C(a_i, \theta_i)] - \max E(a_i)$$

此式的第一项是,市场为好运3车;为中运2车;为差运1车。表中 * 表示每天均能得到该种情况下的最大收益,这样卖一段时间的平均收益为

$$0.3 \times 18\ 000 + 0.5 \times 12\ 000 + 0.2 \times 6\ 000 = 12\ 600(\text{元})$$

公式中第二项是按照期望收益EMA最大选择一种方案,以此方案坚持一段时间,所得的平均收益即为10 200元,故

$$\text{EVPI} = 12\ 600 - 10\ 200 = 2\ 400(\text{元})$$

全情报价值给出了一个界限,如果我们购买市场情报的花费超过这个值,那么购买情报则得不到附加的好处。

上例说明在市场条件下,信息的确可以转化为价值。如果把第一种方法计算所得的信息价值叫内在价值,那么可以把第二种方法计算所得的价值叫外延价值。随着信息经济的发展,生产信息产品的企业越来越多,由于信息产品的研发成本很高,而复制成本很低,按成本定价已失去意义,在市场经营策略上出现了以顾客期望定价的方法,使定价策略更为复杂,但它仍属于外延价值范畴。

2. 信息的性质

为了更好地发掘信息的价值,应当更深地了解信息的性质。信息具有以下一些性质。

1) 事实性

信息最早的概念是"关于客观事物的可通信的知识",通信是把信息用于事实。事实是信息的中心价值。不符合事实的信息不仅没有价值,而且可能价值为负,既害别人也害自己。所以事实是信息的第一和基本的性质。破坏信息的事实性在管理中普遍存在:有的谎报产量,有的谎报利润和成本,有的造假账,这些都会给管理决策带来错误。例如,美国的管理咨询公司安达信,帮助安然公司做假账,一旦被戳穿,安达信失去诚信,几乎到了破产的边缘。事实性是信息收集时最应当注意的性质。维护信息的事实性,也就是维护信息的真实性、准确性、精确性和客观性等,从而达到信息的可信性。尤其作为生产信息

的信息源单位或信息服务单位,这个问题尤为重要。

信息经济的发展,电子商务的广泛应用,虚假信息成为大敌。网上购物会不会是假货?网上付款是不是假账号?虚拟公司是不是虚假公司?甚至学校文凭是不是假文凭?论文是不是假论文?假信息已经严重地阻碍着经济的发展。打假防骗成了我国持续发展的重要任务。信息的发达,引起了自身的颓化,只有综合治理克服颓化,才能保证持续的发展。保持新的事实性,是信息处理的第一要务。

2) 等级性

管理是分等级的,不同等级的管理要求不同的信息,因而信息也是分等级的。管理一般分为高、中、低三层,相应地,信息也分为高、中、低三层,或者说分为战略级、策略级和执行级。不同级的信息其性质不相同。战略级信息是关系到企业长远命运和全局的信息,如企业长远规划,5~10年的信息,企业并、转、产的信息等。策略级信息是关系到企业运营管理的信息,如月度计划、产品质量和产量情况,以及成本信息等。执行级信息是关系到企业业务运作的信息,如职工考勤信息、物料信息等。不同层次信息属性的比较见图3-3。

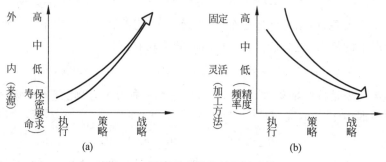

图 3-3　不同层次信息的属性比较

由图 3-3 可以看出:

(1) 从来源上来说,战略信息多来自外部;执行信息多来自内部;而策略信息有内有外。

(2) 可以看出战略信息寿命较长,例如关于公司五年规划的信息至少要保存5年。执行信息则寿命较短,例如,关于考勤的详细信息,每月发完工资以后,信息就不再有保存的价值。而策略信息则处于中间状态。

(3) 从保密程度来看,显然战略级信息要求最高。公司战略对策是公司的生命线,如果泄露出去,有时不只使公司赚不到钱,而且可能使公司垮台。对再友好的单位,战略级信息也是不可泄露的。例如,生产低油耗汽车在石油危机中大发横财的日本丰田汽车公司,在以后石油危机缓解情况下的战略,是绝对不会告诉别人的。策略级信息保密程度要低一些,但也不会轻易泄露,或者有偿转让,或者推迟一段时间。例如,某厂先进铣床结构的信息就属于这类。执行级的信息很零散,很难从中提取有价值的信息,因而保密要求不高。

(4) 关于加工方法。执行级信息的加工方法最固定,例如,会计每月计算工资的方法、仓库发料的手续,都是固定的。策略信息次之。战略信息则最不固定,有时靠人预测,有时用计算机模型计算,所得信息均只能为决策者做参考,怎么用还要由决策者的水平决定。

(5) 从使用的频率上来看。执行信息的频率最高。例如一种质量检查的标准,每天都要用它去衡量加工的产品是否合格。策略信息则次之。战略信息使用频率则最低,例如五年计划的信息可能每年只使用一次。

(6) 在信息的精度上,执行信息精度最高。每天会计的结账,要求分文不差。策略信息次之。战略信息则要求最低,有时一个长期预测有60%～70%的精度已很满意,过高地要求战略信息的精度往往会带来假象。

3) 可压缩性

信息可以进行浓缩、集中、概括以及综合,而不至于丢失信息的本质。信息的这种特性很像物质中的液化气、压缩饼干。例如,关于牛顿第二定律的论述可以压缩到一个简单的公式 $f=ma$ 中。人们可以把很多的实验数据组成一个经验公式;把长串的程序压缩成框图;把许多现场运行的经验编成手册。当然在压缩的过程中会丢失一些信息,但丢失的应当是无用的或不重要的信息。无用的信息有两种,一种纯属干扰,像收音机中的杂音,本来就该清除,清除得越干净越好,通常这种清除也叫滤波。另一种是冗余的信息,虽然本质上它是多余的,但在传输的过程中它却能起到补充作用,可以利用它们进行检错和纠错。人们在日常通信中,冗余信息是大量存在的。例如,我们写一句话:A student is reading a book.在传输中漏掉一些字母,传成:A stud--t is reading a bo-k.但我们是照样可以看懂的。这里"-"是空格符。冗余信息过多会使人感到啰唆,信息接收者的水平越高,传输的信息越简练。压缩不重要的信息和压缩无用信息,性质上是完全不同的。它是从管理的目标出发,提取和目标相关的信息,舍弃其他信息。例如,根据企业长远战略规划的需要,在业务信息中综合提炼出战略信息。

压缩在实际中是很有必要的。因为我们没有能力收集一个事物的全部信息,我们也没有能力和必要储存越来越多的信息,这叫信息的不完全性。只有正确地舍弃信息,才能正确地使用信息。

4) 扩散性

信息好像热源散出的热流,它总是力图向温度低的地方扩散,它又好像是桂花树散出的香味,可以香飘数里。信息的扩散是其本性,它力图冲破保密的非自然约束,通过各种渠道和手段向四面八方传播。信息的浓度越高,信息源和接收者之间的梯度越大,信息的势态越高,信息的扩散力度越强。越离奇的消息、越耸人听闻的新闻,传播得越快,扩散的面越大。

信息的扩散存在两面性:一方面它有利于知识的传播,所以我们有意识地通过各类学校和各种宣传机构,加快信息的扩散;另一方面扩散可能造成信息的贬值,不利于保密,可能危害国家和企业利益,不利于保护信息所有者的积极性。例如,软件盗版不利于软件发展。因此我们又要人为地筑起信息的壁垒,制定各种法律,例如保密法、专利法、出版法等,以保护信息的势态。在信息系统中如果没有很好的保密手段,就不能保护用户使用信息系统的积极性,可能导致信息系统的失败。

5）传输性

信息是可以传输的,它的传输成本远远低于传输物质和能源。它可以利用电话、电报进行国际国内通信,也可以通过光缆卫星传遍全球。传输的形式也越来越完善,包括数字、文字、图形和图像、声音,甚至味道等。它的传输既快又便宜,远远优于物质的运输。因而我们应当尽可能用信息的传输代替物质的传输,利用信息流减少物流,宁可用多传输10倍的信息来换取少传输1倍的物质。信息的可传输性加快了资源的交流,加快了社会的变化。

信道传输信息的容量用信息熵来描述,信息熵是对不确定性的一种衡量。

按照香农的定义,信息量的公式为

$$I = \log(后验概率 / 先验概率)$$

它实际上就是后验概率和先验概率之比,这里 log 只不过是一种单值变换。这个比值在后验概率越大、先验概率越小时信息量越大。也就是说,如果我们事先对某件事的知识很少,收到信息后能使这种知识增加很多,那么这个信息所传信息量就大。

在无干扰的情况下,传来的信息告诉某件事情发生,则某件事必是发生了,所以上式分子为1,因而信息源输出第 i 个消息的信息量为

$$\log \frac{1}{P(i)} = -\log P(i)$$

第 i 个消息可能有 k 个状态,那么输出这个消息的总信息量的期望值为

$$-\sum_{i=1}^{k} P(i) \log P(i)$$

为了说明信息熵的概念,举一个简单的例子。假设 A 想由甲地告诉 B(位于乙地)甲地的现状,如甲地共有 8 种状态,每种状态发生的概率是相等的,即 1/8。如 A 告诉 B,甲处于某个 i 状态,这时 A 传给 B 的信息量为

$$\log_2 \frac{1}{P(i)} = \log_2 \frac{1}{1/8} = 3$$

这个 3 正好是要传 8 种状态的二进制位数,也就是说,只需在信道上传送 3 位二进制那么多的信息量,即可告诉 B"甲处于什么状态"。

这个信息量的公式还告诉我们,如甲的每一状态都是等概率的,则总信息量最大。如上例:

$$\sum_{i=1}^{8} P(i) \log_2 \frac{1}{P(i)} = \sum_{i=1}^{8} \frac{1}{8} \log_2 \frac{1}{P(i)}$$

$$= \frac{1}{8}(3+3+3+3+3+3+3+3) = 3$$

如果甲的各个状态发生的概率不相等,说明我们对甲的状态有些了解。最极端的情况是如果甲地某一状态的概率为1,其余状态的概率均为0,则说明我们已知道甲处发生了什么事,此时 A 传给 B 的信息量为

$$\sum_{i=1}^{8} P(i) \log_2 \frac{1}{P(i)} = 0 + 0 + 1\log_2 \frac{1}{1} + 0 + 0 + 0 + 0 + 0 = 0$$

B 不需要 A 告诉什么。

如果是某个中间状态,例如甲处 4 种状态的概率全为 0,其余 4 种各为 1/4,那么总信息量为

$$\sum_{i=1}^{8} P(i)\log_2 \frac{1}{P(i)} = \left[0+0+0+0+\left(\frac{1}{4}\log_2 4\right)\times 4\right] = 2$$

即 A 只用 2 位二进制即可告诉 B 甲现在处于什么状态。

由于传送这么多的信息量就可以消除 B 对甲的不了解,所以信息量就是不确定性的度量。在通信理论中就是用信息量来作为信息的定义的。

6)分享性

按信息的固有性质来说,信息只能共享,不能交换。我告诉你一个消息,我并没失去什么。不能把这则消息的记忆从我的脑子里抹去。相反物质的交换就是零和的,你的所得,必为我的所失,我给你一支笔,我就失去一支笔,所得与所失之和为零。信息的分享没有直接的损失,但是也可能造成间接的损失。如果我告诉你生产某种药品的药方,你也去生产这种药品,就造成与我的竞争,将会影响我的销路。信息分享的非零和性造成信息分享的复杂性。有时我告诉你信息,我不失你得;有时你得我也得;有时你得我失;有时我不失你也不得。

信息的分享性有利于信息成为企业的一种资源。严格说只有达到企业信息的共享,信息才能真正成为企业的资源。然后,才能很好地利用信息进行企业的计划与控制,从而有利于企业目标的实现。

7)增值性

用于某种目的的信息,随着时间的推移可能价值耗尽,但对于另一种目的,可能又显示出用途。例如,天气预报的信息,预报期一过就对指导生产不再有用。但和各年同期天气比较,总结变化规律,验证模型是有用的。信息的增值在量变的基础上可能产生质变,在积累的基础上可能产生飞跃。曾有一位学者把全国每天报纸上刊登的新厂投产的消息收集起来,进行提炼和分析,时间一久就能对全国工业有所估计。原来不保密的东西变成保密的了,原来不重要的信息变成重要的了。

信息增值性和再生性,使我们能变废为宝,在信息废品中提炼有用的信息。

8)转换性

信息、物质和能源是人类现在利用的三项重要的资源。三者有机地联系在一起,形成三位一体,互相不能分割。有物质存在,必有促使它运动的能量存在,也必有描述其运动状态和预测未来的信息存在。对于一个企业来说,没有材料不能做产品,没有能源不能开工,没有知识和技术也就是没有信息,就不能成功生产。

信息、物质、能源三位一体,又是可以互相转化的。有能源、物质可以换取信息,这是不言而喻的。那么有信息能否转化为物质和能源呢?现在大量的事实已说明了这种转化的可能性。许多企业利用信息技术大大节约了能源。从电网的负荷分配到厂内锅炉汽机的经济运行,从汽车运输的合理调度到汽车上单板机节油器都是用信息技术转化为能源,从而作出巨大贡献的例子。利用信息技术在国际上选择最好的合作伙伴,选择合适的材料源,在国内生产价廉质优的材料源,直到合理的下料,信息都转化为材料,即物质。现在国际经营上有一种说法——"有了信息就有了一切",就是对这种转化的一种艺术的概括。

的确,现在有些公司就是由于掌握了信息,没有钱可以搞到钱,没有设备可以弄到设备,没有人可以招到人,信息使得公司很快发展起来。股市投资更是说明这个问题,掌握并分析信息可赚到钱,有钱就可以买到物质和能源。

知识是信息的结晶,因而也有信息的这种性质。"知识就是力量"的说法,也是信息的转换性的一种描述。

3.2.2 信息生命周期的各阶段

信息和其他商品一样是有生命周期的。人的生命周期是出生、成长、工作、退休;一般商品的生命周期是研究、制造、应用和报废;信息的生命周期是要求、获得、服务和退出,见图3-4。

图3-4 信息的生命周期

要求是信息的孕育和构思阶段,人们根据所发生的问题,根据要达到的目标,设想可能采取的方法,构思所需要的信息类型和结构。获得是得到信息的阶段,它包括信息的收集、传输以及转换成合用的形式,达到使用的要求。服务是信息的利用和发挥作用的阶段,这时还要精心维护信息,使之保持最新的状态,准备用户随时使用,以支持各种管理活动和决策。退出是信息已经老化,失去了价值,没有再保存的必要,就把它更新或销毁。

信息生命周期的每个阶段中又包括一些过程,这些过程支持这个阶段的实现。各阶段可能有相同的过程,而且可能不止一次。这些过程包括信息的收集、信息的传输、信息的加工、信息的储存、信息的维护以及信息的使用6种,见图3-5。

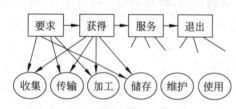

图3-5 信息生命周期各阶段中的过程

例如,在信息的要求阶段就可能包括信息的收集、加工、传输和储存,信息的获得阶段也可能包括收集、传输、加工、储存过程,信息的服务阶段可能包括信息的维护、加工等过程,信息的退出阶段也可能包括信息的加工等过程。不同的过程组成了不同的生命周期阶段。为了更好地了解各阶段的特点,下面介绍各个生命周期中各过程的特点。

1. 信息的收集

1) 信息的识别

信息收集所遇到的第一个问题是确定信息需求的问题或者叫作信息的识别。由于信息的不完全性,想得到关于客观情况的全部信息实际上是不可能的,那种"给我全部情况,我好进行决策"的话等于没说。所以信息的识别是十分重要的。确定信息的需求要从系统目标出发,要从客观情况调查出发,加上主观判断,规定数据的思路。带着主观偏见去收集信息固然不对,但无主观思路规定数据的范围,以相等的权重看待所有信息,则只能是眉毛胡子一把抓,丢了西瓜拣芝麻。信息识别的方法有以下三种。

(1) 由决策者进行识别。决策者是信息的用户,他最清楚系统的目标,也最清楚信息的需要。向决策者调查可以采用交谈和发调查表的方法。交谈是由系统分析员向决策者采访。这种方法有利于阐明意图,减少误解,最容易抓住主要的要求。调查应从上而下,从概括到具体。先由企业领导开始,然后经中层,再至下层管理人员,甚至还可以扩大到全体职工。这样不仅能了解战略信息需要,而且能了解具体任务的信息需要。这种方法的成功与否主要依赖信息分析员的提问水平。其缺点是谈话一般不够严格和确切,因而应进行采访纪要整理,并经受访者确认签字。

调查表是用书面方式进行调查,它比较正式严格,系统分析员可以节省时间。但当决策者的文化水平不高时,往往填写起来很困难,所答非所问,或者调查表长期交不上来。对这些企业进行调查时,最好要事先对决策者进行培训。

这两种方法都是基于一个前提,即决策者对于他们的决策过程比较了解,因而能比较准确地说明他们所需要的信息。由于大多数管理人员对他们的决策过程不十分清楚,他们可能像经济学基本原理所说的那样,"对某一个现象了解得越少,在描述和解释这种现象时就需要用越多的变量"。因而这些决策人员可能会采取保险的办法,企图收集有关现象的"全部"信息,结果造成信息系统的困难。管理信息系统的效用如何,主要依赖于对信息需要的识别。过多的信息不仅无益,而且可能引起对有效信息的忽视。

(2) 系统分析员分析和亲自观察识别。所需要的信息由系统分析员根据理论分析和科学设计得到。在收集的时候系统分析员不直接询问信息的需要,而是了解工作。这样管理人员谈论起来往往津津乐道,系统分析员可以由旁观的角度分析信息的需要,并把信息的需要和其用途联系起来,从而收集到所要的信息。对管理工作的描述越到下级越容易,越具体;越到上级其职能越广,越全面,越复杂。很多情况只靠外来人员是很难了解透的,因而选派一些管理人员参加系统分析会有很大好处。

(3) 两种方法结合。先由系统分析员观察基本信息要求,再向决策人员进行调查,补充信息。这种方法虽然浪费一些时间,但了解的信息需求可能比较真实。这里应特别注意,决策者本人对信息的具体要求应当优先考虑,往往这些是重要的信息。

2) 信息的采集

信息识别以后,下一步就是信息的采集。由于目标不同,信息的采集方法也不相同,大体上说有以下三种方法。

(1) 自下而上地广泛收集。它服务于多种目标,一般用于统计,如国家统计局每年公布的经济指标。这种收集有固定的时间周期,有固定的数据结构,一般不随便变动。

(2) 有目的地专项收集。例如我们要了解企业利润的留成情况,有意识地了解几项信息,发调查表或亲自去调查。有时可以全面调查,有时只能抽样调查。样本最好由计算机随机抽样得到,这样才能真实地反映情况。只选几个好的看看,比不调查还坏。

(3) 随机积累法。调查没有明确的目标,或者是很宽的目标,只要是"新鲜"的事就把它积累下来,以备后用,今后是否有用,现在还不十分清楚。如现在有些省市派人每天翻阅全国各地的报纸,发现有什么新产品、新技术、新的经济消息,就把它记下来分类,如判断是有用的,就及时反映给领导。

究竟采用什么方法,与信息源的属性有很大关系。区分信息源有两个标准,一是地点,一是时间。按地点来分可把信息源分为内源和外源,内源数据完全处于自己控制之下,完全可用自己拥有的一切手段去收集,例如定期报表,不定期专项报表,甚至可用计算机联机终端和电子自动化测量装置。外源信息必须依赖外单位,只能从可得到的信息中提取需要的信息。按时间来分,可分为一次信息和二次信息。一次信息是由现场直接采得的信息;二次信息则是各种文件和数据库中存储的信息。二次信息的属性和格式一般不符合系统的要求,因而在使用前一般均要经过变换。

采集信息还要说明信息的维数。信息属性的维数是很多的,但从采集出发主要关心三维,即阶段维数、层次维数和来源维数。

(1) 阶段维数是说明信息与决策过程的哪个阶段有关,与弄清问题阶段、解决问题阶段有关,还与选择阶段的问题有关。对于管理人员来说,往往使用管理周期来代替阶段,这种周期一般分为两个阶段,即计划阶段和控制阶段。

(2) 层次维数说明是企业哪级需要的信息,是高层、中层,还是基层。正如前述,不同层的属性不同,它们的精度、寿命、频率、加工方法等均不相同。

(3) 来源维数是内源还是外源,这直接影响到信息的采集方法。

上述三条实际上是在时间、地点和层次的坐标系给信息定标,使得我们对信息性质的了解更深,见图3-6。

图3-6中,A点表示高层管理中期所需的外源数据,A'点是它在层次阶段平面上的投影,A''点是它在地点阶段平面上的投影。

3) 信息的表达

信息收集的最后一个问题是信息的表达,信息表达不外是三种形式:一种是文字表述,一种是数字表达,再一种是图像表达。

文字表述是系统分析员的基本功。系统分析的文字要简练、确切,不漏失主要信息,避免使用过分专业化的术语,避免使用双关和二义性的

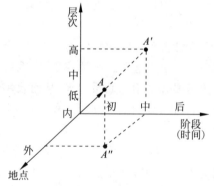

图3-6 信息采集的维数

语句,不要让人误解。在接收信息时,要切忌偷换主题概念所产生的错误理解。例如下面两段对话就是不同的主题和概念。

例3-1 甲问:"还有今天11:45的飞机票吗?"

乙(售票员)回答:"还有今天下午1:40的4621航班的机票。"

例3-2 系统分析员问:"要在贵公司实现计算机管理需要150万元,这样在您的办公室里就可以用图像显示每天生产完成情况、财务收入情况以及市场情况,您需要吗?"

经理:"我愿意每天看到生产、财务和市场情况。"

现在许多管理人员学会一套双关语的本领,听起来他同意你的意见,实际上他又没作出决策。系统分析员不应当使用这种语言,也不应当错误地理解这种语言。

利用数字来表达一般来说是比较严格的,但有时也容易产生错觉。系统分析员要从思想上、技术上防止这种偏向。思想上的偏向是系统分析员把自己的主观推理带进客观

的报告中,他滤除了不符合他主观思路的数据,这样虽然容易达到思想上的一致,但只是在虚假信息基础上的一致。利用垄断信息和虚假信息来达到思想上的一致,这在社会现象上是很多的,但系统分析员切记不要自己骗自己。要对信息源的真实性作出判断,防止信息原材料的虚假性。技术不同的数字表达方式也会引起偏见,见表3-3。

表3-3 由数据引起的决策偏见

表达方式	由数据引起的决策偏见
按字母顺序	第一项将会吸引决策者的注意,中间项或后面项易被忽视
按回收率顺序	高回收率的项被更多地注意,而不管它是什么工业部门
在每一部门中按回收率排顺序	工业回收率均被强调,而规模被较少注意

利用图形表达信息是现在的发展趋势,由于图形能很快地给人以总貌、趋势和比较的信息,使人容易作出判断,因而有人说持续两小时的会议如用图形来辅助决策,可能缩短到20分钟。图形的这种作用见表3-4和图3-7。

表3-4 某公司销售记录　　　　　　　　　　　　　　　万元

年份	月份	产品1	产品2	产品3	总计
2018	10	103	146	13	262
	11	110	150	12	272
	12	101	149	13	263
2019	1	96	158	14	268
	2	112	160	11	283
	3	88	151	12	251
	4	102	160	13	275
	5	114	162	13	289
	6	109	158	14	281
	7	116	166	12	294
	8	115	164	11	290
	9	110	168	12	290

表格表示能给人以确切的总数和个别项目的精确比较,图容易给出总的趋势信息和相对的趋势。图也可能引起一些偏见,例如:比例的选择影响差别的发觉;柱状图较条形图不易发觉差别;尺寸小,差别难发现,不同的比例画于图上更难比较;用彩色和不用彩色差别很大。

随着计算机水平的提高,在图形上再标以数字则会给出更清晰的表达。最新的计算机图形技术是应用图像(image)技术来表达,图形宛如一幅照片或一幅风景画,不仅给人以身临其境的感觉,而且保存了最原始的真实信息,例如签字的笔迹。当然这也对终端的分辨率及存储量提出较高的要求。

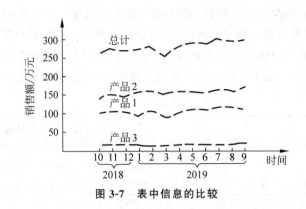

图 3-7 表中信息的比较

随着技术的进步,现在已经进入大数据时代,已有能力收集越来越多的信息,朝着收集全部信息的方向越走越快。大数据是指超出传统意义的数据,即 4V(volume, velocity, variety, value,即容量、速度、种类、价值)均大的数据。数量单位上从"T"开始,1T 就是 1000G。数量单位有:K(千)、M(兆)、G(吉)、T(太)、P(拍)、E(艾)、Z(泽)、Y(尧)。

T 现在看起来很大,而十年以后人们对它的感觉就像现在的 G 一样了。

大数据是收集了很多元数据,即关于数据的数据,这些冗余的数据可以用来识错、纠错、预测、决策,再加上云计算、人工智能,把数据用于管理就真正有希望了。

2. 信息的传输

信息传输的理论最早是在通信中研究的。它一般遵守香农模型,见图 3-8(a)。

由图 3-8(a)可以看出,信源发出的信息要经过编码器变成信道容易传输的形式。如在电报传输中首先把报文转成数字码,为了防止出错,往往又加上纠错或检错码。变成电码以后,还需加以调制以便于信息传输。现代的信道形式多种多样,有明线、电缆、无线、光缆、微波和卫星等。无论信道怎么好都可能带来杂音或干扰,它或由自然界雷电形成,或由同一信道中其他信息引起。在接收端首先要经过译码器译码,译码器的作用是解调、解码,把高频载波信号恢复成电码脉冲,用检错或纠错码查错纠错以后舍去这些码,由代码译成文字等。经过译码器后的符号接收者即可以识别了,信息的接收者可能是人,也可能是计算机,他们把信息存储起来就转入下一个阶段。

电信中的信息传输模型和人们之间用语言或文字通信的过程十分相似,所以香农又提出了包括人间通信的信息传输的一般模式,见图 3-8(b)。

从图 3-8(b)可以看出发送者的意图,要通过语言表达的语义过程和语言编码的技术过程的交互作用才能产生信息,这个信息经过发送机构的再次编码和变换,产生适于传输的信号,到接收端接收机构把信号进行变换得到信息,信息再经过接收者的技术过程和语义过程的解码,使接收者能理解发送者的意图。在人工的信道中,信息传输的技术噪声和语义噪声是十分严重的,因而信息的歪曲、走漏、阻塞的现象常有发生。古代有人做了一个实验,他向一个人耳语一句话,让此人再耳语另一个人,传到第一百个人时再返回来告诉自己,结果他自己已听不懂是怎么回事了。人工信道的干扰不仅在于客观水平,而且更为严重的是各环节的人的主观歪曲。如顾客反映服务员态度不好,售货组长可能不向上级汇报,怕影响他们全组的业绩。信息系统人员想把旧

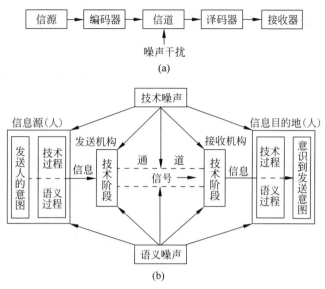

图 3-8 信息传输的一般模型

机器换成新机器,他就说旧机器能力已达不到要求,其实旧机器的能力还远远没有发挥。社会上的小道消息很多,也是干扰和噪声,可能一个人误传,三个人重复,似乎它就是真理,其实根本没有那么回事。

下面再从技术上介绍信息传输各环节的原理和指标。

(1) 信道。信道可能由各种物理元件组成,如人工传递、邮寄、邮寄软盘、电报、电话、电子邮件、传真等,只有电子信道才是真正的高速通道,现在一般双绞线信道每秒可传几K电码,用同轴电缆每秒可传几兆电码,而用光缆的传输速率可达 400 多兆电码。电子情报几秒钟之内即可传遍世界各地。

电子信息传输按功能可分为单工、双工和半双工系统,见图 3-9。

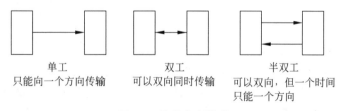

图 3-9 传输方向模式

(2) 编码和解码。这里主要讲信息传输中的编码。在信息传输中往往用多传几位进行传输码的检错和纠错。最简单的是在传输码后面加一位奇偶校验码,例如想传 1011 码,实际用 5 位,第五位为前面 4 位的半加和。

$$C_1C_2C_3C_4C_5 \qquad C_5 = C_1 \oplus C_2 \oplus C_3 \oplus C_4$$
$$1\ 0\ 1\ 1\ 1$$

那么,在接收端仍用前 4 位半加,看它等不等于传来的 C_5,如果相等,说明对;如不等,可能有一位错。这种方法只能查出一位错,如有两位错或中间两位易位,它也查不出来。利用多余位数不仅可以检错,而且可以纠错,例如可以用下述方程在 4 位信息码后加 3 位纠错码。

$$C_1 \oplus C_2 \underline{\qquad} \oplus C_4 \oplus C_5 \underline{\qquad} = 0 \qquad ①$$
$$C_1 \oplus C_2 \oplus C_3 \underline{\qquad} \oplus C_6 \underline{\qquad} = 0 \qquad ②$$
$$C_1 \underline{\qquad} \oplus C_3 \oplus C_4 \underline{\qquad} \oplus C_7 = 0 \qquad ③$$

根据上式求出 C_5, C_6, C_7,加于 C_1, C_2, C_3, C_4 后,如上例信息码加纠错码为

1 0 1 1 0 0 1

在接收端同样用这三个式子计算,如果①②③式均错,则必然是 C_1 传错,应把 C_1 变为相反状态,即达到纠错目的。如果①②式错,则必为 C_2 错;②③式错则是 C_3 错,①③式错则是 C_4 错;如仅①错则为 C_5 错;②错则是 C_6 错;③错则是 C_7 错。用这种方法可以查出并纠正一位错误。这种码叫作汉明码。

编码是信息论的重要课题之一,这里只讲述一点概念,讲述过多将超出本书范围,有兴趣的读者可参考有关专著。在信息处理中的编码,将在以后系统设计的编码中讲。

(3)变换。为了适合信息的发送,信息要变换成合适的形式,其目的是防止干扰、复用通道等。变换也就是调制和解调,主要的几种变换方式见图 3-10。

总之,我们对一个好的信道的要求可以归纳为以下几条:

① 信道的容量足够大;
② 干扰尽可能小;
③ 传输延时 Δt 尽可能短;
④ 具有双工能力;
⑤ 保密性好。

电子通信经过声音通信、数据通信,逐渐向图像通信过渡,进而向动画通信方式过渡。图像通信的主要形式有闭路电视、会议电视、可视电话、可视数据、传真等,它们和计算机结合起来构成了通信的新方式,可视报纸、可视杂志、可视小说等均以图、文、声、像并茂的崭新面貌出现。

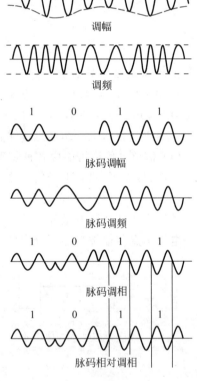

图 3-10 各种调制方式

3. 信息的加工

数据要经过加工以后才能成为信息,其过程如下:

$$\text{数据} \xrightarrow{\Delta t_1} \text{预信息} \xrightarrow{\Delta t_2} \text{信息} \xrightarrow{\Delta t_3} \text{决策} \xrightarrow{\Delta t_4} \text{结果}$$
$$t_1 \quad < \quad t_2 \quad < \quad t_3 \quad < \quad t_4 \quad < \quad t_5$$

数据加工以后成为预信息或统计信息,统计信息再经过加工才成为信息。信息使用才能产生决策,有决策才有结果。每种转换均需要时间,因而不可避免地产生时间延迟,这也是信息的一个重要特征——滞后性。信息的不可避免的滞后性要求我们很好地研究,以便满足系统的要求。

按信息是否经过加工来分,可分为一次信息和二次信息。未经加工的信息叫作一次信息。经过加工,不管是经过多少次加工,均叫作二次信息。信息加工的一般模式见图 3-11。

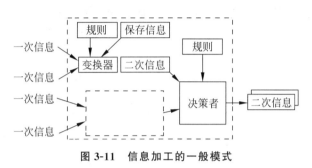

图 3-11　信息加工的一般模式

这些加工中,按处理功能的深浅可把加工分为预加工、业务处理和决策处理。其概念可用图 3-12 说明。

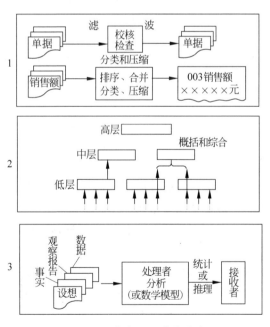

图 3-12　信息处理功能分类

这里第 1 类是对信息滤波和简单整理,实际加工出的是预信息,但已是二次信息。第 2 类是对信息进行分析,概括综合能产生辅助决策的信息。第 3 类通过应用数学模型统计推断可以产生决策信息。

数据处理所用的数学模型主要有统计模型、预测模型、决策模型等。可能要用到一些标准的软件包,如统计包、数学规划软件包、模拟软件包(如 GPSS 等)。为了使计算机有较强的处理能力,现在许多大的处理系统备有三个库,即数据库、方法库和模型库。方法库中备有许多标准的算法,而模型库中存放了针对不同问题的模型,数据库中备有要用的二次数据。这样应用起来就十分方便。

随着技术的发展给数据处理能力的提高提供了广阔的前景,发展中的"人工智能"科学研究机器能否代替创造性的脑力劳动,如诊断、决策、写文章和创造思想等。正在研究的"自组织机""自适应系统""自学习机""启发式程序"等都给机器以学习的能力,使各种思考的工作自动化,使人们可以摆脱许多烦琐和枯燥的编程工作。

4. 信息的储存

信息储存是将信息保存起来,以备将来应用。信息储存和数据储存应用的设备是相同的,但信息储存强调储存的思路,即为什么要储存这些数据,以什么方式储存这些数据,存在什么介质上,将来有什么用处,对决策可能产生的效果是什么等。

数据存储的设备主要有三种,纸、胶卷和计算机存储器。纸是中国发明的,至今已有几千年的历史,现在仍然是储存数据的主要材料,用纸存数据的主要优点是存量大、体积小、便宜、永久保存性好,并有不易涂改性。所以现代控制用各种报表、宣传用的报纸杂志、教育用的书刊都应用纸做成。纸还有一个优点,就是存储数字、文字和图像一样容易。用纸作为储存信息的材料,尽管应用日趋减少,但近年也不会消失。用纸存储的缺点就是传送信息慢,检索起来不方便。所以要掌握纸的特点,在信息系统恰当地应用纸存储数据。用纸传输信息的形式是多种多样的,与电子计算机结合应用,又发展了纸带、穿孔卡等。用纸存储和传递信息,合适的画面是十分重要的,可惜现在尚处于"艺术阶段",没有很成熟的方法。画面设计得好,既清楚易懂,阅读快,又不易出错,这在信息系统输入输出设计中是一个主要问题。

胶卷,起初用来作为纸的补充,存储图像,以后也用来存储文字和数字。用它存储文字和数字的主要好处是存储密度大,1 平方厘米胶卷上可存 1024 页 16 开纸面信息。因而它可能代替纸存储书籍上的信息内容,所以许多图书馆把许多书拍到缩微胶卷上存放。胶卷的特点是查询容易。其缺点是人阅读时必须通过接口设备,不方便,且价格昂贵。因而现在也只是把最常用的或最贵重的不常用的书籍存入。

计算机存储器主要用来存储变化的业务和控制信息,随着技术的进步其单位成本在不断下降,见图 3-13。

由图 3-13 可以看出,存储器的单位成本每两年差不多降低一半。单位芯片上的元件数则每年增加一倍。目前,用计算机存储器存储信息的成本已低于纸的成本,只是其读出来还不如纸方便。无纸的管理系统已近于实用,但是也不可能完全代替纸张。

计算机存储器的形式很多,按其功能主要分为内存和外存。内存放在主机板上,计算机可以只靠电子线路直接存取数据,存取速度极快,而且可随机存取存储器中任何地方的数,且速度一样。内存过去由磁芯做成,现在逐渐为半导体所代替。外存由磁盘、磁带或光盘组成。它存储的数据量大,伴随着机械运动,数据才能被读出,所以读出的速度较慢,而且和数据所在的位置有关。现在一个微机的硬磁盘可以达到 320GB,一张光盘可以达

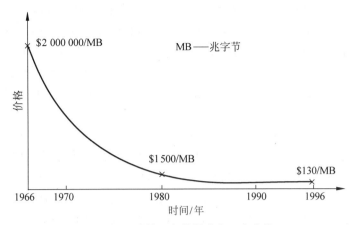

图 3-13　计算机存储器成本下降曲线

到 1 000MB(1GB)。

数据存储的介质还有软磁盘、磁卡等,软盘是一种由塑料做成的,类似唱片的盘片,由于它携带方便,现在广泛用来在机器之间作离线通信,俗称"跑盘"。许多国家的邮局已开展了邮寄盘片的业务。但软盘不易做长期存储用,如要长期存储,每半年应重写一次。

磁卡一般是作为便于携带的存有数据的凭证,例如信用卡、电话卡等,实际上它是一种电子货币。

近年来半导体存储器的发展,不能不令人刮目相看,一个指甲那么大的芯片上,装成 U 盘,可存 64GB 的数据,差不多相当于 1 000 本 50 万字的中文书。价格只有几十元人民币,比 1 000 本书要便宜多了。比利用胶卷也要便宜。所以利用数码相机和电子存储,已在大部分情况下可以代替胶卷存储了,只是在分辨率要求很高的情况下,胶卷存储才有意义。因为胶卷存储的分辨率是在银分子级,比现在相当好的 800 万像素的数码相机的分辨率还要高百倍。

对于数据存储设备的总的要求是存储数据量大,价格便宜。某些情况下有特殊要求,如易改性和不易改性。

信息存储的概念比数据存储的概念广得多。其主要问题是确定要存储哪些信息,存储多长时间,什么方式存储,如何支持目标,经济上怎么合算。

要存什么信息,主要由系统目标确定,在系统目标确定以后,根据支持系统目标的数学方法和各种报表的要求确定信息存储的要求。如为了预测国家长远的经济发展,我们要存储几十年内每年的经济信息;而要了解仓库物品的数量则要存储每种产品现在数量的数据。

信息保存时间的长短也要根据系统的要求确定。有一种倾向认为信息只要保留就有好处,结果柜子放不下,屋子放不下,用时没法找,实际上没什么用。其实一般会计账目保存 5~10 年已没有什么价值,一般一个人的病历保存 50 年已没有什么用途,老人的疾病和小孩的疾病即便有联系也是很少的。

信息的存储方式也是由系统目标确定。首先考虑的问题是集中还是分散地存放。对于公用的信息,在有能力提供共享设备的支持下应集中存放,集中存放可以减少冗余。例如图书馆的过期书籍就可以只存一份，国家文件在一个机关中也可以只存一份。应用电子数据库技术可以减少存储信息的冗余量。而在没有设备和非公用的数据的情况下，分散存储是合理的。分散虽然有冗余和不能共享，但它方便了使用者。所以现在愿意使用的方式是既有集中也有分散，了解集中的内容，避免重复，不断综合分散的内容进行集中。最新的信息要分散，旧的信息要集中，确定合理的集中与分散的关系是信息存储研究的重要内容。

信息存储应当决定什么信息存在什么介质上比较合适。总的来说凭证文件应当用纸介质存储；业务文件用纸或磁带、光盘存储；而主文件，如企业中产品结构、人事方面的档案材料、设备或材料的库存账目，应当存于硬磁盘，以便联机检索和查询。

总之，信息的存储是信息系统的重要方面，在今天信息爆炸性增长的时代，那种存得越多越好的概念是不对的。即使将来存储技术高度发展的时代，存储越多越好也是不对的。还是一句老话，"只有正确地舍弃信息，才能正确地使用信息"。

当前，由于存储技术的进步，存储成本的降低，以及大数据应用出现了实效，一个趋势是多存数据了，冗余的数据可以用来纠错、校验数据的正确性、判断决策的正确等。因此，除了业务相关的主线信息外，又主动存储一些元数据，即关于数据的数据，例如，这张照片是谁照的、在什么地方照的、什么时间照的等，这有助于对主数据的深刻理解。

从信息收集的理论探讨来说，现在有把收集全信息当成最远的信息收集愿景的想法。我们知道，对于任何事物，只要收集了全部信息，决策自然就出来了。所以，我们希望"做任何事时，把全部信息留下"，这样就能做到"人做事，天知道"。这个"天"就是全信息，就是大数据。所以，大数据时代，官司很容易公正准确，真相很容易大白。当然，全信息的愿景是永远无法达到的，但是，我们永远可在它的照耀下前进。

5. 信息的维护

保持信息处于合用状态叫作信息维护。从狭义上说它包括经常更新存储器中数据，使数据均保持合用状态。从广义上说它包括系统建成后的全部数据管理工作。

信息维护的主要目的在于保证信息的准确、及时、安全和保密。保证信息的准确性，首先要保证数据是最新的状态，其次数据要在合理的误差范围内。数据不准确的主要原因在于操作过程的不严格，或把错误的数据放进去，或者一种数据放到另一种数据的位置。数据产生错误的主要原因有两个，一个文件报表错，二是转抄数据时产生错误。防止文件报表的错误，主要是靠加强数据收集人员的责任心和采用合适的报表格式。防止转抄错误，要尽量减少转抄，原始材料直送计算机。在输入计算机时，加强校验，如用双人工进行互校、加校验码等。对离奇的数据还可以设一些界限来检验，如某人工资超过异常数值，由程序自动打出提示。保证数据的准确性，还要保证数据的唯一性。应用数据库，容易保证数据唯一性。而应用文件系统，因为一个数据存于几个文件，一个文件修改了，别的文件没有修改，造成不唯一，所以很难判定哪个正确。所以在数据操作时有严格的规程是非常重要的，在程序中放入提示也是重要方法。

保证信息的及时性是指信息的维护应考虑能及时地提供信息，常用的信息放在易取的地方，各种设备状态完好，各种操作规程健全，操作人员技术熟练，信息目录清楚，不至于找一个信息半天找不到。

保证信息的安全性是要防止信息由于各种原因而受到破坏,同时采取一些安全措施,在万一信息被破坏后,能较容易地恢复数据。为了保证信息的安全,首先要保证存储介质的环境,要防尘、要干燥,并要维持一定程度的恒温。对于容易丢失信息的介质,要定期重录。无论维护得怎样好的数据,总难免因为各种因素而遭到破坏,所以信息维护时往往保存备份,或是保存前几天的业务信息。这样即使今天的信息受到破坏,也可以根据前几天的总账和今天的原始记录恢复现在的总账。为了考虑特殊情况的发生,如火灾、地震、战争等,对于一些重要的信息甚至应考虑存放于不同的地方,也许两地相隔几十千米。

信息的保密性是当前十分关心的问题,随着信息越来越成为一种重复资源,人们也越来越把它当成一种财产来对待,因而被盗的情况也越来越多。信息被盗就是失窃。盗窃信息的方式很多,如电缆窃听、机内安装窃听器发报机,以厂家维护为名,把设备拿走,取出录制的信息,或者把你已抹去的磁带读出。通过终端非法查阅数据库更是常用的方法。为了维护信息的密级,信息系统采用了许多技术。在机器内部可采用密码方式,密码的方式主要有换位、替代和成组替代字母等方法。但是没有不能破的密码,只是破码的时间和成本的问题。因而既使用密码,又广泛使用"口令"(passwords)。每人自己选设一个口字,当你要用自己的数据时,机器要问你口令是什么,回答正确才能通过。这样就可以保证你的数据不被别人取走。在机器上记录终端试探次数是个好办法,试探几次就对他进行追究,这样坏人也就不敢多试了。在机器外部也应采取一些办法防止信息失窃,包括应用严格的处理手续,物理上隔绝,不让闲人接触终端和磁带库,整个机房全用铁板屏蔽。所有这些防范的措施均不能防止失窃的根源——人员,所以加强人员的保密教育,慎重选择机要人员,是根本措施。

信息的维护是信息资源管理的重要一环。没有好的信息维护,就没有好的信息使用,就没有好的信息信誉,尤其在当前我国有重使用轻维护这种倾向,信息维护的重要性更要充分强调。

6. 信息的使用

信息的使用包括两个方面,一是技术方面,二是如何实现价值转换的问题。

技术方面主要解决的问题是如何高速度、高质量地把信息提供到使用者手边。现代的技术已经发展得相当先进,但远未达到普遍使用的程度。例如,信息的提供已由过去的定期报告,发展到现在的实时检索,提供信息的形式已由过去仅是报告或报表,到现在能提供图形和图像,甚至声音。人机的对话方式也有很大的进展,使得非专业的管理人员可以直接和机器打交道。所以技术可以说已相当先进,当然由于成本问题使其远未普遍使用。

信息价值转化的问题相比之下差得太远。价值转化是信息使用概念上的深化,是信息内容使用的深度上的提高,信息使用深度大体上可分为三个阶段,即提高效率阶段、及时转化价值阶段和寻找机会阶段。

提高效率阶段联系于数据处理阶段,这时使用信息技术的主要目的是提高效率,使手工作业机械化,节省人力。

及时转化价值阶段已认识到管理的艺术在于驾驭信息,已经认识到信息的价值要通过转化才能实现,鉴于信息的寿命有限,转化必须及时。例如某车间生产效率低下的信息,知道得早,及时安排插入其他工作,信息就转化为价值。这个阶段可以说信息主要用于管理控制。

在寻找机会阶段,每个企业均在信息汪洋大海中游来游去,哪里有航船,哪里有岛屿,全凭企业驾驭信息能力去发现。这时预测和决策的技术对寻找有所帮助,但远未成功。许多企业丢掉了眼前闪过的机会而失败。这个阶段到来的一个特征是信息商品化,信息成为易于存取、易于定价和易于流通的商品,使之不被局部占用。应用信息市场,鼓励采用新技术,放弃过时的技术,应用信息市场化使决策分散化。信息商品化促进信息更好地共享和发挥信息系统的潜力。企业的信息系统在完成本部门的任务后积极提高服务能力,提高信息系统的经济效益。

信息系统是深化信息使用的重要手段,从使用深度上的变化情况看,信息系统的发展经过了6个阶段,叫作诺兰6个阶段,如图3-14所示。

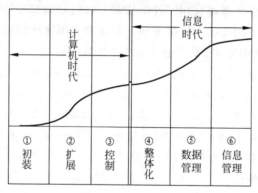

图3-14 诺兰6个阶段

这里,①初装——以公司装第一台计算机为标志;②扩展——由于任务量的增加,公司购买了越来越多的计算机,应用领域也越来越广;③控制——由于扩展信息系统成本越来越高,机种越来越多,造成混乱,公司开始对信息系统的增长采取控制;④整体化——意味着公司由全局出发对全系统进行更新,把过去分散的系统变成相互内聚的一体化的系统;⑤数据管理——其标志是完全一体化的数据库建成;⑥信息管理——数据处理的技术已经成熟,信息已成为资源,它已为公司各部门所共享,而且为支持公司目标作出贡献。在③~④阶段之间是一个转折点,它意味着计算机时代的结束和信息时代的到来,这种转换大约发生在1980年。

信息管理阶段要想很好地使用信息,管理要大大加强,管理内容比以前拓宽,大致包括以下几个方面。

(1) 人力资源管理。主要包括招聘和留住高质量的系统分析员,这些系统分析员要有一定的知识面和一定的工作业绩。另一方面包括怎么考虑和选择信息系统的负责人。

(2) 硬件、软件管理。信息经理既要看到企业的需要,又要看到技术的进步,他要善于利用先进的硬软件技术来提高企业的生产率,他要考虑到工作负荷和硬软件资源的能力,决定装设和更新设备的时间。

经常评价机器性能是管好机器的前提,在软件资源管理上,由于软件费用比例越来越高,因而软件应尽量采用商用软件包,恰当地利用外来人员,把编程任务交给用户,提高专职程序员效率,以降低软件成本。

(3) 通信管理。未来的信息服务越来越多地应用于通信技术,信息经理要注意开发通信能力,充分利用企业内的自备通信系统,或租用外界公用通信系统,去获得更多的内外信息资源,并使信息资源得到更好的共享。电话、电报、传真等通信设备应与信息系统很好结合,形成一体化的信息系统。

(4) 办公室自动化。信息经理应当为办公室自动化创造条件,从办公机械分散化到电子信件、电子文件管理、业务过程自动化到一体化系统,应把电话、电报、传真、计算机的功能协调好,使经理的部分办公自动化。

(5) 规划管理。信息经理要不断地预测未来的需要,然后提出新系统的规划。系统规划需要2~3年经验的积累,识别和吸收关键用户介入系统是系统规划成功的重要条件。一次规划的实现意味着另一次新的规划的开始,因而实际上规划是信息系统经理经常的工作,而不是暂时的工作。

总之,在信息管理时代,信息管理的广义概念包括三个方面。

(1) 面向未来的规划管理。信息管理已成为现代管理的一个重要方面。随着信息资源的重要性的增加,信息管理的规划已和企业的战略规划并驾齐驱,成为企业第一把手的重要工作。规划管理也成为企业信息管理中最重要的工作。

(2) 面向信息系统内部的运营管理。随着系统运行的实时化和社会信息基础设施的不断完善,运营的外包已成为十分重要的方法,也成为运营管理的主要内容。外包的管理也凸显其重要性。

(3) 面向开发的项目管理。由于软件的商品化,开发工具的成熟,供应商外包业务的推广,现在企业内部的信息部门自主开发项目越来越少,代之以进行项目管理。把实施项目开发当成促成企业变革的一种活动,去协调好用户开发、外包、信息部门的集成,从更高层、更战略、更宏观的方面进行管理是企业的一项重要工作。

企业应设立首席信息官(chief information officer,CIO),由他管理和协调用户使用、内部信息部门服务以及外包协调工作。没有这个处于企业领导核心的职位,企业是很难管好信息系统的运营的。

3.3 系统理论的回顾

系统的概念是管理信息系统三大基础概念之一。什么是系统呢?系统是由一些部件组成的,这些部件间存在着密切的联系,通过这些联系达到某种目的。因而系统也可以说是为了达到某种目的相互联系的部件的集合。这样说,世界上任何非孤立的事物均是系统。

系统的观点最早可以追溯到20世纪30年代,当时人们在一些学科的研究中,尤其是在生物学、心理学和社会科学中,发现系统的一些固有性质与个别系统的特殊性无关,也就是说,若以传统的科学分类为基础研究,则无法发现和搞清系统的主要性质。在第二次世界大战前不久,路德维希·冯·倍塔朗菲提出了一般系统概念和一般系统理论,系统才逐渐被人们认为是一种综合性的学科。到1954年建立了一般系统理论促进协会,系统的研究才进入了一个蓬勃发展的时代。1957年美国人古德写的《系统工程》一书的公开出版,使"系统工程"一词又被广泛地确认下来。系统工程是用一般系统理论的概念和方法解决许多社会、经济、工程中的共同问题,如能观性、能测性、可控性、可靠性、稳定性、最佳观察等。到了70年代随着电子计算机的应用,系统工程的思想有了充分实现的可能性,因而在更多的领域得到应用,由军事、航天、到水利、电力、交通、通信等系统,由技术工程到企业管理、科技管理、社会管理系统,目前可以这样说,系统工程的方法已渗入一切领域,甚至渗入我们的家庭生活中。由于系统工程应用得如此广泛,其他学科也吸取了系统工程的方法和思想,今天运筹学、管理科学和系统工程三个词实际上融为一体,指的是一个东西,甚至可以当成一个词来使用。下面我们来介绍一下系统的概念。

3.3.1 系统的定义

系统是一些部件为了某种目标而有机地结合的一个整体。这里目标、部件、连接是不可缺少的因素。按照一般系统论的观点,系统应当有5个要素。

(1) 系统应有一些主量集合,这些量在一定的时空范围。

(2) 系统的主量是随时间变化的。

(3) 系统的主量可以表示在笛卡儿坐标上,叫系统的行为。

(4) 系统的行为的集合叫论域。系统中一对元素的耦合,为其元素所含主量的交集,则系统存在论域B和耦合C之间的关系叫UC结构{B,C}。

(5) 系统的状态和转化结构叫作系统的ST结构,又叫程序结构。

按照上述定义来看系统,它有以下特点:①系统是由部件组成的,部件处于运动状态;②部件之间存在着联系;③系统行为的输出也就是对目标的贡献,系统各主量和的贡献大于各主量贡献之和,即系统的观点1+1>2;④系统的状态是可以转换的,在某些情况下系统有输入和输出,系统状态的转换是可以控制的。

3.3.2 系统的分类

从不同的角度出发,系统分类有不同的方法。

1. 按系统的复杂程度分类

从系统的综合复杂程度方面考虑可以把系统分为三类九等,即物理、生物和高级群体三类。物理类分为框架、时钟和控制机械三等;生物类分为细胞、植物和动物三等;高级群体分为人类、社会和宇宙三等,见图3-15。

由图3-15可以看出,系统的复杂性由下向上不断变化。

(1) 框架:是最简单的系统。如桥梁、房子,其目的是为交通和居住,其部件是桥墩、桥梁、墙、窗户等,这些部件有机地结合起来提供服务。它是静态系统,虽然从微观上说它也在动。

(2) 时钟:它按预定的规律变化,什么时候到达什么位置是完全确定的,虽动犹静。

(3) 控制机械:它能自动调整,如把温度控制在某个上下限内或者控制物体沿着某种轨道运行。当因为偶然的干扰使运动偏离预定要求时,系统能自动调节回去。

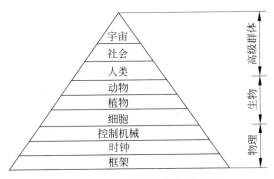

图 3-15　按系统的复杂程度分类

（4）细胞：它有新陈代谢的能力，它能自我繁殖，有生命，是比物理系统更高级的系统。

（5）植物：这是细胞群体组成的系统，它显示了单个细胞所没有的作用，它是比细胞复杂的系统，但其复杂性比不上动物。

（6）动物：动物的特征是可动性。它有寻找食物、寻找目标的能力，它对外界是敏感的，也有学习的能力。

（7）人类：人类有较大的存储信息的能力，确定目标和使用语言的能力均超过动物，人类还能懂得知识和善于学习。人类系统还指人作为群体的系统。

（8）社会：它是人类政治、经济活动等上层建筑的系统。组织是社会系统的形式。

（9）宇宙：它不仅包含地球以外的天体，而且包括一切我们所不知道的任何其他东西。

这里前三个是物理系统，中间三个是生物系统，最高层三个是最复杂的系统。管理系统处于什么位置呢？我们说，管理系统是社会系统，它是属于第八等的系统，是很高级的系统。

2. 按系统的抽象程度分类

按照系统的抽象程度分类，可把系统分为三类，即概念系统、逻辑系统和实在系统。

（1）概念系统：是最抽象的系统，它是人们根据系统的目标和以往的知识初步构思出的系统雏形，它在各方面均不很完善，有许多地方很含糊，也可能不能实现，但是它表述了系统的主要特征，描绘了系统的大致轮廓，它从根本上决定了以后系统的成败。

（2）逻辑系统：是在概念系统的基础上构造出的原理上可行得通的系统，它考虑到总体的合理性、结构的合理性和实现的可能性。它确信，现在的设备一定能实现该系统所规定的要求，但它没有给出实现的具体元件。所以逻辑系统是摆脱了具体实现细节的合理的系统。

（3）实在系统：也可以叫物理系统，它是完全确定的系统，如果是计算机系统，那么机器是什么型号，用多少终端，放在什么位置等，应当完全确定。这时系统已经完全能实现，所以叫实在系统。

3. 按系统的功能分类

按照系统功能，即按照系统服务内容的性质分类，可把系统分为社会系统、经济系统、军事系统、企业管理系统等。不同的系统为不同的领域服务,有不同的特点。系统工作的好坏主要看这些功能完成得好坏,因此这样的分法是最重要的分法。

4. 按系统和外界的关系分类

按系统和外界的关系分类,可以分为封闭式系统和开放式系统。封闭式系统是指可以把系统和外界分开,外界不影响系统主要现象的复现,如我们在超净车间中研究制造集成电路。开放式系统是指不可能和外界分开的系统,如商店,若不让进货,不让顾客来买东西就不称其为商店。或者是可以分开,但分开以后系统的重要性质将会变化。封闭式系统和开放式系统有时也可能互相转化。我们说企业是个开放式系统,但如果把全国甚至全球都当成系统以后,那么总的系统就转化为封闭式系统。

5. 按系统内部结构分类

按系统内部结构分类,可把系统分为开环系统和闭环系统。开环系统又可分为一般开环系统和前馈开环系统,见图 3-16(a)。闭环系统又可分为单闭环和多重闭环系统,见图 3-16(b),闭环中既可能包括反馈,又可能包括前馈。

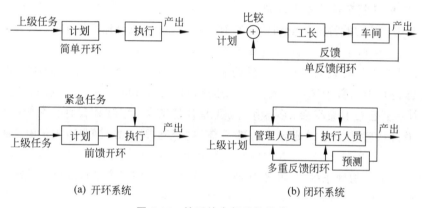

图 3-16 按系统内部结构分类

3.3.3 系统性能的评价

判断一个系统的好坏可以由以下 4 点观察。

(1) 目标明确。每个系统均为一个目标而运动。这个目标可能由一组子目标组成。系统的好坏要看它运行后对目标的贡献。因而目标明确合适是评价系统的第一指标。

(2) 结构合理。一个系统由若干子系统组成,子系统又可划分为更细的子系统。子系统的连接方式组成系统的结构。连接清晰,路径通畅,冗余少等,以达到合理实现系统目标的目的。

(3) 接口清楚。子系统之间有接口,系统和外部的连接也有接口,好的接口其定义应十分清楚,如图 3-17 所示。

例如,世界各国组成的系统,各国之间发生交往均要通过海关进行,海关有明确的人员和货物的出入境规定。再如,工厂和原料供应单位,工厂和运输部门之间接口都有明确规定。例如,一个玻璃厂委托铁路运玻璃,按照铁路规定,玻璃要用木架装好,内填稻草或其他填料,铁路要保证防震达到一定水平。工厂有责任包装好,铁路有责任维护好。如果

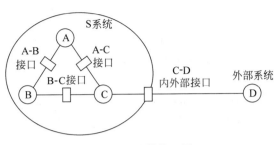

图 3-17 系统接口图

工厂包装达到了接口条件,因野蛮装卸损坏,责任应由铁路方负,并应赔偿。如工厂包装未达到要求,责任应自负。

(4)能观能控。通过接口,外界可以输入信息,控制系统的行为,可以通过输出观测系统的行为。只有系统能观能控,系统才会有用,才会对目标作出贡献。

3.3.4 系统的计划与控制

任何系统为实现其目标均需要计划与控制。计划是一个预定的行动路线,它表示出目标和为达到这些目标所必需的行动。控制是测量实际和计划的偏差,并采取校正行动。任何组织实际上都有计划,只不过这种计划有正式和非正式之分:非正式的计划容易造成不一致和不完全;正式计划不仅可作为行动的纲领,而且也是执行结果的评价基础。

设置目标是计划的第一步。计划中所用的名词十分混乱,我们将它们稍加区分,较精确的定义示于表 3-5。在制订计划中上述名词的相互关系见图 3-18。

表 3-5 有关系统的概念的定义

名 词	定 义
使命	成立该组织的根由,如创办某名校的根本缘由是培养顶尖人才
愿景	达到目标后的环境描述,想象的未来的情景
目的	将要完成什么任务的说明,如不增加人力,又不增加顾客所耗时间的服务
战略	达到目的的总途径,如改善服务手续
目标	要达到的能预测结果的说明,如缩短接到用户电话请求到服务完成的时间
计划和预算	达到目标的具体行动和活动的调度进度表和费用,如修改电话预约和服务手续,改善医疗设备的利用率
政策	伦理道德可接受的行为界限、决策界限和标准,如系统接口原则

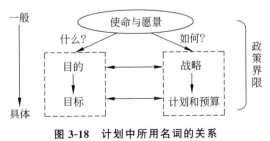

图 3-18 计划中所用名词的关系

一个企业的目标可能是利润、市场占有率、销售额、库存和产量等。一个企业的目的和目标要经过企业中有关人员的讨论才能达到。这种讨论受到现有组织结构和人员情况的约束很大,企业的内在矛盾影响目标的稳定性,因而留有一定的松弛度,以应付变化,这是很必要的。

计划是由远至近、由面至点分层进行的。一般来说,一个系统的计划都有以下几层。

(1) 战略计划(5年及以上):企业应当进入什么行业领域?如何筹集资金?如何分配稀有资源?

(2) 策略计划(1～5年):实现长期计划的投资模型是什么?如何决定设备位置、扩建、停用,以使利润最大?

产品系列中应增加、减少什么产品?最佳产品价格模型是什么?

(3) 运行计划(1～12月):原料获得、库存水平、分配系统结构、路线和模式,怎样使运行最优?怎样和长期计划衔接?

(4) 调度和发放(现时):当前设备运行的顺序是什么?怎样吻合下一周期的运行要求?

对于一个系统来说,其计划过程参见图3-19。

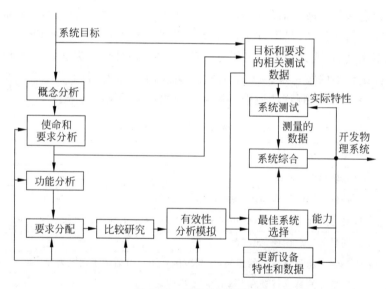

图3-19 系统计划过程

系统计划过程本身就是一项系统工程性工作,有时也是耗时耗资最多的工作,往往由于以下一些原因使这项工作不能很好地进行:

(1) 计划是一项很困难的认识活动;

(2) 计划是一项阐明未来不确定性的工作;

(3) 计划减少了行动的自由,受约束者不愿要计划;

(4) 计划是一项很紧张的工作;

(5) 计划在计算上是冗长乏味的;

(6) 计划做了,常常是放到一边没有用。

因为完成计划是如此之难,所以用手工制订及维护一个计划是很困难的。大型完善的计划都需要计算机进行强有力的支持。大型系统工程项目成功的重要原因是因为有强有力的计划技术支持。

当前我国部分企业对计划产生了错误认识,因而不重视计划。计划经济不好,不等于管理上不要计划。恰恰相反,在宏观的市场经济环境下,管理的计划更应受到重视。自由经济高度发达的美国,还认为"阿波罗"登月的成功主要是计划技术的成功,而不仅仅是科学技术的成功。

控制是测量实际和计划的偏差,并采取校正行动的过程。这个过程可以表示于图 3-20。

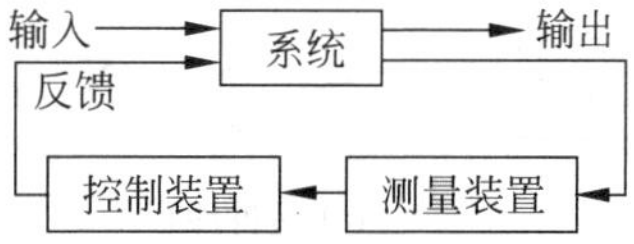

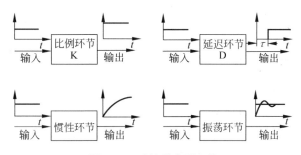

图 3-20 系统的控制模型

由图 3-20 可以看出,这个系统可以通过输入的改变,影响系统的输出。通过测量装置得到输出结果,送给控制装置,由控制装置按照一定的规则产生反馈信号,利用反馈信号来改变输入,以达到控制输出的目的。根据系统内部结构的特性和反馈信号产生规律,闭环系统的输入、输出间有一定关系,不同的关系给予不同的名字,如图 3-21 所示。

图 3-21 系统的典型环节

这里比例环节的特性是输入和输出间始终保持比例关系,如在价格一定情况下的产量和产值之间的关系。

延迟环节是指输出只比输入落后一段时间,但完全重复输入的情况。例如,生产上的传送带,上带的产品与下带的产品只差一个时差,其他完全一样。再如固定提前期的订货,订货与到货只存在时差。批处理的信息也差一个批处理的时间间隔。

惯性环节是指输出要随输入而变化,但有个惯性的过程。例如蔬菜降价后销售量的上升,生产的发展与人民生活的改善之间,都有个惯性的过程。

振荡环节是最一般的环节,振荡环节至少是两阶的,但也可能是高阶的。振荡环节输入和输出之间的关系比较复杂。在输入为跃阶情况下,输出的变化大致分为三类,见图 3-22。

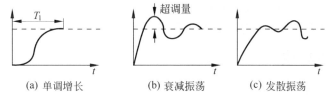

(a) 单调增长　　(b) 衰减振荡　　(c) 发散振荡

图 3-22 振荡环节的各种输出情况

这里第一种情况是单调增长的情况,如果各项参数配合得好,则接近稳定的时间可达到最短,这叫最佳过渡过程。第二种情况,系统振荡,但能达到稳定,这时输出有一定的超调量,当然我们希望超调量小些,过渡过程短些。超调量小,意味着多余库存空间可以减少。第三种情况是我们最不希望的情况,此时系统输出越振越大,可能产生一会儿脱库,一会儿满库,一会儿停工,一会儿加班的现象。系统究竟是哪种情况,取决于系统本身的参数和反馈环节的参数。因而可以改变反馈环节或改变系统本身,以获得好的运行性能。

为了控制系统的性能,对系统结构进行一些改变常常是有效的,在信息系统中经常应用的方法有分解、归并和解耦等三种方法。所谓分解就是把一个大系统按各种原则,把它分解为子系统。所谓归并是把联系密切的子系统合并到一起,减少子系统之间的联系,使接口简化并且清楚。解耦是相互联系很密切的子系统加进一些缓冲环节,使它们之间的联系减弱,相互依赖性减少。解耦的办法有三种,见图3-23。

应用缓冲库存可使前后两个子系统相对独立。如在生产线中间有个原料库存,生产就不至于因为原材料输送的问题而停顿。在信息系统中往往用缓冲存储器或暂存文件协调外部设备和主机运行速度的不一致,从而提高了全系统的效率。

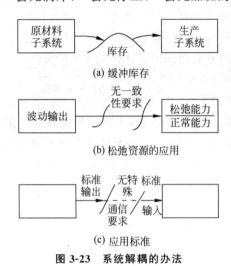

图 3-23 系统解耦的办法

松弛资源应用于当一个子系统的输出直接作为另一子系统的输入的情况。这种应用可以使两个系统相对独立。这种材料、能力、时间上的松弛使两个系统不会产生不一致的现象,使得数据处理系统提供额外的报告成为可能。系统分析员和程序员合到一起开会交接任务,会产生较好的效果。他们单独通过文件联系会造成一定的松弛。

应用标准可以把系统间的联系切断,前面系统只要产生达到标准的产品,后面系统只要按照标准接受产品,这样就简化了系统的通信。在管理中的质量标准、成本标准等,在信息系统中的标准代码、标准格式等,充分利用这些标准对系统进行控制是很有效的方法。

利用解耦不仅可以减少系统间的物理联系,而且可以减少系统间的通信。利用解耦可以提高系统的能力,如把采购和支付分开,由每天处理200笔支付提高到300笔。解耦也有其缺点,这就是局部的优化,未必是全局的优化,甚至可能是全局的劣化,如过分强调生产线的效率,库存费用大大增加,可能使全局费用升高。因而如何利用解耦,还要根据具体的情况分析。但一般来说子系统间联系越紧,对控制要求也就越高,如日本的零库存生产线。子系统之间的联系越松,系统间的通信要求越少,越有利于调动子系统的积极性。

3.3.5 系统的集成

1. 系统集成的概念

系统集成是为了达到系统目标将可利用的资源有效地组织起来的过程和结果。系统集成的结果是将部件或小系统连成大系统。单个微机一般不能算是系统集成,把多个微机用网络连接起来就可算是系统集成。把 CAD(计算机辅助设计)、CAM(计算机辅助制造)和 MIS 连通,这当然属于系统集成,而且是比微机联网更高级的集成。

系统集成在概念上绝不只是连通,而是有效地组织。有效地组织意味着系统中每个部件得到有效的利用,或者反过来说,为了达到系统的目标所耗的资源最少,包括开始的设备最少和以后的运行消耗最少。系统集成是要达到系统的目标,这个目标总是要达到 $1+1>2$,即系统的总效益大于各部件效益之总和。事实上对于信息系统而言,集成的系统所完成的效益是每个分系统单独工作所无法完成的,因而是 $1+1\gg2$。

系统集成为什么当前显得这么时髦,关键在于它的重要性。正像我们前面所述,如果没有系统集成,各部件的效益均无法发挥。所以它成了实现系统效益的瓶颈。另外又在于它是系统上的系统,是复杂的系统,是关系全局的系统,因而它影响面大。我国现在大多数企业的信息系统没有发挥应有的效益,企业买了各种各样的软件、硬件,可是没有发挥系统的作用,只把它当成一个大的打字机使用,这都是因为集成不好所致。

2. 系统集成的分类

像其他任何对象的分类一样,由不同的角度可以把系统集成分为不同的类型。

1) 按优化程度分类

按优化程度,可将系统集成分为连通集成、共享集成和最优集成。

(1) 连通集成,顾名思义就是首先保证设备能互相连通。这个要求好像是出自网络的要求。尽管微机桌面处理、用户友好的软件以及一些通信设备能很好地工作,但连通的目标仍然是很难实现的。连通性(connectivity)是指计算机和计算机基础的设备在无人干涉的情况下相互通信和共享信息的性能。缺乏连通性的情况是很多的。

连通性不只是联网而已,另外的一些性能也应具有。例如应用程序兼容性,同样的软件可应用于不同的机器上;移植性,由老一代软件移植到新一代软件上;合作处理性,利用主干机、部门机和微型机联网,解决同一个问题;信息兼容性,在不同的硬件平台和软件应用程序间共享计算机文件;互用性,软件应用程序应用于不同的硬件平台,而又维护一样的用户界面和功能的能力。所以在一个大的计算机系统中连通性的要求是很多的,当前的大多数系统均没有达到理想的程度。

(2) 共享集成是指整个系统的信息能为系统中所有用户所共享。这种要求看起来很容易做到,但实际上是很难的。一般来说这里应当有个共享的数据库,其内容为全组织共享,而且要维护到最新状态。除此之外,所有用户的数据在有必要时,也容易接受其他用户的访问。共享集成还可以包括应用软件的共享,在网络上提供很好的软件,用户容易应用或下载,不必要每台机器均独立装设许多软件等。

当前流行的共享单车其实并非共享,实际上只是网络租赁单车。真正的共享集成是独立体的分散式集成。就是说,每一个单元都有独立的决策权,分散于各地,靠信息联通,做到总体集成。例如,智能城市交通指挥系统,每个十字路口模仿最有经验的交警的能力指挥,分散决策,又使总体达到流量最大。习主席所提"一带一路"才是一个最难的共享集成。

(3) 最优集成是最高水平的集成。理想的集成,也是很难达到的集成,一般只有在新建系统时才能达到。在新建系统时,要很好地了解系统目标,自顶向下,从全面到局部,进行规划,合理确定系统的结构,从全局考虑各种设备和软件的购置,达到总经费最省,性能最好。实际上随着时间的推移,环境的改变,原来最优的系统,后来已偏离最优了。在开始设计时它是最优的,建成以后已不是最优的了。所以最优系统实际上是相对的。追求最优的努力应该一直继续下去。只有在信息高度充分的情况下,才能实现近似的分散的近优集成。

2) 按范围分类

按范围分类,可分为技术集成、信息集成、组织人员集成和形象集成。

(1) 技术集成主要是达到技术上的连通,解决技术上的问题,如合用性、可取性、响应时间、满足要求的功能以及容易操作等。

(2) 信息集成要达到数据共享,要解决数据上的问题,如不正确性、过时、不合适的单位、没有索引、不够合用和难以获得等。

(3) 组织人员集成是将系统融合于组织中,成为相互依赖、不可缺少的部分,要解决人的问题,如系统难用、工作不正常、经常出错、系统难以预料等。系统难用,对组织来说,包括不解决实际问题、不能和组织或人员配合解决问题、不能适应变化等。

(4) 形象集成是要将信息系统集成于企业形象之中,成为企业的骄傲。形象系统本身就是信息系统,信息系统也要注意自己的形象。往往一个企业信息系统应用很成功,但信息系统给人的形象很不好。如企业的主页没内容或不更新;企业信息人员给人的形象不好、服务不好等。这些不好的形象将会给客户一种印象,即企业的管理水平不高,从而使客户对企业的产品失去信心。信息系统也要时刻注意自己的形象,使之和企业的形象在艺术上达到融合。形象集成是软实力,是文化、声誉的集成,是艺术层次的集成。中国要成为社会主义强国,要让中国文化被世界接受,敬慕,赞扬,那才是最高的集成。

3) 按具体程度分类

按具体程度,可将系统集成分为概念集成、逻辑集成和物理集成。形象地说,概念集成是看不见摸不着的;逻辑集成是看得见摸不着的;而物理集成是看得见摸得着的。它们一个比一个更具体,但从重要性来说,概念集成是最重要的,是决定一切的。

概念集成是最高层抽象思维的集成。一般来说,它是定性的、艺术的,它确定了解决问题的总体思路。例如,有个公司想搞自己的办公自动化,有的说照搬 IBM,有的说照搬 HP 公司,至于到底仿照谁,很难用科学公式证明谁最好。这与该公司的环境关系很大,甚至与非技术环境关系也很大。例如,这两家公司关系好,相互信任等。所以构成概念集成的依据是经验和知识。可以将这个过程用一个图来做概念上的说明,见图 3-24。

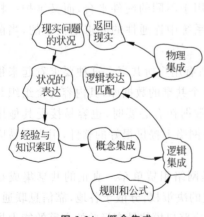

图 3-24 概念集成

由图 3-24 可以看出,现实问题总要经过人的表达,根据这种表达提取经验与知识,接着就要进行概念的集成,首先是定性地给出解决问题的思路,有可能的话,给出定量的边界,勾画出系统集成的模型或框架。然后再利用深入的知识,包括规则和公式,将其深化成为逻辑集成模型,利用逻辑集成模型和状况表达比较,以确定集成方案能否很好地解决这个问题,然后再进行物理集成和实现。只有由概念到逻辑,再到物理集成这条路,才能真正做到最优集成。

集成策略是进行集成的执行途径。往往由于集成策略的不正确,很好的集成思想无法得到实现。什么是集成策略,我们可以举几个例子说明。例如某个信息系统公司向用户推行其系统,其策略可能有以下几种。

(1) 共同开发:用户介入到起动、开发以及集成各个阶段。

(2) 服务于用户:用户只介入起动和集成。

(3) 推向用户:用户介入开发和集成。

(4) 卖给用户:用户只介入集成。

(5) 征用用户:用户只介入开发。

由此可以看出不同策略差别会很大,不同策略将导致不同的结果。

集成策略是一个过程,往往包括几个阶段的组合。例如,包括教育用户、系统装设、应用程序集成等。

3.3.6 系统理论的发展

系统理论不是研究孤立的事物。它研究把孤立事物联系起来所形成的新问题。这些问题是不同于孤立存在的事物的问题。系统理论的学科研究有三个层次:系统思想、系统科学和系统工程。

系统思想是系统研究的最高层次。它是一种思路,一种概念。系统思想,可以说人类很早以前就有了,人们在实践活动中总结了经验,找出了规律,形成了思想、概念。中国古代许多思想家,早就有了系统思想。如大禹治水、李冰修建都江堰等。欧洲早期的哲学家也早就有了系统思想,如古希腊辩证法奠基人之一的赫拉克里特(公元前 500 年)在《论自然》一书中写道:"世界是包括一切的整体。"古代的这些系统思想,至今我们阅读起来,仍感到十分深刻。系统思想和系统科学是不同的。它不要求严格的逻辑推理和实验验证,它主要根据经验归纳、创造性的思维去定性地把握事物的走向。它重视透过事物的表面现象,抽取事物深层面的概念,透过个别事物去抓住整体的特征,从而建立自己的概念框架。系统科学则是利用当代科学的一切成就,把系统工作由艺术、经验变为科学的过程。科学的特点是什么?科学追究原因,科学建立起一套逻辑推理机制,科学推出的结果是可信的,是真实的。科学主要是明因、明理。而系统思想主要是知向和创意,所以系统思想在某种程度上也可以说是系统哲学,是研究科学和工程背后的"科学"。系统思想的重点是在创意和概念框架,因而当代的一些研究就逐渐集中于创意的模式研究上。

较有名的如切尔兰德(P. B. Checkland)的软系统思想(soft system thinking)。他给出的模型见图 3-25。

这里"根"是基因内核的意思。它是形成系统最基础、最根本、最重要的成分。由它发展就可以形成系统。

软系统思想主要研究解决的是非结构化的问题,也就是最随意、最无规则的问题。这

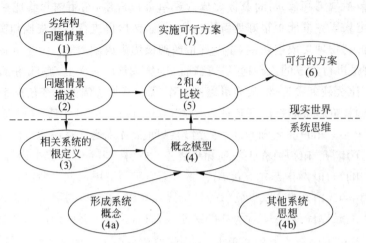

图 3-25　软系统思想模型

类问题只可能凭经验和艺术来解决,而无章可循。这里给出了用系统思想的模型来解决这类问题的步骤。也就是说,它不可能给出问题的解答,而只是给出了如何思考着手解答这个问题的途径。这是一种方法,按照这个方法就能较好较快地接近问题的解答。

由图 3-25 可以看出这类问题的解决步骤是:(1)确定这个问题是非结构性问题;(2)对此问题进行描述;(3)和相关系统的"根"进行比较;(4)参照其他系统思想,形成系统概念,构建出问题的概念模型,这里得到的思想上的概念模型只是初步的;(5)用概念模型和本问题的情景比较;(6)得到可行的方案;(7)实施可行的方案。这个 7 步模型的第(3)(4)步是在系统思维世界,其他各步则在现实世界。

近代的问题越来越复杂,越来越注意问题软的方面的研究。我国钱学森院士提出的综合集成法(meta-synthesis),就是这方面的典型代表。综合集成法是在简单集成基础上的综合,它强调把情报、资料、信息、知识和人的经验一起集成起来。它的第一步是提出问题和形成经验性假设,这是最重要的阶段。它强调充分发扬民主、畅所欲言、相互启发、大胆争论,把专家的创造性充分激发起来。这实际上也是一种形式的头脑风暴法。它的第二步就是验证这些假设,可能否定或肯定,也可能修改以后得出新的假设再来验证。在这个阶段,强调充分利用数学科学、信息科学、控制科学、计算机科学以及系统科学所提供的各种有效方法和手段,如系统建模、仿真、优化等。这种方法实际上是强调了艺术经验和科学方法的混合应用。在这个方法中还应用了研讨厅体系,这实际上是在群体决策支持系统支持下的电子会议室。

系统科学是利用科学方法来解决系统问题的。科学的特点在于明理、演绎、验证和求真。就是说应当知道道理,可以进行符合逻辑的推导,可以验证,可以求得真实的规律。管理科学是利用当代自然科学的一切成就来解决管理问题的过程,系统科学是利用当代自然科学的一切成就来解决系统问题的过程。系统科学的大发展时期是 20 世纪 80 年代,是在 40 年代计算机科学、50 年代信息科学和控制科学、运筹学和管理科学等基础上发展起来的。随着系统科学的成熟,系统论、信息论和控制论就成为那个时代的软科学的基础——"老三论"。20世纪末,由于系统越来越复杂,也由于自然科学又有许多新进展,复杂系统理论成了研究的焦点,它呼唤着更高级理论的出现,逐渐出现了"新三论",即耗散结构论、突变论和协同论。实际上"新三论"均是研究开放系统中某一组织通过和外界不断地交换能量、信息和物质后,自身内部的控制参量达到某一阈值时,系统可能由无序转化为有序状态,因而"新三论"又称为自组织理论。自组织是在自适应的基础上产生的,复杂系统具有自适应能力,自适应又创造了复杂性。进一步研究复杂系统结构的演变,20世纪90年代,西方兴起了非线性科学热。非线性科学中的分形、分维和混沌理论(chaology),又被称为"新新三论"。不管它是否达到了这种程度,但是混沌开始之处,就是经典科学终止之处。非线性的研究正在消除决定论和概率论两大对立描述体系的鸿沟。

系统工程是用当代工程技术的一切成就来解决系统问题的。工程的特点是按质、按量、按时地完成任务。如果说系统思想主要是定性研究,系统科学是定性定量结合的话,系统工程最后一定要定量。系统工程力求100%地达到目标。定量、准确是系统工程区别于系统思想和系统科学的主要特点。系统工程十分重视实施、注意计划。大型系统工程项目,如"阿波罗"登月计划、三峡工程的成功,绝不只是工程技术的成功,更重要的是计划技术的成功。

无论是系统思想、系统科学,还是系统工程,针对的目标都是系统。它们都是从整体出发,综合考虑,全面分析,这很像古代的整体论,但它们也同时使用当代的还原论,把事物分解后,先解决局部再解决整体。在方法上也是综合的。系统理论正朝着综合的知向、明理、精成的方向发展。

任何学科的最高层均是艺术层和哲学层,艺术层是形之最高,哲学层是理之最高。同样,对系统论最高之修炼是应具有系统观点,系统思考。高者,看问题总会有三个维度:时间长度、地域宽度和内容深度。时间长度分近、中、远;地域宽度可分窄、中、广;内容深度分表相、规律、控果。时长一般一年为短,三年为中,十年为长,但对于大范围如一国,可能30~50年为长。内容越深,越能透过表面现象,看到本质,知识越多,越知其规律,越懂得其背后的哲理,越能达到预期目的。越是高者,越有系统观点、全局观点和顶层观点,越有大格局。习近平主席所提的"一带一路""命运共同体"就是系统思考的最好典范,学习这种思路,对待企业问题就能使企业走出困境,持续发展。做企业的信息化,就能使企业信息觉悟大大提高,走向"丰信息企业"。

系统理论的发展由系统,到大系统,到复杂系统,到最复杂系统,现在到了系统的系统(system of systems, SOS),有人就把它译为"体系系统理论"。体系系统的子系统和传统的子系统有很多不同之处,子系统相对独立,子系统集成有共同的目标,子系统间协调胜于控制。体系系统相对扁平化,对外的竞争优势取决于体系,而不是单项优势,对内的发展往往是涌浪(swell)形式,靠涌浪点燃,构想愿景,靠系统规划,设想系统框架(framework)和系统架构(architecture)。新的理论的发展和中国哲学发展的途径更加相似,更重定性,更重方向,新的系统理论的发展也更加验证共产主义理论的正确。

即测即练

研讨题

1. 管理的定义是什么？管理和其他学科在性质上的区别是什么？
2. 在管理理论发展的历史中几个主要的关键的论点是什么？其代表人物是谁？当前有什么新的管理论点会对管理产生很大的影响？
3. 根据你自己对管理的理解，可否构思出一幅管理的概念构架？写一篇"论管理"或"管理论"的文章。
4. 什么是数据？什么是信息？试举几个实用的例子加以描述。
5. 信息有哪些基本性质？哪些性质和物质的性质不同？为什么？
6. 信息的价值如何衡量？如何才能正确地实现其价值？
7. 信息是否有生命周期？如何把握生命周期使信息更好地发挥作用？
8. 信息管理有什么内容？试述我国企业在信息管理上的问题。
9. 什么是系统？没有目标的相互联系的事物是否系统？为什么？
10. 用什么指标来衡量系统的好坏？
11. 管理信息系统是什么样的系统？它有哪些系统的特点？
12. 试论计划与控制对系统的重要性，如何才能正确地实施计划与控制。
13. 参考几本系统科学或系统工程的书，对系统的概念进行再思考，论述系统的性质和特点，阐述系统概念的新发展。
14. 什么是系统集成？信息系统的集成和计算机网络的集成有何不同？
15. 信息系统有几种分类方式？每种方式的长处和问题是什么？当前系统集成分类还存在什么问题？
16. 系统集成的策略应当包括什么内容？如何检验系统集成的成功与否？
17. 系统学科正朝什么方向发展？有哪些自然科学的新成就会对系统科学的发展产生重大影响？
18. 你认为管理信息系统的基础理论还有哪些？

Part 2 第 2 篇

技术基础篇

第 4 章　计算机硬件与软件
第 5 章　数据资源管理技术
第 6 章　通信与网络
第 7 章　人工智能

科学技术是推动社会进步的动力,而技术是生产力的核心。从根本意义上说,人类的进步是由科学技术引起的,经济、社会、政治的进步也是由科学技术引起的。尤其在当代,新技术一日千里,使世界的面貌日新月异。对于管理者来说,不能不重视这个现实。多学些技术,多了解这个关键因素,多知道技术的潜力,是十分必要的。

学习任何一种技术都有三个层次,一是知道(know),二是知识(knowledge),三是技能(skill)。由于本书的宗旨,我们把重点放在第二层而非第三层上。如果有读者希望掌握到第三层次,还需参考有关计算机技术的专业书籍。第二层次并不是比第三层次低,只是目标不同而已。相反,学好第二层次在某些方面比第三层次更难。它要求在不太清楚细节的情况下,准确地掌握概念,能更宏观地掌握本质,正确地应用它,作出正确的决策。

信息技术是所有新技术的核心。本篇所介绍的信息技术主要有:计算机硬件与软件、数据库与商业智能、通信网络和人工智能,如图Ⅱ-1所示。

图Ⅱ-1　信息技术内容

CHAPTER 4 第4章

计算机硬件与软件

4.1 计算机的发展

世界上第一台电子计算机 ENIAC(electronic numerical integrator and calculator)诞生于 1946 年。它的诞生标志着计算工具随着世界文明的进步飞跃到一个崭新的阶段。

在经历了第一代真空电子管计算机(约 1951—1958 年)、第二代晶体管电子计算机(约 1959—1963 年)、第三代集成电路电子计算机(约 1964—1979 年)和第四代大规模集成电路电子计算机(约 1979 年开始)之后,20 世纪 90 年代开始探索第五代计算机的概念。

4.1.1 计算机的分类

计算机技术的发展使计算机的分类问题变得复杂化了,比如根据用户的需求及一些技术特征,我们可以把计算机分成微型计算机、小型计算机和主干计算机,同样根据应用的分类可以是:主计算机、网络服务器和工作站。

拓展阅读

下面按计算机应用领域把计算机分为面向个人的计算机、面向服务的计算机和面向专用领域的计算机。

1. 面向个人的计算机

① 桌面式计算机(desktop),即传统意义上所指的计算机,不便于移动,大多由主机箱、显示器和键盘鼠标组成,近年来也逐渐出现屏幕与机箱整合的一体化设计,相比便携式计算机性能较强。运行桌面式操作系统(Desktop OS),如 Windows 7、桌面 Linux、MacOS 等多用于处理办公软件、数据库管理、图像处理、音视频处理、大型游戏、工程设计等类型软件。

② 便携式计算机(laptop),即通常所说笔记本电脑,和桌面式计算机具有相同设计,拥有电池支持脱离固定电源使用,体积和重量都有较大优势,近年来随着生产成本降低已经成为个人电脑的重要组成部分。Intel 提出的超级本即为更轻薄便携的笔记本电脑。运行软件与桌面式计算机类似,但是由于其便携特性,性能弱于桌面式计算机。

③ 瘦客户机(thin client),多用于虚拟化桌面或者终端式服务,外观与桌面式计算机相似,具备显示器,输入输出设备,没有或仅有非常有限的处理能力,具有接入网络的功能,计算资源和存储由统一的基础设施提供,多用于基础设施集中化管理的企业、学校等。

④ 个人数字助理(Personal digital assistant/PDA),又称为掌上电脑(palmsize),以运行个人事务助理程序如日程、邮件、待办事宜等得名,但已经逐渐被现有的智能手机所

取代。

⑤ 智能手机(smartphone)与平板电脑(tablet),统称为智能便携终端,通常具备移动网络访问功能,运行移动操作系统,以便携的外形和长时间的使用时间为特点,在音视频播放、照片视频拍摄、个人事务助理、网页浏览、文本阅读、轻量级游戏等领域完全可以取代传统计算机的功能。

⑥ 穿戴式计算机(wearable),为可穿戴于身上出外进行活动的电脑;由轻巧的装置构成、利用手表类小机械电子零件组成,更具便携性,尚处于实验领域。以 Google Glass 为代表。

2. 面向服务的计算机

① PC 服务器,多用于数据中心或网络节点,提供服务级应用支持,相比个人计算机更强调处理能力、稳定性、可靠性、安全性、可扩展性、可管理性。依照放置方式又可分为塔式(tower)、机架式(rack)、刀片式(blade)服务器等。

② 小型机、中型机、大型机,多指运行 UNIX 系统的计算机,架构与 PC 服务器存在区别,一般拥有更高的可靠性、可用性和服务性。现阶段由于虚拟化和分布式架构的推行,PC 服务器性能与稳定性也在提高,因此行业中正在提出"去小型机化"的理念。

③ 超级计算机,依照其规格和性能定义。通常意义上指运算速度达到每秒一万亿次以上的计算机,常用于需要大量运算的工作,譬如天气预测、气候研究、运算化学、分子模型、天体物理模拟、汽车设计模拟、密码分析等。

3. 面向专用领域的计算机

面向专用领域的计算机是指针对某个特定的应用,如针对网络、通信、音频、视频、工业控制等,为了满足特定的应用对功能、可靠性、成本、体积、功耗的严格要求,其软硬件一般可裁剪,而且强调设备的稳定性与可靠性,因此多使用嵌入式技术。嵌入式系统一般由嵌入式微处理器、外围硬件设备、嵌入式操作系统以及用户的应用程序等四个部分组成。嵌入式系统具有便利灵活、性能价格比高、嵌入性强等特点,可以嵌入现有任何信息家电和工业控制系统中。从软件角度来看,嵌入式系统具有不可修改性、系统所需配置要求较低、系统专业性和实时性较强等特点。

4.1.2 计算机的发展趋势

作为信息系统的最终用户,认识到计算机系统的发展速度飞快是很重要的。这些发展趋势在计算机的每个重要阶段已有所体现,并将继续发展下去。

计算机过去的发展基本上符合著名的"摩尔定律",摩尔定律是由英特尔创始人之一戈登·摩尔(Gordon Moore)于 1965 年提出的,当时是用于预测集成电路上可容纳的晶体管数目的发展规律。目前广为流传的"摩尔定律"版本为:集成电路芯片上所集成的电路的数目,每隔 18 个月就翻一番;微处理器的性能每隔 18 个月提高一倍,或价格下降一半;用一美元所能买到的电脑性能,每隔 18 个月翻两番。计算机未来发展总体上仍然是向着体积更小、速度更快、性能更强更可靠、购买与维护成本更低的方向发展。

未来,计算机的发展将呈现以下趋势:

(1) 巨型化。巨型化是指未来的计算机将能够提供更高的计算性能、存储能力、运算速度等。

（2）微型化。随着制造工艺的进步，未来的计算机将能够集成更多的电子元器件，同时体积更小，甚至可能出现纳米级的计算机。

（3）智能化。智能化是指未来的计算机将会结合机器学习算法、人工智能应用更好地理解人类，模仿人类的日常行为，进行学习和改进。各种智能终端也将会越来越多地出现在人们的生活中。同时智能化的计算机系统能够保证更快的效率和更低的错误率，大大解放了人力成本。

（4）网络化。云技术的普及使得企业和个人不再受设备性能、地理位置的限制，利用互联网络可以实现随时随地访问各种应用，进行移动办公等。

（5）移动化。移动互联网的发展，使得人们可以通过智能手机、平板等各种移动终端实现便捷访问。

此外，利用量子力学规律进行数学和逻辑运算的量子计算机也是未来计算机发展的重要方向[①]。当前，中美等国也在深入展开量子计算机的研发和实验，并成功构建了量子计算原型机[②]。

4.2 计算机的运算基础与计算模式

4.2.1 冯·诺依曼计算机结构的基本思想

迄今为止，世界上各类计算机的基本结构大多数建立在冯·诺依曼（Von Neumann）计算机模型基础之上，它包含两个极其重要的思想：存储程序和二进制。

任何复杂的运算都可以分解成一系列简单的操作步骤，这些简单操作应是计算机能直接实现的被称为"指令"的基本操作，如加法指令、减法指令等。解算一个新题目时，先确定分解的算法，编制运算过程，选取能实现其操作的适当指令，组成所谓"程序"。如果把程序和处理问题所需的数据均以计算机能接受的二进制编码形式预先按一定顺序存放到计算机的存储器里，计算机运行时从存储器取出第一条指令，实现第一个基本操作，以后自动地逐条取出指令，执行一系列的基本操作，其结果是完成了一个复杂的运算。这就是存储程序的基本思想。

"二进制"的基本思想是：计算机指令和数据均以二进制编码的形式存储。二进制只有"0"和"1"两个数符，用计算机电子器件的截止和饱和两个稳态，即高电平和低电平来表示"0"和"1"，其实现非常容易。并且二进制运算规则远比十进制简单，这样使计算机结构大为简化，运算速度大大提高。

"存储程序"原理和"二进制"奠定了现代计算机设计的基础和计算机的基本组成与功能。因此计算机不仅是一个完成各类信息处理任务的集合体，而且是一个"系统"，是一个能执行如输入/输出处理、存储和控制这些基本系统任务的、有内在联系的电子部件的结

---

① 余泽平.量子科技及其未来产业应用展望[J].中国工业和信息化，2020(11)：20-26.
② http://scitech.people.com.cn/n1/2020/1204/c1007-31954637.html.

合。因此,计算机是提供给终端用户的功能极强的信息处理工具。

4.2.2 传统网络计算的模式

目前大部分独立使用的计算机都已与网络连接。网络上计算机所做的运算一般属于分散式处理,即将所有的处理工作分给连接在网络中的微型机、小型机和大型机。

网络计算的模式可以分为 C/S 结构、B/S 结构、网格计算和云计算。

1. C/S 结构

在 C/S(client/server computing)结构中,计算机的处理工作分配给客户端与服务器端共同完成。一般的用户在客户端进行操作,通过网络与服务器端连接,并从服务器端获取资料与服务,如图 4-1 所示。

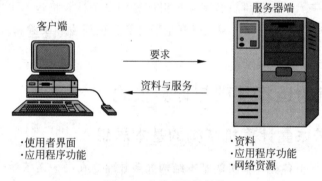

图 4-1 主从式运算结构

客户端一般是一台微型计算机、便携式计算机,可直接运行客户需求,也可通过网络向服务器发出请求,或向服务器输入资料,或从服务器获取资料。服务器端则获取客户端的资料,分析处理并存储,或向客户端提供应用软件、数据资料等各种服务,并执行用户端看不见的后台功能——网络管理活动。

根据客户端与服务器端在人-机交互界面、运算逻辑、资料管理三方面所承担的任务差异,可以划分成不同的类型。其中界面指的是展示在客户端的人-机交互界面,资料指的是存储在服务器端的数据库与数据仓库,运算逻辑则代表了根据企业营运规则所形成的处理逻辑,并为此所编写的应用软件。图 4-2 描述了主从式运算结构的 5 种类型,至于采用哪种类型则由应用的实际需要确定。

例如,一个大企业的劳资管理工作,由各部门的人事管理员通过客户端输入新员工的人事资料、薪资级别等,或对服务器进行资料查询、分析。如有需要还需作显示或打印等输出。服务器端用所获取的人员变动、薪资变动的资料来更新企业人事数据库。同时,服务器将进行网络运行管理、控制服务器使用权等工作,只有经认证后的客户端用户才能查看或更新资料。按此企业的管理模式,应采用中间的方式。

2. B/S 结构

B/S(browser/server)结构即浏览器/服务器结构。它是随着 Internet 技术的兴起,

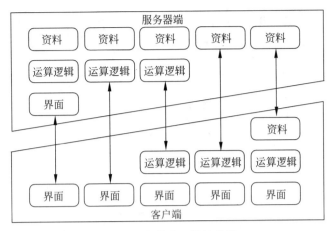

图 4-2 主从式运算的种类

对 C/S 结构的一种变化或者改进的结构。在这种结构下，用户工作界面是通过 WWW 浏览器来实现，极少部分事务逻辑在前端（browser）实现，但是主要事务逻辑在服务器端（server）实现，形成所谓三层（3-tier）结构。这样就大大简化了客户端电脑载荷，减轻了系统维护与升级的成本和工作量，降低了用户的总体成本（TCO）。以目前的技术看，局域网建立 B/S 结构的网络应用，并通过 Internet/Intranet 模式处理数据库应用，相对易于把握，成本也是较低的。它是一次性到位的开发，能实现不同的人员，从不同的地点，以不同的接入方式（比如 LAN、WAN、Internet/Intranet 等）访问和操作共同的数据库；它能有效地保护数据平台和管理访问权限，服务器数据库也很安全。特别是在 Java 这样的跨平台语言出现之后，B/S 架构管理软件更是方便、快捷、高效。

客户机统一采用浏览器，这不仅让用户使用方便，而且使得客户机不存在安装维护的问题。当然软件开发和维护的工作不是自动消失了，而是转移到 Web 服务器端。在 Web 服务器端，程序员使用脚本语言编写响应页面。

客户机同 Web 服务器之间的通信采用 HTTP。HTTP 是一种无连接的协议，通信原理如下：浏览器只有在接收到请求后才和 Web 服务器进行连接，Web 服务器马上与数据库通信并取得结果，Web 服务器再把数据库返回的结果转发给浏览器，浏览器接收到返回信息后马上断开连接。由于真正的连接时间很短，这样 Web 服务器可以共享系统资源，为更多用户提供服务，达到可以支持几千、几万甚至于更多用户的能力。

当前主要的浏览器是 Internet Explorer、Mozilla Firefox、Google Chrome 以及其他 Webkit-Based 浏览等。国内大部分客户机基于 Internet Explorer，而服务器使用 JSP、PHP 或 ASP 编写。

B/S 结构一般用于电子商务网站、大型公司企业网、客户机是无盘工作站的多客户机的系统。但由于当前 HTML 的局限性，其打印和界面控制还不是很理想。

图 4-3 显示了 B/S 结构与 C/S 结构的比较。

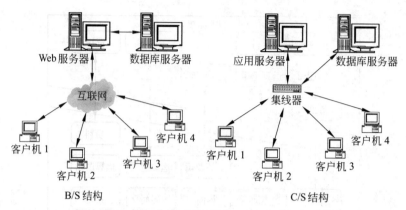

图 4-3　B/S 结构与 C/S 结构的比较

4.2.3　新型网络计算机

1. 网格计算

网格计算(grid computing)是指综合利用分散在网络各处的大量独立的计算资源,组成一种分布式系统,共同完成某个计算任务。这些计算资源往往是地理位置分散、管理归属各异、连接松散,甚至可能种类混杂;计算任务一般也是临时性的或阶段性的,会根据用户的要求随时变化,在完成一个具体任务时,临时集中利用网络中的空闲资源;而网络中各个计算资源在参与网格计算时需要遵循共同的开放接口标准并进行统一协调。

网格计算中的计算资源规模可大可小,计算资源可以限定在一个企业内部,也可以是多个企业联盟、一个行业、多行业、一个国家,甚至是多个国家,逐渐形成一种类似电网的新型计算基础设施,一般用户不用专门建设自己的计算资源,而能通过购买服务的方式随时使用网格计算。

网格计算本质上是一种充分利用分散资源的模式,这种模式得到了广泛认可和日益扩展,目前出现了各种各样的"网格",例如根据可利用资源的类型可以分为计算网格、设备网格、数据网格、信息网格、知识网格、服务网格等,它们都是由分散资源组成、基于统一标准、通过综合协调,实现资源利用与集中服务。

2. 云计算

云计算(cloud computing)是一种通过计算机网络按需提供计算资源的模式,其中计算资源包括计算能力、存储、应用和服务等。类似于 C/S 结构和 B/S 结构,云计算模式也分为用户端(客户端)和"云"端(服务提供方)。云计算中的用户端一般只作为显示终端,对软件和数据几乎没有什么要求,只需要 Web 浏览器即可;所有的计算处理服务都由"云"端提供,"云"端可以由一些大型服务器组成(提供计算、存储、应用和服务等能力),但更多情况是通过网格计算整合分散在网络上的计算资源。

云计算的特点可以从两个方面来理解。

(1) 从云计算的服务提供和交付模式来看,所有计算处理都集中在"云"端,用户可以认为"云"端的计算能力是没有限制的,计算服务可动态伸缩,用户可以灵活购买。因此一一般企业不用自己建设和维护硬件、软件,只需要通过最简单的设备访问计算资源网络,并把自己所需要的计算处理交由"云"端负责。云计算在这方面的挑战主要是用户有诸多担心,包括担心失去对信息系统的控制,担心对云计算提供商的高度依赖,担心信息安全和服务质量等。

(2) 从云计算的服务实现方式来看,云计算实现了计算资源的高度整合和优化利用。它一方面整合各客户的计算需求,经过合并与优化,统一进行计算处理,实现计算资源的最大化共享;另一方面它可以把计算处理任务通过各种"网格"来完成,实现网络上计算资源的充分利用。云计算在这方面的挑战主要是:如何控制、调度和优化各种资源、平台和软件,实现各种组件的高效协作工作;如何保证服务的普适性和灵活性;如何保证服务实现的可靠性、安全性和服务质量水平。

根据云计算所提供计算服务的种类,云计算可以认为包括以下几个层次的服务:基础设施级服务(IaaS)、平台级服务(PaaS)和软件级服务(SaaS)。基础设施级服务(infrastructure as a service,IaaS)是指"云"端向用户提供全面的计算机基础设施,包括计算机服务器、基础软件和数据存储空间,用户只需向"云"端租用,而不需要建设和维护这些基础设施。平台级服务(platform as a service,PaaS)是指"云"端向用户提供完善的应用开发平台,用户不用购买和管理底层的硬件和软件,而能利用"云"端的计算机基础设施和应用开发环境,简单快速地开发或配置所需的应用系统。软件级服务(SaaS)是指"云"端向用户直接提供企业应用软件,用户不需要自己安装和运行应用软件,也不用软件维护,而是直接向"云"端租用,用以管理企业经营活动。

云计算的一般情况是用户通过互联网使用第三方提供商的"云"端服务,这种方式有时被称为公有云,即云计算服务可以通过互联网向一般企业提供,一般企业都可以购买和使用该云计算服务,云计算服务是公有的。相应地,私有云是指一个企业独立构建的、面向企业内部提供服务的云计算方式。由于用户方和服务提供方都在一个企业,私有云用户更少担心企业数据泄露问题,方便进行服务质量控制;同时由于私有云可以部署在企业网络防火墙之内,也可以保证服务安全性和提高服务效率。有时也把面向一个行业或一个企业联盟提供服务的云计算方式称为社区云。

大型企业可以构建私有云,集约化建设企业的计算机基础设施,共享企业内部信息处理能力,统一管理企业的产品设计、订单、物流、结算、配送、顾客服务等业务数据和信息系统应用;中小型企业可以更多使用公有云或者社区云,利用公共基础设施、公共平台和公共服务共享企业外部的信息处理能力,快速搭建或使用应用系统,并保持灵活性。

3. 边缘计算

边缘计算(edge computing,EC)是指在靠近人、物或数据源头的网络边缘侧,融合网络、计算、存储、应用等核心能力的新网络架构和开放平台。随着物联网及5G无线网络的发展,网络边缘设备数量迅速增长,原有的以云计算模型为核心的集中式大数据处理方式已经不能高效处理边缘设备产生的海量数据[1]。将以边缘计算为核心的面向网络边缘设备所产生的海量数据计算的边缘式大数据处理方式与现有的以云计算模型为核心的集

---

[1] 项弘禹,肖扬文,张贤,等. 5G边缘计算和网络切片技术[J]. 电信科学,2017,33(6):54-63.

中式大数据处理方式相结合,能够较好地解决万物互联时代大数据处理的难题①。边缘计算的"边缘"是一个相对概念,指从数据源到云计算中心数据路径之间的任意计算资源和网络资源。边缘计算的基本理念是将计算任务在接近数据源的计算资源上运行,从而减少传输到云端计算的网络负载和能源消耗,并且避免边缘数据中可能存在的隐私信息的泄露②。

边缘计算的主要特点如下③。

① 本地化。边缘计算的数据分析处理在智能设备等数据源头处,本质上和本地化处理并无差别。

② 低延时。边缘计算在靠近设备终端的位置进行,不需要经过核心网络到达远端进行集中处理,极大地降低了网络拥堵的可能性,改善了链路容量,提升了响应速度和用户体验。

③ 实时性。边缘计算可以利用实时的网络数据,如用户端所处的无线环境、网络统计信息等进行实时分析和处理,通过网络切片将网络实体划分为多个逻辑独立的网络,为不同的业务场景提供所需服务,挖掘其中的价值。

④ 低能耗。在计算过程中,能源的消耗主要包括数据计算和数据传输两部分。通过将边缘数据进行本地化处理可以减轻云端的数据处理负载,并且减少数据上载到云端消耗的能源,可以大大提高能量使用效率。

4. 认知计算

认知计算(cognitive computing,CC)源于模拟人脑的计算机系统的人工智能,是通过人与自然环境的交互及不断学习,帮助决策者从不同类型的海量数据中揭示非凡的洞察,以实现不同程度的感知、记忆、学习和其他认知活动④。

理想状态下,认知计算系统应具备以下四个特性⑤。

第一,辅助(assistance)功能。认知计算系统可以提供百科全书式的信息辅助和支撑能力,让人类利用广泛而深入的信息,轻松成为各个领域的"资深专家"。

第二,理解(understanding)能力。认知计算系统应该具有卓越的观察力和理解能力,能够帮助人类在纷繁的数据中发现不同信息之间的内在联系。

第三,决策(decision)能力。认知计算系统必须具备快速的决策能力,能够帮助人类定量地分析影响决策的方方面面的因素,从而保障决策的精准性。认知计算系统可以用来解决大数据的相关问题,比如通过对大量交通数据的分析,找出解决交通拥堵的办法。

第四,洞察与发现(discovery)。认知计算系统的真正价值在于,可以从大量数据和信息中归纳出人们所需要的内容和知识,让计算系统具备类似人脑的认知能力,从而帮助人类更快地发现新问题、新机遇以及新价值。

---

① 施巍松,孙辉,曹杰,等.边缘计算:万物互联时代新型计算模型[J].计算机研究与发展,2017,54(5):907-924.
② 李子姝,谢人超,孙礼,等.移动边缘计算综述[J].电信科学,2018(1):87-101.
③ 吕华章,陈丹,范斌,等.边缘计算标准化进展与案例分析[J].计算机研究与发展,2018,55(3):487-511.
④ 董超,毕晓君.认知计算的发展综述[J].电子世界,2014(15):200-200.
⑤ 陈伟宏,安吉尧,李仁发,等.深度学习认知计算综述[J].自动化学报,2017,43(11):1886-1897.

4.3 计算机硬件

硬件是计算机物理设备的总称,也叫作硬件设备。计算机硬件的主要部件由中央处理器(central processing unit,CPU)、存储系统以及各种输入/输出设备组成,如图 4-4 所示。

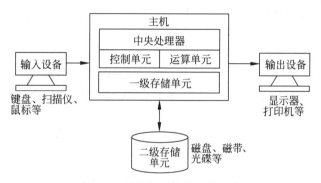

图 4-4 计算机系统的硬件组成

4.3.1 中央处理器

中央处理器(central processing unit,CPU)是计算机系统最主要的部件,它由两个主要部分组成:运算器和控制器。

1. 运算器

运算器可以执行定点或浮点的算术运算操作、移位操作以及逻辑操作,也可执行地址的运算和转换。如图 4-5 所示的是运算器的结构图,它是由算术逻辑单元(arithmetic logic unit,ALU)、累加器(accumulator)、状态寄存器和寄存器阵列(通用寄存器)组成。

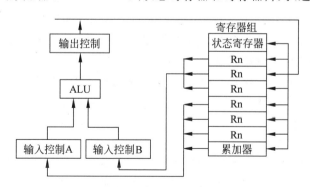

图 4-5 带寄存器组的运算器

算术逻辑单元(ALU)的主要功能是进行二位元的算术与逻辑运算,如加、减、乘(不包括整数除法),逻辑与、或、异或和传递移位操作等(主要用于完成算术、逻辑操作);累加器是一种暂存器,用于暂存操作数或运算结果;状态寄存器也称标志寄存器,存放算术逻辑单元运算后产生的状态信息,如算术运算中的溢出;寄存器阵列包括通用寄存器、地址寄存器、变址寄存器和堆栈指示器等,用于暂存操作数、数据地址以及存储位址等。计算机通过内部总线把算术逻辑单元、累加器及各种寄存器连接起来,以实现各单元之间的信息传送。内部总线又可以分为数据总线和逻辑总线,其中数据总线决定了计算机的字长(其位数决定了 CPU 的字长),即计算机在同一时间中处理二进制数的位数。因此,一台计算机以 32 位为一整体进行传送与运算则称为 32 位机。在其他指标相同时,字长越大计算机处理数据的速度就越快。

2. 控制器

如图 4-6 所示是控制器的结构图。控制器是计算机的神经中枢,它按照主频的节拍产生各种控制信息,以指挥整个计算机工作。计算机的主频速度一般与机器型号(或 CPU 型号)相关,如 MMX-200,芯片的主频为 200MHz。主频越高,则工作节拍越快,运行速度也越高。

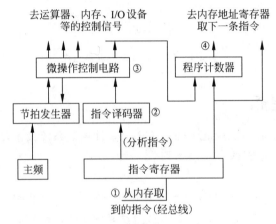

图 4-6 控制器的结构图

控制器从内存中按顺序取出各条指令并执行。其步骤如下。

(1) 将从内存中取到的指令经总线送到 CPU 的指令寄存器内暂存。
(2) 将指令传送到指令译码器,分析指令。
(3) 将分析结果传递给微操作控制电路,由它向各功能部件发出操纵控制命令。
(4) 当各部件执行完毕,"反馈信息",使程序计数器地址"+1"(或 2),指向下一条指令地址。

如此周而复始,直至执行完一个程序。

当前许多计算机,从微型计算机到大型主干机,为了扩展功能都使用了多处理机技术,取代了由单个控制单元和 ALU 组成的单个处理机。

多处理机系统内可以有多个执行功能的 CPU,它们的特点如下。

(1) 辅助处理器。这种设计是采用辅助微处理器帮助主处理器执行多种功能。辅助微处理器可以用于输入/输出、存储管理、算术计算和通信,以使主处理器做主要的程序处理工作。例如支持浮点算术运算的协处理器、视频显示控制器、磁盘控制器等。一台大型的计算机可能用一台微型计算机作为通道管理机,控制 CPU 与 I/O 设备之间的数据传输,先进的微处理器设计技术把这些辅助处理器的功能集成在单个的微处理器片上。

(2) 对偶处理器。这种设计采用多CPU或多微处理器进行多道并行处理,即在同一时刻执行几条指令。有些结构还提供容错能力,当其中一个CPU出现故障时,多CPU提供了内部的备份。

(3) 并行处理设计。这种设计可以使用几个指令处理器,或者成百上千个指令处理器,以网络形式组织在一起。这种系统一次可以并行处理许多指令。

计算机循序处理和并行处理示意如图4-7所示。

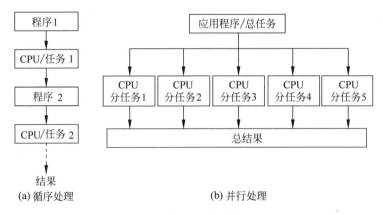

图 4-7 循序处理与并行处理

图4-9(a)所示为循序处理,将一个工作分配给一个CPU,一次执行一个任务;而图4-9(b)的平行处理中,则将一个工作分割成多个任务,分配给多个处理器。由于处理器平行工作加快完成了所分配任务,将各处理器平行工作的结果综合在一起,则成为该工作的总结果。其速度远远超出了循序处理。

(4) 双核处理器和多核处理器。基于单个半导体的一个处理器上拥有两个或多个功能一样的处理器核心。由于处理器的功耗和散热问题已成为提升处理器主频的瓶颈,双核(或多核)处理器技术的引入是提高处理器性能的有效方法,因为每增加一个内核,处理器每个时钟周期内可执行的单元数也将相应增加。

4.3.2 存储系统

1. 计算机存储系统及发展

数据储存是计算机信息系统必须具备的一大主要功能。计算机信息系统基本上是依靠一级存储器和二级存储器设备来实现存储功能的。表4-1反映了随计算机的换代,一级存储器和二级存储器设备的发展变化。

随着超大规模集成电路技术的发展,在一个小小的芯片上,可以组装几百万个线路元素,大大提高了计算机一级存储的容量。而随着光介质的使用,二级存储的容量也大大扩展。存储系统有多种存储介质和设备,它们的运行速度、容量及用途比较如表4-2所示。从表中可以看出,为了降低一级存储的成本,采用高速缓存技术方案,利于提高计算机的运行速度,而在二级存储中将更多地采用磁盘和光盘以及闪存存储。

表 4-1　计算机存储设备的变化

	第一代	第二代	第三代	第四代	第五代	第六代
一级存储	磁鼓	磁芯	磁芯	LSI 半导体存储器	VLSI 半导体存储器	WSI 三维集成存储器
发展趋势	利用更小的微电子线路向高速大容量能力发展					
二级存储	磁带 磁鼓	磁带 磁盘	磁盘 磁带	磁盘 光盘	光盘 磁盘	光盘、磁盘 闪存
发展趋势	利用磁、光和电介质,向海量存储能力发展					

表 4-2　计算机存储介质的性能比较

价　格		速　度		容　量		用途	存取特性
低 ↓ 高	磁带 磁盘 光盘 闪存 半导体存储器 高速半导体存储器	低 ↓ 高	磁带 磁盘 光盘 闪存 半导体存储器 高速半导体存储器	大 ↓ 小	闪存 光盘 磁盘 磁带 半导体存储器 高速半导体存储器	二级存储 二级存储 二级存储 二级存储 一级存储 高速缓存	随机 直接 直接 顺序 随机 随机

2. 主存储器

主存储器的功能主要是存放当前运行的程序及执行程序所需的资料。这些程序和资料在运行前由辅助存储器调入主存储器,在处理过程中或处理完毕后,再存回辅助存储器或打印输出。

计算机的主存储器主要是由半导体存储器组成。半导体存储器的种类繁多,按其性能和用途可以分成两大类:只读存储器(read only memory,ROM)和随机存取存储器(random access memory,RAM)。

随机存取存储器(RAM),是指任意时刻可以从任意存储单元读出信息,或将信息写入任意存储单元,而读写信息所需的时间与存储单元的位置无关的存储器。这种存储器又名读写存储器(read and write memory,RWM),常用它存放计算机运行过程中所需的程序和数据。当运行结束,程序和数据将保存在二级存储器内。机器断电后信息自动消失。

由于半导体存储器价格贵,容量不能做得太大,而且随着半导体器件速度加快,价格提升更快,与提高计算机主机运行速度产生了矛盾,为此在主存中采用了少量速度更高的半导体存储器,称为高速缓冲存储器(cache),存放最常用的数据与程序,达到以较低的成本增加,换得运行速度的提高。

只读存储器(ROM)是指只能从中读出信息,不能写入信息的存储器。ROM 晶片上的软件编码是厂商制造时烧上去的,常用它存放计算机的启动程序、自检程序及磁盘引导程序等。

3. 辅助存储器

计算机系统将立即要处理的数据和程序存放在主存储器内,即一级存储器;而将其他数据资料和程序存放在磁带、磁盘、光碟和闪存等辅助存储器内,即二级存储器。二级存储器是位于 CPU 与主存储器之外，不需要电力维持的、可长期储存海量资料的记忆部件。这种存储器依赖机械运动，将指定位置上的数据传送给主存储器或 CPU，因而速度低于主存储器。外存储器具有的最大的优点是单位存储容量的价格便宜。

1) 磁介质存储

典型的磁介质存储设备包括磁带和磁盘。

(1) 磁带。磁带属于顺序存取介质，只可以顺序存取而不可随机存取。这种存储设备不适用于实时系统，但对于允许时间延迟的非实时系统，由于其容量大、成本低、性能稳定、可重复使用，有其适用性，但随着其他存储技术的发展，磁带的应用领域已经很少了。

(2) 磁盘。磁盘属于随机存取介质，可以直接存取，存取速度相当快。同时，磁盘也具备容量大、价格低的优点，深受用户喜爱。

由于大型计算机需要具备海量存储能力，因此可具有多台磁盘机，并通过阵列磁盘(redundant array of inexpensive disks, RAID)技术加强磁盘的效率。RAID 技术的特点是采用多路径并行发送，以此提高磁盘的存取速度。小型 RAID 系统有 10TB～20TB 的存储能力，大型 RAID 则可达到 PB。且 RAID 的可靠性大大增加，因为一个磁盘机损坏时，其他磁盘机依然正常工作。依照磁盘分组方式的不同，常见的 RAID 组有 0、1、5、6 等。

2) 光存储

使用光学技术读取光盘介质上的数据，根据数据是否可以进行读写区分为只读型光盘和可记录型光盘。

各种光存储介质由于采用光学技术和信息密度不同，存储容量也有所区别，常见的有 700MB(CDROM)、4.7GB(DVDROM)、25GB(Blu-RayDisk)、50GB(双层 Blu-RayDisk)等。由于光盘储存海量信息，主要用于影像处理。例如档案馆、博物馆需要维护的海量历史文档，又如国家图书馆用光扫描仪捕捉数字化的彩色图形文档影像，配以声音解说，存入计算机系统，以备读者随时存取。这些都采用了光存储系统。

3) 闪存

闪存(flash memory)是非易失性存储器(non-volatilememory, NVM)中的一种。之所以有这个名称，是因为信息在一瞬间被存储下来之后，即使除去电源，存储器中的信息依旧保留，与只要一掉电信息就丢失的易失性存储器(如 DRAM、SRAM)形成鲜明的对照。另外，闪存是电可擦除的，即在系统中可重新编程。

较之其他的存储器，闪存有独特的优点。首先，闪存在擦除和重编程时并不需要额外的电压。其次，闪存比 EPROM 价格低，存储密度高。闪存特别适用于电脑、外设、电信设备、移动电话、网际设备、仪器和自动化设备等。最后，闪存也十分适用于面向消费者的语言、影像和数字存储设备，如数码相机、数码录音器以及个人数字助理等智能家电产品。

随着存储技术的不断发展，闪存逐渐向外形越来越小、存储容量越来越大的方向发展。由于它具有即插即用、便于携带等优点，已经逐渐取代以往的磁盘等存储设备，成为现在主流的便携式存储器。

4) 其他存储介质

U 盘/机械硬盘/SD 卡：随着 20 世纪 90 年代 USB 标准的建立，利用 USB 接口进行数据传输的存储设备也逐渐发展起来。相比于容量只有2.88MB的3.5寸软盘来说，U盘这类存储介质具有容量大、简单便携、使用方便等优点。而机械硬盘主要是通过USB转换口或STAT接口连接到计算机上，体型一般比U盘要大，但存储容量一般要高于U盘。SD卡则是一类通过专门的SD读取设备来进行数据的读写操作的外置存储设备，多用于手机、相机等设备。

固态硬盘(solid-state drive或solid-state disk，简称SSD)：固态硬盘采用NAND闪存作为存储介质，最早的SSD用于服务器上，主要采用STAT-Ⅲ接口，部分也有采用PCIe或mSTAT接口。固态硬盘相比于机械硬盘有着更快的读写速度、更低的延迟、噪声更小、功耗更低等优点。因此，在容量相当的情况下，固态硬盘的价格往往要高于机械硬盘。

4.3.3 输入/输出设备

外围设备是所有输入/输出设备和二级存储设备的通称。它们通过各种I/O接口与计算机系统的中央处理机连接并通信，因此外围设备皆属联机设备。本节讨论外围设备及其介质。

1. 计算机键盘与显示终端

从技术上定义，任何通过通信连接到计算机的设备都可以称为终端。最普通最大量的用户与计算机的交互方式是采用键盘输入数据，用视频向用户显示输出，并可在输入到计算机前进行编辑。

目前终端发展趋势将脱离没有处理能力的哑终端，向智能终端发展。这些智能终端自身就拥有处理器和存储线路。许多智能终端实际上就是微型计算机，往往作为大型计算机的通信终端，可以独立执行数据输入和信息处理任务。

另一个趋向是在银行、工厂、销售业工作场所广泛使用的事务处理终端，例如：银行的自动取款机(automated teller machines，ATM)、工厂的事务记录及销售业的POS(point-of-sale)终端。这些终端用各种方法捕捉用户数据，并经过通信网络传送到主计算机系统，以处理这些数据。

2. 点触式设备

点触式(pointing)设备是另一种发布命令、进行决策选择和响应视频提示的较好的设备，这种设备通过移动光标可以让你方便进行菜单或图标选择，目前有电子鼠标器(computer mouse)、轨迹球(trackball)、触碰板(touch pads)和电子游戏机中常用的操纵杆。

还有一种触摸感应屏幕，允许人通过触摸屏幕来使用计算机。根据识别信号的方式又可区分为电容式、电阻式、表面声波式等。常见的iPhone手机即采用电容式触摸屏。

3. 计算机笔

终端用户可以使用类似于笔一样的设备直接在视频屏幕或其他类型的表面上写字、画画。例如光笔就是一种笔状设备。用户可以直接写在视频板上，通过光敏感线路，计算机能计算出屏幕上该点的坐标。也可以采用一块绘画板，让你用光笔在它的压敏表面上写字、画画，然后计算机把它们数字化，作为计算机的输入显示在计算机的屏幕上。

光笔和绘画板技术相结合,应用于新一代的计算机笔,在计算机内装上可以数字化的手写体、打印体、手工绘画等软件后,这种笔可以识别各种手工图形。现场工程师、绘图员等可以直接使用类似绘图板一样的液晶板,将数据输入计算机。

4. 视频输入/输出

视频影像可以作为输入,也可以作为输出。例如来自 TV、录像机、摄像机的影像都可以数字化,并压缩后储存在磁盘和光盘中。数字化一张影像并不昂贵,但在全动态的视频显示中捕捉一个镜头,要采用如 DVI(digital video interaction)技术,成本昂贵。现在液晶显示(liquid crystal displays,LCD)是广泛采用的计算机视频输出设备,最常见的是用于便携式微型计算机和终端。

5. 打印输出

打印输出也是一种常用的可视输出。计算机通常都配置打印机以复制计算机的输出文档,并可根据用户需求,采用特殊的纸张,一次可进行多份复制。如:财务上的多联发票的打印。

许多打印机是击打式的。它是通过表达一个基本元素(点或字符)的打印机械击打色带,在纸的表面印下字符。微型计算机最通用的是点矩阵打印机,它通过点阵组合成一个字符。一般来说,这种打印机的速度比较慢,每秒约几百个字符。主干计算机一般使用高速并行打印机,一般每分钟可以打几千行。

另一种非击打式的打印机,与击打式打印机相比没有噪声,但一次只打印一份。如激光打印机(laser printers)、喷墨打印机(ink jet printers)和热转印打印机都能打印高质量的文档。

绘图仪能在纸上画图,相当于产生打印的纸输出,因而也列入打印输出。

3D 打印(3D printing),又称增材制造、积层制造(additive manufacturing,AM)。任何打印三维物体的过程都可以称为 3D 打印。3D 打印主要是一个不断添加的过程,在计算机控制下层叠原材料。3D 打印的内容可以来源于三维模型或其他电子数据,其打印出的三维物体可以拥有任何形状和几何特征。3D 打印机属于工业机器人的一种。

3D 打印模型可以使用计算机辅助设计软件包(CAD)或三维扫描仪生成。通过 3D 扫描生成关于真实物体的形状、外表等的电子数据并进行分析,以 3D 扫描得到的数据为基础,就可以生成被扫描物体的三维计算机模型。

6. 声音识别

讲话是人类最简单、最自然的交流方式。目前声音输入和输出的数字化在技术上和经济上都已达到了应用的可行性。

声音识别系统分析并划分讲话或发声系统的模式,把它们转换成数字代码并存入计算机。声音识别系统一般需要训练计算机对用户声音的识别,将一定数量的词作为标准词汇。还有一种通用的语言识别系统,它能使系统识别没有学习过的声音。

iPhone 和 iPad 已经在最新的 IOS 系统中提供名为 Siri 的声控程序来进行人机交互,而 Google 在 Android 系统也提供了类似功能。

7. 体感设备

体感设备是通过一系列视频音频扫描设备配合手持终端通过感知用户动作来达到输入指令的,如微软的 Kinect、索尼的 PS move 等。目前还主要用于游戏领域,但未来可用于虚拟现实的各种应用。

8. 光和磁识别

1) 光扫描设备

光扫描设备可以读文本和图形,并能将它们转换成数字输入计算机内。一种光字符识别仪(optical character recognition,OCR)能阅读一些特定的字符和代码。而文本和图形的成页光扫描在出版业特别受欢迎,因为光扫描提供了一种将原始文档资料直接转换为进入计算机的输入数据。

当前光扫描设备能阅读多种类型的印制文档和图片。目前这种设备还在不断改进,并应用于许多领域。例如银行和石油公司的信用卡账务处理、自动分拣邮件和考试计分等。一种手持式的扫描仪,用于超市阅读产品的条形码,并将它们转换成电子脉冲,传递到商店内的微型计算机,再与价格信息匹配后,在接收终端上显示并打印。

2) 磁性数据输入

许多银行业的计算机系统,使用磁性墨水字符识别(magnetic ink character recognition,MICR)技术,阅读磁性化的支票、存单。

当客户存款或开支票时,MICR 字符用特定的设备和专用铁氧化墨水预印在支票与文档上,其中包括银行的识别号、用户的账号及金额。当用户提款时,运用专用的阅读器,磁化用磁性墨水写的字符,并感应为电信号送入计算机处理。这种阅读器每分钟可阅读 2400 张支票,每秒可以传送 3000 个字符。目前有一些大银行,正在将 MICR 技术与光扫描系统结合。

另一种磁性数据输入的技术是磁条技术。这种黑色磁条一般都在信用卡、电话卡等卡的背面,有一条铁氧化的深色的磁带。如顾客账号记录在磁条上,让银行的 ATM 及其他磁性条阅读器阅读。

9. 无线射频识别

RFID 是 radio frequency identification 的缩写,即无线射频识别,常称为感应式电子晶片或近接卡、感应卡、非接触卡、电子标签、电子条码等。它通过射频信号自动识别目标对象并获取相关数据,识别工作无须人工干预,可工作于各种恶劣环境。

与磁性数据输入的条形码相比,RFID 技术具有条形码所不具备的防水、防磁、耐高温、使用寿命长、读取距离大、标签上数据可以加密、存储数据容量更大、存储信息更改自如等优点。RFID 技术可识别高速运动物体,并可同时识别多个标签,操作快捷方便,现在已经逐渐应用到如动物跟踪、汽车防盗、门禁管制、停车场管制、生产线自动化、物料管理等各种领域。短距离射频产品不怕油渍、灰尘污染等恶劣的环境,可在这样的环境中替代条码。例如用在工厂的流水线上跟踪物体;长距射频产品多用于交通上,识别距离可达几十米,如自动收费或识别车辆身份等。

RFID、体感设备、光磁识别设备等技术可以作为物联网(the Internet of things)的信息传感设备,帮助物体与物体之间、物体与人之间进行信息交换和通信,实现物物相连。

4.4 计算机软件

4.4.1 软件的概念、分类与发展趋势

信息系统依靠软件资源帮助终端用户使用计算机硬件,将数据资源转换成各类信息产品,软件用于完成数据的输入、处理、输出、存储及控制信息系统的活动。

计算机软件总体上划分成两类,一类是系统软件,另一类是应用软件。

(1) 系统软件:管理与支持计算机系统资源及操作的程序称为系统软件。

(2) 应用软件:处理特定应用的程序称为应用软件。

它们和机器及用户之间的联系可用层次结构表示,如图 4-8 所示。

图 4-8 说明系统软件直接对硬件资源,如中央处理器、存储器、通信连接设备及输入/输出设

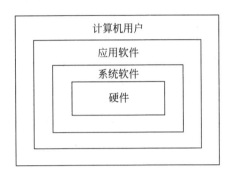

图 4-8 系统层次结构图

备等进行控制和管理,而应用软件则在系统软件所提供的环境中进行工作。计算机用户则直接与应用软件进行人-机交互。因此基于不同的硬件与系统软件平台,应设计切合用户需求的应用软件。

如图 4-9 所示,从用户观点出发,综合了各种软件的主要功能类型。对于终端用户而言,要学会选择系统软件和应用软件,以使计算机系统完成特定的任务。

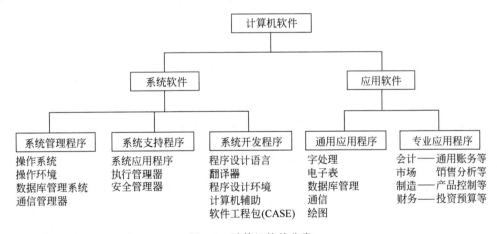

图 4-9 计算机软件分类

系统软件是指那些管理和支持计算机资源及其信息处理活动的程序,这些程序是计算机硬件和应用程序之间重要的软件接口。

系统软件分为三类:系统管理程序、系统支持程序和系统开发程序。

(1) 系统管理程序:在计算机系统执行各种用户信息处理任务时,这种程序用于管

理计算机系统的硬件、软件和数据资源。最重要的系统管理程序是操作系统和操作环境,并且在操作系统和操作环境的支持下,运行数据库管理系统和通信管理器。

(2) 系统支持程序:这类程序通过提供各种支持服务,以支持计算机系统的操作和管理。主要支持程序有系统服务程序、系统执行管理器以及安全管理器。这些程序往往依附于系统管理程序,由供应商随操作系统一起提供。

(3) 系统开发程序:这类程序主要帮助用户开发信息系统的应用程序。主要包括各种语言翻译器、程序设计工具及计算机辅助软件工程包(computer-aided software engineering,CASE)。

由于计算机硬件的模块化和标准化促进了硬件的飞速发展,现在计算机软件也越来越希望组件化、模块化,强调可复用、可共享,形成了一种从面向对象编程、构件技术,到Web Services 体系、Saas(software as a service)、开源协同、智能化的软件发展趋势。

(1) 面向对象(object oriented,OO)编程强调软件的模块化,它把数据(属性)和程序(方法)封装在一起组成对象,对象作为计算主体,拥有自己的状态以及接收外界消息的接口,对象之间相互合作完成软件的计算任务。

(2) 构件(component)技术强调软件的复用,它把一个能提供有用功能的程序代码包封装成构件,构件有着良好的接口,具有在不同的硬件平台和软件环境中工作的可移植性,开发者可以通过组装已有的构件来开发新的应用系统。

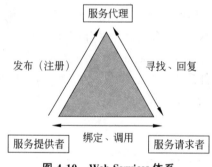

图 4-10 Web Services 体系

(3) 随着网络的发展,软件的共享与复用甚至跨越企业,扩展到整个万维网上,Web Service 就是这样一种基于网络的、分布式的模块化组件发布与使用的体系标准。如图 4-10 所示,Web Services 体系中包括服务提供者、服务代理和服务请求者三个角色。服务提供者可以根据 Web 服务描述言语(WSDL)规范说明所提供服务的功能和调用接口,并通过 UDDI(通用发现、描述和整合)信息注册规范向服务代理发布(注册)服务;服务请求者可以利用 UDDI 向服务代理寻找所需的服务,服务代理将所匹配服务的 WSDL 文档传递给服务请求者,服务请求者在自己的应用程序中根据相应的 WSDL 文档绑定相关服务,使得服务请求者可以通过简易对象访问协议(SOAP)访问和调用服务提供者的服务。

(4) 软件即服务(SaaS),是随着互联网技术的发展和应用软件的成熟而在 21 世纪开始兴起的一种完全创新的软件应用模式。它与按需软件(on-demand software)、应用服务提供商(the application service provider,ASP)、托管软件(hosted software)具有相似的含义。它是一种通过 Internet 提供软件的模式,厂商将应用软件统一部署在自己的服务器上,客户可以根据自己实际需求,通过互联网向厂商定购所需的应用软件服务,按定购的服务多少和时间长短向厂商支付费用,并通过互联网获得厂商提供的服务。用户不用再购买软件,而改用向提供商租用基于 Web 的软件,来管理企业经营活动,且无须对软件进行维护,服务提供商会全权管理和维护软件。有些软件厂商在向客户提供互联网应用的同时,也提供软件的离线操作和本地数据存储,让用户随时随地都可以使用其定购的软件和服务。对于许多小型企业来说,SaaS 是采用先进技术的最好途径,它消除了企业购买、构建和维护基础设施和应用程序的需要。

在这种模式下,客户不再像传统模式那样花费大量投资用于硬件、软件、人员,而只需支出一定的租赁服务费用,通过互联网便可以享受到相应的硬件、软件和维护服务,享有软件使用权和不断升级;公司实施项目不用再像传统模式一样需要大量的时间用于布置系统,多数经过简单的配置就可以使用。这是网络应用最具效益的营运模式。

(5) 开放源码(open-source,也称开源)。开源是软件开发者将软件的源代码程序进行公开以利于软件功能的协同维护和开发。由于在互联网时代人们可以随意沟通交流,使得全球的软件爱好者完全可以通过互联网共同测试软件、协同改进软件,因此针对软件的开放源码运动逐渐蓬勃开展,目前开放源码也是软件发展的趋势之一。例如 Linux 操作系统、MySQL 数据库管理系统、Apache HTTP 服务器都是开放源码软件的成功案例,随着开放源码经营模式的成功,像 IBM、Google 等软件厂商也纷纷宣称支持软件的开放源码运动。

(6) 智能化,表现为操作系统或应用软件不仅能发现问题而且还具备进行自动修复、自动调整的能力,能够在硬件出现故障时,自动屏蔽相应的硬件设备,从而保护重要数据。随着大数据和人工智能的应用愈加广泛,未来的软件发展将呈现更加智能的发展趋势。

4.4.2 操作系统

1. 操作系统的重要性

操作系统(operating system,OS)是一台计算机最基本也是最重要的软件包。它管理 CPU 的操作,控制计算机系统的输入/输出,存储资源的分配及一切活动,当计算机执行用户应用时提供各种服务。

操作系统的基本目标是向计算机提供最有效的操作方式,最大化计算机的生产效率,最小化操作过程中所需求的人工干预。操作系统帮助用户程序执行一些公共操作,如输入数据,存储和抽取文件,打印和显示输出。但是操作系统必须在执行其他任务前,先行装入并激活,这说明操作系统是用户和计算机硬件之间软件层面中最重要的一部分。

2. 操作系统的功能

操作系统有五大功能:用户界面、资源管理、文件管理、任务管理和实用服务程序管理,如图 4-11 所示。

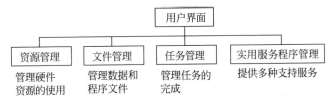

图 4-11 操作系统的功能

1) 用户界面

操作系统提供的用户界面帮助用户实现与计算机系统的交流。这种用户界面有三种主要的类型：命令驱动、菜单驱动及图形用户界面。现在的潮流是图形用户界面（graphical-user interface, GUI），这种界面使用一些图标、菜单栏、按钮、对话框等元素，并采用电子鼠标器、轨迹球、触碰板、触摸屏等点触式设备，帮助你选择需要驱动的事件。目前的智能手机和平板电脑的触摸屏用户界面甚至能识别用户的手势动作。

操作系统的用户接口能增强操作系统的可用性和易用性，并提升操作系统的使用效率。例如操作系统的图形用户界面一方面能准确识别用户的操作需求；另一方面能统一协调各种独立应用的软件，以便它们能交流，能一起工作，并共享公共的数据文件。图形用户界面允许同一时间在多个窗口内显示不同程序的输出，也支持在同一时间内的多任务处理。

2）资源管理

操作系统管理计算机系统的所有硬件资源包括 CPU、主存储器、二级存储设备以及其他输入/输出设备。例如存储管理程序始终保持数据与程序储存的地址，也可能把存储器划分成一定数量的分区，在存储器与磁盘、光盘等二级存储设备之间进行部分数据与程序的交换，这就使存储器具备了虚拟存储的能力，能处理更大的程序、更大量的数据。

3）文件管理

文件管理程序控制数据和程序文件的生成、删除和存取。文件管理也包括保持文件在磁盘等二级存储器上的物理地址的轨迹，一般存在磁盘的 0 道和 1 道上，操作系统将维护该文件目录区。

4）任务管理

任务管理程序保证终端用户计算任务的完成。该程序给每个任务分配一个时间片，并能对每个任务进行中断，以便转交给另一个任务。具有多任务处理能力的任务管理器在相同的时间内占有多个任务，并以多道程序设计的方式，同时处理多个任务，而分时共享处理时，多个用户的计算任务可以同时处理。多任务操作的效率取决于 CPU 的能力、虚拟存储的能力以及多任务操作系统的能力。

5）实用服务程序管理

操作系统还可以进行其他实用服务程序的管理。实用服务程序管理提供针对各种应用软件的支持服务，包括软件安装与卸载、服务启动、服务停止以及服务删除等支持功能。

3. 常见操作系统

目前常见的操作系统如表 4-3 所示。

表 4-3　常见的操作系统

操作系统	特　征
Windows 10	分为 32 位和 64 位两种架构。图形用户界面，供各种个人电脑使用，具有多种版本，市场占有率高。
UNIX	功能强大，支持多用户、多任务，方便跨越个人计算机、工作站、大型机等各种机器平台
Linux	开放源码软件，设计可靠、精简，可以在不同的硬件平台上操作。
Mac OS X 系统	苹果公司麦金塔电脑的专属操作系统，具有简洁精美的用户界面，能充分利用 64 位、多核处理器和 GPU 图形处理器。

续表

操作系统	特征
iOS	苹果公司开发的移动终端操作系统,主要应用于 iPhone,iPad,Apple TV 等,仅使用于苹果的设备。
Android	Google 公司领导开发的移动终端操作系统,基于 Linux 所开发,由于其开放特性被广大手机厂商所接受,2011 年成为占有率最高的智能手机操作系统。应用于智能手机、平板电脑,并逐渐进入至智能电视等其他领域。
HUAWEI Harmony OS	跨平台分布式操作系统,支持 Linux 内核、LiteOS 内核、Android 内核等多种内核。

1) Windows 系统

Windows 系统以较新的 Windows 10 为代表。Windows 10 是微软公司于 2015 年 7 月正式发布的一款跨平台及设备应用的操作系统。Windows 10 目前共有 7 个发行版本,面向不同的用户和设备,分别是家庭版、专业版、企业版、教育版、移动版、移动企业版、物联网核心版等。

Windows 10 引入了微软的"通用 Windows 平台"(UWP)这一概念,使得应用程序可以在包括个人电脑、平板电脑、智能手机、嵌入式系统、Xbox One、Surface Hub 以及 HoloLens 全息设备等多种设备上运行。同时,微软还为 Windows 10 设计了一个新的开始菜单,其中包含了 Windows 7 的传统开始菜单元素与 Windows 8/8.1 的磁贴。

Windows 10 系统中内置了语音助手小娜(Cortana),可以实现通过语音对设备的控制。小娜最初是运行在 Windows Phone 中的智能语音助手,集成在 Windows 10 并运行于 PC 上的小娜语音助手不仅能够查找天气、调取用户的应用和文件、收发邮件、在线查找内容,还能了解到较为口语化的用户表达,掌握用户的习惯,提醒用户需要做的事情。

Windows 10 借鉴了 Linux 等系统中的"Multiple desktops"功能。这一功能允许用户在当前系统使用多个桌面,用户可以根据自己的需求使用相应的桌面,在不同的桌面之间进行切换。

同时,Windows 10 系统在屏幕切割功能方面进行了进一步开发,可以在屏幕中同时平均设置四个窗口,窗口之间可以动态调整大小,同时还可以在单独窗口内显示正在运行的其他应用程序。

2) UNIX 系统

UNIX 是 1969 年由贝尔实验室研究的一种互动式、多用户、多任务操作系统。在 UNIX 环境下,许多使用者可以同时执行同一种工作,或者一个使用者可以同时执行很多项工作,因此该系统设计成可连接多台计算机,并有支持通讯与网络的良好性能。UNIX 最大的优点是只需做一些简单的调整就可以跨越各种机器平台,即个人计算机、工作站、大型机等。因而 UNIX 平台可以储存及管理大量档案,并且稍作一些小的修改,就可以将一台计算机的资料移植到另一台计算机上。

UNIX 被公认为功能强大,可以有多人或多个工作同时使用同一档案,但是由于 UNIX 功能大而指令集太复杂;加之 UNIX 具有很多版本,版本之间的不兼容性也影响了软件的移植。

3) Linux 系统

Linux 系统是一个开放源码的操作系统，可以从 Internet 网络上免费下载，或低价购买。Linux 是类似 UNIX 的操作系统，但设计可靠、精简，可以在不同的硬件平台上操作，如可以在 Intel，Motorola，Digital Alpha，SPARC 与 MIPS 等处理器上运行。由于 Linux 开放源码后的知识产权不被任何公司与个人拥有，全世界的程序设计师都可以管理与修改这些软件，因此大大优化了 Linux 的使用环境，使 Linux 得到越来越广泛的应用。

4) Mac OS X 系统

Mac OS X 是苹果公司为麦金塔（Macintosh）电脑开发的专属操作系统软件 Mac OS 的最新版本。Mac OS X 于 2001 年首次推出，并从 2002 年起随麦金塔电脑发售，Mac OS X 随后的版本以大型猫科动物命名，在苹果的产品市场中 10.6 版本命名为雪豹（Snow Leopard），Mac OS X v10.6 Snow Leopard 于 2009 年 8 月 28 日正式销售。

Mac OS X 内核使用 UNIX 基础，设计简单直观，Mac 最出色的地方是它简洁精美的用户界面，通过内置的图形处理器，能为多路聊天、实时映像和流畅动画提供足够的处理能力；系统能聪明地决定是用 CPU 中央处理器或 GPU 图形处理器执行任务，能充分利用 64 位、多核处理器和 GPU 图形处理器，实现软件和硬件的整合。

Mac OS X 几乎能和任何网络环境，甚至是 Windows 网络兼容。无须下载驱动，市面上所有的数码相机、打印机和其他周边设备几乎都能连接 Mac 使用。它能打开各种常用文件格式，如 JPG、MP3 以及 Microsoft Word、Excel 和 PowerPoint 文档。Mac OS X 还包括业界标准的 PDF 格式支持，几乎能在任何应用程序中读取并创建 PDF 文件。此外，Mac OS X Snow Leopard 还内置支持 Microsoft Exchange Server。

5) 移动设备操作系统

现在市场上主流的移动设备操作系统包括 iOS、Windows Phone、Android 以及各种衍生品，如 Symbian、黑莓等，这些操作系统的共同特征是强调设备便携性和续航时间，为移动设备处理器进行优化，封装移动设备特征的输入输出，提供第三方开发平台等。市场上各类智能手机、平板电脑即运行此类操作系统，提供更好的用户操作体验和使用时间。

iOS 是由苹果公司开发的专有移动操作系统，与 Android 不同，iOS 不支持任何非苹果公司的硬件设备。苹果公司最早于 2007 年 1 月 9 日的 Macworld 大会上公布这个系统，最初是设计给 iPhone 使用的，后来陆续套用到 iPod touch、iPad 以及 Apple TV 等产品上。iOS 与苹果的 Mac OS X 操作系统一样，属于类 Unix 的商业操作系统。最初苹果公司并没有为随 iPhone 发行的 iOS 提供一个独立的称谓，直到 2008 年才取名为 iPhone OS，并在 2010 年 6 月改名为 iOS。2012 年发布 4 英寸设备 iPhone 5，从此开启多屏幕适配的道路。WWDC 2013 中，苹果发布了 iOS 7，彻底更改了用户界面，将原本拟物的风格转变为平面化风格。

iOS 用户界面能使用按键、多点触控对设备进行控制。此外通过其内建的加速器，可以旋转装置以使屏幕改变方向，使设备更便于使用。

iOS 系统中内置的应用程序包含电话、Mail、Safari、Apple Music、电视、消息、日历、照片、相机、FaceTime、天气、备忘录、杂志、提醒事项、时钟、计算器、指南针、语音备忘录、

App Store、通讯录等。除了系统内置的应用,iPhone 用户还可通过 App Store 来下载各类应用。App Store 是苹果公司为旗下作业系统所创建和维护的数字化应用发布平台,允许用户从 iTunes Store 浏览和下载一些由 iOS SDK 或者 Mac SDK(需访问 Mac App Store)开发的应用程序。根据应用程序发布的不同情况,用户可以付费或者免费下载。应用程序可以直接下载到 iOS 设备,也可以通过 Mac OS 或者 Windows 将 iTunes 下载到计算机中。

Android(安卓)操作系统是谷歌公司开发的基于 Linux 内核的开源移动操作系统,主要设计用于触屏移动设备(如智能手机、平板电脑)和其他便携式设备。2003 年 10 月,安迪·鲁宾创立 Android 科技公司,2005 年 7 月,谷歌收购了该公司。2007 年 11 月 5 日,谷歌领导成立了开放手持联盟(Open Handset Alliance,OHA),并展示了一部以 Linux 2.6 为核心基础的搭载 Android 操作系统的智能手机。

到 2018 年 5 月为止,安卓最新的版本为 Android 9.0(又称 Andriod Pie),该版本融入了大量的人工智能援助,让手机更智能、更便利、更能满足用户的特别需求。此外,Android 9.0 提供了一系列新功能,如内置支持刘海屏、经过调整的快速设置面板、带圆角的通知栏、对内联回复的支持(直接在通知界面中快速回复短信)、通知中的智能回复、用于指纹身份验证的一致用户界面、限制应用后台执行功能的隐私增强特性、自适应电池和自适应亮度功能、预测用户下一步操作的 App Action、在谷歌搜索结果和 Assistant 智能助理内部显示某些应用的用户界面的 App Slices、通过系统管理对话框提示用户进行生物识别身份验证的 BiometricPrompt API,以及允许用户同时从两个或多个物理摄像头访问流媒体内容的多摄像头 API。

华为鸿蒙系统(HUAWEI Harmony OS)于 2019 年 8 月 9 日正式发布,是华为公司在华为开发者大会上发布的一款可兼容 Android 应用程序的跨平台分布式操作系统。华为鸿蒙系统是一款面向全场景的分布式操作系统,利用"分布式"技术将手机、电脑、平板、电视、汽车和智能穿戴等各类设备融合成一个"超级终端",形成统一的操作系统,便于操作和共享各设备资源,将人、设备、场景有机地联系在一起,能够实现极速发现、极速连接、硬件互助、资源共享。华为鸿蒙系统架构支持包括 Linux 内核、LiteOS 内核以及鸿蒙微内核在内的多种内核。华为鸿蒙系统的通信基座使用"分布式软总线"技术,能够实现多种设备之间的连通,允许一个设备控制其他设备以及共享分布在各款设备的数据资源。

除智能手机之外,针对不同的终端设备,安卓操作系统也进行了定制开发,如针对智能手表等可穿戴设备设计的 Wear OS 系统、针对家用电视设计的 Android TV 系统以及专为汽车设计的 Android Auto 系统。

4.4.3 其他系统管理程序

1. 数据库管理系统

数据库管理系统(database management system,DBMS)也是一种系统软件包,这种软件包帮助企业开发、使用、维护组织的数据库。它既能将所有数据集成在数据库中,又允许不同的用户应用程序方便地存取相同的数据库。例如,关于雇员的情况数据库可以被工资支付、雇员经济状况等所有有关人力资源程序访问，并能简化对抽取的数据库信息的处理及向用户显示报告信息。采用 DBMS 提供的查询语言（query language）可以免去编程，直接向数据库请求查询。因此许多 DBMS 都提供第四代语言和应用开发性能。

2. 通信管理器

现代的信息系统都需要有被称为通信管理器的软件包，这些通信管理器一般安装在网络的后台（host）计算机端，或者作为通信网络前端处理机和网络服务器的计算机上。网络的终端上要安装有相应的接收软件。通信管理器的工作包括如下：连接和拆除终端和计算机系统之间的联系，自动地检验终端的输入/输出活动，对于来自终端的请求自动地分配优先权级，还有测试和纠正数据传送中的错误。因此通信管理器控制与支持通信网络上的数据通信活动。

3. 系统支持程序

系统支持程序也属于系统软件一类。服务程序（utility program）就是重要一例。这种程序执行各类系统的全部例行事务管理和文件转换任务，如排序程序执行信息处理应用中的数据排序请求，就是一个重要的实用程序。系统运行时，如请求内存、把程序加载到内存、记录主存储器的运行、复制文件等系统的日常事务操作的执行都要调用实用程序。

除了系统服务程序，执行监视器、安全监视器都属于系统支持程序。为了帮助系统提高执行效率，执行监视器监视系统的执行和使用，并记录运行状况以便系统员分析机器运行状态。安全监视器监视和控制系统的使用，当计算机资源出现越权使用时，监视器将发出警告信息并且将事件记录下来，以供分析。

4.4.4 应用软件

与系统软件相对应，应用软件是指为针对用户的某种特殊应用目的所撰写的软件。按照使用用途，应用软件大致可以分为办公软件、互联网软件、多媒体软件、分析软件、安全软件、企业应用软件等。

办公软件主要包括文字处理器、表格工具、绘图程序等，典型代表有微软的 Office 套件、Auto CAD 软件等。

互联网软件主要包括即时通信软件、电子邮件客户端、网页浏览器、下载工具等，典型代表有微信、微软的 OutLook、Google Chrome、IDM 等。

多媒体软件主要包括媒体播放器、音视频编辑软件、计算机游戏软件等，典型代表有 Windows Media Player、Adobe Premiere 等。

分析软件主要包括统计分析工具、数学计算工具、计算机辅助工程设计软件等。典型代表有 Matlab、STATA、R、Python、Mathematica 等。

安全软件主要包括文件垃圾清理、病毒查杀、电脑体检等。典型代表有火绒、卡巴斯基、金山毒霸等。

企业应用软件包括协作软件、数据可视化软件、OA 软件、业务系统软件等。典型代表有 Salesforce、Tableau、钉钉、明道等。

4.5 软件开发方法和工具

4.5.1 面向对象程序设计

传统的开发模式与方法包括结构化开发方法和原型法等,本书第四篇将做详细介绍。

传统的程序设计将数据与程序视为两个不同的部分。而面向对象(object oriented,OO)程序设计方法是将数据与程序封装在一个对象内,作为一个独立的个体。这些对象可以用在不同的系统中,软件工程师只要专心设计他们要求对象做什么,而怎么做由对象决定。由此可以大大缩短软件开发所需的时间和成本。

面向对象程序设计的基础依赖于类(class)和继承(inheritance)的概念。

如:[交通工具]是一个类;[汽车]也是一个类,但这两个类之间有一种层次关系,即汽车是交通工具中的一种类,因此[交通工具]属于父类,[汽车]则属于子类。

子类与父类之间存在有继承关系。[汽车]类将继承[交通工具]类所具有的数据和程序,因此在设计[汽车]类时,只要描述它和[交通工具]类的不同之处。类似于[交通工具]与[汽车],[银行账户]与[存款账户]也存在这样的关系,此类案例在现实世界比比皆是。

因此面向对象程序设计面向的不是一个"对象"而是面向"类",即相似对象的一般化类型。

面向对象程序设计方法创新了软件开发工作。如果集中专业人员设计一些公用的对象,并将它们存储在对象库中,则未来的软件开发工作者就可以重复使用对象库进行系统设计。这种面向对象科技将使软件生产力大大提高。

目前由面向对象程序设计孕育出的一种新技术称为可视化程序设计。使用这种新技术,软件工程师可以不写程序,而利用鼠标选择和移动对象,将对象从对象库拷贝到程序的特定位置,或者画一条线来连接两个或多个对象。通过这种组合就可以发展出新的可执行程序。因此,面向对象软件可以让计算机用户根据企业业务需求自行设计程序,也可以利用快速软件发展工具进行软件开发,大大降低软件开发成本。这类软件如 Visual Basic 等。

4.5.2 其他软件开发模式

(1) MVC 设计模式

MVC(model-view-controller,模型—视图—控制器)是一种目前广泛流行的软件设计模式,随着 J2EE[①] 的成熟,它正在成为在 J2EE 平台上推荐的一种设计模型,也是广大 Java 开发者非常感兴趣的设计模型。MVC 模式也逐渐在 PHP 和 ColdFusion 开发者中运用,并有增长趋势。随着网络应用的快速增加,MVC 模式对于 Web 应用的开发无疑是一种非常先进的设计思想,无论你选择哪种语言,无论应用多复杂,它都能为你理解分析应用模型时提供最基本的分析方法,为你构造产品提供清晰的设计框架,为你的软件工程

---

① J2EE,全称 Java 2 Platform Enterprise Edition,即 Java 2 平台企业版,它是由 SUN 公司领导,多家公司共同制定的企业级分布式应用程序开发规范。

提供规范的依据。

MVC把一个应用的输入、处理、输出流程按照模型（model）、视图（view）、控制（controller）的方式进行分离，这样一个应用被分成三层——模型层、视图层、控制层。

视图（view）代表用户交互界面，对于 Web 应用来说，可以概括为 HTML 界面，但有可能为 XHTML、XML 和 Applet。随着应用的复杂性和规模性，界面的处理也变得具有挑战性。一个应用可能有很多不同的视图，MVC 设计模式对于视图的处理仅限于视图上数据的采集和处理，以及用户的请求，而不包括在视图上的业务流程的处理。业务流程的处理交予模型（model）处理。比如一个订单的视图只接受来自模型的数据并显示给用户，以及将用户界面的输入数据和请求传递给控制和模型。

模型（model），就是业务流程/状态的处理以及业务规则的制定。业务流程的处理过程对其他层来说是暗箱操作，模型接受视图请求的数据，并返回最终的处理结果。业务模型的设计可以说是 MVC 的核心。目前流行的 EJB 模型就是一个典型的应用例子，它从应用技术实现的角度对模型做了进一步的划分，以便充分利用现有的组件，但它不能作为应用设计模型的框架。业务模型还有一个很重要的数据模型。数据模型主要指实体对象的数据保存（持续化）。我们可以将这个模型单独列出，所有有关数据库的操作只限制在该模型中。

控制（controller）可以理解为从用户接收请求，将模型与视图匹配在一起，共同完成用户的请求。划分控制层的作用也很明显，它清楚地告诉你，它就是一个分发器，选择什么样的模型，选择什么样的视图，可以完成什么样的用户请求。控制层并不做任何的数据处理。例如，用户点击一个链接，控制层接受请求后，并不处理业务信息，它只把用户的信息传递给模型，告诉模型做什么，选择符合要求的视图返回给用户。因此，一个模型可能对应多个视图，一个视图也可能对应多个模型。

模型、视图与控制器的分离，使得一个模型可以具有多个显示视图。如果用户通过某个视图的控制器改变了模型的数据，所有其他依赖于这些数据的视图都应反映到这些变化。因此，无论何时发生了何种数据变化，控制器都会将变化通知所有的视图，导致显示的更新。

（2）DevOps 部署方法

在企业迅速发展变化的今天，传统的开发、运行维护、质量保证分类的模式已经无法满足要求，软件发展将逐渐转向开发运维一体化的模式。开发运维一体化（DevOps，development 和 operation 的组合词）是一种重视软件开发人员（Dev）和 IT 运维技术人员（Ops）之间沟通合作的软件模式。通过自动化"软件交付"和"架构变更"的流程，来构建、测试、发布软件，能够更加快捷、频繁和可靠。具备 DevOps 的组织可以实现敏捷的软件开发过程以及快速的产品交付。DevOps 开发模式具有以下优点：

① 变更范围减小。与传统的瀑布式开发模型相比，采用敏捷或迭代式开发意味着更频繁的发布、每次发布包含的变化更少。由于部署经常进行，因此每次部署不会对生产系统造成巨大影响，应用程序会以平滑的速率逐渐生长。

② 发布协调能力加强。靠强有力的发布协调人来弥合开发与运营之间的技能鸿沟和沟通鸿沟；采用电子数据表、电话会议、即时消息、企业门户（wiki、sharepoint）等协作工

具来确保所有相关人员理解变更的内容并全力合作。

③ 自动化部署。强大的自动化部署手段确保部署任务的可重复性、减少部署出错的可能性。

(3) 众包模式

众包(crowdsourcing)又称群众外包,是一种特定资源获取模式,在这种模式下,个人或者组织可以利用大量的网络用户来获取需要的想法和服务。众包和外包的区别在于,众包的对象可以是一群没有被特别定义的群体,而非被指派的、特定的群体,并且众包包括了混合的自底向上和自顶向下的过程。众包的优势包括:优化的价格、速度、质量、灵活性和多样性。当组织想要扩展新的想法时,众包模式可以提供超出本机构员工的思考范围,带来更发散和创新的想法。组织可以利用互联网控制志愿员工大军的创意和能力——这些志愿员工具备完成任务的技能,愿意利用业余时间工作,满足于对其服务收取小额报酬,或者暂时并无报酬,目的在于未来获得更多报酬的前景。

众包也存在着一些问题:

① 众包项目可能会因为缺少资金激励、参与者太少、工作质量低下、个人对项目缺乏兴趣、全球性的语言障碍或难以管理大型的众包项目而失败的可能性将增加。

② 组织与众包雇员没有书面合同、保密协议、雇员协议或雇员协议条款,无法约束其行为,导致项目完成周期较长。

③ 众包项目中的雇员水平参差不齐,难以保证项目的整体质量等。

4.5.3 标准建模语言(UML)

标准建模语言(unified modelihng language,UML)是一种定义良好、易于表达、功能强大且普遍适用的建模语言。它融入了软件工程领域的新思想、新方法和新技术。它的作用域不限于支持面向对象的分析与设计,还支持从需求分析开始的软件开发的全过程。

(1) 标准建模语言(UML)的内容

标准建模语言(UML)的重要内容可以由下列 5 类图(共 10 种图形)来定义:

① 第一类是用例图,从用户角度描述系统功能,并指出各功能的操作者。

② 第二类是静态图(static diagram),包括类图和对象图。其中类图描述系统中类的静态结构。不仅定义系统中的类,表示类之间的联系如关联、依赖、聚合等,也包括类的内部结构(类的属性和操作)。类图描述的是一种静态关系,在系统的整个生命周期都是有效的。对象图是类图的实例,几乎使用与类图完全相同的标识。它们的不同点在于对象图显示类的多个对象实例,而不是实际的类。一个对象图是类图的一个实例。由于对象存在生命周期,因此对象图只能在系统某一时间段存在。包图由包或类组成,表示包与包之间的关系,用于描述系统的分层结构。

③ 第三类是行为图(behavior diagram),描述系统的动态模型和组成对象间的交互关系,包括状态图和活动图。其中状态图描述类的对象所有可能的状态以及事件发生时状态的转移条件。通常,状态图是对类图的补充。在应用中并不需要为所有的类画状态图,仅为那些有多个状态其行为受外界环境的影响并且发生改变的类画状态图。而活动图描述满足用例要求所要进行的活动以及活动间的约束关系,有利于识别并行活动。

④ 第四类是交互图(interactive diagram),描述对象间的交互关系,包括顺序图和合作图。其中顺序图显示对象之间的动态合作关系,它强调对象之间消息发送的顺序,同时显示对象之间的交互。合作图跟顺序图相似,描述对象间的协作关系,显示对象间的动态合作关系。除显示信息交换外,合作图还显示对象以及它们之间的关系。如果强调时间和顺序,则使用顺序图;如果强调上下级关系,则选择合作图。这两种图合称为交互图。

⑤ 第五类是实现图(implementation diagram),包括构件图和配置图。其中构件图描述代码部件的物理结构及各部件之间的依赖关系。一个构件可能是一个资源代码部件、一个二进制构件或一个可执行构件。它包含逻辑类或实现类的有关信息。构件图有助于分析和理解构件之间的相互影响程度。配置图定义系统中软硬件的物理体系结构。它可以显示实际的计算机和设备(用节点表示)以及它们之间的连接关系,也可显示连接的类型及构件之间的依赖性。在节点内部,放置可执行构件和对象以显示节点跟可执行软件单元的对应关系。

从应用的角度看,当采用面向对象技术设计系统时,第一步是描述需求;第二步根据需求建立系统的静态模型,以构造系统的结构;第三步是描述系统的行为。其中在第一步与第二步中所建立的模型都是静态的,包括用例图、类图(包含包)、对象图、构件图和配置图 6 种图形,是标准建模语言 UML 的静态建模机制。其中第三步中所建立的模型或者可以执行,或者表示执行时的时序状态或交互关系。它包括状态图、活动图、顺序图和合作图 4 种图形,是标准建模语言 UML 的动态建模机制。因此,标准建模语言 UML 的主要内容也可以归纳为静态建模机制和动态建模机制两大类。

(2) 标准建模语言(UML)的应用领域

UML 的目标是以面向对象图的方式来描述任何类型的系统,具有很宽的应用领域。其中最常用的是建立软件系统的模型,但它同样可以用于描述非软件领域的系统,如机械系统、企业机构或业务过程,以及处理复杂数据的信息系统、具有实时要求的工业系统或工业过程等。总之,UML 是一个通用的标准建模语言,可以对任何具有静态结构和动态行为的系统进行建模。

此外,UML 适用于系统开发过程中从需求规格描述到系统完成后测试的不同阶段。在需求分析阶段,可以用用例来捕获用户需求,通过用例建模,描述对系统感兴趣的外部角色及其对系统(用例)的功能要求。在分析设计阶段,需要从需求中识别出类以及它们相互间的关系,并用 UML 类图来描述,还将考虑定义软件系统中技术细节的类(如处理用户接口、数据库、通信和并行性等问题的类),为编程(构造)阶段提供更详细的规格说明。编程(构造)是一个独立的阶段,其任务是用面向对象编程语言将来自设计阶段的类转换成实际的代码。UML 模型还可作为测试阶段的依据,系统通常需要经过单元测试、集成测试、系统测试和验收测试,不同的测试小组使用不同的 UML 图作为测试依据:单元测试使用类图和类规格说明;集成测试使用部件图和合作图;系统测试使用用例图来验证系统的行为,验收测试由用户进行,以验证系统测试的结果是否满足在分析阶段确定的需求。

4.5.4 程序设计语言

最早的计算机仅有少量的专业用户,这些用户都是专家、学者,他们的用户程序一般都是自行设计、自己使用,并且直接使用机器语言。20 世纪 50 年代初期开发了操作系统,以及汇编语言,20 世纪 60 年代开始陆续开发了多种高级语言,不断改进及强化它们的功能。

1. 机器语言

早期的计算机不配置任何软件,这时的计算机称为"裸机"(bare machine)。裸机只认得"0"和"1"两种代码,程序设计人员只能用一连串的"0"和"1"构成的机器指令码来编写程序,这就是机器语言程序。机器语言具有如下特点。

(1) 采用二进制代码。计算机指令的操作码(如+、-、×、/等)和操作数地址均用二进制代码表示。

(2) 指令随机器而异(称为"面向机器"),因而不同的计算机有不同的指令系统。众所周知,计算机采用二进制,其逻辑电路也是以二进制为基础的。因此,这种用二进制代码表示的程序,不经翻译就能够被计算机直接理解和执行。执行速度快是机器语言的唯一优点。

2. 汇编语言

机器语言存在着严重的缺点,表现如下。

(1) 易于出错,用机器语言编写程序,程序员要熟练地记忆所有指令的机器代码,以及数据单元地址和指令地址,出错的可能性比较大。

(2) 编程烦琐,工作量大。

(3) 不直观,人们不能直观地看出机器语言程序所要解决的问题。读懂机器语言程序的工作量是非常大的,有时比编写这样一个程序还难。

于是,人们想出了用符号(称为助记符)来代替机器语言中的二进制代码的方法,设计了"汇编语言"。汇编语言又称符号语言,其指令的操作码和操作数地址全都用符号表示,大大方便了记忆,但它仍然是一种面向机器的程序设计语言,机器语言所具有的那些缺点(如缺乏通用性、烦琐、易出错、不够直观等),汇编语言也都有,只是程度上较轻而已。

用汇编语言书写的程序(称为汇编语言源程序)保持了机器语言执行速度快的优点。但它送入计算机后,必须被翻译成机器语言形式表示的程序(称为目标程序),才能由计算机识别和执行。完成这种翻译工作的程序(软件)叫汇编程序(assembler)。图 4-12 显示了汇编语言源程序的执行过程。

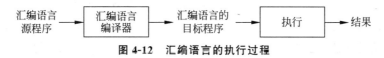

图 4-12 汇编语言的执行过程

汇编语言比机器语言前进了一大步。但程序员仍需记住许多助记符,加上机器的指令数很多,所以编制汇编语言程序仍是一件烦琐的工作。此外,汇编语言也是面向机器的,不同厂商提供的汇编语言往往不同,因而用汇编语言编制的程序缺乏通用性,即在某一类计算机上运行的程序,却不能在另一类计算机上运行。为克服汇编语言的缺点、高级语言就应运而生,并在用户中迅速推广。

3. 高级语言

高级语言有以下三大优点。

(1) 高级语言更接近于自然语言,一般采用英语表达语句,便于理解、记忆和掌握。

(2) 高级语言的语句与机器指令并不存在一一对应关系,一个高级语言语句通常对应多个机器指令,因而用高级语言编写的程序(称为高级语言源程序)短小精悍,不仅便于编写,而且易于查找错误和修改。

(3) 高级语言基本上与具体计算机无关,即通用性强。程序员不必了解具体机器指令就能编制程序,而且所编的程序稍加修改或不用修改就能在不同的机器上运行。

高级语言也是不能被计算机直接识别和执行的,必须先翻译成机器指令的目标程序才能执行。翻译的方式有两种:一是解释方式,二是编译方式。

解释方式使用的翻译软件是解释器(interpreter),它把高级语言源程序一句句地翻译为机器指令,每译完一句就执行一句,当源程序翻译完后,目标程序也执行完毕。高级语言源程序的解释执行方式如图4-13(a)所示。

编译方式使用的翻译软件是编译器(compiler)。它将高级语言源程序整个地翻译成机器指令的目标程序,使目标程序和源程序在功能上完全等价,然后执行目标程序,得出运算结果。高级语言源程序的编译执行方式如图4-13(b)所示。

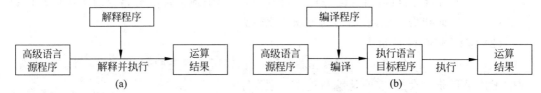

图 4-13 高级语言的解释执行和编译执行

解释方式和编译方式各有优缺点。解释方式的优点是灵活,占用的内存少,但比编译方式要占用更多的机器时间,并且执行过程一步也离不开翻译程序。编译方式的优点是执行速度快,但占用内存多,并且不灵活,若源程序有错误,必须将错误全部修正后再重新编译和从头执行。

4. 典型的编程语言

(1) Python 编程语言

Python 是一种广泛使用的高级编程语言,属于通用型编程语言,由吉多·范罗苏姆创造,第一版发布于1991年。作为一种解释型语言,Python 的设计哲学更加强调代码的可读性和简洁的语法,尤其是使用空格缩进划分代码块,而非使用大括号或者关键词来进行代码块的划分。

Python 拥有动态类型系统和垃圾回收功能,能够自动管理内存使用,并且支持多种编程范式,包括面向对象、命令式、函数式和过程式编程。其本身拥有一个巨大而广泛的标准库。

Python 解释器本身几乎可以在所有的操作系统中运行。Python 的正式解释器 CPython 是用 C 语言编写的、是一个由社群驱动的自由软件,目前由 Python 软件基金会管理。

Python 是完全面向对象的语言。函数、模块、数字、字符串都是对象。并且完全支持继承、重载、派生、多重继承,有益于增强源代码的复用性。Python并非所有的特性和功能都集成到语言核心,而是可以通过丰富的API和工具进行扩展,比如用于科学计算的库有SciPy,用于数据处理的库有Numpy、pandas,用于数据挖掘分析的库有Scikit-learn,用于数据可视化的库有Matplotlib等。

(2) Java及其开发平台

Java是一种跨平台的语言,各种品牌、各种操作系统运行的计算机,甚至智慧型电话都可以执行同样的Java程序。Sun Microsystem在1995年首先发布了Java语言,由Java写出来的小型程序"applets"可从网络服务器上下载,自动在浏览器端处理和运行。

1998年Sun Microsystem又推出了带有SDK1.2的全新Java版本,在原来基础上做了较大的改动,此后将Java SDK1.2后的版本称作Java2。Java2平台主要有3个版本,它们是适用于小型设备和智能卡的Java平台Micro版(Java2 Platform Micro Edition,J2ME)、适用于桌面系统的Java2平台标准版(Java2 Platform Standard Edition,J2SE)、适用于创建服务器应用程序和服务的Java2平台企业版(Java2 Platform Enterprise Edition,J2EE)。

其中J2EE专为Java的企业级应用而设计,是实现企业级应用平台的良好工具。J2EE是一种利用Java平台来简化企业解决方案的开发、部署和管理相关的复杂问题的体系结构。J2EE不仅巩固了Java标准版中的许多优点,例如"编写一次、随处运行"的特性、方便存取数据库的JDBC API、CORBA技术以及能够在Internet应用中保护数据的安全模式等,其最终目的就是成为一个能够使企业开发者大幅缩短投放市场时间的体系结构。通过提供统一的开发平台,J2EE降低了开发多层应用的费用和复杂性,同时提供对现有应用程序集成强有力支持,有良好的向导支持打包和部署应用,添加目录支持,增强了安全机制,提高了性能。

(3) PHP网络编程语言

PHP的全称是Hypertext Preprocessor,即超文本预处理器,是由勒多夫在1995年开始开发的,现在PHP的标准由The PHP Group维护。PHP是一种开源的通用计算机脚本语言,尤其适用于网络开发并嵌入HTML中使用。PHP的语法借鉴C语言、Java和Perl等流行计算机语言的特点,允许网络开发人员快速编写动态页面。

目前最新的PHP版本是8.0版,在2020年6月发布①。PHP是一个应用范围很广的语言,特别是在网络程序开发方面。一般来说PHP大多在服务器端运行,透过运行PHP的代码来产生网页提供浏览器读取,此外也可以用来开发命令行脚本程序和用户端的GUI应用程序。PHP可以在许多的不同种的服务器、操作系统、平台上运行,也可以和许多数据库系统结合。使用PHP不需要任何费用,官方组织PHP Group提供了完整的程序源代码,允许用户修改、编译、扩展来使用。

即测即练

---

① http://www.php.cn/toutiao-453216.html.

研讨题

1. 计算机的发展经历了哪几代?
2. 计算机是如何分类的?
3. 简述冯·诺依曼结构的主要思想。
4. 什么是云计算?
5. 简述存储系统的分级结构及发展方向。
6. 有哪些输入/输出设备及二级存储设备?它们的基本用途是什么?
7. 云计算对企业的应用价值和挑战分别是什么?
8. 用图描述计算机软件的分类。
9. 结合企业状况,谈谈你作为终端用户最需要什么样的系统软件和应用软件?它们对你的工作产生什么影响?
10. 简述程序设计语言的发展过程。

CHAPTER 5 第 5 章

数据资源管理技术

数据是重要的组织资源,它同企业其他资源,如劳动力、原材料、资金和设备等一样,应放在同等重要的位置上进行管理。许多组织由于缺少关于企业内部运作和外部环境的高质量的信息,因而在竞争中失败。所以企业的主管应当重视并参与企业的数据资源管理实践,应用信息技术和管理工具实现组织数据资源的管理。当代管理者应该把掌握数据资源管理,作为一个重要的资源管理目标来实现。

广义的数据资源管理包括三个方面:文件组织、数据库及数据仓库、数据规划和数据管理。本章从管理与应用的角度出发,介绍数据资源管理的核心技术。

5.1 企业数据处理方式

对于一个有一定规模的企业,是否能准确预测未来,是衡量企业管理水平的一项重要标志。例如能预测未来某一段时间,如:一周、一个月,某个地区,某种产品的销售趋势;或者能准确预测它的客户信誉度,以实现财政上的风险控制。要达到这样的预测目标,离不开对企业自身的信息资源的管理,即信息的存取与处理。信息的存取意味着人们要有一种更好的方式组织数据;信息的处理意味着人们要有更恰当的信息处理工具。随着企业发展,大多数企业在组织信息时将从采用数据库技术向数据仓库技术发展。在处理信息时,应用数据分析和数据挖掘工具,寻找有价值的信息,支持公司的决策活动。

现代企业处理信息的方式有以下几种。

(1) 以联机事务处理形式处理信息。随着网络通信技术的发展,企业的内联网(Intranet)支持企业管理信息系统进行联机事务处理(online transaction processing,OLTP)。因此企业的业务数据库可以应用 OLTP 技术及功能,即采用联机收集和处理信息,然后再对收集到的经过处理的信息加以利用,并且不断更新已有的信息。

目前大多数企业运用业务数据库(operational data base)和数据库管理系统(DBMS)对 OLTP 提供支持。

(2) 以联机分析处理形式处理信息,并利用信息进行决策。企业从事务中获取信息后,需要对信息进行分析,以便从事各项决策任务。联机分析处理(online analytical processing,OLAP)是一种为支持决策而进行的信息处理方式,如图 5-1 所示。而数据仓库是一种新的数据管理技术,能为联机分析处理提供支持。

例如,"家乐福""麦德龙"等跨国零售业,这些企业的决策依赖于联机分析处理。在这种系统中,企业所有的工作人员(包括管理人员、采购员、会计师、销售分析员)所收集到的数据都汇集在一个庞大的数据仓库之中,而建立在数据仓库之上的各种分析系统,能使每

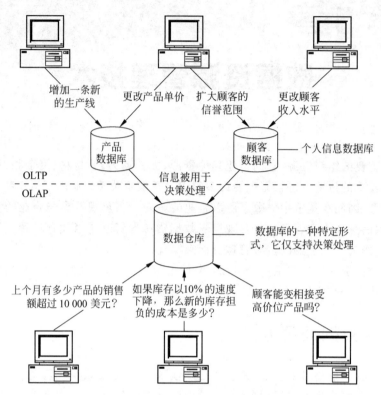

图 5-1 联机事务处理与联机分析处理

个工作人员十分容易地在计算机上进行各种查询,并经联机分析处理,作出重要决策。

(3) 在信息应用过程中管理信息。例如,美国的美洲银行,其数据仓库拥有超过 800GB 存储信息。银行副总裁走入工作室可以毫不费力地查询"硅谷地区有多少居民拥有高尔夫球会员资格?多少人拥有家庭游泳池?"由此为美洲银行带来了竞争优势。因为银行通过了解自己客户的生活方式,并根据客户的生活方式来制定银行的服务规范,以满足客户的需求,扩大客户群。

但是要将这样成千上万条信息用同一方法组织存储,并允许用户联机任意查询。对企业来说,这样的信息管理是一种挑战。因此,企业在管理信息时应该:

① 考虑采用适当的技术去组织信息,以便信息使用者能逻辑地使用信息,而不必了解信息的物理组织形式。目前面向企业管理者的数据逻辑视图是字段→记录→文件→数据库→数据仓库。因此数据仓库是数据逻辑视图的最新发展,数据仓库从各种各样的数据库中将各方面信息收集到一起,为企业管理者提供决策所需的信息,并支持企业管理者运用数据挖掘工具以联机分析处理方式进行决策。

② 考虑使用信息的权限,如确定谁有权利浏览信息,谁有权利使用信息,谁有权利更新信息等。

③ 考虑信息的更新与维护。如信息的备份、信息的保存时间、信息的存储技术、更新技术等。

但是,管理者最重要的是考虑组织信息时采用的技术方案。

5.2 数据库系统

5.2.1 数据库原理、模型与组织结构

5.2.1.1 数据库原理

数据库系统由数据库(database,DB)和数据库管理系统(database management system,DBMS)组成,这两部分有机地结合在一起,才能很好地进行数据的输入、存储、处理、管理和使用。

数据库与数据库管理系统解决了文件系统的以下弊病:数据冗余与数据不一致性、数据结构的不一致、缺少数据字典等,并大大提高了数据信息的共享性,充分发挥了信息的价值。

图 5-2 和图 5-3 是银行文件处理系统与数据库处理系统的对照。在银行文件处理系统中很难从三个不同的组织文件中抽取有关顾客的信息,并集中在一起;而在数据库处理系统中,很容易达到这个要求,那么它是如何达到数据的存储与处理的呢?

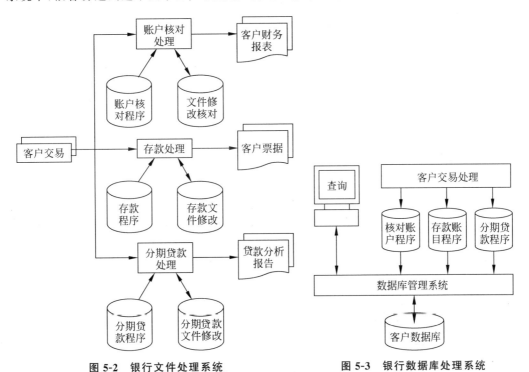

图 5-2 银行文件处理系统　　　　图 5-3 银行数据库处理系统

1. 数据库存储

在数据库管理方式中要开发共享数据库,首先要有数据字典,数据字典描述数据定义、格式、内容以及数据库的相互关系,以确保所建立的数据库的完整性、一致性和可行性,使组织中各种应用所需的数据连接起来并集中存入一些共享数据库,从而代替存入许

多各自独立的数据文件。例如,银行客户记录和一些银行其他应用所需的共享数据,如账单处理、银行信用卡、存款账号及贷款账务等,这些数据都可以归并到一个共享的客户数据库,而不是保存在对应一种应用的独立文件中。

2. 数据库处理方式

文件处理主要是通过更新和使用独立的数据文件,产生每个用户所需的信息。数据库处理由三种基本活动组成。

(1) 通过更新和维护共享数据库,对组织的记录,映射新的事务、传送变化的事件。

(2) 使用能共享公共数据库数据的应用程序,为用户提供所需信息。DBMS 为用户提供了一个公共接口,该接口使查询程序能从公共数据库中提取所需信息,却不必了解数据物理存储在哪里以及是如何存储的。

(3) 通过 DBMS 提供的查询/响应及报告功能,使用户能直接地快速访问数据库,得到响应,并产生报告。

5.2.1.2 数据库模型

建立一个企业组织的数据库,首先应该建立组织的数据库模型。该模型能使数据以记录的形式组织在一起,综合反映企业组织经营活动的各种业务信息,它既能使数据库含有各个用户所需要的信息,又能在综合过程中除去不必要的冗余信息。其次该模型能反映企业组织中各部门业务信息所存在的内在联系,这种联系可能是错综复杂的网络状,也可能是有从属联系的层次状,总之要用一定的数据结构,把它们反映出来,以使数据能从面向用户的逻辑关系转化成计算机的存储结构,反之亦然。由于数据库中数据的存取由 DBMS 提供实现的功能,因此建立企业组织的数据库模型必须与 DBMS 所提供的数据模型相一致。

目前世界上最流行的 DBMS,如 Oracle、DB2、SQL Server 和 MySQL 都采用了关系模型,如图 5-4 所示。

关系型数据库的特点是用人们最熟悉的表格数据的形式描述数据记录之间的联系,它是以数学中的关系理论为基础的。IBM 公司的研究员 E.F.Codd,从 1970 年起连续发表论文,为关系数据库奠定了理论基础。

学生关系框架:

| 学号 | 姓名 | 年龄 | 性别 |

课程关系框架:

| 课程号 | 课程名 | 学时数 |

学习关系框架:

| 学号 | 课程号 | 分数 |

图 5-4 关系模型示例

5.2.1.3 数据库的组织结构

1. 数据库三级组织结构

美国国家标准学会(ANSI)于 1975 年规定了数据库按三级体系结构组织的标准,这是有名的 SPARC 分级结构(standard planning and requirement committee)。这三级结构以内层(内模式)、中间层(模式)和外层(外模式)三个层次描述数据库,如图 5-5 所示。

(1) 模式:图 5-5 中的模式又称逻辑模型,即数据模型。它是一种对数据库组织的全局逻辑观点,反映企业数据库的整体组织和逻辑结构。模式的设计与维护由专家与 DBA 实施。

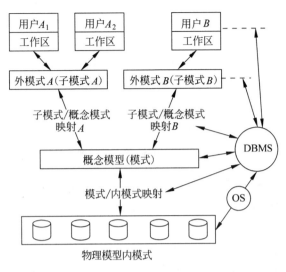

图 5-5　数据库的三级体系结构

（2）外模式：是数据库的外层，也是与用户相联系的一层。它属于模式的一个子集，因而是面向用户的逻辑组织，以文件形式展现在用户面前。

（3）内模式：又称数据的存储模式，具体描述了数据如何组织并存入外部存储器上。内模式一般由系统程序员根据计算机系统的软硬件配置决定数据存取方式，并编制程序实现存取。

2. 三个层次之间的两种映射

上述三种模式中，只有内模式是真正储存数据的，模式与外模式只是一种逻辑性表示数据的方法，而外模式是根据用户需求，将数据以逻辑方式组织起来，并显示于用户面前。它们之间的转换依靠 DBMS 的映射功能来实现。如图 5-5 所示，数据库三个模式之间存在着两种映射，一种映射是模式与子模式之间的映射，这种映射把概念数据库与用户级数据库联系起来；另一种映射是模式与内模式之间的映射，这种映射把概念数据库与物理数据库联系起来。正是有了这两种映射，才能把用户对数据库的逻辑操作转换为对数据库的物理操作，方便地存取数据库的数据。

5.2.2　数据库管理系统

数据库管理系统（DBMS）是一组计算机程序，控制组织和用户数据库的生成、维护和使用。DBMS 的主要功能如图 5-6 所示。

1. 数据库开发

数据库管理软件允许用户很方便地开发自己的数据库。DBMS 也允许数据库管理员（database administrator，DBA）在专家指导下，对整个组织的数据库开发给予控制。这就改善了组织数据库的完整性与安全性。数据库管理员利用数据定义语言（data definition language，DDL）开发与说明数据内容、相互关系及每个数据库的结构，并把这些信息分类后，储存在一个专用的数据定义和说明的数据库中，这个数据库称为数据字

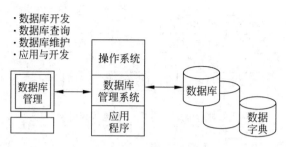

图 5-6　DBMS 的主要功能

典。数据字典由数据库管理员(DBA)控制、管理和维护。在组织状态发生变化时,由 DBA 统一修改数据库的说明。

2. 数据字典

数据字典是数据库管理的重要工具。数据字典是超越数据的计算机分类与目录,即字典的内容是关于数据的数据。数据字典含有管理数据定义的数据库,其内容包括组织数据库的结构、数据元素及其他特征。例如包括所有数据记录类型的名称和描述、它们的内部关系及用户存取信息需求概要、应用程序的使用、数据库的维护和安全。

数据字典由数据库管理员管理,并经常被用户查询和向用户报告公司在数据方面有无变动。需要时数据库管理员也可以修改所选数据元素的定义。某些带有控制性能的数据字典,不论何时,只要用户和应用程序利用 DBMS 去存取组织数据库,都含有标准化数据元素定义的功能。例如,一个监控性的数据字典将不允许数据输入程序使用非标准的用户记录定义,也不允许数据输入操作输入一个超出数据定义范围的数据,如给员工输入工资额时,不能超出企业工资标准。

3. 数据库查询

用户可以使用 DBMS 中的查询语言或报告发生器,询问数据库中的数据。用户可以在显示器或打印机上直接接受机器的响应,如一个报告,而并不需要用户进行复杂的程序设计。这种数据库访问能力对于普通用户是非常有益的。你只要掌握一些简单的请求和查询语言就能让用户容易地、立即得到联机查询的响应。报告发生器的特征是能把你的需要表达成一个报告,并给它指定报告的格式。

目前有两种主要的查询语言,一种称为结构化查询语言(structured query language, SQL);另一种称为范例查询(query by example, QBE)。SQL 可以在许多 DBMS 软件包中找到。SQL 查询的基本格式是：Select…From…Where。在 Select 后面列出要抽取的数据字段；From 后面列出文件或表,它们是数据字段的出处；在 Where 后面说明限定的条件。系统只对你感兴趣的字段进行检索。例如：一个财务总管要从公司人力资源数据库抽取所有财务人员的姓名、社会保险号、部门及工资,就可以利用 SQL 查询并显示这些信息。

采用 QBE 查询时,把一个或数个文件中的每一个字段都显示出来,然后由用户依靠键盘或鼠标选取所需要的信息,并组织在一起,向用户显示。

4. 数据库维护

组织的数据库需要经常更新数据以适应企业新的状况,即对数据库进行修改,以保证数据库数据的准确性。这种数据库维护处理是在 DBMS 的支持下,由传送处理程序以及其他用户应用软件实现的。用户和信息专家可以通过 DBMS 调用各种实用程序以进行数据库的维护。

5.2.3 数据库设计

数据库是信息系统的核心组成部分。数据库设计在信息系统的开发中占有重要的地位,数据库设计的质量将影响信息系统的运行效率及用户对数据使用的满意度。

如何根据企业中用户的需求及企业生存环境,在指定的数据库管理系统上,设计企业数据库的逻辑模型,最后建成企业数据库,是一个从现实世界向计算机数据世界转换的过程。

1. 信息的转换

信息是人们关于现实世界客观存在事物的反映,数据则是用来表示信息的一种符号。若要将反映客观事物状态的数据,经过一定的组织成为计算机内的数据,将经历三个不同的状态:现实世界、信息世界(概念世界)、计算机世界(数据世界),如图 5-7 所示。

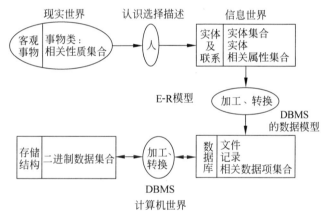

图 5-7 三个不同的世界

在不同的世界中使用的概念与术语是不同的,但它们在转换过程中都有一一对应的关系,如表 5-1 所示。

表 5-1 三个不同世界术语对照表

现 实 世 界	信 息 世 界	计 算 机 世 界
组织(事物及其联系)	实体及其联系(概念模型)	数据库(数据模型)
事物类(总体)	实体集	文件
事物(对象、个体)	实体	记录
特征(性质)	属性	数据项

例如,现实世界中的一个"事物",对应于信息世界中的一个"实体"。实体可以是一个学生、一个零件或一份订货合同。事物总是有一些性质来反映其特征。因此实体总是有一些属性来反映其特征。如学生的学号、姓名等。实体的属性在计算机世界中用数据项

描述，实体属性的集合在计算机世界中用记录描述。具有相同属性的事物的集合，如一群学生、一群教师、授课计划，就形成了事物类，它们是信息世界中的实体集（简称实体），在计算机世界中，则形成一个个数据文件，如学生文件、教师文件、课程计划文件。但是客观事物是复杂的，涉及同一事务的事物有多个，相互之间又有错综复杂的联系，如学生、教师授课计划的教学系统，因此反映在信息世界就有实体及它们的联系（学习关系），反映在计算机世界就形成了逻辑数据库（许多逻辑数据文件的集合）。

2．数据库设计步骤

设计数据库需经过以下步骤。

（1）对现实世界进行需求分析。对现实世界要处理的对象（组织、部门、企业等）进行详细调查，调查的重点是"数据"和"处理"，通过调查获得每个信息使用者对数据库的要求。

具体做法为：

① 了解组织机构情况，为分析信息流做准备；

② 了解各部门业务情况，调查各部门输入和使用的数据及处理数据的方式与算法；

③ 确定数据库的信息组成及计算机系统应实现的功能。

（2）建立信息世界中 E-R（概念）模型。这里，E(entity)代表实体，R(relation)代表关系，E-R 图就是描述实体间关系的图解。

通过对现实世界的需求分析，应用 E-R 图建立信息世界中的实体、属性和实体间联系的概念模型，从而转入信息世界。

概念模型的建立分两步走：

① 建立分 E-R 图；

② 综合分 E-R 图，产生总 E-R 图。

（3）从 E-R 图导出计算机世界的关系数据模型。E-R 图是建立数据模型的基础，从 E-R 图出发导出计算机系统上安装的 DBMS 所能接受的数据模型，这一步工作在数据库设计中称为逻辑设计。我们的重点是掌握由 E-R 图转换为关系数据模型，即把 E-R 图转换为一个个关系框架，使之相互联系构成一个整体结构化了的数据模型。转化的原则如下。

① E-R 图中每个实体，都相应地转换为一个关系，该关系应包括对应实体的全部属性，并应根据该关系表达的语义确定关键字，因为关系中的关键字属性是实现不同关系联系的主要手段；

② 对于 E-R 图中联系，根据不同的联系方式，或将联系反映在关系中，或将联系转换成一个关系。

3．数据库设计案例

下面介绍某学院"教学管理"数据库模型的设计。

（1）设计"系和教师关系"的分 E-R 图

① 该学院下设 4 个系：工商管理系、会计系、市场营销系和信息管理系。每个系有一个系主任主管该系工作。则将"系"设为一个实体，该实体具有以下属性：系代号、系名称、系主任姓名、办公地点、电话。其中系代号是主关键字，如图 5-8(a)所示。

② 该学院聘请了一定数量的专职教师。则将"教师"设为一个实体，该实体具有以下

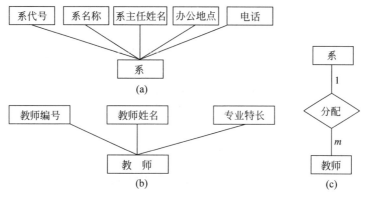

图 5-8 系和教师关系

属性：教师编号、教师姓名、专业特长。其中教师编号是主关键字，如图 5-8(b)所示。

③ 学院聘请教师后，分配到各系。一个系有多个教师；一个教师只能属于一个系。"系"实体与"教师"实体之间发生一对多（1：m）的"分配"联系，如图 5-8(c)所示。

(2) 设计"学生和课程关系"的分 E-R 图

① 学院每年招收新生，分配到各个专业。则将"学生"设为一个实体，该实体具有如下属性：学号、姓名、性别、年龄、系代号。其中学号是主关键字。

② 学院制订了教学计划，设置多项课程。则将"课程"设为一个实体，该实体具有如下属性：课程号、课程名、学分。其中课程号为主关键字。

③ 学生根据专业要求，每年学习多门课程，每门课程被多个学生选读。学生必须参加考试，获取成绩。因此，成绩属于学生和课程发生联系后产生的属性。

(3) 设计"教师与课程关系"的分 E-R 图

教师在教学活动中与课程发生联系。一个教师可以教授多门课程；一门课程可以由多个教师讲授。教师授课任务完成后，将被学生与院方评估。

(4) 将上述三个分 E-R 图综合，建立学院教学管理总 E-R 图。由于学院教学管理各分 E-R 图中，教师与课程是重名实体，根据综合分 E-R 图的原则：消除同名实体，则教学管理总 E-R 图如图 5-9 所示。

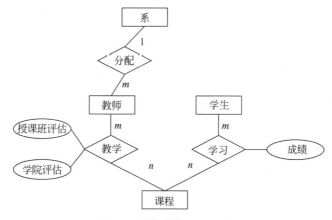

图 5-9 "教学管理"E-R 图

(5) 将学院"教学管理"E-R图所描述的信息(概念)世界中的概念模型转化为计算机上由关系型DBMS支持的关系数据模型。

数据库设计原则中有两条：一是将所有的实体转化为关系；二是根据不同的联系方式，将联系反映在关系中或将联系转换成关系。

① 对于 1∶m 的联系方式，如系与教师的分配联系，则可将 1 方(系实体)的主关键字——系代号，加入到多方(教师实体)中，作为多方(教师实体)的一个属性，以此表达系和教师之间的联系。因此对于图 5-8(c)"系和教师关系"分 E-R 图的关系模型表达如下。

系(<u>系代号</u>,系名称,系主任姓名,办公地点,电话)

教师(<u>教师编号</u>,教师姓名,专业特长,系代号,住址,电话)

② 对于 m∶n 的联系方式，如"学生和课程"的联系，则可以将联系转化为一个关系，该关系的关键字由两个实体的关键字组合在一起，成为组合关键字，并附上联系的属性。"学生和课程关系"分 E-R 图的关系模型表达如下。

学生(<u>学号</u>,姓名,性别,年龄,系代号)

课程(<u>课程号</u>,课程名,学分)

学习(<u>学号</u>,<u>课程号</u>,成绩)

③ "教学管理"数据库的关系数据模型如下。

根据图 5-9 转化成：

(实体)系(<u>系代号</u>,系名称,系主任姓名,办公地点,电话)

(实体)教师(<u>教师编号</u>,教师姓名,专业特长,系代号)

(实体)学生(<u>学号</u>,姓名,性别,年龄,系代号)

(实体)课程(<u>课程号</u>,课程名,学分)

(联系)学习(<u>学号</u>,<u>课程号</u>,成绩)

(联系)教学(<u>教师编号</u>,<u>课程号</u>,授课班评估,学院评估)

根据关系模型的设计，可以在计算机上实现数据库的建立。

5.2.4 数据库技术发展的趋势

在数字化时代，企业管理者对日常信息需求更为广泛，要求更高。数据信息的内容和类型发生了变化，数据析取的方法也将发生变化。用户对信息的需求也从单维发展到多维；信息来源从内部向外部扩展；信息的表现形式多样化。因此，数据管理方式开始从集中式到分布式，数据模型也从关系数据库扩展到多媒体数据库、面向对象数据库。

1. 分布式数据库

随着企业经营模式的变化，如跨国集团公司、国际连锁经营的需求，数据正从集中式存储和集中式处理模式转向分布式存储和分布式处理。

分布式数据库，其数据存储的物理地址是分散的，但是在分布式数据库管理系统的支撑下，在计算机网络环境的支持下，能达到物理地址分散的数据库在逻辑结构上是一个整体。因此一个上海分公司的用户，要获取本集团某公司的数据时，不必了解该数据存于本集团的何方，提出需求后，数据库管理系统就可以检索到。

例如，Hadoop 是一个由 Apache 基金会开发的分布式系统基础架构。Hadoop 允许用户在不了解底层细节的情况下，开发分布式程序，充分利用集群的性能进行高速运算和存储。

Hadoop架构的核心是HDFS和MapReduce两部分。HDFS（Hadoop distributed file system）是一个分布式文件系统，具有高容错性、可部署在低成本硬件、高吞吐量、允许以流的形式访问文件系统中的数据等特点，对于超大数据集具有很好的适应性。MapReduce为超大数据集提供了计算模型，其最早来源于谷歌的MapReduce框架，该框架可以将一个应用程序分解为许多并行计算指令，并且可以跨越大量的计算节点运费非常巨大的数据集。Hadoop最初用来进行网页索引，之后被广泛应用于大数据分析领域。

2. 多媒体技术在数据库中的应用

迄今，我们讨论的数据库主要是以传统的数据记录和文件形式保持数据。但一些大型的企业和政府机构已建成了包括各种文档的数据库，称为文本数据库，帮助建立、储存、检索、抽取、修改和汇总文档；除文本之外，其他各种形式的资料也需要以电子方式储存起来。例如电子百科全书可以储存在光盘上，书中上千幅绘画以及许多栩栩如生的动画都作为数字化的内容与上千页文本储存在一起，企业上千页的企业文档如客户函件、购物订单、发票以及销售指南和服务手册也都需要有效地存储和管理。因此用户对数据库的需求已不单是结构化的数值、字符信息的存储与析取，而是要求有绘画、声音、图像、动画等多种媒体上的表现形式，通常形式的数据库无法存储与管理这些数据，因此就发展了多媒体数据库（multimedia database，MDS）。这是一种能够储存且管理数值、文字、表格、图形、图像、声音等多种媒体的数据库。

3. 面向对象数据库

通常的数据库管理系统不具备标识处理多媒体数据库中图像、图形、视频等数据的能力。而采用面向对象技术，将多媒体数据（一段乐曲或一张图片）以一个对象的形式存储到数据库中，对象除包含自身数据以外，还包含完成数据库事务处理所需的各种处理过程。通过面向对象的数据库管理系统（objected oriented database management system，OODBMS）进行存取、检索及与其他对象的关联。

如通用汽车公司（GM）销售部市场经理，单击"雪佛兰"和"地图"的图像，意味着可以了解"雪佛兰"销售状况的地区分布数据图，包括历史数据及分布曲线图、当月销售状况图、顾客群职业/年龄分类、颜色喜好等多种市场信息，帮助销售经理了解目前的市场趋势，以判断公司的销售策略的正确性。

面向对象数据库管理系统提供给用户一种使用很方便的技术，它能将各种媒体上的数据连接起来，也提供了开发应用程序的可重用技术，以更新对象及对象的应用。因此这种高效率的面向对象的数据库已被企业广泛使用。

5.2.5 区块链技术

区块链是一种分布式记账的模式，是利用块链式数据结构来验证数据和存储数据、利用分布式节点共识算法来生成和更新数据、利用密码学的方式保证数据传输和访问的安全、利用智能化脚本代码组成的智能合约来编程和操作数据的一种全新的分布式基础架构与计算范式。区块链是分布式数据存储、点对点传输、共识机制、加密算法等计算机技术在互联网时代的创新应用模式。

区块链中的数据以区块(block)的形式存储,所有的区块以链式结构进行连接,每一个区块包含的数据项包括前一区块的汇总信息,这部分信息以哈希值(Hash)的形式表示,当前区块的若干条记录信息以及由这些信息生成的当前区块的哈希值。

以比特币为例,每一个比特币区块中包含的数据包括区块头和区块体两部分。区块头包含的数据有:比特币软件版本号、前一区块的哈希值、时间戳、Merkle根值、可进行难度调整的随机数以及由这些信息生成的当前区块的哈希值。区块体包含当前区块记录的交易信息,这些交易信息转换为哈希值之后以梅克尔树的结构存储在数据库中,这样做可以保证任何一笔交易作假或者发生改动都会导致最后的梅克尔树的根发生变化,从而使得当前区块的哈希值无法满足相应的要求,导致链条做法,保证了区块链中的数据的不可篡改。比特币中每个区块的数据存储方式如图 5-10 所示[①]。

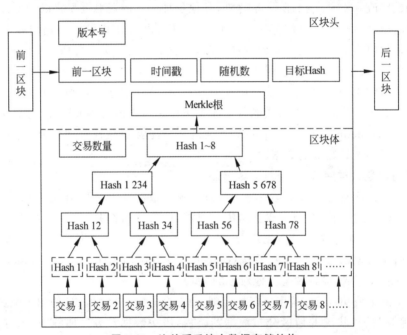

图 5-10　比特币系统中数据存储结构

区块链中使用的加密方式为公私钥加密体系,公钥可以在全网公开,私钥只有所有者才可以拥有。区块链通过共识算法实现不同节点的数据的一致性。区块链中的共识算法包括工作量证明(PoW)、权益证明(PoS)、实用拜占庭容错算法(PBFT)。

区块链在金融服务、医疗健康、教育、物联网等领域具有非常大的应用前景[②]。在金融领域,区块链技术可以简化支付流程,有效解决交易过程中的信任问题。在医疗健康领域,区块链技术可以帮助实现患者信息的共享,帮助医生进行病情诊断。在物联网领域,

---

① 朱建明,高胜,段美姣. 区块链技术与应用[M]. 北京:机械工业出版社,2018.
② 中国区块链技术和应用发展白皮书(2016).

区块链技术可以帮助对产品的生产制造全过程进行追溯。在教育领域,区块链技术可以帮助实现学生档案的管理,提供更真实可信的学历证明等。

5.3 数据仓库和商业智能

由于企业面临的商业竞争日趋激烈,企业的决策任务越来越重,决策频率越来越高,多数企业都开始重视信息的策略性价值,重视数据分析;同时随着信息技术在企业的广泛应用,企业通过传统的文件方式和数据库系统存储并积累了大量数据,也为数据分析和利用提供了重要的基础。因此,目前企业在面对数据资源时,不再是简单地处理数据,而是更多地关注如何使用数据,采用了数据仓库、联机分析处理、数据挖掘和商业智能等新兴技术。

5.3.1 数据仓库

数据仓库(data warehouse)的最终目标是把企业范围内的所有数据集成在一个大仓库中,让用户能运行查询、产生报告、执行分析。

数据仓库之父 W.H.Inmon 在 1991 年出版的 *Building the Data Warehouse* 一书中指出:"数据仓库是一个面向主题的(subject oriented)、集成的(integrated)、非易失的(non-volatile)、随时间变化的(time variant)的数据集合,用于支持管理决策。"按这个定义,数据仓库应该是一个大的数据集合;数据仓库的目标是支持企业的管理决策;数据仓库的数据存储和组织方式是面向分析主题的,即根据分析主题的需求把所有相关数据组织在一起;数据仓库中的数据内容不再是零散或细节的,而是集成和综合的,已经消除了数据在表达上和含义上的不一致性;一方面,由于数据仓库中的数据加上了时间维度,数据修改的可能性就很小(除非后来发现把某个时间点的数据输错了),几乎不用传统数据库的 update 操作,因此数据仓库是非易失的;另一方面,正是由于数据仓库中所有基础数据都是针对某时间点的,随着时间的变化,不断需要载入新的数据,或者淘汰旧的数据,是随时间变化的。

数据仓库的数据来自许多不同的业务数据库,如图 5-11 所示,并按主题进行数据组织。数据仓库的数据导入一般需要 ETL(extract-transform-load,即数据抽取、转换、装载)工具,ETL 过程包括数据抽取(extract)、转换(transform)、清洗(cleaning)、装载(load)等环节,最终按照预先定义好的数据仓库模型,将数据加载到数据仓库中去。

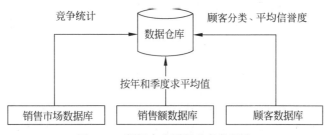

图 5-11 数据仓库源于业务数据库

因为数据仓库的数据几乎没有 update 操作,数据可以冗余,所以数据仓库中的数据都会分层综合,一般包括原始数据、初步综合数据、中度综合数据、高度综合数据。尽量保证在数据分析过程中不用重新从细节数据开始统计,而是直接查找到相关数据,节约数据分析的处理时间,快速支持企业的管理决策。

5.3.2 联机分析处理

术语联机分析处理(on-line analytical processing,OLAP)是关系数据库的奠基人 E.F.Codd 于 1993 年提出来的,主要是对大量多维数据的动态综合、分析和归纳。OLAP 中的一个主要操作是"多维分析",即通过对信息的多种可能的观察形式进行快速、稳定、一致和交互性的存取,允许管理决策人员对数据进行深入分析。OLAP 现在广泛用于市场和销售分析、网站点击率分析、数据库营销、预算、财务报告与整合、管理报告、利益率分析、质量分析等各种领域。

多维分析是在"多维视图"的基础上进行的,多维视图是多维度的立体结构,即它们包含了若干层的行和列,数据的表示用不同层次中的不同维度表达,表示数据的多维度信息图称为超立体结构(cube),如图 5-12 所示。

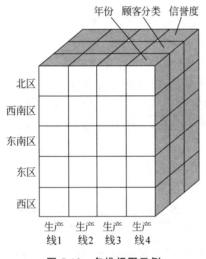

图 5-12 多维视图示例

OLAP 多维分析包括针对多维视图的各种操作,例如:

(1) 切片和切块(slice and dice)。在多维视图中,如果某个维度上的取值选定了一个固定值,原视图就降低了一个维度,可能就把原来的三维视图变成了二维视图,四维视图变成了三维视图,即进行了"切片"操作;如果某个维度上的取值范围缩小到一个区间,原视图的维度没有降低,但内容减少了,即是"切块"操作。

(2) 钻取(drill)。多维视图中每个维度的取值可以是分层的,例如时间维的取值可以按年、季、月、日、时等分层次。钻取就是按某个维度上的不同取值层次变换多维视图,钻取包含向下钻取(drill-down)和向上钻取(drill-up)/上卷(roll-up)操作,钻取的深度与所划分的层次相对应。

(3) 旋转(rotate)/转轴(pivot)。通过对多维视图中各个坐标的旋转变化可以得到不同视角的数据。

5.3.3 联机事务处理

联机事务处理系统(on-line transaction processing,OLTP)主要负责获取日常业务相关的数据,数据的来源可能是 ERP、CRM、SCM 等企业系统。OLTP 可以使企业的日常事务自动进行,并产生实时报表和常规分析,但不适合进行大数据量的即席分析和复杂查询。

OLAP 与 OLTP 的区别见表 5-2。

表 5-2　OLAP 与 OLTP 的区别

项目	OLTP	OLAP
用户	操作人员，低层管理人员	决策人员，高级管理人员
功能	日常操作处理	分析决策
数据库设计	面向应用	面向主题
数据	当前的、最新的、细节的、二维的、分立的	历史的、聚集的、多维的、集成的、统一的
存取	读/写数十条记录	读上百万条记录
工作单位	简单的事务	复杂的查询
用户数	上千个	上百个
数据库大小	100MB-GB	100GB-TB
时间要求	具有实时性	对时间要求不严格
主要应用	数据库	数据仓库

5.3.4　数据挖掘

数据挖掘（data mining）是从大量数据中自动发现隐藏的有用信息的过程，是从大量数据中挖掘"宝藏"的过程。发现的信息可能包括行为模式、数据关联、变化趋势、异常情况和有意义的结构等。数据挖掘和联机分析处理都是使用数据仓库数据的重要工具，但 OLAP 工具主要是展现数据，启发数据分析人员找出规律，得出结论，而数据挖掘可以不用人工参与，主要靠计算机自动发现规律。

数据挖掘的主要方式包括如下几种。

（1）分类（classification）。分类是从大量数据中找出不同类别对象的特征，从而对新加入对象进行自动分类。例如银行会按客户的信用程度分类，数据挖掘能找出各类客户的数据特征，以后就能快速判断一个新客户的信用类别；分类数据挖掘还可用于预测可能流失投奔竞争对手的客户，预测天文望远镜照片上暗淡的点是否天体等。

（2）聚类（clustering）。聚类是根据数据特征对数据对象进行自动归类，"聚类"与前面"分类"的不同之处是："分类"预先知道应该分成哪几类，而"聚类"在操作之前并不知道数据可以分成哪些类别。例如通过聚类操作可以将超市的客户划分成互不相交的客户群，以后超市可以为不同的客户群推荐不同的目标商品。

（3）关联规则发现（association rule discovery）。关联规则发现是在大量数据中找出有关联的数据，或者找出同时发生的事件。关联规则发现的典型应用是在超市的交易数据中发现哪些商品可能会被同时购买，从而寻找哪些商品捆绑销售能够有足够多的受众。

（4）时序模式发现（sequential pattern discovery）。时序模式发现主要寻找事件发生的时序关系，例如通过对超市数据的跟踪和分析，可能会寻找出时序模式："如果客户购买了电视，几天后他又买了摄像机，那么他在一个月内购买录像机的概率为 50%"。

5.3.5 商业智能

商业智能(business intelligence, BI)是指通过对数据的收集、管理、分析以及转化,使数据成为可用的信息,并在企业中共享传递,从而帮助企业获得必要的洞察力和理解力,更好地辅助决策和指导行动。从商业的角度看,商业智能就是指从商业数据中发掘出关于销售趋势、客户购买习惯以及企业的其他关键性能参数之类的重要信息,帮助企业作出明智的业务经营决策的工具。从技术的角度看,商业智能就是利用数据仓库、联机分析处理和数据挖掘等技术把数据转化为信息,再把信息转化为知识的工具。

商业智能面向终端使用者,能够使企业各层面的用户在其职权范围内从各个角度出发分析利用商业数据,及时地掌握组织的运营现状,作出科学决策。商业智能中的数据包括来自企业业务系统的订单、库存、交易账目、客户和供应商等数据,来自企业所处行业、竞争对手以及其他外部环境中的各种数据。

现在的商业智能工具除了支持核心的数据仓库、联机分析处理和数据挖掘等技术之外,还特别强调友好的可视化图形界面,其中最具特色的是数字仪表盘(digital dashboard),它生动地呈现企业的关键绩效指标,这些绩效指标满足不同级别的员工的应用需要,他们都可以用数字仪表盘监控各自的业务活动,并且对供应链或客户服务的活动作出响应。又如可以在直观的数据分析图表之上增加预警功能,预先设置条件,使符合条件的数据显示不同的颜色,可能用红色做报警信号、黄色作提醒信号,使问题一目了然。

从全球范围来看,商业智能已经成为继企业资源计划(ERP)之后最重要的信息系统。从国内来看,商业智能已经在电信、金融、零售、保险等行业广泛使用。采用商业智能的行业大部分是数据密集型行业,前期有较好的信息化基础和数据积累。

目前主流的比较成熟的商业智能工具主要有 Tableau、Qlik Sense、Power BI、FineBI 等。以 Tableau 为例,Tableau 可以通过可视化方式进行数据分析。它旨在轻松创建和分发交互式数据仪表板,通过简单而有效的视觉效果提供对动态、变化趋势和数据密度分布的深入描述。Tableau 提供了连接多种系统类型的数据源的工具,如以文件格式(CSV、JSON、XML、MS Excel 等)组织的数据系统,关系数据系统和非关系数据系统(PostgreSQL、MySQL、SQL Server、MongoDB 等),云系统(AWS、Oracle Cloud、Google BigQuery、Microsoft Azure)。Tableau 有多种方法可以共享数据报告,具有一定的协作性。Tableau 还提供了多种具有鲜明特征的可视化功能,实现了数据发现和深入洞察的智能方式。

5.3.6 大数据

大数据是指数据量规模巨大、数据类型复杂的数据集。大数据超出了现有硬件环境和软件工具在可接受的时间内为其用户收集、管理和处理数据的能力。伴随着企业信息化、电子商务、社会化媒体、物联网、云计算等技术和应用的快速发展,企业普遍面临大数据环境。

大数据有以下几个主要特点[①]。

---

① 孟小峰,慈祥. 大数据管理:概念、技术与挑战[J]. 计算机研究与发展,2013,50(1):146-169.

(1) 数据体量(volume)巨大。数据量的度量单位按从小到大顺序(进率为1024)分别是:Byte、KB、MB、GB、TB、PB、EB、ZB、YB等,现在数据体量越来越大,数据处理的量级上正从TB级向PB、EB、ZB级扩张;据估计,沃尔玛(Walmart)每小时就要从其顾客交易中收集超过2.5PB的数据。

(2) 数据种类(variety)繁多。大数据可能来源于电子商务、社交网络、手机、传感器、视频监控等,因此除了传统的交易数据之外,往往还包括网络日志、视频、图片、传感器读数、地理位置信息等各种类型的数据。

(3) 处理速度(velocity)要求高。大数据中的大量信息为企业实现基于数据的科学管理决策提供了重要基础,但许多应用都需要快速响应。在信息量急速膨胀、实时数据不断产生的情况下,对数据分析处理速度的要求会越来越高。

(4) 价值密度(Value)低。大数据蕴含的数据价值巨大,但有价值的数据所占比例很小。大数据真正的价值体现在从大量不相关的各种类型的数据中,挖掘出对未来趋势与模式预测分析有价值的数据,并通过数据挖掘或机器学习方法深度分析以创造更大的价值。

大数据中蕴含着丰富的信息,如果充分利用,可以发掘出巨大的价值,例如谷歌公司利用其搜索引擎中的用户交互数据构建了目前最完善的拼写检查器。谷歌主要记录用户利用搜索引擎搜索某个词后的行为,如果用户没有点击链接,而是重新输入另一个新词,或者点击谷歌在最上面提示的另一个词,就记录下前后两个词可能有的对应关系,通过对大量的类似对应关系的积累和统计分析,就能逐渐识别出单词拼写错误与正确拼写的对应。这种基于用户操作数据识别出的拼写检查器,还可以伴随着搜索引擎的一直使用,持续完善和不断增加新词,而且它几乎不需要额外成本。

大数据的巨大价值使得企业管理者有可能更全面和快速地了解业务,但发掘价值需要大数据技术,即从大规模的各种各样类型的数据中,快速获得有价值信息的能力。

虽然当下大数据浪潮如火如荼,但是真正实现大数据的利用价值,还存在着很多挑战,具体如下。

(1) 数据集成挑战。在大数据背景下,数据类型存在非常明显的多源异构特性,可获取的数据也不仅仅是结构化数据,文本、图像、音频、视频等各种半结构化或非结构化数据的出现给数据集成带来了很大的困难和挑战。另外,大量的低质量的数据和信息垃圾也使得数据的清洗和集成工作变得更加复杂和困难。

(2) 数据分析挑战。大数据情境下,数据的价值随着时间会逐渐流失,因此对数据分析的实时性要求很高,越来越多的应用场景需要从离线的数据分析转变为在线的实时数据分析,这对数据分析的软硬件设备也提出了一定的要求。同时,大数据分析过程不像传统的结构化数据分析过程,没有任何先验知识可以进行参考。数据的异构性和流式存储方式使得先验知识难以快速形成。

(3) 数据隐私问题。在大数据环境下,人们的行为变得无所遁形,通过将在不同时间点产生的数据足迹进行积累和关联,隐私将难以保证。这些隐私数据的暴露又往往不是个人可以预知和控制的。如果将用户隐私数据进行隐藏,数据的价值又会大打折扣。因此,数据隐私问题也是大数据发展中不得不考虑

即测即练

的一个问题。

(4) 能源消耗挑战。大数据分析必然会带来高能耗,而高能耗也已经成为大数据分析进一步发展的瓶颈。无论是小型集群或是大型数据中心,都面临着如何降低能耗的问题。针对能耗挑战可以通过研发新型低能耗硬件和使用可再生清洁能源的方案进行缓解,但能源消耗问题依然是大数据分析中不可忽视的一个挑战。

研讨题

1. 一个组织,如果没有大量的内部操作和外部环境数据,能否幸存和成功?请阐述你的观点。

2. 数据是企业重要的资源和财产,必须得到恰当的管理。请问数据库管理系统与数据管理员在管理数据中各起什么作用?

3. 什么是 DBMS?它能支持用户和 IS 专家来完成什么数据管理功能?

4. 为什么关系型数据库比层次型和网络型数据库实用性更强、更重要?为什么面向对象数据库模型目前更受欢迎?

5. 什么是 E-R 图?如何设计 E-R 图,并根据 E-R 图设计关系数据库的概念模式?

6. 为何开发一个企业的数据库首先要求对数据进行规划,并将数据规划作为组织战略规划过程中的一部分?结合企业状况谈谈你的看法。

7. 数据仓库和数据库的主要区别是什么?

8. 大数据有些什么特点?面临哪些挑战?

CHAPTER 6 第6章

通信与网络

6.1 计算机通信网络系统的概念

近年来,计算机技术和通信技术迅猛发展、相互渗透而又密切结合。一方面,计算机技术应用到通信领域,改造更新旧的通信设备,大大地提高了通信系统的性能,促进了通信由模拟向数字化并最终向综合服务的方向发展。另一方面,通信技术又为多个计算机之间信息的快速传输、资源共享和协调合作提供了必要的手段,促进了计算机网络的发展。

如今许多企业都在努力运用信息技术,在互联网(internet)平台上建立了支持企业经营业务的内部网(intranet),跨越企业边界,建立了企业外联网(extranet),将企业分布在世界各地的顾客、供应商、分销商、零售商联系在一起。而且通过一种特殊的安全软件——"防火墙",阻止外部企业对企业内部网的非授权访问与侵犯,以保护内部网上的信息。

因此,计算机通信网络就是利用通信设备和线路将地理位置不同、功能独立的多个计算机系统互联起来,以功能完善的网络软件(即网络通信协议、信息交换方式及网络操作系统等),实现网络中资源共享和信息传递的系统。它有两个含义。

(1) 计算机网络指由两个或两个以上 IT 部件(通常指计算机)组成的连接,提供用户共享软件、共享信息、共享外设和相互通信的能力,特别是能共享处理能力。

(2) 远程通信指信息从一个地点向另一个地点的电子化传输。

由于,网络将若干分处各地的 IT 部件连接在一起,从而使人们能共享与沟通信息,因此计算机网络与远程通信密不可分,计算机网络支持远程通信。

计算机网络通信系统是信息技术在当代商业中的一个重要组成部分,企业实现全球化战略时,将利用计算机网络通信与成千上万的顾客联系,与跨国度的企业组成贸易伙伴。

6.2 计算机通信网络的实现技术

拓展阅读

数据通信是远程通信以及计算机为基础的信息处理技术的整体,并主要是依赖计算机与计算机化的设备,为此广义的远程通信与计算机通信同义。

图 6-1 是一个最简单的计算机通信网络,它由以下 5 类基本元素组成。

(1) 终端。例如终端显示器或其他用户工作站。当然任何一个输入/输出设备都可

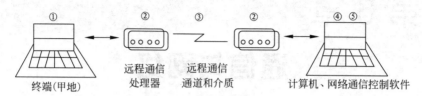

图 6-1 计算机通信网络的基本组成

以作为终端使用远程通信网发送和接收数据,包括微型计算机、电话、传真等办公设备。

(2) 远程通信处理器。支持终端与计算机之间的数据传送与接收。这些设备有调制解调器、多路复用器、路由器及前端处理器,执行各种控制和支持通信的功能。例如对数据进行数字信号和模拟信号的相互转换,对数据进行编码和译码,并在远程网络的终端与计算机之间控制通信线路数据传输的准确性和效率。

(3) 远程通信通道和介质。数据是在通道和介质上进行传输的。远程通道是多种介质的组合。例如双绞线、同轴电缆、光纤电缆、微波系统及通信卫星,通过连接网络中的端点形成远程通信通道。

(4) 计算机。不同类型与规格的计算机经远程通信通道连接在一起,完成指定的信息处理。例如一台主干计算机可以作为大型网络的主计算机;一些小型计算机则作为网络的前端处理机或作为小型网络中的服务器。

(5) 网络通信控制软件。该软件由控制远程通信活动及管理远程通信功能的程序组成。例如用于主计算机的通信管理程序,用于小型计算机网络服务器的网络操作系统,用于微型计算机的通信软件包。

无论现实世界中的网络多么大、多么复杂,都是这 5 类基本元素在工作并支持组织的远程通信活动。

6.2.1 计算机通信网络的类型

1. 按地理覆盖距离分类

通信网络有许多不同的类型,从网络的作用范围来看,可以分为广域网(wide area network,WAN)、局域网(local area network,LAN)和城域网(metropolitan area network,MAN)。

(1) 广域网(WAN):广域网覆盖的区域相当广,如一个省、一个国家乃至全球。这种网络是政府部门工作必不可少的工具,也被制造业、银行、商业、运输业用于传送和接收它们的雇员、顾客、供应商等的信息。广域网是互联网的核心部分,其任务是通过长距离(例如跨越不同的国家)运送主机所发送的数据。

(2) 局域网(LAN):局域网是在一个有限的区域内连接信息处理设备,例如一个办公室、一个机械制造厂等。LAN 已变成为组织内办公室、部门及其群体提供网络通信能力的共享系统。在局域网发展的初期,一个学校或者一个工厂只拥有一个局域网,但现在局域网已被广泛地应用,一个学校或企业大都拥有很多个局域网。因此又出现了校园网和企业网这样的名词。

图 6-2 所示为某人寿保险公司的局域网与广域网。公司总部在北京,中央服务器也安置在北京。在北京及其他 4 个省市共有 5 个子公司,分别建立了 5 个局域网,该公司用广域网将这 5 个局域网连接在一起。

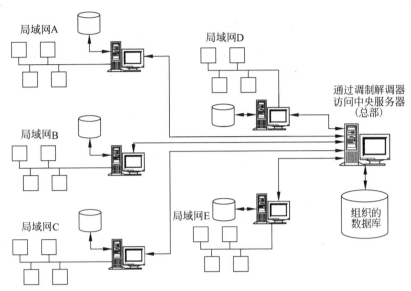

图 6-2 某人寿保险公司的局域网和广域网

该系统的中央服务器提供保险、赔偿服务的访问功能,包括现有的、预期的客户信息以及重要的竞争对手的信息。而每个局域网站点也设有存放本地客户及服务信息的数据库服务器。当局域网站点数据被更新时,局域网的服务器就会将这些更新的信息传递到总部的中央服务器。同样,总部的中央服务器也会相应更新局域网站点的信息。该广域网是公司获取和保持市场优势的一项重要的技术手段。

除了距离的概念,另有一种区分局域网与广域网的方法。广域网是一种连接许多较小的网络而形成的大型网络。因特网就是一个典型的广域网。它连接着许多局域网,如果把一个国家的所有学校都通过因特网连接起来,那么因特网就是一个连接所有学校局域网的广域网。

(3) 城域网(MAN):城域网的作用范围在广域网和局域网之间。例如作用范围是一个城市或者是跨越几个街区。城域网可以为一个或者几个单位所拥有,也可以是一种公共设施,用来将多个局域网互联。在现代城市信息化发展的趋势下,城域网的发展较快,从技术角度来看,目前许多城域网采用的是以太网技术。由于城域网和局域网使用的是相同的体系结构,有时也常常并入局域网的范围进行讨论。

2. 按物理结构-拓扑结构分类

所谓拓扑是几何学的一个分支,是一种研究与大小、形式无关的线和面的特征的方法。运用拓扑学的观点来研究计算机网络的结构便称为网络的拓扑结构。换句话说它是用以研究网络上各个结点的物理布局的。所谓结点即网络中起到信息转换或信息访问作用的设备,起信息转换作用的结点如集中器、交换中心等,起信息访问作用的结点如终端、微机等。所谓链路指的是两个结点间的通信线路(注意链路这一概念与路径、通路之间的区别,后者指的是报文从发送结点到接收结点中间经过的一串链路和构成的信道)。

网络的拓扑结构常分为两大类:点到点式和广播式。

1) 点到点式网络拓扑结构

点到点式网络拓扑结构又被称为存储转发通信子网。其结构方式为每根链路连接一对结点,这一对结点间彼此可以直接通信,但网络由多根链路组成,必然会产生结点间的非直接通信,即有的结点要通过某些中间的结点才能和其他结点通信,这样在每一中间结点处,接口报文处理器(interface message processor,IMP)都需要将报文整个接收并存储起来,直到所要求的线路空闲时,再向前传输。按此原理构成的网络拓扑结构即是点到点式结构。这种结构又主要分为三种,如图 6-3 所示。

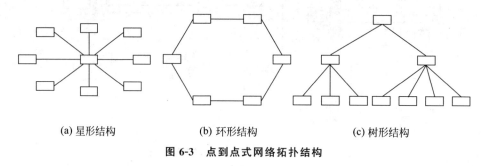

(a) 星形结构　　　　　(b) 环形结构　　　　　(c) 树形结构

图 6-3　点到点式网络拓扑结构

(1) 星形结构:网络上的多个结点均以自己单独的链路与处理中心相连。这种网络结构简单,便于管理,从终端到处理中心的时延小,缺点是通信线路总长度长,因而花费在线路上的成本较高。

(2) 环形结构:网络上各个结点连接成回路,信息流是单向的,而线路是公用的,路径是固定的。这种网络结构通信总线路短,缺点是回路中任一结点有故障时会影响整个回路的通信。

(3) 树形结构:网络上结点之间的连接像一棵倒挂着的树,同一结点可和多个结点相连。这种结构通信线路总长较短,但结构较复杂,中心结点出故障时对整个网络有较大影响。

2) 广播式网络拓扑结构

广播式网络拓扑结构采用广播方式,即只有一个由所有结点共享的通信线路。随之而来的问题即是任意一个结点发出的报文都会由于共享一条线路而传送至其他所有结点,因而为避免这种混淆,报文中应当有一些说明信息,说明该报文的发往地,这时如果其他结点接到这些报文时就不予理睬。广播式网络拓扑结构有以下两种,如图 6-4 所示。

(1) 总线式:在总线式电缆网络中,任何瞬间仅有一台机器是主机,可以发送信息。如果有两台机器同时需要发送信息,则需要有某种仲裁机制来解决可能引起的冲突。现在许多网络皆采用总线式网络拓扑结构。

(2) 卫星和无线电式:每个结点都有自己的发送和接收信息的天线,用以接收来自卫星或其他无线电的信息,这种结构适用于地理范围广阔的部门之间通信。

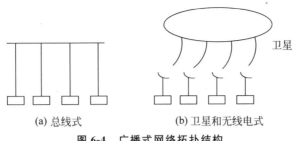

图 6-4　广播式网络拓扑结构

3. 按通信网络的所有权分类

网络的所有权可以简单地归结为两种基本形式：公用网和专用网。一般来说，公用网覆盖在较大的地理范围内，需要有一些专门从事提供通信媒体和通信服务的组织对此网络进行经营管理。如：电信局、通信公司等。而专用网一般是一些小型网络。如：由某公司自行购买、安装并运行、维护的网络。该公司拥有独占使用网络线路的权利。无论企业组织选用哪种网络实现通信，都将与通信的成本、可用性、提供的服务、速度和安全性五个方面的因素有关。

（1）公用网

公用网（public networks）是多个不同企业与不同人群共同使用的网络，也是一种为了获得使用权与他人在网上争抢的一种网络。电话系统是使用最普通的公用网。客户拨叫某公司的计算机系统，本质就是使用公用网访问公司的计算机网络。因特网也是一个公用网。作为因特网用户，你要在网络中与他人争时间。这就是当你访问同一网络站点时，速度有快有慢的原因。

（2）专用网

专用网（private networks）有两种基本形式：一种是由企业组织自行建设和维护的企业内联网（Intranet），覆盖的地理范围较小，一般为局域网。而如果企业组织是一个跨国公司，网络通信需跨越很大的地理范围，但又需要对通信线路具有垄断使用权。在这种情况下的另一种形式是：企业组织向提供通信服务的供应商租用通信线路，即垄断通信线路的使用权，而没有通信线路的所有权。如：铁路调度线路、军用线路都属于这种性质。一般采用按期租用形式（年或月）。关于使用公用网与专用网的典型特征见表 6-1。

表 6-1　公用网、专用网使用特征

网络类型	成　本	可用性	服　务	速　度	安全性
专用网	支付线路租金	垄断使用	可有附加服务	比公用网快	比公用网安全性高
公用网	按照使用时间付费	竞争使用	只有传输能力	比专用网慢	无用户隐私和保障

（3）增值网

增值网（value-added networks，VAN）是在公用网与专用网基础上发展而有的一种半公用网。这类网络类似于公用网仍然由通信服务供应商拥有并经营、提供给不同的企业与人群使用。这种网络也类似于专用网，提供了比公用网更高的传输速度，提供了比公用网更高的安全性，此外还提供通信以外的附加服务。这种附加服务是要收费的。一般根据传输的信息量来计算，因此相比租用专线的专用网，因不必支付保证线路畅通的费用，大大降低了企业组织的通信成本。

例如，一个企业组织需要使用电子数据交换的处理方式(EDI)与遍布在世界各地的供应商进行信息交流，并需具备 EDI 信息传输中所涉及的信息必须进行格式转换(如 X.12 格式)的能力，保证信息的安全。为此企业组织需要有一个专用网络，但建设这样一个专用网络有经济、技术、人才等诸方面的需求，是一个企业组织不可能达到的。最佳的解决方案是选择 VAN 服务。例如：选择通用电气公司(GE)的增值网。GE 公司早在多年前就建立了 VAN，并开发了处理 EDI 信息必须的通信线路和软件，提供了 VAN 接口。通过 VAN 接口，GE 公司的 VAN 与租用 VAN 的公司网络连接在一起了，而租用 VAN 的公司通过 GE 公司的 VAN 与它遍及世界各地的顾客和供应商网络也连接在一起了。GE 公司负责管理所有的信息传输，保障该企业与世界各国通信服务供应商的通信能力，并为 EDI 传输建立电子信箱等。

（4）虚拟专用网

虚拟专用网(virtual private networks，VPN)是一种最新形式的网络所有权。虚拟专用网络本质上还是一种公用网络。因为它并不单独向用户提供专线或通信介质，但保障所有用户使用网络。VPN 服务提供者将所有用户的信息，在网络中一起传送，但为每个用户在信息传输时提供加密服务，以保障用户的隐私权。相对于用户，似乎独占了网络通信能力。关于增值网与虚拟专用网使用的典型特征，见表 6-2。

表 6-2 增值网、虚拟专用网使用特征

网络类型	成本	可用性	服务	速度	安全性
增值网	按传输时间和应用项目收费	使用无竞争	提供加密等附加服务	比公用网快	较公用网高
虚拟专用网	按月租费加使用计时付费	使用无竞争	提供加密等附加服务	比公用网快	较公用网高

6.2.2 通信介质

传输介质是通信网络中发送方和接收方之间的路径和物理通路。计算机网络采用的传输媒体可分为有线和无线两大类。双绞线、同轴电缆和光纤是常用的三种有线传输媒体。卫星通信、无线通信、红外通信、激光通信以及微波通信的信息载体都属于无线传输媒体。有线传输介质在较短的路径上传送信息(如通过网线)；无线传输介质通过空间传输信息，如电台发送节目的传输手段就是无线传输。

对于不同通信介质的传输能力是用带宽来表达的。带宽是指通信介质所能传输的信息频率的变化范围，它决定了通道最大的数据传输率，即每秒钟能够传输的信息量(以每秒多少字节来衡量)。高速数字通道传输速率一般可以达到 256kbps 到几亿个 bps，一般用于微波、光纤、卫星通信。

（1）双绞线：由螺旋状扭在一起的两根绝缘导线组成。线对扭在一起可以减少互相辐射的电磁干扰。双绞线早就用在电话通信模拟信号的传输中,也用于数字信号的传输,是最常用的传输媒体。双绞线既可以用于传输模拟信号也可以用于传输数字信号。实用的速度达到 9 600bps。双绞线上也可以发送数字信号,T1 线路的总数据传输率可达 1.54Mbps。新近制定标准的 10BASE-T 总线局域网络提供了通过无屏蔽双绞线的数据传输率为 10Mbps,采用特殊技术可达 100Mbps。双绞线普遍用于近距离的点对点连接。

(2) 同轴电缆:如同双绞线一般,由一对导体组成,但它们是按"同轴"形式构成线对,其结构如图 6-5 所示。最里层是内芯,外包一层屏蔽层,最外面是起保护作用的塑料外层。内芯和屏蔽层构成一对导体。同轴电缆又分为基带同轴电缆(阻抗 50 欧姆)和宽带同轴电缆(阻抗 75 欧姆)。基带同轴电缆用来直接传输数字信号,宽带同轴电缆用于频分多路复用(FDM)的模拟信号发送,还用于不使用频分多路复用的高速数字信号发送和模拟信号发送。闭路电视所使用的 CATV 电缆就是宽带同轴电缆。

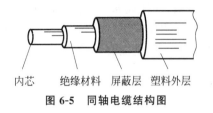

图 6-5 同轴电缆结构图

(3) 光纤:光导纤维的简称。它由能传导光波的石英玻璃纤维外加保护层构成。相对于金属导线来说重量轻,体积小。用光纤来传输电信号时,在发送端先要将其转换成光信号,而在接收端又要由光检波器还原成电信号,如图 6-6 所示。传送可见光的光纤称为多模光纤,传送激光的光纤称为单模光纤。

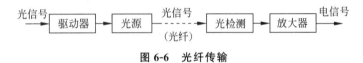

图 6-6 光纤传输

在计算机网络中采用两根光纤(一来一去)组成传输系统。光纤的数据传输率可达几千 Mbps,传输距离达几十公里。光纤通信具有损耗低、数据传输率高、抗电磁干扰等特点。对于高性能、高吞吐率的局域网,使用光纤是十分合适的,目前采用一种分光技术可以在一条光纤上复用、发送、传输多个位。分光复用技术(wavelength division multiplexing,WDM)是一种新的数据传输系统。

(4) 无线传输媒体:无线传输媒体不需要架设或铺埋电缆或光纤,而是通过大气进行传输。目前有三种技术:微波、红外线、激光。无线通信已广泛用于电话领域构成蜂窝式无线电话网。由于便携式计算机的出现以及在军事、野外等特殊场合下移动式通信联网的需要促进了数字化无线移动通信的发展。现在已开始出现无线局域网产品,能在一幢楼内提供快速、高性能的计算机联网技术。

微波通信的载波频率为 2GHz~40GHz,因为频率很高,可同时传送大量信息。如一个带宽为 2MHz 的频段可容纳 500 条话音线路,用来传输数字信号,可达若干 Mbps。微波通信的工作频率很高,与通常的无线电波不同,是沿直线传播的,由于地球表面是曲面,微波在地面的传播距离有限,直接传播的距离与天线的高度有关,天线越高距离越远,但超过一定距离后就要用中继站来接力。另外两种无线通信技术——红外通信和卫星通信也像微波通信一样,有很强的方向性,沿直线传播。

微波、红外线、激光这三种技术都需要在发送方和接收方之间有一条视线通路,有时统称这三者为视线媒体。所不同的是红外通信和激光通信把要传输的信号分别转换为红外光信号和激光信号,直接在空间传播。这三种视线媒体由于都不需要铺设电缆,对于连接不同建筑物内的局域网特别有用。

最后对微波通信中的特殊形式——卫星通信加以介绍。卫星通信利用地球同步卫星作为中继来转发微波信号,如图 6-7 所示。卫星通信可以克服地面微波通信距离的限制。一个同步卫星可以覆盖地球 1/3 以上的表面,三个这样的卫星就可以覆盖地球上全部通信区域,这样地球上的各个地面站之间都可以互相通信了。由于卫星信道频带宽,也可采用频分多路复用技术分为若干子信道,有些用于地面站向卫星发送(称为上行信道),有些用于卫星向地面转发(称为下行信道)。卫星通信的优点是容量大、距离远。

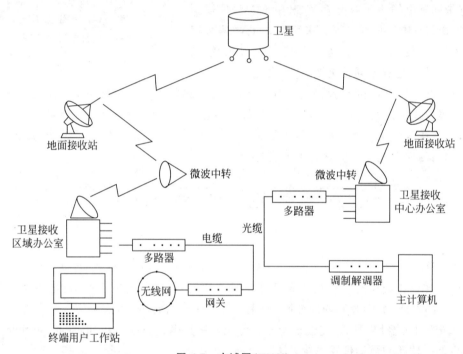

图 6-7　广域网(WAN)

上述各种传输媒体各有优缺点,也有不同的适用范围。在低通信容量的局域网中,双绞线的性能/价格比是最好的。对于大多数的局域网而言,需要连接较多设备而且通信容量相当大时可以选择同轴电缆。随着通信网络广泛采用数字传输技术,选用光纤作为传输媒体更有一系列优点:频带宽、速度快、体积小、重量轻、衰减小、能与电磁隔离、误码率低。因此,光纤在国际和国内长话传输中的地位日趋重要,并已广泛用于高速数据通信网。光纤的分布数据接口 FDDI 就是一例。现在各种笔记本电脑、平板电脑等便携式计算机日益普及,由于可随身携带,可移动的无线网的需求也剧烈增加。无线数字网类似于蜂窝电话网,人们随时随地可将计算机接入网络,发送和接收数据。目前宽带无线接入技术的发展极为迅速:各种微波、无线通信领域的先进手段和方法不断引入,各种宽带固定无线接入技术迅速涌现,包括 3.5GHz 频段中宽带无线接入系统、26GHz 频段 LMDS 系统和无线局域网(WLAN)等。宽带固定无线接入技术的发展趋势是:一方面充分利用过去未被开发或者应用不是很广泛的频率资源(如 2.4GHz、3.5GHz、5.7GHz、26GHz、30GHz、38GHz 甚至 60GHz 的工作频段),实现尽量高的接入速率;另一方面融合微波和有线通信领域成功应用的先进技术如高阶 QAM(如 64QAM、128QAM)调制、ATM、OFDM、CDMA、IP 等,以实现更大的频谱利用率、更丰富的业务接入能力和更灵活的带宽分配方法。随着技术和规范的不断完善,无线网已成为计算机网络发展的主流趋势,并越来越广泛地应用到各个领域。

6.2.3 网络通信处理器

在网络中,网络通信处理器是连接整个网络中各种通信介质、计算机和通信线路的硬件设备。网络通信处理器具有广泛的、复杂的功能。它们包括调制解调器、多路复用器、前端处理机、交换机和网络互连单元。

1. 调制解调器

现有的电话传输线路是为传送语音而铺设的,这种语音信号是一种模拟信号(analog signals)。而计算机发送或接收的信号是一种脉冲数字信号(digital signals)。为了解决衔接问题,计算机信号应转换为模拟信号,实现信号转换的设备称为调制解调器(MODEM),如图 6-8 所示。

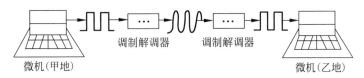

图 6-8 调制解调线路

将脉冲数字信号转换成模拟信号的过程称为调制(modulation),将模拟信号转换成脉冲数字信号的过程称为解调(demodulation)。MODEM 用于计算机之间的异步传输,传输速度以 bps 衡量,即每秒传出的位数(bits per second),如微机使用的 MODEM 标准速度为 1 200bps、2 400bps 和 9 600bps。

2. 多路复用器

多路复用技术能把多个信号组合为一个信号传输。实现这种功能的设备就是多路复用器。在通信通道的发送端用多路复用器合并几个终端来的信号;在信号的接收端,将收的信号分解。

多路复用技术有两种:频分多路复用(FDM)和时分多路复用(TDM)。

(1) 频分多路复用把具有一定带宽的线路划为若干个不重叠的小频段,每个小频段可作为一个子信道供一个用户使用,如图 6-9(a)所示。

(2) 时分多路复用把信道的传输时间划分成多个时间段,当多个用户信号传入时,每个用户将占据一个指定的时间段,并使用全部带宽,如图 6-9(b)所示。

3. 前端处理机

前端处理机一般是小型机或微型机,专门为大型主干计算机处理数据通信控制功能。例如前端处理机利用通信控制程序,提供暂时的缓冲存储、数据编码和译码、错误测试、数

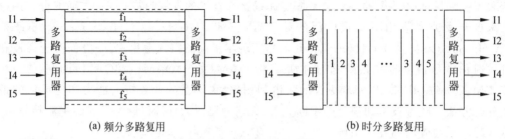

图 6-9 多路复用示意图

据恢复和记录、解释和处理控制信息(如那些指示信息开始和结束的字符),也可以在准备发送和接收信息时,选择远程终端。

然而前端处理机有更先进的性能,它能够控制对网络的存取并允许注册过的用户使用该系统,对信息指定优先权,登记所有的数据通信活动,统计全部网络活动,并在网络链路间路由信息。因此前端处理机大大释放了大型主干计算机的数据通信控制功能,以使它能从事其他信息处理任务。

4. 交换机

随着计算机网络的发展,大量分布的终端、个人计算机和工作站将通过计算机化交换分机(computerized branch exchange,CBX)连到局域网中的一些主计算机端口。当用户需要使用远程计算机时,CBX 可以借助公共的、专用的或租用的传输服务系统,达到远程通信的目的。目前,这种系统能成功地将局域网、CBX 以及声音和数据的综合支持功能集成为一体。

5. 网络互连

网络互连的目的是使一个网络上的某一主机能够与另一网络上的主机进行通信,即使一个网络上的用户能访问其他网络上的资源,可使不同网络上的用户相互通信和交换信息。若互连的网络都具有相同的构型,则互连的实现比较容易。因此用于网络之间互连的中继设备,按它们的功能可以分为以下几类。

(1) 中继器(repeater):用于可以相互连接的两个局域网间进行双向的传送通信。中继器的功能扩展了网络电缆的长度。

(2) 桥接器(bridge):用于连接多个地址兼容的,即同一类型的局域网,例如连接两个以太网,连接两个令牌环网。桥接器互连反映了链路层一级的转换。

(3) 路由器(router):在 OSI 模型的网络层互连,它可使分组以最便宜、最快、最直接的路由通过网上的不同通道。由于路由器工作在网络层,所以原则上它只能连接相同协议的网络,或者能连接在网络层互操作的网络。

(4) 网关或网间连接器(gateway):运行在 OSI 模型的最高层,对物理层到应用层均能支持。这是一种连接两个异构系统,特别是两个不同协议系统的设备。它可执行协议的转换,使不同协议的网络实现通信。

6.2.4 网络通信的标准、协议与软件

在网络环境下,要控制信息从一地到另一地的传输方式,并且保证信息的完整无损,

就要建立一些规则,这些规则以协议、标准及通信软件的形式出现。

1. OSI 网络通信协议

协议(protocol)是两台计算机之间进行通信必须遵循的一组规则,不同的机种如大型机、小型机和微机有不同的协议。网关(gateway)常被用于解决不同协议的网络间的通信。如果两个网络使用的协议相同则以桥接器(bridge)相连。国际标准化组织(International Standard Organization,ISO)定义了一组通信协议,称为开放式系统互连模型(open system interconnection model,OSI)。某些大型公司有自己的标准协议,如美国 IBM 公司 SNA(system network architecture)协议。还有事实上已经形成并为大家认可的协议如 TCP/IP。ISO 于 20 世纪 70 年代提出的 7 层概念性网络模型 OSI 是一个希望各厂商在生产网络产品时遵循的协议,但至今还是一个理想的模型。

图 6-10 显示了这种 OSI 模型的结构。这种 OSI 模型分为 7 层,每一层都是建立在前一层的基础之上的,底下的每一层的目的都是为高层提供服务。

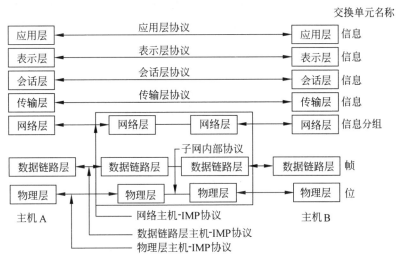

图 6-10 ISO 的 OSI 参数模型网络结构

(1) 物理层:通过用于通信的物理介质传送和接收原始的数据流。

(2) 数据链路层:将位流以帧为单位分割打包,向网络层提供正确无误的信息包的发送和接收服务。

(3) 网络层:负责提供连接和路由选择,包括处理输出报文分组的地址,解码输入报文组的地址以及维持路由选择的信息,以便对负载变化做出适当的响应。

(4) 传输层:提供端到端或计算机与计算机之间的通信,从会话层接收数据,将它们处理之后传送到网络层,并保证在另一端能正确地接收所有的数据块。

(5) 会话层:负责建立、管理、拆除"进层"之间的连接,"进层"是指如邮件、文件传输、数据库查询等一次独立的程序执行。

(6) 表示层:负责处理不同的数据表示上的差异及其相互转换,如 ASCII 码与 EBCDIC 码之间的转换、不同格式文件的转换、不兼容终端的数据格式之间的转换。

（7）应用层：直接和用户进行交互。

OSI 网络通信协议是一种理想的工业标准，网络设备与网络管理软件的制造商在产品的生产过程中以此协议为标准。但是，一些大型的计算机生产商，在主导全球市场的过程中建立了一些事实上的方法、标准与协议。因此，我们需更多地重视事实上的方法、标准与协议。

2. 局域网的主要标准与协议

（1）以太网和令牌环型网。以太网（ethernet）是连接局域网的一种通信标准。网络中采用共享通信介质（例如总线式拓扑结构）。在以太网中，网络部件（如计算机）要发送信息，需先侦听网络传输线路是"空闲"还是"忙"。若线路忙，则必须等待，直至线路空闲为止。以太网中的信息是以广播方式在线路中传输，因此网络中的每个部件须监听线路，以确定此信息是否应该接收。若是，则接收它；否则不响应此次传输。

当总线线路首尾相接，组成环形，则有另一种局域网标准，称为令牌环型网。在环型网中，有一个电子令牌在网络各部件中通行。网络中每个部件将轮流使用令牌。发送信息时，令牌附有传输信息，各部件在接到令牌时确定是否接受该信息。如果是，接受信息且回复令牌，令牌释放；若不是，就不接受信息，令牌通过。

（2）FDDI。光纤分布式数据接口（fiber distributed data interface，FDDI）是一种用于连接高速局域网或地理上分离的局域网的通信标准。FDDI 使用传输可见光的多模光纤作介质，数据传输率可达 100Mbps。FDDI 由双环组成，其中一个环提供常规的通信信道，第一个环发生故障，第二个备用环工作，如图 6-11 所示。

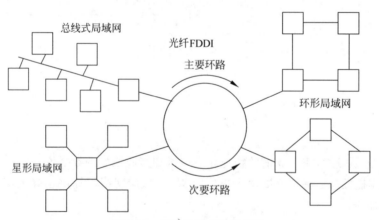

图 6-11　光纤分布式数据接口

（3）802.11 无线局域网协议。1997 年 IEEE 制定出无线局域网的协议标准 802.11，ISO/IEC 也批准了这一标准，其编号为 ISO/IEC 8802-11[W-802.11]。无线局域网可分为两大类。第一类是有固定基础设施的，第二类是无固定基础设施的。所谓"固定基础设施"是指先建立起来的能够覆盖一定地域范围的一批固定基站。对于第一类无线局域网，802.11 标准规定无线局域网的最小单位基本服务集（basic service set，BSS）。基本服务集里面的基站叫作接入点（access point，AP），其作用和网桥相似。无固定基础设施的无线局域网又叫作自组网络（ad hoc network），这些自组网络没有 AP，而是由一些处于平等状态的移动站之间相互通信组成的临时网络。

（4）蓝牙技术。蓝牙(bluetooth)技术是由爱立信、诺基亚、Intel、IBM 和东芝 5 家公司于 1998 年 5 月共同提出开发的。蓝牙技术的本质是设备间的无线连接。利用"蓝牙"技术，能够有效地简化掌上电脑、笔记本电脑和移动电话手机等移动设备之间的通信，也能够成功地简化以上这些设备与 Internet 之间的通信。

蓝牙技术的特点包括：采用跳频技术，数据包小，抗信号衰减能力强；采用快速跳频和前向纠错方案以保证链路稳定，减少同频干扰和远距离传输时的随机噪声影响；使用 2.4GHz ISM 频段，无须申请许可证；可同时支持数据、音频、视频信号；采用 FM 调制方式，降低设备的复杂性。目前，蓝牙技术已普遍应用在笔记本电脑、移动电话上。

（5）近场通信。近场通信(near field communication, NFC)，又称近距离无线通信，是一种短距离的高频无线通信技术，允许电子设备之间进行非接触式点对点数据传输(在 10cm 内)交换数据。这个技术由免接触式射频识别(RFID)演变而来，并向下兼容 RFID，最早由 Sony 和 Philips 各自开发成功，主要用于手机等手持设备中提供 M2M(Machine to Machine)的通信。由于近场通信具有天然的安全性，因此，NFC 技术被认为在手机支付等领域具有很大的应用前景。

3. 国际互联网中的 TCP/IP 协议

TCP/IP 协议是一个协议套，包含了一系列协议，但其中最重要的是传输控制协议(transmission control protocal, TCP)和网际协议(internet protocal, IP)。TCP 协议通过序列化应答和必要时重发数据包，为应用程序提供了可靠的传输流和虚拟连接服务，IP 协议的核心功能是寻址和路由选择。现在 TCP/IP 已经是事实上的标准，也是符合 OSI 国际标准的网络产品，它既可用于互联网 Internet，也可用于企业内联网 Intranet。

Internet 中需要为世界范围内的各个网络设备都分配一个 IP 地址。现有的互联网是在 IPv4 协议(IP 协议第 4 版)的基础上运行。IPv4 采用 32 位地址长度，只有大约 43 亿个地址，2005—2010 年间已被分配完毕，由于地址空间的不足必将影响互联网的进一步发展，因此 IPv6 应运而生，IPv6 是下一版本的互联网协议，为了扩大地址空间，IPv6 采用 128 位地址长度，几乎可以不受限制地提供地址。按保守方法估算 IPv6 实际可分配的地址，整个地球每平方米面积上可分配 1000 多个地址。在 IPv6 的设计中除了一劳永逸地解决地址短缺问题以外，还考虑了在 IPv4 中解决不好的其他问题。IPv6 的主要优势体现在以下几个方面：扩大地址空间、提高整体网络吞吐量、改善服务质量(QoS)、安全性有更好的保证、支持即插即用和移动性、更好地实现多播功能。

4. 光纤接入网(FTTx)

FTTx 技术主要用于接入网络光纤化，范围从区域电信机房的局端设备到用户终端设备，局端设备为光线路终端(optical line terminal, OLT)，用户端设备为光网络单元(optical network unit, ONU)或光网络终端(optical network terminal, ONT)。

由于光纤接入网使用的传输媒介是光纤，因此根据光纤深入用户群的程度，可将光纤接入网分为 FTTC(光纤到路边)、FTTZ(光纤到小区)、FTTB(光纤到大楼)、FTTO(光纤到办公室)和 FTTH(光纤到户)，它们统称为 FTTx。

5. 移动电话通信网络

随着技术更新,移动电话通信网络也逐渐成为数字通信网络重要的组成部分。

第一代(1G)为基于模拟信号的移动电话网络,仅仅提供语音传送。

第二代(2G)使用 GSM 和 CDMA 技术,作为过渡产物的 2.5G、2.75G 提供的 GPRS(EDGE)或 CDMA1x 速率约为 100Kbps,峰值达到 300Kbps。

第三代(3G)采用了国际电信联盟所定义的 IMT-2000 标准,主要使用 WCDMA,CDMA2000、TD-SCDMA 技术,在不同国家地区的运营商采用不同的技术,中国大陆地区存在 3 种。3G 网络通信速度能达到 300K-2Mbps,而 3.5G 的 HSPA+更能够达到 21Mbps 的速度。

第四代(4G)则强调更快的数据联通速率,现在的标准为 LTE 与 WiMAX,峰值速率能达到下行 1Gbps,上行 500Mbps。

第五代(5G)移动通信网络是 2018 年 6 月 13 日制定的一个国际标准。相比于 4G 网络,5G 网络能够以 10Gbps 的速率支持数十万用户的并发使用,上行速率将达到 1Gbps,同时为适用无人机、无人驾驶、工业物联网等设备,5G 网络的延迟将降低到 1 毫秒以下。

6. 软件定义网络(SDN)

移动互联网、云计算以及物联网等应用的兴起驱动着数据中心的重大变革。随着应用的不断发展,网络带宽的需求提升,对数据中心提出了更多的要求,而传统的网络架构已经无法满足日益增长的需求。由此,人们提出了软件定义网络(software defined networking,SDN)的网络架构。

SDN 是由美国斯坦福大学 Cleanslate 研究组于 2009 年提出的一种网络创新架构,它将网络设备的控制面与数据面分离开来,从而实现了网络流量的灵活控制,为核心网络及应用的创新提供了良好的平台。SDN 通过将控制面从封闭的厂商设备中独立出来,并且可以完全控制转发面行为,使得新的网络协议的实现可以完全在控制面编程实现,而控制面是一个开放的、基于通用操作系统的可编程环境,故而有实力的 IT/电信运营商/大型企业可以不依赖于厂商和标准组织就自行实现新的功能。SDN 的可编程不仅是针对单个网络节点,而且可以对整个网络进行编程。控制器具有全局的拓扑,可以计算任意端点之间的路由,并控制转发路径。同时也可以控制每个端点的接入权限,无论你从哪个节点接入,例如你可以将 VLAN 绑定、802.1x 认证交由控制器实现,转发面设备完全不感知。更进一步的是,应用可以通过 SDN Controller 提供的接口为特定用户流量设置安全策略、QoS,比如屏蔽某个恶意攻击的用户 MAC 地址、为特定用户/应用预留带宽。

IPv6 是网际协议第 6 版,用来作为互联网传输的网络层协议。IPv6 的提出主要是为了解决 IPv4 地址枯竭的问题,同时在许多方面对 IPv4 进行了改进。IPv6 定义了一种新的分组格式,目的是最小化路由器处理的消息标头。由于 IPv4 消息和 IPv6 消息标头有很大不同,因此这两种协议无法互操作。但是在大多数情况下,IPv6 仅仅是对 IPv4 的一种保守扩展。除了嵌入互联网地址的那些应用协议(如 FTP 和 NTPv3,新地址格式可能会与当前协议的语法冲突),大多数传输层和应用层协议几乎不怎么需要修改就可以在 IPv6 上运行。IPv6 采用 128 位的地址,新增的地址空间支持 2^{128}(约 $3.4×10^{38}$)个地址。

IPv6 二进位制下为 128 位长度,以 16 位为一组,每组以冒号":"隔开,可以分为 8

组,每组以 4 位十六进制方式表示。类似于 IPv4 的点分十进制,IPv6 也存在点分十六进制的写法,将 8 组 4 位十六进制地址的冒号去除后,每位以点号"."分组。

IPv6 地址可以分为以下三类。

(1) 单播地址(unicast address)。单播地址标示一个网络接口,协议会把送往地址的数据包送往给其接口。IPv6 的单播地址可以有一个代表特殊地址名字的范畴,如链路本地地址和唯一区域地址。

(2) 任播地址(anycast address)。任播地址有点类似 IPv4 的 unicast(单点传播)与 broadcast(多点广播)的综合。IPv4 支持单点传播和多点广播,单点广播在来源和目的地间直接进行通信;多点广播存在于单一来源和多个目的地进行通信。任播地址像多点广播(broadcast)一样,会有一组接收节点的地址列表,但指定为 anycast 的数据包,只会发送给距离最近或发送成本最低(根据路由表来判断)的其中一个接收地址,该接收地址收到数据包并进行回应,且加入后续的传输。该接收列表的其他节点知道某个节点地址已经回应了,它们就不再加入后续的传输作业。目前任播地址只能分配给中间设备(如路由器、三层交换机等),不能分配给终端设备(手机、计算机等),而且不能作为发送端的地址。

(3) 多播地址(multicast address)。多播地址也叫组播地址。多播地址被指定到一群不同的接口,送到多播地址的数据包会被发送到所有的地址。多播地址由皆为一的字节起始,也就是说它们的前置为 FF00::/8。

IPv6 数据包主要由头部和负载两部分组成,如图 6-12 所示。包头是包的前 64 比特并且包含源地址和目的地址、协议版本、通信类别(8 位,包优先级)、流标记(20 比特,QoS 服务质量控制)、分组长度(16 位)、下一个头部(用于入栈解码,类似 IPv4 中的协议号)、跳段数限制(8 位,生存时间,相当于 IPv4 中的 TTL)。后面是负载。MTU 至少 1280 字节长,在常见的以太网环境中为 1500 字节。负载在标准模式下最大可为 65535 字节,如果扩展包头设置了"jumbo payload"选项,则长度值被置为 0。

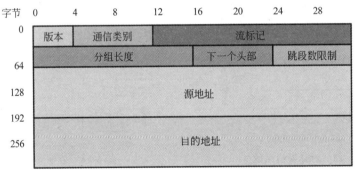

图 6-12　IPv6 数据包结构

6.3　计算机通信网络的安全

通信网络在应用过程中面临的主要问题之一便是安全问题。因为网络地域广大,又具有开放性,很容易受到攻击。受到攻击的电子商务系统会使信息泄密或滥用。因此电子商务的安全策略必须考虑信息的保密性、完整性、即需性和知识产权。

对电子商务安全性的威胁会发生在客户机到 WWW 电子商务服务器的链条上的任何地方。例如：客户机端运行的 Java、Java Script 和 Active 程序和脚本，带有隐蔽的安全威胁。通信通道(尤其是互联网)很容易受到病毒的感染和黑客窃取商业信息的攻击。www 服务器受到破坏后，会影响与之连接的任何客户计算机，在服务器上运行的公用网关接口(CGI)程序能破坏数据库，非正常的中断服务器软件或改变一些重要信息。

为解除安全威胁，一些国家通过立法保护数字化的知识产权和网上隐私，同时为了保护电子商务客户机、电子商务交易通道及电子商务服务器资源，采用了一些安全控制技术，例如：采用分开密钥和私有密钥的加密技术，提高了电子商务的保密性保护；采用由可信的第三方认证中心为用户和组织签发的数字证书，提供了用户与组织的认证，提供了完整性控制。而一些安全的互联网通信协议如 SSL、S-HTTP 提供了安全的互联网通信功能。而服务器的用户名/口令登录过程，客户机认证过程对服务器进行了安全保护，而防火墙技术提供的硬件解决方案将可信的内部计算机网络及客户与外界隔离开，以防不可信的客户入侵。采用的主要安全技术介绍如下。

(1) 密钥系统

密钥系统也称对称密钥系统。发送者和接受者有相同的密钥。他们采用相同的密钥对数据进行加密和解密。解决了信息的保密性。其过程如图 6-13 所示。

(2) 公钥和私钥系统

公钥和私钥系统也称为非对称密钥系统。其中公开密钥可以随意发给期望同私有密钥持有者进行安全通信的人，用于信息的加密。而私有密钥的持有人必须妥善保管私有密钥，并用私有密钥进行信息的解密。1977 年由麻省理工学院三位教授发明的 RSA 公开密钥密码系统工作原理如图 6-14 所示。

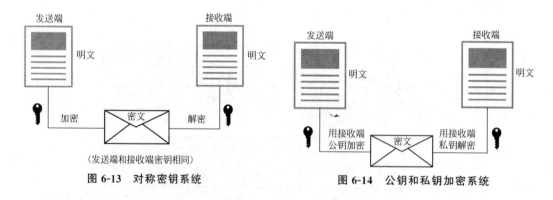

图 6-13　对称密钥系统　　　　　　图 6-14　公钥和私钥加密系统

(3) 散列编码和消息摘要

散列编码就是用散列算法算出某消息的散列值的过程。由于散列算法是单向函数，即无法根据散列值得到原消息。所以散列值相当于消息的指纹，并称它为消息摘要。消息摘要对每个消息都是唯一的，并附加在消息上一起发出。当商家收到采购定单和附加的消息摘要以后，就用此定单计算出一个消息摘要。如果商家计算出的摘要与所附的消息摘要匹配，则定单没有被修改，否则已被篡改。此方法的工作原理如图 6-15 所示。

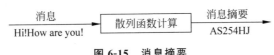

图 6-15 消息摘要

（4）数字签名

由于散列算法的公开性，消息仍会受到中途攻击。黑客可以同时修改消息和消息摘要，然后发给接受者，接受者因为消息与消息摘要的匹配而被愚弄。为防止这种欺诈，发送者要用自己的私有密钥对消息摘要加密。加密后的消息摘要称为数字签名。数据签名保证交易的完整性。应用数字签名交易方式如图 6-16 所示。

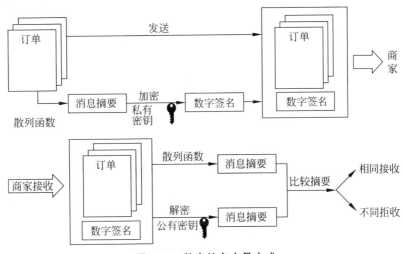

图 6-16 数字签名交易方式

（5）数字证书

数字证书是 WWW 商务服务器对访问者进行身份认证，对访问内容和时间控制的主要手段。当服务器要求识别客户机及其用户时，要求客户机发出一个证书，证明用户的身份。如果服务器使用用户的公开密钥无法对证书的数字签名解密，则明确该证书的持有人是非法的。由此防止为进入安全服务器而伪造的证书。服务器同时也检查证书上的时间标记，以防为过期证书或在数字垃圾箱内获取证书者提供服务，有效防止进入安全服务器的伪造证书。当然 WWW 服务器也可以通过回叫系统确认客户的身份。上述安全策略的核心是持有可信机构颁发的数字证书。目前已有一些国内外的权威认证机构从事该项服务。数字证书的内容一般如下：证书持有者的姓名、公钥及其有效期、颁发数字证书的单位、该单位的数字签名和数字证书的序列号等。数字证书有三种类型：个人数字证书(客户机)、企业(服务器)数字证书和软件(开发者)数字证书。

（6）电子商务安全交易标准

对应于 7 层网络模型的每一层，金融界与信息界联手推出安全交易标准。对应用层有 SET 协议、S-HTTP 协议、S/MIME 协议，对会话层有 SSL 协议。

① 安全超文本传输协议(S-HTTP)：该协议支持超文本传输协议（HTTP），通过密

钥加密,保证 Web 站点上信息的安全。

② 安全套接层协议(secure sockets layer,SSL):该协议保证 Web 站点之间通信信道的安全。SSL 在客户机和服务器在开始交换一个简短信息时提供一个安全的握手信号,此时采用公开密钥加密建立连接,在会话过程中则采用私钥加密。建立 SSL 会话示意如图 6-17 所示。

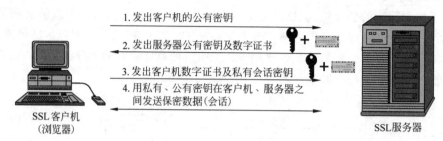

图 6-17 建立 SSL 会话示意

③ 安全多目标邮件扩展协议(Secure Multimedia Internet Mail Extensions,SMIME):该协议依靠密钥对保证电子邮件的安全传输。例如:Outlook Express 中的安全电子邮件则使用数字签名和加密对 Internet 通信提供保护。

④ 安全电子交易协议(secure electronic transaction,SET):该协议解决了各阶段用户、商家和银行之间通过信用卡支付的安全交易。SET 采用公开密钥加密,采用数字证书对消费者和商家进行验证。SET 协议还特别提供了保密、数据完整、用户和商家身份认证及顾客不可否认等功能,保证交易安全。

6.4 通信网络在管理中的应用

通信网络在管理中有着广泛的应用,已成为每天 24 小时每周 7 天离不开的工具,就像企业的电力、自来水等公用设施一样。

表 6-3 列出了各种可能的应用。其内容包括大量的声音通信、数据通信、文本和消息通信、信息查询、影像传送以及监控和控制。

表 6-3 通信的应用

声音通信	数据通信	文本和消息通信	信息查询	影像传送	监控和控制
标准电话服务	联机事务处理	电子邮件	目录检索服务	影像处理	处理控制系统
应答系统	查询/应答系统	计算机会议系统	新闻和经济学数据库的服务	传真通信	设备监控
音控会议系统	硬件和软件共享	电子布告板	可视文本	闭路电视	安全监视(系统)
声音邮件	文件和数据的传送			可视通信	医院病人的监护(系统)
声音识别	协同处理			电子会议系统	能源管理
公共地址系统	POS 系统				
通信系统	电子文件交换				

当前主要的计算机网络通信应用有以下几方面。

（1）数据传输。随着经济全球化、企业跨国化，企业内部或外部均有大量的数据需要传输。邮寄、快递、传真显得越来越落后，而不能满足要求。数据传输得到飞速的发展。电子邮件不仅快捷，而且便宜。文档传输可传输远大于传真的数据，支持企业的发展。

（2）查询系统。这个系统允许管理人员或用户查询储存在个人、部门、公司数据库上的信息，提出需求，并通过信息网络得到立即响应。用户也可以利用通信网络获取外部数据信息（数据银行）的服务，把一些经济、人口统计和财政方面的数据提供给公司和个人。

（3）远程处理。事务处理的数据可以由联机终端捕捉到，立即传送到远方的计算机进行处理。例如：许多联机业务处理系统（online transaction processing，OLTP）依靠POS终端和计算机的广域网捕捉销售事务，更新公司数据库。对于远程的事务数据也可以累积后成批处理，储存在磁盘或磁带上周期性地传送给中心计算机处理。这种处理方式称为远程作业输入（remote job entry，RJE）。电子通信网络能使企业办公室、银行、零售店及分布中心减少人工输入并加快传送处理的速度，因而降低了成本，减少错误及改进服务。特别是电子数据交换（electronic data interaction，EDI）网络，在企业和它们的顾客和供应商之间支持企业事务文件按直接的电子方式交换。EDI代替了采购订单、销售发票等传统的纸张或事务文本的交换。

电子资金交付（electronic fund transfer，EFT）系统被专门用于银行业和零售业。它把零售商、销售商或银行等金融机构与顾客连接起来，处理现金和信用贷款。银行的通信系统支持各分支办公室的付款终端和遍及全市或整个地区的自动付款机（automated teller machine，ATM）。同样也支持电话支付服务，这种服务允许顾客在家里把电话作为计算机的终端以电子方式支付账单，WAN可以将零售店的POS终端连接到银行的EFT系统上。

（4）分布与协同处理。组织中的分布式处理是利用网络连接的计算机实现的，这种网络处理取代了以往对主干计算机设备或一些独立计算机的处理。例如，分布式处理网络可以分布在局域网中，也可以由主干型、小型和微型计算机组成，覆盖一个宽广的地理领域并与广域网连接。

协同处理进一步使用了这种分布处理的原理。它允许分布式处理网络中的各种类型计算机共享终端用户的部分处理，应用软件包含共同的用户接口和功能，所以能在大、中、小型计算机上同步操作。例如电子表格处理软件可以提供给微型机进行财务分析和数据库管理。在客户机/服务器网络中，应用处理可以共享终端用户（客户）的处理，也可以连接到局域网或主干计算机上。

采用分布协同处理，当地的用户可以处理广域网内的信息，其中包括数据输入、数据查询、事务处理、更新数据库、产生报告及提供决策支持，因此数据完全可以进行本地化的输入/输出处理，同时又提供了对网络中其他计算机的数据资源进行存取的功能。这使计算机处理更适应用户的需求并增加信息处理的效益。

分布与协同处理让大型的、中央端的主干计算机能做更适合于它们的工作。如大量的事务处理、通信网络的控制及企业数据库的维护等，在本地端的用户可以存取主干计算机，并接收来自集团公司的管理信息，或向总部传送反映当地活动情况的事务数据汇总等。

（5）办公自动化与终端用户计算。网络在办公自动化和终端用户计算中起着重要作用，办公室局域网上的微型计算机和其他办公设备，如复印机、激光打印机、传真机等连接到公司或部门的网络上，这种网络上的软件和数据库可以共享，诸如电子邮件、音频邮件、传真及影视会议等服务，允许用户以文本、声音、影像或视频方式发送和接收信息。通信网络也支持群体计算，参加联合项目的所有终端用户在一个网络上工作，网络支持他们共享数据，执行联合分析，并集成群体中每个成员努力的结果。

（6）公用信息服务。公用信息服务是一种通信网络应用的形式，现在已有不少这样的公司，只收很少一点费用，就向任何一个已装备了个人计算机的用户提供各种信息服务。其服务有传递电子邮件、金融市场信息、航空预售票、电子游戏、个人计算机用的软件包、新闻/运动/气象信息、电子银行购物及各种专用数据库。只要在你的个人计算机上安装调制解调器和通信软件包就可以方便地得到这种服务。

网络的最重要应用无疑是万维网（world wide web，WWW）。万维网是由蒂姆·伯纳斯·李（Tim Berners-Lee）于1989年发明的，其核心标准是统一资源定位符（URL）、超文本传送协议（HTTP）和超文本标记语言（HTML）。如果说互联网是把全球的大多数计算机连接起来，那么万维网可以认为是由互联网中各计算机上的 HTML 文件互相连接而成的一个信息资源网络，信息资源都组织成 HTML 文件，由 Web 服务器管理和发布，用户可通过浏览器获取信息，这种以网站发布内容为中心、用户通过浏览和搜索方式阅读 Web 页面的模式被称为 Web 1.0。在 Web 1.0 模式中绝大多数网络用户只充当了浏览者的角色，是单纯的"读者"，话语权掌握在各大网站的手里。

现在流行的万维网模式更注重用户的交互作用，用户既是网站内容的浏览者，也是网站内容的制造者，这种让用户由单纯的"读"向"写"以及"共同建设"发展的模式被称为 Web 2.0。Web 2.0 网站的内容通常是由用户发布的，通过人人参与形成集体智慧，因此往往比 Web 1.0 内容更丰富；Web 2.0 还提供用户之间的相互交流，强调以人为本，实现社会互联，形成关系紧密的虚拟社区。

Web 2.0 的相关技术主要包括博客、微博、RSS、百科全书、社交网络服务等。博客（blog）的英文全名应该是 Web log，意译即"网络日志"，相当于一份个人的在线日记，可以随意分享个人经历或发表个人观点；微博即微博客（MicroBlog）的简称，微博比博客更简单易用，微博的内容一般只是由简单的只言片语组成，而且现在的无线通信技术使得大量的微博可以通过手机、平板电脑等移动终端即时更新和跟踪信息；RSS（really simple syndication）是实时聚合其他多个网站内容的一种简易方式，网络用户可以在客户端借助于支持 RSS 的聚合工具软件，在不打开网站内容页面的情况下阅读支持 RSS 输出的网站内容；百科全书（Wiki）是一种在万维网上允许众人协作编辑的"在线百科全书"，允许一般用户对百科全书中词条内容进行浏览、创建和更改，支持协同创作、多人维护，方便对相关知识的整理、扩展或者探讨；社交网络服务（social networking services，SNS）是指旨在帮助人们建立人际关系网络的互联网应用服务，典型服务是依据六度分割理论，通过"熟人的熟人"来进行网络社交拓展，或者根据相同话题、相同爱好、相同学习经历等进行凝聚，不断放大每个个体的社交圈，扩展人际关系网络。

现在也开始出现了一些 Web 3.0 的提法，但关于 Web 3.0 的定义还没有共识。"万维网之父"蒂姆·伯纳斯·李以及汤姆·伊鲁布（Tom Ilube）等人认为"语义网"（semantic web）的兴起将是互联网的下一次革命，语义网不再用文档形式来组织和呈现网络内容，而是将内容作为数据项，通过意义和关系连接起来。他们认为由于缺乏更好的界定，构成当前 HTML 文档的数据项无法与本文档中其他数据项（或与其他文档中的数据项）建立起明晰的关系，而建立语义网的标准和协议清晰地界定了各数据项之间的关系——不只是同一文档内的数据项，更包括整个互联网中的所有数据项；目前人们对网络搜索的结果必须进行梳理和分析，才能找到自己想要的信息，而语义网可以实现计算机之间的互动，从而找到与特定查询要求精确匹配的数据项；利用全球性的高度相关的数据网络为客户提供服务，可以增强客户体验。

语义网技术专家 Nova Spivack 建议将 Web 3.0 的定义延伸至当前各大技术潮流迈向新的成熟阶段的具体体现，包含如下方面：①无处不联网：宽带网普及和发展，移动通信设备的互联网介入。②网络计算："软件即服务"（SaaS）的商业模型，Web 服务互用性，分布式计算，网格计算和云端计算。③开放技术：开放 API 和协议、开放数据格式、开源软件平台和开放数据（如创作共用，开放数据许可）。④开放身份：OpenID、开放名声、跨域身份和个人数据。⑤智能网络：语义网技术比如资源描述框架、网络本体语言、SWRL、SPARQL、语义应用程序平台和基于声明的数据储备。⑥分布式数据库：万维数据库（World Wide Database，由语义网的技术实现）。⑦智能应用程序：普通语言的处理，机器学习，机器推理，自主代理。

拓展阅读

即测即练

研讨题

1. 计算机通信网络系统的概念。
2. 计算机通信网络的基本组成。
3. 简述各种通信通道、传输媒体及通信处理机的基本特征。
4. 简述网络通信协议的层次结构。
5. 通信网络的分类及其发展趋势是什么？
6. 有人认为：远程通信并不产生附加值，仅仅加快了远程通信的速度。你的观点呢？请回答与解释。
7. 简述通信网络的主要安全技术。

CHAPTER 7 第7章

人工智能

7.1 人工智能概述

7.1.1 人工智能发展历程

人工智能(aritificial intelligence, AI)的概念最早是于1956年达特茅斯会议上提出的,标志着一个新领域的诞生。此后的60年间,人工智能经历了3个主要的发展阶段[①]。

第一阶段(20世纪50—80年代)。此为人工智能的起步阶段,达特茅斯会议掀起了人工智能的第一波浪潮。1957年美国学者罗森布拉特发明了perceptron感知神经网络,是人工智能发展史上的一个重要里程碑。1966年,约瑟夫·魏泽堡发明了世界上第一个聊天机器人Eliza,可以实现简单人机对话。此外,算法和方法论方面都取得了不错的进展。然而在20世纪70年代初,人工智能领域迎来了寒冬。主要面临两方面问题:第一,当时的计算机内存和处理速度还很局限,难以处理大规模数据和复杂任务。第二,很多事物无法通过符号和模型进行表达,所建立的模型有一定局限性。

第二阶段(20世纪80—90年代末)。1980年,卡内基·梅隆大学发明了XCON专家系统,带来了显著的经济效益。在此期间,机器学习的数学模型也取得了重大突破,包括多层神经网络和BP反向传播算法等。然而由于专家系统的开发成本高,推理能力不足,其实用性仅局限于某些特定场景,且难以维护,日本第五代计算机项目宣告失败,政府经费开始缩减,人工智能的发展又陷入了第二次低谷。

第三阶段(21世纪初至今)。21世纪以来,计算机硬件性能飞速提升,存储能力与处理速度大幅提高,为人工智能的爆发式增长奠定了基础。此外,数据体量日益庞大,理论和算法也实现了显著的更新和优化。从此,人工智能进入了全面繁荣时期。2016年,谷歌(Google)研发的AlphaGo战胜围棋世界冠军李世石,引起了世界范围的关注,将人工智能的发展推向了新的高潮。2017年底,人工智能入选"2017年度中国媒体十大流行语",足见其所受关注程度之高。

在60年的发展进程中,围绕人工智能产生了多种流派,主要包括符号主义、连接主义、行为主义等。符号主义认为人类的认知过程就是符号的处理过程,因此可以用符号操作来模拟人的智能行为。人工智能发展的早期主要是符号主义。连接主义来源于仿生学,模拟人脑神经网络及网络间的连接机制。目前火热的深度学习概念即属于连接主义。行为主义则是从控制论的角度来理解人工智能。不同流派各有侧重,相辅相成。

---

① 36氪研究院·人工智能行业研究报告(2017年6月),http://ftp.shujuju.cn/platform/file/2017-06-29/f121f1a5208749c89112758d50a9597f.pdf.

7.1.2 人工智能概念

根据《人工智能标准化白皮书(2018)》[①]的定义,人工智能是指利用数字计算机或者数字计算机控制的机器模拟、延伸和扩展人的智能,感知环境、获取知识并使用知识获得最佳结果的理论、方法、技术及应用系统。

如何判断一个机器是否具有智能,要追溯到1950年英国科学家提出的图灵测试。其基本原理是如果一个机器能回答出人类测试者提出的问题,并且测试者无法区分是人类作答还是机器作答,那么就认为这个机器具有智能。此外,对于智能体必须具备的特征,一些主流的人工智能书籍中也给出了定义:"自动推理,使用一些策略来解决问题,在不确定性的环境中做出决策;知识表示,包括常识知识库;自动规划;学习;使用自然语言进行沟通;整合以上这些手段来达到同一个目标"。拥有以上这些能力的机器才能够被称为人工智能。

根据其能力高低,人工智能可分为强人工智能和弱人工智能。弱人工智能只为解决特定的问题和任务而存在。机器看起来像是智能的,但无自主思维和意识,只处理比较单一的问题。而强人工智能能和人类一样进行思考、计划、推理、解决问题,拥有知觉和自我意识。能够独立思考提出问题的解决方案,甚至像生物一样有各种本能,有自己的价值观和世界观。目前主流的人工智能技术仍处在弱人工智能阶段,并取得了丰硕的成果。

人工智能是一门前沿交叉学科,涉及计算机科学、统计学、脑神经学、哲学和认知科学、心理学、语言学等,具有很强的综合性,涉及的研究领域也十分广泛,包括机器学习、深度学习、知识图谱、图像识别、语音识别、自然语言处理、人机交互、虚拟现实等等。

7.1.3 人工智能相关标准

为促进人工智能产业的技术创新、成果转化、服务质量和用户安全问题保障,国际和国内各个标准化组织开展了多项标准制定工作。国际上,国际标准化组织和国际电工委员会第一联合技术委员会(ISO/IEC JTC1)在人工智能领域的标准化工作已有20多年的历史。前期,在人工智能词汇、人机交互、生物特征识别、计算机图像处理等关键领域,以及云计算、大数据、传感网等人工智能技术支撑领域,ISO/IEC JTC1均已开展了相关标准化工作。其中国际标准化组织(ISO)主要在工业机器人、智能金融、智能驾驶方面开展了人工智能标准化研究,国际电工委员会(IEC)主要在可穿戴设备领域开展了人工智能标准化工作。

工业和信息化部在《促进新一代人工智能产业发展三年行动计划(2081—2020年)》[②]中指出,要建设人工智能产业标准规范体系,建立并完善基础共性、互联互通、安全隐私、行业应用等技术标准;同时构建人工智能产品评估评测体系。

国家标准化管理委员会等五部门印发的《国家新一代人工智能标准体系建设指南》中

---

① 人工智能标准化白皮书(2018),http://www.cesi.cn/201801/3545.html.
② 工业和信息化部.促进新一代人工智能产业发展三年行动计划(2018—2020年)[R].2018.

的人工智能标准体系结构包括"A 基础""B 平台/支撑""C 关键技术""D 产品及服务""E 应用""F 安全/伦理"6 个部分,主要反映标准体系各部分的组成关系(图 7-1)[①]。其中,A 基础标准包括术语、参考架构、数据和测试评估四大类,位于人工智能标准体系结构的最底层,支撑标准体系结构中的其他部分;B 平台/支撑标准是对人工智能硬件、软件、网络和数据的综合集成,在人工智能标准体系结构中起承上启下的作用;C 关键技术标准主要针对自然语言处理、人机交互、计算机视觉、生物特征识别和 VR/AR 等领域,为人工智能实际应用提供支撑;D 产品及服务标准包括在人工智能技术领域中形成的智能化产品及新服务模式的相关标准;E 应用标准位于人工智能标准体系结构的最顶层,面向行业具体需求,对其他部分标准进行细化和落地,支撑各行业推进人工智能发展;F 安全/伦理标准位于人工智能标准体系结构的最右侧,贯穿于其他部分,提供安全标准,支撑人工智能发展。

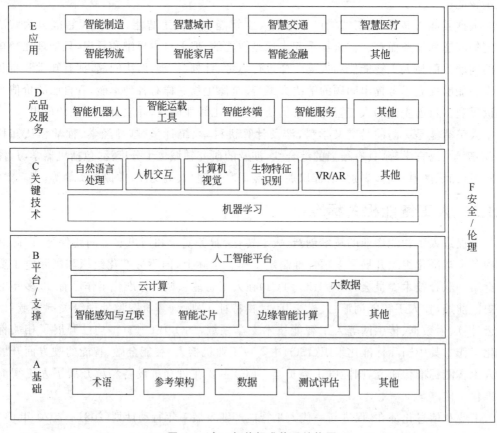

图 7-1　人工智能标准体系结构图

---

① 国家新一代人工智能标准体系建设指南,http://www.cac.gov.cn/2020-08/07/c_1598355503455877.htm.

7.2 人工智能技术

7.2.1 机器学习

机器学习(machine learning)是人工智能领域中的核心技术,是一门涉及概率论、统计学、逼近论、凸分析等多个领域的交叉学科。维基百科定义机器学习算法为"一类从数据中自动分析获得规律,并利用规律对未知数据进行预测的算法"。根据学习模式的不同,机器学习可分为以下几种类型:监督学习、无监督学习、半监督学习与强化学习。

监督学习(supervised learning)是从有标记的训练数据集中学习建立一个模型,并据此模型对新数据集进行标记。每个训练实例都包括输入和预期输出,也可理解为是特征和标签。训练集中的标签是人为标注的,通过训练,机器找到特征和标签之间的联系建立模型,并通过此模型为那些只有特征没有标签的数据打上标签。根据输出(或者说标签)类型的不同,监督学习可以分为回归(Regression)问题和分类(classification)问题两大类。回归问题的输出值是连续变量,而分类问题的输出值则是离散变量。常用的有监督机器学习算法包括:线性回归(linear regression)、逻辑回归(logistic regression)、朴素贝叶斯(naive Bayes)、K-近邻(K-nearest neighbor algorithm)、决策树(decision trees)、支持向量机(Support Vector Machines)等。

无监督学习(unsupervised learning),与监督学习相比,训练数据集是没有标记的,也就是没有标签。机器要从这样的数据中试图找出隐藏的规律或结构。常用的无监督机器学习算法包括:聚类(Cluster)、隐马尔可夫模型(Hidden Markov)和降维。

半监督学习(semi-supervised learning)介于监督学习和无监督学习之间。训练集中的一部分数据有标签,另一部分没有。半监督学习的标记成本较低,又有比较高的准确性。

强化学习(reinforcement learning)是智能体(agent)以试错的方式进行不断学习。智能体在某种状态下执行某种动作,这是一种策略。不同的策略会获得不同程度的奖赏,智能体的目标则是通过不断探索学习,选择最优的策略,以获得最大的奖赏。与监督学习不同的是,强化学习不需要正确的输入输出,而是要智能体根据每次尝试得到的反馈不断进行策略调整。主要的强化学习算法有 Q 学习、SARSA、DQN 和 DDPG 等。强化学习在智能控制机器人、视频游戏、无人驾驶、文本序列预测等方面都有广泛应用。

深度学习(deep learning)属于机器学习研究中的一个领域。"深度学习是一种试图使用包含复杂结构或由多重非线性变换构成的多个处理层对数据进行高层抽象的算法","通过组合低层特征形成更加抽象的高层表示属性类别或特征,以发现数据的分布式特征表示"。深度学习源自于人工神经网络,而人工神经网络是模拟生物神经网络的机制对文本、声音、图像等数据进行解释和学习。深度学习与传统机器学习一样,也分为有监督学习和无监督学习。深度学习技术包括深度神经网络、卷积神经网络、深度置信网络和递归神经网络等多种网络结构。目前主流的深度学习开源框架包括 TensorFlow、Caffe、Keras、CNTK、Torch7、MXNet、Leaf、Theano、DeepLearning4、Lasagne、Neon 等。自从

2006年杰弗里·辛顿(G. Hinton)及其团队正式提出深度学习的概念①之后,短短数年间,深度学习技术发展迅猛,受到学术界、工业界的极高关注,并且在语音识别、图像识别、自然语言处理、生物信息学等领域得到了广泛的应用。人工智能程序 AlphaGo 的主要原理就是强化学习和深度学习。

7.2.2 知识图谱

知识图谱(knowledge graph)技术是人工智能技术的重要组成部分,早在 2006 年,Berners Lee 等就提出了语义网的概念②,呼吁推广、完善使用本体模型来形式化表达数据中的隐含语义,RDF(resource description framework)模式(RDF schema)和万维网本体语言(Web ontology language,OWL)的形式化模型就是基于上述目的产生的。随后掀起了一场语义网研究的热潮,知识图谱技术的出现正是基于以上相关研究,是对语义网标准与技术的一次升华③。

1. 知识图谱的定义

知识图谱于 2012 年 5 月 17 日被 Google 正式提出。本质上,知识图谱是一种揭示实体之间关系的语义网络,是一种由节点和边组成的图数据结构,以符号形式描述物理世界中的概念及其相互关系,其基本组成单位是"实体—关系—实体"三元组,以及实体及其相关"属性—值"对。不同实体之间通过关系相互联结,构成网状的知识结构。在知识图谱中,每个节点表示现实世界的"实体",每条边为实体与实体之间的"关系"。通俗地讲,知识图谱就是把所有不同种类的信息连接在一起而得到的一个关系网络,提供了从"关系"的角度去分析问题的能力。

例如图 7-2 就是一组简单的知识图谱。机器根据"2013 年的金球奖得主 C 罗"的知识信息可以构建如下"实体—关系—实体"的三元组,进而提供解释现象的能力。

2. 知识图谱的架构

知识图谱的架构主要包括自身的逻辑结构以及体系架构。

(1) 知识图谱的逻辑结构

知识图谱在逻辑上可分为模式层与数据层两个层次,数据层主要是由一系列的事实组成,而知识将以事实为单位进行存储。如果用(实体1,关系,实体2)、(实体、属性、属性值)这样的三元组来表达事实,可选择图数据库作为存储介质,例如开源的 Neo4j、Twitter 的 FlockDB、sones 的 GraphDB 等④。模式层构建在数据层之上,主要是通过本体库来规范数据层的一系列事实表达。本体是结构化知识库的概念模板,通过本体库而形成的知识库不仅层次结构较强,并且冗余程度较小。

---

① Hinton G E, Osindero S, Teh Y W. A fast learning algorithm for deep belief nets[J]. Neural Computation,2006,18(7):1527-1554.
② BERNERS-LEE T, HENDLER J, LASSILA O. The semantic Web[J]. Scientific American Magazine,2008,23(1):1-4.
③ 中国中文信息学会.语言与知识计算专委会-知识图谱发展报告,http://cips-upload.bj.bcebos.com/KGDevReport2018.pdf.
④ 刘峤,李杨,段宏,等.知识图谱构建技术综述[J].计算机研究与发展,2016,53(3).

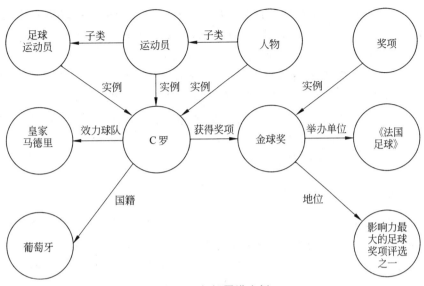

图 7-2 知识图谱实例

(2) 知识图谱的体系架构

知识图谱的体系架构是其指构建模式结构,如图 7-3 所示①。其中虚线框内的部分为知识图谱的构建过程,该过程需要随人的认知能力不断更新迭代。知识图谱主要有自顶向下(top-down)与自底向上(bottom-up)两种构建方式。自顶向下指的是先为知识图谱定义好本体与数据模式,再将实体加入到知识库。该构建方式需要利用一些现有的结构化知识库作为其基础知识库,例如 Freebase 项目就是采用这种方式,它的绝大部分数据

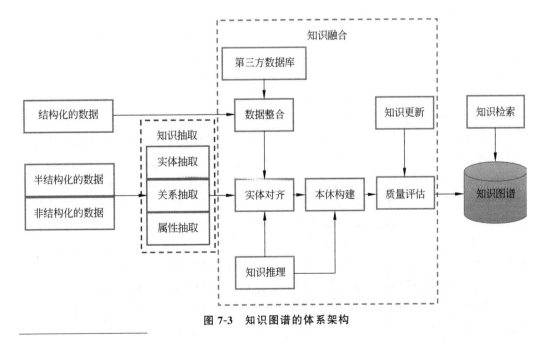

图 7-3 知识图谱的体系架构

---

① 徐增林,盛泳潘,贺丽荣,等.知识图谱技术综述[J].电子科技大学学报(自然版),2016,45(4).

是从维基百科中得到的。自底向上指的是从一些开放链接数据中提取出实体,选择其中置信度较高的加入到知识库,再构建顶层的本体模式。目前,大多数知识图谱都采用自底向上的方式进行构建,其中最典型就是 Google 的 Knowledge Vault。

知识图谱可用于反欺诈、不一致性验证、组团欺诈等公共安全保障领域,需要用到异常分析、静态分析、动态分析等数据挖掘方法。特别地,知识图谱在搜索引擎、可视化展示和精准营销方面有很大的优势,已成为业界的热门工具。但是,知识图谱的发展还有很大的挑战,如数据的噪声问题,即数据本身有错误或者数据存在冗余。随着知识图谱应用的不断深入,还有一系列关键技术需要突破。

7.2.3 自然语言处理

自然语言处理(natural language processing)是计算机科学领域与人工智能领域中的一个重要方向,研究能实现人与计算机之间用自然语言进行有效通信的各种理论和方法,本质是从无结构序列中预测有结构语义。自然语言处理涉及的领域较多,主要包括以下方面。

(1) 句法语义分析:对于给定的句子,进行分词、词性标记、命名实体识别和链接、句法分析、语义角色识别和多义词消歧。

(2) 信息抽取:从给定文本中抽取重要的信息,比如,时间、地点、人物、事件、原因、结果、数字、日期、货币、专有名词等。通俗说来,就是要了解谁在什么时候、什么原因、对谁、做了什么事、有什么结果。涉及实体识别、时间抽取、因果关系抽取等关键技术。

(3) 文本挖掘(或者文本数据挖掘):包括文本聚类、分类、信息抽取、摘要、情感分析以及对挖掘的信息和知识的可视化、交互式的表达界面。目前主流的技术都是基于统计机器学习的。

(4) 机器翻译:把输入的源语言文本通过自动翻译获得另外一种语言的文本。根据输入媒介不同,可以细分为文本翻译、语音翻译、手语翻译、图形翻译等。机器翻译从最早的基于规则的方法到二十年前的基于统计的方法,再到今天的基于神经网络(编码-解码)的方法,逐渐形成了一套比较严谨的方法体系。

(5) 信息检索:对大规模的文档进行索引。可简单对文档中的词汇,赋之以不同的权重来建立索引,也可利用(1)(2)(3)的技术来建立更加深层的索引。在查询的时候,对输入的查询表达式比如一个检索词或者一个句子进行分析,然后在索引里面查找匹配的候选文档,再根据一个排序机制把候选文档排序,最后输出排序得分最高的文档。

(6) 问答系统:对一个自然语言表达的问题,由问答系统给出一个精准的答案。需要对自然语言查询语句进行某种程度的语义分析,包括实体链接、关系识别,形成逻辑表达式,然后到知识库中查找可能的候选答案并通过一个排序机制找出最佳的答案。从外部来看,问答系统与传统的信息检索技术有两点不同:首先是查询方式允许完整而口语化的问句,其次是其回传的为高精准度网页结果或明确的答案字串,而非需要逐一检视的网页(例如搜索引擎回传的搜索结果),极大地提升了信息检索的效率与信息的普及。

自然语言处理有作为人工智能领域的认知智能,成为目前大家关注的焦点,并具有丰富的应用场景,例如:智能对话系统、相似内容推荐、评论聚合等。

(1) 智能对话系统,也被称为聊天机器人或对话型人工智能,是一类能够模拟人类对话和回答用户问题的人工智能系统。其目标是让计算机能够以自然语言与用户进行交流，并提供有意义且实用的回复。随着 ChatGPT 这一现象级的"生成式预训练转换器"聊天机器人横空出世，预训练大语言模型成为各家 AI 企业集中发力的方向。

一方面 ChatGPT 作为 OpenAI 的 GPT 系列工作之一，其模型结构选取了 Google 于 2017 年提出的 Transformer 框架中的 Decoder 部分。从 GPT-1 到 InstructGPT，GPT 系列模型的训练过程经历了预训练＋微调、预训练＋零次学习、预训练＋小样本学习，再到预训练与人类反馈的强化学习（reinforcement learning with human feedback，RLHF）相结合[1]。另一方面，训练数据和模型参数的规模也在快速扩大。例如，GPT-3 模型的参数已达到 1750 亿，所采用的预训练数据高达 45TB[2]。这些大规模的参数和数据让 ChatGPT 拥有更加丰富和准确的知识库，提供更具语义理解能力的对话服务。

GPT-4 的问世标志着深度生成模型和预训练语言模型领域的新一轮突破。其多模态理解能力为智能对话系统的发展带来了更大的可能性和全新的应用前景。通过整合多种感知模态，如文本、视觉等，GPT-4 具备了更加全面、多样化的信息处理能力，在对话中能够更好地理解用户的意图和需求。这种多模态理解能力为智能对话系统的功能提供了极大的扩展性和灵活性，使其不仅可以更准确地解析和回答用户的问题，还能通过视觉和语音等多种输入方式与用户进行更自然、互动性更强的交流。因此，GPT-4 的出现为实现通用人工智能提供了重要的前提和推动力。

未来，随着 GPT-4 的不断优化和改进，它将在更多领域发挥重要作用，如智能客服、虚拟助手、语音识别系统等。多模态智能对话系统将成为与人类更加自然、流畅交流的媒介，引领智能对话技术的进一步发展和普及。

（2）相似内容推荐。通过自然语言处理中的文本挖掘技术，百度新闻，今日头条等内容应用可以利用短文本相似度技术，准确地为目标文本匹配含义接近的内容，从而为用户完成相似内容推荐。

（3）评论聚合。购物类应用，例如百度糯米等通过信息抽取技术，将能够将特定行业的海量评论内容进行观点抽取和情感分析，从而对产品的口碑、舆情进行有效监控和分析。

7.2.4 计算机视觉

计算机视觉（computer vision）是使用计算机模仿人类视觉系统的科学[3]，让计算机拥有类似人类提取、处理、理解和分析图像以及图像序列的能力，以适应、理解外界环境，控制自身运动。概括地说，视觉系统主要解决的是物体识别、物体形状和方位确认、物体运动判断三个问题。计算机视觉的研究，则是专注于让机器代替人眼，解决这些问题。

自动驾驶、机器人、智能医疗等领域均需要通过计算机视觉技术从视觉信号中提取并

---

[1] Ouyang L, Wu J, Jiang X, et al. Training language models to follow instructions with human feedback[C]. Advances in Neural Information Processing Systems, 2022, 35: 27730-27744.

[2] Brown T, Mann B, Ryder N, et al. Language models are few-shot learners[C]. Advances in neural information processing systems, 2020, 33: 1877-1901.

[3] 36 氪研究院.计算机视觉行业研究报告(2016 年 9 月)[R].

处理信息。近来随着深度学习的发展，预处理、特征提取与算法处理渐渐融合，形成端到端的人工智能算法技术。根据解决的问题，计算机视觉可分为计算成像学、图像理解、三维视觉、动态视觉和视频编解码五大类。

(1) 计算成像学。计算成像学是探索人眼结构、相机成像原理以及其延伸应用的科学。在相机成像原理方面，计算成像学不断促进现有可见光相机的完善，使得现代相机更加轻便，可以适用于不同场景。同时计算成像学也推动着新型相机的产生，使相机超出可见光的限制。在相机应用科学方面，计算成像学可以提升相机的能力，从而通过后续的算法处理，使得在受限条件下拍摄的图像更加完善，例如图像去噪、去模糊、暗光增强、去雾霾等，以及实现新的功能，例如全景图、软件虚化、超分辨率等。

(2) 图像理解。图像理解是通过用计算机系统解释图像，实现类似人类视觉系统理解外部世界的一门科学。通常根据理解信息的抽象程度可分为三个层次：浅层理解，包括图像边缘、图像特征点、纹理元素等；中层理解，包括物体边界、区域与平面等；高层理解，根据需要抽取的高层语义信息，可大致分为识别、检测、分割、姿态估计、图像文字说明等。目前高层图像理解算法已逐渐广泛应用于人工智能系统，如刷脸支付、智慧安防、图像搜索等。

(3) 三维视觉。三维视觉即研究如何通过视觉获取三维信息（三维重建）以及如何理解所获取的三维信息的科学。三维重建可以根据重建的信息来源，分为单目图像重建、多目图像重建和深度图像重建等。三维信息理解，即使用三维信息辅助图像理解或者直接理解三维信息。三维信息理解可分为：浅层——角点、边缘、法向量等；中层——平面、立方体等；高层——物体检测、识别、分割等。三维视觉技术可以广泛应用于机器人、无人驾驶、智慧工厂、虚拟/增强现实等方向。

(4) 动态视觉。动态视觉即分析视频或图像序列，模拟人处理时序图像的科学。通常动态视觉问题可以定义为寻找图像元素，如像素、区域、物体在时序上的对应，以及提取其语义信息的问题。动态视觉研究被广泛应用于视频分析以及人机交互等方面。

(5) 视频编解码。视频编解码是指通过特定的压缩技术，将视频流进行压缩。视频流传输中最为重要的编解码标准有国际电联的 H.261、H.263、H.264、H.265、M-JPEG 和 MPEG 系列标准。视频压缩编码主要分为两大类：无损压缩和有损压缩。无损压缩指使用压缩后的数据进行重构时，重构后的数据与原来的数据完全相同，例如磁盘文件的压缩。有损压缩也称为不可逆编码，指使用压缩后的数据进行重构时，重构后的数据与原来的数据有差异，但不会影响人们对原始资料所表达的信息产生误解。有损压缩的应用范围广泛，例如视频会议、可视电话、视频广播、视频监控等。

目前，计算机视觉技术发展迅速，已具备初步的产业规模。未来计算机视觉技术的发展主要面临以下挑战：一是如何在不同的应用领域和其他技术更好的结合，计算机视觉在解决某些问题时可以广泛利用大数据，已经逐渐成熟并且可超过人类，而在某些问题上无法达到很高的精度；二是如何降低计算机视觉算法的开发时间和人力成本，目前计算机视觉算法需要大量的数据与人工标注，需要较长的研发周期以达到应用领域所要求的精度与耗时；三是如何加快新型算法的设计开发，随着新的成像硬件与人工智能芯片的出现，针对不同芯片与数据采集设备的计算机视觉算法的设计与开发也是挑战之一。

7.2.5 深度生成模型

深度生成模型是机器学习领域的一个重要研究方向,其主要目标是通过学习大量数据,生成与原始数据类似的全新内容。这些模型借助深度学习算法和神经网络结构,被广泛应用于图像生成、自然语言处理、音频生成等多个任务。深度生成模型主要通过深度神经网络来建模复杂的数据分布,并在此基础上采样生成新的样本数据,或直接生成新样本,以展现其强大的创造能力。主要的生成方法包括变分自编码器(variational autoencoder,VAE),生成对抗网络(generative adversarial network,GAN)和扩散模型(diffusion models)。

(1) 变分自编码器(VAE)[1]:VAE 是一种概率生成模型,通过深度神经网络将输入数据映射到一个潜在空间,在该空间中样本的概率密度无限接近一个已知的概率密度。该方法在思想上借鉴了自编码器和概率图模型的思想,相较于自编码器其生成结果具有一定的连续性。它利用编码器将原始输入映射到潜在空间,并通过重参数化技巧得到采样的表征,然后输入到解码器以生成样本。在训练过程中,VAE 最大化生成样本与观测数据的一致性(重构损失),同时最小化潜在空间表征分布与已知分布之间的差异。VAE 在图像生成、图像压缩、图像插值等领域取得了显著成果。

(2) 生成对抗网络(GAN)[2]:GAN 是一种无监督学习的生成网络,相较于 VAE,它对生成过程进行建模。GAN 由两个神经网络组成:生成器和判别器。生成器网络(generator)被训练用于生成合成数据,如图像或音频,使其与给定数据集相似。判别器网络(discriminator)被训练用于区分真实数据和合成数据。在训练过程中,生成器网络生成合成数据,判别器网络试图区分真实数据和合成数据。生成器网络通过判别器网络的反馈进行更新,直至生成器生成与真实数据难以区分的合成数据。GAN 在图像和视频生成、文本到图像合成和数据增强等领域广泛应用,也被用于创建深度伪造和其他类型的合成媒体。

(3) 扩散模型(diffusion models)[3]:扩散模型是近年来新兴的概率建模方法,其核心思想是通过马尔科夫核将原始数据一步一步映射到一个简单可测的潜在空间(通常是高斯噪声),然后通过一步一步的去噪过程还原原始样本,从而生成样本。扩散模型包括前向过程和逆向过程两个阶段。在前向过程中,模型利用给定参数的高斯分布逐步添加噪声到原始数据。在逆向过程中,模型执行去噪推理的过程从最终生成的样本开始,逐步还原回初始噪声样本。为了实现生成的一致性和稳定性,研究者还提出了条件扩散模型和

---

[1] Kingma D P, Welling M. Auto-encoding variational bayes[J]. arXiv preprint arXiv,1312.6114,2013.
[2] Goodfellow I, Pouget-Abadie J, Mirza M, et al. Generative adversarial networks[J]. Communications of the ACM,2020,63(11):139-144.
[3] Ho J, Jain A, Abbeel P. Denoising diffusion probabilistic models [C]. Advances in Neural Information Processing Systems,Curran Associates,Inc.,2020,30:6840-6851.

引入注意力机制①②。

深度生成模型在人工智能领域掀起了一场无限创造的革命。它们为计算机视觉、自然语言处理和创意产业等多个领域带来了全新的可能性和广阔的应用前景。随着科技的不断演进，深度生成模型必将继续推动人工智能领域的蓬勃发展，为我们带来更多令人惊叹的成果和创意。从自动为商品生成介绍文本，到自动为商品生成介绍视频；从大语言模型到多模态全场景人机交互，AI生成内容（AI generate content，AIGC）将不断突破界限，使人类迎来更加美好的智能时代。

7.2.6 生物特征识别

生物特征识别（biometric identification technology）是一种应用数理统计方法，基于人体固有的生理特征和行为特征来进行身份鉴定识别的技术。目前已有多种针对不同生理特征和行为特征的识别方法，如指纹识别、人脸识别、虹膜识别、指静脉识别、声纹识别和姿态识别等。下面对各种常见的生物特征识别方法做简单介绍。

（1）指纹识别。指纹是指人手指末端正面皮肤上凹凸不平的纹路，这些纹路中包含丰富的信息。一个人的十指指纹包含最少数千个独立可测量的特征。指纹识别技术由指纹图像增强、特征提取、指纹分类和指纹匹配这几个步骤构成。

（2）人脸识别。人脸识别技术是通过摄像头动态采集人脸特征，并与数据库中的人脸进行比对的过程。因其无侵害性、方便、友好的特点而广为人们接受。人脸识别技术通常分为三类：基于几何特征的识别方法、基于代数特征的识别方法和基于连接机制的识别方法。

（3）虹膜识别。虹膜是眼睛构造的一部分。与指纹一样，虹膜也具有独一无二性。每个虹膜约包含266个特征点，精确程度较高，采集过程也十分快捷。虹膜识别技术包括虹膜图像采集、虹膜图像预处理、归一化虹膜图像、特征抽取、模式分类、识别结果等步骤。

（4）指静脉识别。指静脉识别是利用近红外线穿透手指后所得的静脉纹路影像来进行个体识别的一种技术。指静脉血管分布是人体生理特征，较难伪造，安全性高。且为非接触式测量，易于被用户接受。

（5）声纹识别。声纹是对语音中所蕴含的、能表征和标识人的语音特征的总称。声纹识别是一种通过声音辨识说话人身份的技术，也具有非接触性。声纹识别系统包括声音信号的分割、特征提取和说话人识别三部分。

（6）姿态识别。姿态识别是根据一幅图像或一段视频去恢复其中人体关节点位置的过程。人体姿态识别算法主要有两种：基于深度图的算法和直接基于RGB图像的算法。姿态识别技术可应用于游戏、人机交互、医疗康复等领域。

---

① Rombach R, Blattmann A, Lorenz D, et al. High-resolution image synthesis with latent diffusion models[C]. Proceedings of the IEEE/CVF conference on computer vision and pattern recognition. 2022：10684-10695.

② Ruiz N, Li Y, Jampani V, et al. Dreambooth: Fine tuning text-to-image diffusion models for subject-driven generation[C]. Proceedings of the IEEE/CVF Conference on Computer Vision and Pattern Recognition. 2023：22500-22510.

7.3 人工智能应用

人工智能与行业领域的深度融合将改变甚至颠覆传统行业,本节重点介绍人工智能在家居、医疗、金融行业的应用。由于篇幅有限,其他很多重要的行业应用(例如:交通、制造、安防、物流等行业)在这里不展开论述。

7.3.1 智能家居

智能家居以住宅为平台,基于物联网技术,由硬件(智能家电、智能硬件、安防控制设备、家具等)、软件系统、云计算平台构成的家居生态圈,实现人远程控制设备、设备间互联互通、设备自我学习等功能,并通过收集、分析用户行为数据为用户提供个性化生活服务,使家居生活安全、节能、便捷。例如,借助智能语音技术,用户应用自然语言实现对家居系统各设备的操控,如开关窗帘(窗户)、操控家用电器和照明系统、打扫卫生等操作;借助机器学习技术,智能电视可以从用户看电视的历史数据中分析其兴趣和爱好,并将相关的节目推荐给用户。通过应用声纹识别、脸部识别、指纹识别等技术进行开锁等;通过大数据技术可以使智能家电实现对自身状态及环境的自我感知,具有故障诊断能力。通过收集产品运行数据,发现产品异常,主动提供服务,降低故障率。还可以通过大数据分析、远程监控和诊断,快速发现问题、解决问题及提高效率。

7.3.2 智能医疗

随着人工智能技术的不断发展完善,IBM、谷歌、微软、阿里巴巴、腾讯等国内外巨头企业纷纷开始在人工智能医疗领域进行投入布局。人工智能在医疗领域的应用场景主要有以下几种。

(1)临床诊断。通过人工智能、机器学习等技术可以让计算机对海量的临床病例、诊断数据进行学习和分析,辅助医生决策,对可能发生的错误诊断做出提醒。如此一来,可提高诊疗工作效率和诊疗质量、降低医疗事故发生率。

(2)医学影像分析。传统的医疗模式中,需要医生用肉眼对患者的医学影像进行观察分析,判断疾病情况。如今,基于人工智能的医学影像分析系统能够自动识别 X 光、CT、MR 等影像数据。甚至在某些疾病的诊断方面,人工智能的判别准确度已经远远超过了医学专家。

(3)智能健康管理。近年来,人们对健康管理的关注度越来越高。而精准健康管理需要根据每个人的健康状况、生活方式来制定个性化的干预方案。基于大数据及人工智能技术,可面向用户提供全生命周期的电子健康档案、实时监控分析、健康评估、疾病风险预警、个体化管理方案等服务,突破健康管理从业者数量有限的瓶颈,提升健康管理服务质量。

(4)医疗数据管理。过去由于医疗信息系统不完善,很多患者病例没能及时录入系统或者有错漏之处,难以发挥价值。可通过自然语言处理、图像识别等人工智能技术对大量杂乱无章的病例、医学报告等进行处理,将非结构化的数据转化为标准化的数据,方便医生查找分析。

（5）新药研发。新药研发是一个不断探索试错的过程，往往研发周期长，成本高，失败率高。通过人工智能技术辅助药物研发可以缩短研发周期，提高新药研发效率。

7.3.3 智能金融

目前，人工智能在金融领域的应用越来越广泛。因为金融领域涉及大量的数据分析，这些重复性的工作可以被人工智能所取代，并且人工智能也能满足金融业务要求。人工智能在金融领域的应用主要有以下几个场景。

（1）智能客服。智能客服通过语音识别、自然语言处理等技术实时回答客户问题，远程协助客户办理业务。可处理并发咨询与投诉，节约人工成本。也可结合客户历史数据，智能识别客户需求，精准推荐产品。

（2）智能投顾。智能投顾是让计算机根据客户的理财需求、消费轨迹、经济基础、风险偏好等指标，根据市场状况等数据，通过机器学习等算法进行智能学习和分析，为客户制定符合其需求的个性化投资理财建议。

（3）金融风控。风险控制对很多银行及 P2P 交易平台非常重要。通过人工智能技术可以建立模型，对客户的风险指数进行打分，评估其欺诈和坏账的可能性，提前制定措施加以防范，减少损失。在交易中途也可以通过机器自动识别欺诈可能性高的订单，对其进行拦截和人工筛查。

（4）智能交易。通过自然语言处理分析、深度学习、神经演化、分布式计算等技术，可以从新闻、政策、社交网络等多种渠道获取数据，综合分析，预测市场趋势，自动做出决策和智能化交易。

研讨题

1. 人工智能的发展经历了几次低谷？原因是什么？
2. 人工智能发展的基础支撑是什么？
3. 强化学习与深度学习分别有什么优势？
4. 简述知识图谱如何构建模式结构。
5. 举例说明智能家居、智能医疗和智能金融分别可能涉及哪些方面的人工智能技术。

Part 3

第3篇

应用系统篇

第8章　应用系统概论
第9章　职能模块
第10章　层次和智能管理模块
第11章　流程管理模块
第12章　行业信息系统

在第二篇中我们介绍了信息技术。信息技术本身就组成一个系统,我们把它称为信息基础设施系统,或者就叫信息基础设施。只有信息基础设施尚不能构成管理信息系统。因为它不能直接付诸企业应用。在信息基础设施和企业应用之间应当有个桥梁,这就是应用系统,如图Ⅲ-1所示。本篇我们将介绍应用系统的划分和它们的整合。

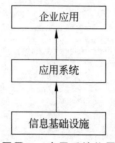

图Ⅲ-1　应用系统位置

CHAPTER 8
第 8 章

应用系统概论

8.1 应用系统的概念

应用系统是完成用户需要的功能的系统,这种系统直接面对用户,这些用户包括基层计算机操作人员、中层一般管理干部与知识工作者,以及企业高层领导,还包括顾客和供应商等外界实体。这些用户要求系统所做的事情是各式各样的,因而系统也是五花八门的。为了解各种系统的概念,首先让我们回顾一下应用系统的发展过程。

1. 信息系统角色的演变

企业或组织中信息系统所担当的角色在不断改变、扩张。不计较分类的严格性,其演变有以下过程。

(1) 1950—1960 年数据处理系统,包括:
① 电子数据处理(electronic data processing,EDP)
② 业务处理(tansaction processing,TP)
③ 记录保存(recod keeping)
④ 传统的簿记应用

(2) 1960—1970 年管理报告系统,包括:
① 管理信息系统(狭义)
② 管理报告系统(management reporting systems)
③ 信息管理系统(information management systems,IMS)

(3) 1970—1980 年决策支持系统,包括:
① 专家系统(expert systems,ES)
② 决策支持系统(decision support systems,DSS)
③ 管理支持系统(management support systems,MSS)等

(4) 1980—1990 年战略和终端用户支持系统,包括:
① 终端用户计算系统(end-user computing systems,EUCS)
② 主管信息系统(executive information systems,EIS)
③ 主管支持系统(executive support systems,ESS)
④ 电子商务系统(electronic commerce systems,ECS)
⑤ 战略信息系统(strategic information systems,SIS)等

以上这么多名词是根据其出现的前后顺序列出的,它也可以算分类的一维,就是时间维,但是按照其他概念的分类来说,它的概念是混乱的。分类应当根据一定的判据,一种判据形成分类空间中的一维,沿着这些维构成分类空间中的一个坐标系,其概念是由浅入

深,而且是不相交的。分类空间中的坐标应当是正交的,即每一维是独立的。根据这个原则,下面我们讨论一下应用系统的分类。

2. 应用系统的多维模型

管理信息系统的应用现在已无孔不入。应用系统五花八门,在概念上对它们进行合理的分类,有利于深化管理信息系统的理解。目前世界上对它的分类也是各式各样,没有统一的模式。本书根据我们多年的研究加以综合,进行以下分类。

我们认为管理信息系统的概念空间主要有5维。

(1) 职能维。企业的管理是划分为不同职能的,一般企业均有市场、生产或服务、财务和人事四大职能。不同的职能有不同的应用系统。在职能维中就有市场、生产或服务、财务和会计、人事等不同的职能系统。

(2) 流程维。流程是由过程组成的,因而也可以说是过程维。流程粗略地可分为上游、中游和下游。在企业系统中可粗略认为供应链系统为上游系统,企业资源计划(ERP)系统为中游系统,而客户关系管理系统为下游系统。

(3) 层次维。在组织中层次不同,管理的内容就不同,因而就要使用不同的应用系统。企业或组织的层次一般分为基层、中层和高层(或顶层)。我们这里主要关注的是各层的人员。这样,支持基层人员的是业务员系统;支持中层的是终端用户系统;支持高层的是主管信息系统或主管支持系统。

(4) 智能维。智能维是按照系统所具有的智能水平来区分的。智能维关心的是信息使用的深度。使用深度越深,系统具有的智能越高。通俗点说,系统越聪明。实际上智能和决策紧密联系,智能越高对决策支持越深。决策的程度是按结构化、半结构化和非结构化来划分的,那么支持这三个层次的系统就分别是专家系统、传统决策支持系统和智能决策支持系统。

(5) 行业维。不同的行业应用系统显然是不同的。例如政府机关的系统和企业系统不同;银行的系统和学校系统不同。根据不同行业的组织特点来划分系统,就是行业维。

当然,我们还可以举出许多其他的维。例如,按技术水平高低来分,按地域大小来分,按使用者是个人或群体来分等等。所以说,我们是在 n 维空间中进行分类。

我们用一个图来形象地表达应用系统的分类。由于 n 维空间难以表达,我们只选择三维画出。我们选择上述五维中较重要的层次维、职能维和行业维(或组织维),见图8-1。

实际上,任何一个应用系统均表现为这个分类空间中的一个单元。例如,用于金融业市场方面的高层应用系统就处在阴影线所示的小立方体的位置。

我们也可以用另一种画法,画出其他几维的关系的模型,如行业、职能和层次,见图8-2。

这个模型展示了信息系统的三维,即层次、智能和职能维。这个图又隐含了更多的信息。金字塔隐含信息量的多少取决于占领空间的大小,占领的空间越大,信息量就越大。这样处于下层的职能信息系统所占有和处理的信息量是较大的,处于上层的主管信息系统虽然很重要,但所占有和处理的信息量相对是小的。根据以上分类,以下各章将分别对各种应用系统进行较详细的介绍。包括职能信息系统、层次和流程信息系统、决策信息系统和行业信息系统等。

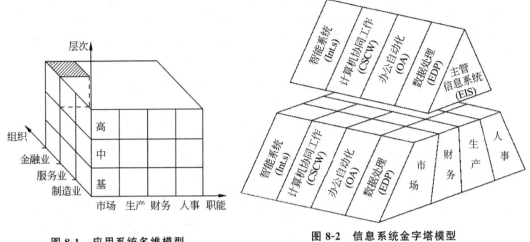

图 8-1 应用系统多维模型　　图 8-2 信息系统金字塔模型

系统的 n 维空间帮助我们看到系统的作用和系统的功能。每一个具体的应用系统均应在分类空间中占领一个位置或一个点。从而我们可以看出它的作用以及它和其他系统的关系。不同维是以不同的视角来看待某个系统,如果某个系统从各个角度都给出了描述以后,这个系统的描述就清楚了。在清楚了系统分类以后,我们就来介绍一个个系统。

8.2 近代应用系统架构的演变

随着当代科学技术的进步、经济的发展、企业的演变,信息系统变得越来越复杂。系统碎片化,交叉混乱。人们一方面要把它清晰地分类,另一方面又把它不断地整合集成。整体的架构就在不断地演进。

信息系统架构向平台化发展已经确定。在平台化的系统中,各个模块都小而精,数据能够在模块之间自由流通,企业在平台化系统的支撑下也变得更加高效、敏捷。

8.2.1 平台的核心架构

传统结构下,管理信息系统分为三大部分:前端、中端和后台。前端是使用者,中端是计算机或其他终端,后台部分是各类子系统。系统的核心是位于终端的系统,终端系统中储存着各类数据、文件和模型。前端使用者通过终端系统对后台的子系统进行调用,子系统在读取和运行了终端的数据后,通过终端将最终的结果传递给使用者。使用者也利用系统所得出的结果,做出自己的判断和决策。

由于整个系统既包含了数据库,也要有实现各类功能的子系统,容易使系统变得有些臃肿。同时,由于业务的不断更新与改进,各个子系统需要不断地进行修正和补充,子系统之间也可能会产生冗余的现象。所以,致力于提高效率和增加灵活性的管理信息系统平台,在结构上也有所变化。

管理信息系统平台化之后的核心结构,依旧分为三个部分:前端、中端和后台。不同的是,每个部分所需要完成的任务发生了变化,它们所承担的角色也与之前不尽相同。

（1）前端。前端的主体仍然是使用者，但此时使用者的范围将比传统的管理信息系统要更为宽泛。过去的使用者范围往往局限于企业内部的员工或管理层，但平台化之后，系统边界变得模糊了，使用者的种类也更为丰富。除了内部人员之外，外部的使用者，包括供应商、客户以及其他相关人员。正是因为前端使用群体的变化，使得前端功能的需求也发生了相应的拓展。原本只需内部人员了解和操作的前端系统，变成了社会化的平台，操作系统要满足不同主体的需求。

（2）中端。相较于前端的变化，平台化之后的管理信息系统，在中端和后台上可以说是发生了颠覆性的改变，同时也更体现了模块化、平台化对于系统的影响。

中端的作用和传统的系统相比会变得更为关键，平台的中端将会承担更多的决策功能，而支撑这些决策的数据，也同时存放在中端，因此，中端会有一个小型的数据存储库。中端的决策功能体现在，前端的使用者，可以根据自己的需求，配置组合系统所拥有的功能模块。每次配置组合完之后，都会产生新的业务流程，相应的数据会从后台被提取，在新的业务流程中进行输入，并得到一定的结果。传统的信息系统中端，往往都是比较固定化的流程，比较庞大但杂乱的数据存储，可以实现特定的功能，却难以有效地进行动态调整。而平台化后的中端，流程可以根据需求设计，变得更为自由灵活，也就更贴近于使用者的业务流程，因此可以实现更多的业务功能。而数据存储库，虽然比之前小很多，但都是业务决策所需要的关键数据，并不会本质上影响到决策，也因为数据存储库的变小，数据处理速度变快，业务运行的速度也会有所提高。

（3）后台。平台化的后台不像传统系统需要大量响应中端的服务请求，如今它更多地承担着一个存储功能。后台首先建有一个数据仓库，存放着所有业务和功能所需要的数据，使用者中端所使用的决策数据也是利用全局数据库从后台进行调取。同时，后台还存放着每一个功能性的模块，这些模块很像决策支持系统的模型库，需要增减任何功能模块，都可以在后台进行操作，使得中端可以直接使用和组合这些功能模块。这些模块本身都是独立的，仅仅完成其所对应的功能。但模块所需要的数据是相互关联，被有序地存放在数据仓库中。这样的特点，也就使得中端既可以有灵活的决策流程设计，也可以让数据在流程中自由运行。

8.2.2 平台的运作方式

以上所提到平台的前端、中端和后台之所以有如此巨大的变化，本质上是因为整个管理信息系统在变成平台后的运作方式产生了根本性的变化。

管理信息系统平台的运作方式是功能模块以服务的方式提供，组件化和服务化是平台运作的两个重要特征。将业务系统拆分成多个独立的功能模块，模块设计遵循高内聚、低耦合的原则，每个模块除了实现自身的业务功能外，也将自身能力对外发布为服务，借助标准化的服务接口，实现服务的复用。这些思想在面向服务的架构(SOA)中就有集中体现。

面向服务的架构是将原先紧耦合的系统划分为面向业务的、粗粒度、低耦合的基础服务，服务之间可通过标准接口通信，供其他服务模块调用。SOA 正是通过把应用和资源转化为标准的服务，来实现资源共享。SOA 有多种架构方式，早期的 SOA 常采用企业服务总线(ESB)的架构模式，企业服务总线是一个具有标准接口的、起到连接中枢作用的信息系统基础平台,SOA 将各种服务连接到企业服务总线上,支持服务的分解、调度、封装和组合,实现分布式的存储和处理。微服务是另一种常见的架构方式,微服务借鉴了互联网的设计思路,采用 Http Rest API 的方式发布和管理任务,强调彻底的组件化和服务化,比 ESB 的敏捷性更强。

传统的系统模式是面向过程的,即把业务处理的过程分析清楚,分成子系统,然后串起来提供处理。而近代的平台模式,是面向服务的,面向顾客的,贯彻顾客第一、服务第一的宗旨来提供服务。它把系统所需的所有功能块、数据块、独立出来打散为所有顾客服务。针对个别顾客,选择他们所需的功能块和数据块,综合起来进行服务。这样就让软件像个服务(SaaS,software as a service)。这显示了信息系统的两个重要的发展趋势,一是共享,二是扁平化。这也是管理和组织的一般的发展趋势。

平台的架构企图使整个系统扁平化,为大量的用户服务,愿望是好的,但做到大家都满意也是很难的。为了使用户容易使用平台,每个平台均希望给用户开发一个客户端,用这个客户端和平台联系,但当一个用户使用多个平台时,就要下载许多客户端,如携程、苏宁等,把麻烦又推到用户那里了,可不可以建个通用的客户端,由谁来建等,都是问题,只能在发展中慢慢解决。

即使是平台架构,也离不开基本的、独立的功能模块,尤其是功能模块的逻辑原理,所以本篇以后各章,就要介绍大量的功能模块的功能逻辑原理。

8.3 企业平台系统案例

8.3.1 海尔

海尔信息化起步于 1999 年,最初的 IT 思维是以业务需求为先。以制造业为核心,从生产制造模块、物流、售后等核心业务从上往下解析,一个业务对应一套系统,这种思维导致形成了不少信息孤岛。2007 年海尔开始整合不同职能单元的 IT 功能,进行统筹管理。2015 年,海尔进一步加强整体共享服务、数据与基础资源、信息安全三大业务(见图 8-3)。支撑业务快速成长的并不是最贴近业务的系统,而是优秀的底层信息基础架构。纵观海尔 IT 思维的变化,正是从最初力求贴近业务,逐渐调整为以数据架构为先。海尔以"agile(敏捷化)、automation(自动化)、all-in-one(平台一体化)"的 3A 理念,来搭建底层信息基础架构。

在 IT 的具体建设方面,海尔通过应用的解耦合,实现"平台化＋微服务化"。一方面,海尔用统一的平台来共享服务,实现集团全局的互联互通。海尔使用 BMC 的 IT 服务管理平台"Remedy",在全球范围内构建了完全基于信息技术基础设施库(ITIL)标准的、规范化的 IT 服务平台,将人力资源、财务、仓储、调配等所有业务流程都集成到这个平台上,产生的相应数据也集中在平台上,实现数据共享、资源整合和精细化管理。平台一体化的策略,不仅能实现快速平稳的业务交付,更重要的是,在操作业务的时候,平台能轻松地收集产生的数据,快速实现数据共享,进行数据分析,挖掘数据价值。

另一方面，海尔让 IT 从后台服务向前移，灵活地支撑不同的业务场景，在平台支撑下，提供碎片化的应用与服务。海尔在"Remedy"的底层核心工作流引擎之上，搭建了智能制造、人力资源管理、仓储物流、电子商务等诸多业务场景，让 IT 紧密服务于各项业务，IT 运维"活而不乱"。

海尔以资源共享、数据统管、安全合规、互联开放为基本底线，共享统一平台的服务和组件，为各类应用提供服务，通过 IT 建设"平台生态圈"。

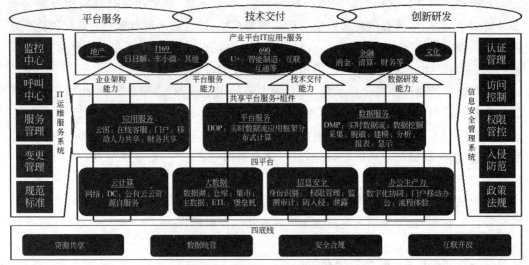

图 8-3　海尔 IT 的服务模式

8.3.2　阿里巴巴

阿里巴巴集团最初只有淘宝事业部，后来成立了天猫事业部。淘宝和天猫的电商系统是两套独立的烟囱式体系，烟囱式体系导致了重复建设和维护，也不利于业务协作和数据沉淀，集成和协作的成本很高。为了解决这一问题，阿里巴巴于 2015 年底宣布启动中台战略，成立了共享业务事业部，将公共、通用的业务功能沉淀到共享业务事业部。

在建设共享服务事业部时，阿里选择分布式的、面向服务的架构（SOA）（见图 8-4），遵循"高内聚，低耦合；数据完整性；业务可运营性；建设渐进性"的原则来建设中台服务中心。阿里对中台服务提出四点要求：第一，以提供稳定服务为前提。中台的出现意味着更复杂的架构，这对日常运维提出了更高的要求。阿里把提供稳定服务作为中台最重要的目标，开发了基于海量日志可视化分析的鹰眼系统，全方面监测服务和服务调用链，跨业务领域跟踪故障，实现业务级的监控。第二，业务持续创新。中台需要和前台紧密合作，通过业务滋养服务，从持续沉淀的业务中抽象出服务，扩展到其他应用场景中。第三和第四分别是服务接入量和前台满意度。通过内部的市场机制，以量化指标来反映中台的市场价值。

共享业务事业部为阿里巴巴的发展做出了巨大贡献。第一，服务重用，降低成本。阿里集团业务众多，松耦合的服务带来业务的复用，降低了重复建设的成本。第二，快速响应业务需求。"小前台，大中台"的组织和业务体制，使得前线业务更加敏捷灵活。新业务需求出现的时候，不需要从零开始设计、开发，通过共享服务的组合就能实现快速开发，迅速响应新业务，满足市场需求。第三，中台服务可以不断进化。最初只有淘宝和天猫接入共享服务，共享服务事业部提供的业务功能也比较单薄，随着聚划算、菜鸟物流等新业务的不断接入，通过业务滋养服务，实现业务的持续沉淀，共享服务的范围也不断扩大，这些服务抽象后能用于更多的业务场景。第四，有利于挖掘数据价值。在大数据时代，数据是企业的宝贵资产，但大数据分析知易行难。阿里业务规模大、复杂度高，在没有建设统一的数据公共层时，打通烟囱式系统间交互的集成和协作成本非常高，也对阿里内部服务器提出了很大挑战。中台服务的出现，解决了大数据分析时面临的数据分布广、数据模型和标准不统一的问题，打通数据层、控制权限、转换格式、清洗和转换数据等问题迎刃而解。在 2016 年的 UBDC 全域大数据峰会上，阿里巴巴公共数据平台负责人提到，数据公共层的统一建设让阿里内部服务器的需求量节约 90%。此外，共享服务让技术与前台服务紧密结合，更利于培养既精通技术又了解业务、能让大数据平台真正发挥价值的数据科学专家。

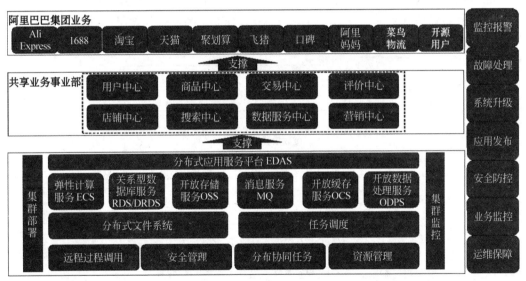

图 8-4　阿里巴巴业务架构

研讨题

即测即练

1. 如何概念清晰地对应用系统进行分类？当前社会上的一些分类存在什么问题？

2. 应用系统的发展趋势是平台，平台的发展趋势是什么？平台的框架（framework）和平台的架构（architecture）有什么区别？建造它们的方法有哪些？

3. 调研和描述一个实际企业的平台，对它们的优点和问题进行分析。

CHAPTER 9 第 9 章

职能模块

职能信息系统就是按系统的职能划分的系统。企业的职能一般划分为市场、财会、生产、人力资源等。对应的系统就有市场信息系统、财会信息系统、生产信息系统和人力资源信息系统等。要注意这些领域不是仅指组织,而是贯穿整个组织的功能。例如,财会系统不是财会科的内部系统,而是贯穿组织的会计功能的系统。

9.1 市场信息系统

市场的主要内容包括广告、促销、产品管理、定价、销售预测、销售自动化以及销售业务管理等。市场信息系统也包括战略层、策略层、控制层和业务处理层。可以用图来表示其全面功能,如图 9-1 所示。

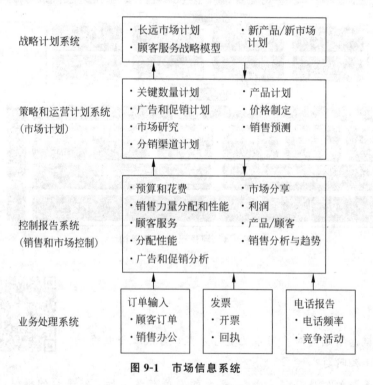

图 9-1 市场信息系统

下面分层次对市场信息系统的一些功能进行介绍。

9.1.1 销售预测

随着我国经济向市场经济转型,参与市场活动的任何一个企业,无论其大小,都是平等独立的单位。他们都要根据市场的需求,独立决定自己的供应。符合市场的需求,企业就能发展兴旺;不符合市场的需求,企业就会萎缩甚至倒闭。因而预测市场情况十分重要。信息系统能帮助企业进行市场预测。这里介绍一些信息系统的预测功能。

信息系统可以帮助企业进行短期和长期的销售预测。

短期预测包括一周、一月,最多一年的预测,也有短至一天的预测。长期预测则最短为一年,可能2～3年、5年甚至十几年。要预测应当用模型。短期预测一般使用移动平均数法、指数平滑法模型,而中长期预测则要使用拟合模型、回归模型或系统动力学模型等。

下面举一个企业产品预测子系统的例子。这个例子中采用的预测方法有经验综合法、内因直接预测法和外因间接预测法。

经验综合法是根据管理人员的估计综合起来。这种方法简单、快速,在没有历史数据的情况下只能用这种方法。这种方法的缺点是耗费高层领导的时间较多,综合意见较困难等。

内因直接预测法,是用自己过去的历史数据预测自己的未来。直接预测首先要考虑收集整理数据。预测需求时应收集需求数据。销售数据与需求数据之间是有差别的,不能简单地把销售数据当作客观需求来处理。一般来说,统计数据越多越好,在不太重要的情况下找7点即可,重要情况下至少找12点,观察季节性需求形态至少要两年的数据。数据的时间跨度对预测是有影响的,跨度过长,季节性波动会被掩盖。像库存这样的问题要考虑吸收需求的波动,所以一般要求时间跨度短些。

在建立预测系统时要整理大量的数据,系统提供很强的编辑功能,比如某周期缺少一个原始数据,可用前后周期的平均值来代替,人工通过光笔直接写在终端上,如图9-2所示。

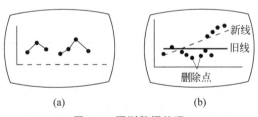

图 9-2 预测数据处理

系统提供自动回归的功能,回归线可以是线性的,也可以是非线性的。可以根据需要任意选配。如果每一点到拟合线的距离差绝对值的均值超过规定,系统将通知分析员,数据在终端的屏幕上显示出来,分析员可删去不合理的数据点或老的数据点,重新回归,如图9-2所示。

当需求数据出现峰和谷时,就要考虑季节性需求,真正季节性需求行为要求峰值在各个周期的同一时期出现,并且高峰需求必须超过平均需求的 MAD/2。

季节性需求行为在计算机中用趋势线和季节因子来表达,例如图9-3中,第一年12

月份需求的直线趋势值为 1 000，季节因子为 0.8，那么真正需求预测为 1 000×0.8＝800。

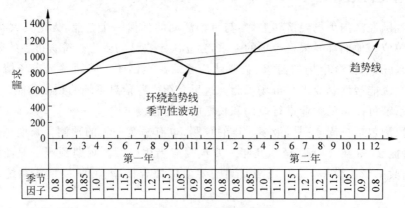

图 9-3　季节性需求的表示

在现实中往往一个偶然因素影响需求行为，而这些偶然因素在历史数据中反映不出来，因此系统提供很强的人机接口功能，允许管理人员根据当前的实际情况来调整预测结果。

计算机预测系统是一个自维护系统。它不仅建立初始预测模型，而且当得到一个新的数据以后能自动调整模型，使之适应新的情况。具体来说，就是重配回归线，或者用指数平滑，或者重新建立新的预测模型。要做到自动调整，必须对预测有严密的监控，执行这种监控是靠各种跟踪信号，表 9-1 列出了几种跟踪信号的例子。比方预测持续过高，误差之和越来越大，大到一定程度（比如 4MAD），就提醒分析员注意，采取措施重新建立新的预测模型。有的自动调节预测模型随着跟踪信号的值变大，自动增大平滑系数 a。

表 9-1　预测监控中的不同跟踪信号

周　　期	1	2	3	4	5
实际误差	+200	+50	+50	+10	+5
误差总和	+200	+250	+300	+310	+315
平滑误差 $a=0.1$	+200	+185	+171	+155	+140

外因间接预测首先要确定与需求真正相关的外部因素，即指示因素。指示因素的情况可能是政府部门、贸易交往的单位；也可能来自企业内部，比如汽车的销售对以后某配件的需求是个指示因素。对每一个预测指示因素应不少于 30 个观察点，因此间接预测比直接预测要求有更多、更广泛的数据来源。

需求往往是不止一个指示因素的函数，数学上一般用多元回归的方法来处理。

对一种产品的需求进行综合预测，一般先对一组类似产品作间接预测后，再对这组产品的该种产品的直接预测做调整，如图 9-4 所示。

预测子系统一般应有如下功能。

(1) 收集和整理数据，滤除不合理的历史数据。

(2) 选择好的预测模型，以准确表达需求行为，从而改善预测精度。

(3) 用产品的寿命曲线修正长期预测，增加长期预测和新产品预测的精度。

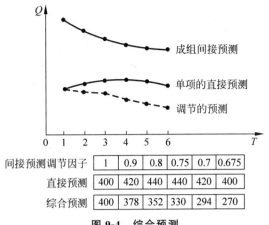

图 9-4 综合预测

（4）管理人员可以根据预先知道的外界影响，调整模型。

（5）使用模型维护技术，减少历史数据的存储量。

（6）使用监控手段，保证现行预测模型延续使用，减少人工干预。

（7）根据企业外部的经济因素不断发展预测模型。

达到这些功能的预测子系统的结构如图 9-5 所示。

由图 9-5 可以看出，预测子系统可以进行直接预测和间接预测。直接预测在左路，而间接预测在右路。直接预测能做到收集数据、选择模型、利用产品生命曲线修改模型、发出异常信号，从而得到单项预测。间接预测可以根据自身的历史数据和知识因素的历史数据作出成组预测。将成组预测和单项预测综合，得到最后的预测。这些预测的结果可用于生产计划、库存管理和其他系统。

9.1.2 广告和促销

用信息系统帮助进行广告和促销有以下几方面。

（1）选择好的媒体和促销方法。

（2）分配财务资源。

（3）评价和控制各种广告和促销手段的结果。

由于广告是最非结构化的决策，因而虽然过去也有人做过许多模型来辅助广告决策，但均收效甚微。随着我国市场经济的发展，广告的重要性已为越来越多的企业所认识，对广告的投资也越来越多，最重视广告的企业可以拿出其年盈利的 80%，以多达几亿元在中央电视台做广告。广告是一种投资，它把资金转化为无形资产，在以后又把无形资产化为价值。广告是促销的一种重要的手段，其效果也要看促销的结果怎样。广告是非结构化的，它更多的是艺术，而不是科学，所以用计算机对它的支持是很有限的。主要的表现在利用电脑来制作广告，电脑的 CAD 技术、三维技术在广告中得到很好的应用，这样既降低了广告的成本，又提高了广告的效果，而且加快了广告的制作。电脑在广告上应用的另一面是互联网成为广告的媒体，而且越来越受欢迎，它把广告和促销甚至销售业务集为一体，看完广告以后就可直接进行网上的购买行为。

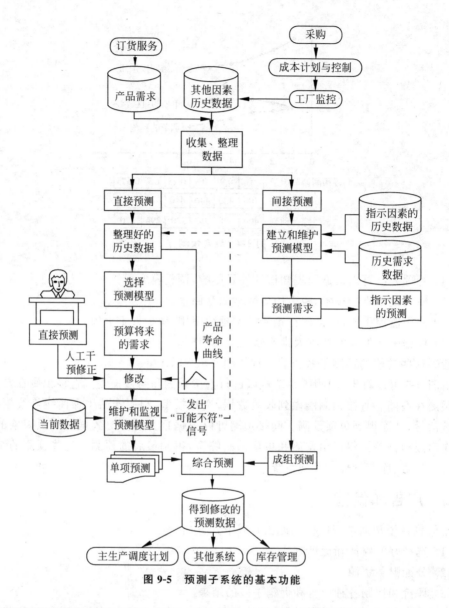

图 9-5 预测子系统的基本功能

利用电脑支持促销比支持广告强一些,但也不如其他职能系统。现在看得出它在支持推销员的通信上会有很大的作为。推销员可以携带笔记本电脑,用它们支持以下工作。

(1) 面对顾客查找产品的价格、运输成本和合用性等,以帮助顾客决定购买。保险业可以算出几年的支付和收入,房地产业可以当场动画显示房间的布置。

(2) 输入销售订货数据到订单输入系统。

(3) 呈交推销报告,总结每一个推销活动,指出和谁联系过、讨论了什么、下一个销售目标是什么等。

同时,这种系统还可以为推销员提供其他信息,如关于销售前景的信息;关于现存顾客的信息,以前购买信息;最能获利的产品的信息等,推销员可借以考虑手续费率、奖金和竞争状况。

所有这些信息能使推销员工作得更好,推销员增加收入,公司增加销售,顾客得到更好的服务,因而系统使各种人受益。

9.1.3 产品管理

产品是市场的第一成分,没有产品也就没有市场可言。

产品是有生命周期的,从其进入市场到退出市场形成一个生命周期。一个生命周期可以分作几个阶段:引入、成长、成熟和衰退等。不同的周期应有不同的策略,见图9-6。

信息系统应当支持这些阶段的转移及其决策。例如在新产品引入时要应用新产品引入模型来进行评价。较好的企业在引入新产品时都有一个正式的手续过程,以保其潜在的利润和有效地利用资源。

新产品的评价可用 O'Meara 模型,实际上是新产品委员会表决结果的处理模型,见表9-2。

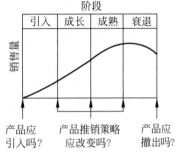

图 9-6 产品生命周期

表 9-2 中 P 表示概率,即专家们赞成人数相对于总专家人数的百分比。所以每一行的 P 之总和应为 1。EV 为评分值。如全部专家都认为是很好,则 $P=1$,很好的评分值为 10,所以得到满分 10。

表 9-2 新产品评价

决策准则	加权系数	很好 (10)		好 (8)		中 (6)		差 (4)		很差 (2)		总计	准则评价 (总计× 加权系数)
		P	EV	P	EV	P	EV	P	EV	P	EV		
市场资源利用													
产品兼容	0.3	0.2	2.0	0.6	4.8	0.2	1.2	0	0	0	0	8.0	2.4
销售知识	0.2	0.2	2.0	0.7	5.6	0.1	0.6	0	0	0	0	8.2	1.64
分销设施	0.2	0	0	0.2	1.6	0.2	1.2	0.6	2.4	0	0	5.2	1.04
长期需要	0.3	0	0	0	0	0.1	0.6	0.6	2.4	0.3	0.6	3.6	1.08
市场资源总价值													6.16
生产资源利用													
工厂能力	0.3												
劳力技术	0.2												
工程成熟	0.3				(略)								
设备合用	0.1												
材料合用	0.1												
生产资源总价值													6.88
公司资源利用													
资源	评分值			权重			加权值						
市场	6.16			0.6			3.696						
生产	6.88			0.4			2.752						
总计							6.448						

9.1.4 定价子系统

定价子系统和促销子系统有密切的关系。定价子系统要协助决策者确定定价策略。定价策略有两种,一种是以成本为基础的定价策略,这种策略是以成本为基础加上一个要求的附加值,这可以是一个固定值或一个固定的百分比。这种决定在有信息系统的情况下,简直易如反掌,实际上定价系统是没必要的。另一种是以需求为基础的定价策略,这就要求正确地估计需求,需求旺,价就高;需求弱,价就低。这就要求很好地了解顾客、市场、竞争者和国家经济状况。这时可能要用到数学模型。

但是价格问题不是个简单的问题,随着产品形式的不同,市场规则不同,价格确定的方式也是各式各样,非结构化的因素也很多。对于大型设备,往往根据订货进行生产。

在订货以前又要知道价格,因而需要报价系统。报价系统是一种价格计划系统,它能事先根据产品的性能,估计出它的材料费、设计费、生产费等,然后给出价格,但它又不一定要那么详细,可又要求最后和实际价格不能相差太大,因而是个很难建造的系统,也是当前的研究热点。不仅大的设备制造,而且大的工程项目的投标也需要报价系统,报价准确将能提高投标的竞争力,又不会因为估计错误而使自己受损。在这种情况下,报价系统起着非常关键的作用。针对不同的产品,可研制成不同的报价系统。如大型发电设备的报价系统、大型货轮的报价系统等。

随着电子商务的发展,报价系统也出现了更多的花样。如对信息产品,产品的研发成本很高,复制成本趋于零,成本定价已无意义,定价是按顾客的期望。因而可能同样的产品报不同的价,甚至一个人一个价。这种方式,靠人工简直是无法完成的,报价信息系统就成了进入这个行业之必需。正因为有了信息系统的支持,商业的讨价还价的形式越来越多。如 eBay 的网上拍卖、股市的买卖等。商业的发展需要定价系统,定价系统又促进了多种多样的商业形式产生。这也使定价系统逐渐成为一种重要的职能系统。

9.1.5 销售渠道管理

销售渠道是指产品由生产厂家到用户的路径。这种渠道有的很短,由厂家直到用户,有的则较复杂,见图 9-7。

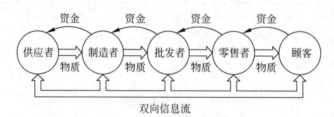

图 9-7 销售渠道管理

这里厂家生产的产品要经过批发、零售,才到用户。如城市的蔬菜供应要经过几道环节,才到顾客手中。过长的渠道将增加成本,增加顾客的负担,也减少了厂家的竞争力。

在图 9-7 中有三种流——物流、资金流和信息流,物流由供应者到制造者、到批发商、到零售商、再到顾客,而资金流是其反向,信息流则是双向。

销售管理则要管理产品系列、产品分析、顾客类型、销售员业绩、销售领域等。销售过程可以应用大量的信息技术。面对顾客的销售点系统(point of sales，POS)是最基层的信息处理和信息收集系统。销售管理的大量数据均可由这里得到，而且提高了销售自动化水平。支持整个销售过程的电子传输系统叫 EDI(electronic data interchange)。EDI 不仅支持销售各环节的信息传输，它还将各环节"捆绑"在一起，加固联盟，提高竞争优势。目前条形码、集装箱和 EDI 已成为国际贸易的三大关键先进技术，未来的世界贸易都要有这些技术。

以互联网为通路的电子商务(electronic commerce)是最近兴起的热点。它已成为销售自动化的重要手段，很值得我们注意。

9.1.6 市场情报和市场研究子系统

市场情报子系统是公司和环境间的接口。市场的环境主要是顾客和竞争者，其实还有政府和全球社团等。

市场情报子系统要收集竞争者行为的信息，甚至不择手段，但没有公司愿意公开承认，以免损害其公司形象。体面的世界性大公司几乎都存在这种行为，正像国与国之间的间谍行为一样。更大量的信息是利用正当的手段，根据公开的信息，分析竞争者的行为，市场情报系统在这方面起了很大的作用。

市场情报子系统的主要活动是收集数据、评价数据、分析数据、存储情报、分发情报等。收集数据包括一次数据，即直接的原始数据，来自电话、报表、会议等方面，收集完以后要把它整理存档。二次数据是由别的数据库中查得的信息，随着网络的发展，这方面的信息会越来越增加，信息的内容也越来越丰富。现在国际上利用互联网可以收集到 70% 以上的信息，尽管最重要的信息仍然是口头信息，但互联网收集信息已举足轻重。由于互联网至今仍然缺少很好的"搜寻引擎"(search engine)，所以在其上收集信息还要求高水平的人才，而且搜寻速度较慢。

市场研究子系统是利用市场情报子系统收集的数据进行研究，但往往这种数据不足，还要进行一些有目的的专项收集或调查。有以下几种调查方式被采用：一是抽查，同样的问题问一些人，用个人采访或电话或信件，这种调查的人数少则 30 人，多则几千人。二是深入访谈，访问的人数较少，但时间较长，这不仅可以问是与否，而且可以问出为什么。三是观察，观察一定的行为，如在超市的停车场观察顾客来自何方，在住户的垃圾袋里看着消费的是什么商品。四是控制实验，对一定群体进行实验。过去只有大公司才有能力进行这种市场研究。小的组织只能依赖于市场调查的专门组织。现在由于微机市场调查软件越来越完善，网络上查寻也较方便，小组织的管理者的水平也逐渐提高，越来越多的小组织也能自己进行市场研究。现在收集市场情报进行市场研究活动的组织有些已由生产或销售企业中分离出来，成立了专门的咨询公司，专门为别的企业收集情报和进行市场研究。用户只要提出要求，付钱，他们就可帮你完成。当然企业得到他们的解决方案后，自己还要仔细研究是否真要执行。

市场信息系统各子系统集成在一起形成市场信息系统的总框架，见图 9-8。

这里市场情报子系统、市场预测子系统、市场研究子系统都属于输入子系统。而产品

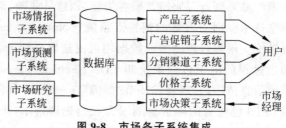

图 9-8　市场各子系统集成

子系统、广告促销子系统、分销渠道子系统、价格子系统都是对用户的输出子系统。市场系统和市场经理的接口是市场决策子系统,它和一般决策支持系统的功能相似,帮助经理收集信息、提高效率以及辅助决策等。

这里 4 个输出系统输出 4 种有关的信息,这就是产品(product)、促销(promotion)、分销渠道(place)和价格(price),也就是 4P。4P 是市场的主要职能,因而我们的市场信息系统模型覆盖了市场的主要功能。

9.2　财会信息系统

财会是企业中四大职能之一,它实际上包括了两大部分:一部分是会计,一部分是财务。会计主要的任务是记账,使资金的运作不发生差错;而财务更多关心如何运作好资金,使其产生效益。

9.2.1　会计信息系统

不要小看记账,保证记账正确不是一件容易的事。手工记账没有不出差错的情况,即使是计算机记账,也不能保证没有差错。防止差错不只是要防止人的疏忽,而且要防止人的有意破坏,如贪污、作弊等。因而要保证手续的严格完善和没有漏洞。复式记账方法已应用一百多年,至今仍然是最有效的方法。目前的会计主要涉及的是历史的数据,根据这些数据产生一些综合数据的报表如收入表(income statement)和平衡表(balance sheet)。

现代的会计已开始向财务延伸,涉及未来的数据,如获利能力计算、责任会计。但是至今会计仍然有许多困惑,主要表现为:产品中信息成本的计价问题;有形资产和无形资产的计价问题;商标权(商誉)价值问题;人力资源以及研究与开发投入的计价问题;事后、事中、事前反映经济事项问题;财务信息和非财务信息反映的问题等。所以尽管当代会计系统已经相当成熟,但不意味着它就不要变化,随着信息技术的发展,随着经济全球化,会计制度和会计信息系统均会发生变化。

会计系统最成熟的部分和最固定的部分是记账部分,这部分几乎已经定型,各种企业几乎相同,见图 9-9。

这个系统包括订单处理、库存处理、会计应收、会计应付、工资、总账和财务报告系统等。可以把它们归类成以下子系统。

1. 订货处理

订货处理子系统接受和处理顾客的订单,并产生给顾客的发票和进行销售分析的数据。有些公司还保存顾客的订单,直到顾客收到货物为止。

当顾客送来订单时,计算机的订货处理系统应当可以校核顾客的信誉,即衡量其付款能力,从而产生接受订货和拒绝订货的决定。这个过程也可以用一个图来表示,见图 9-10。

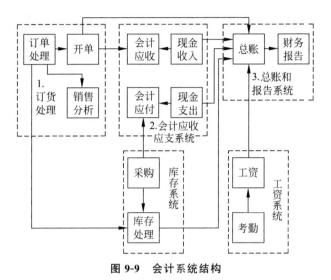

图 9-9 会计系统结构

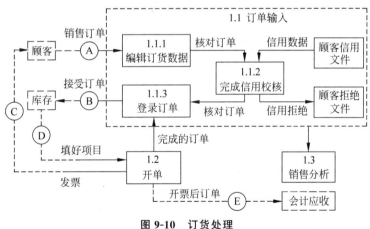

图 9-10 订货处理

图中画了订货处理三大模块,并较详细地分解了 1.1 订单输入模块。由图看出,开出订单不仅要校核顾客的信誉,而且还要校核自己的库存。具体内容在库存处理中再做介绍。

2. 会计应收应支系统

应收系统的功能是加入新的应收项目,它由开票后的订单触发,一般每日一次批处理;删除已付的项目,从而真实地反映对顾客的业务;准备报表,一般发货后给顾客 30 天时间付清货款,如 30 天已过则算拖欠货款。每个月信用卡公司都要给公司一个拖欠货款的报告,这些报表每行代表一个发票,全表列出未付账目;会计应收也给总账提供数据。

会计应付系统设立会计应付记录,向供应商付款,删除付过的支出,提供总账数据。

由图9-9可以看出,会计应收应付之间并没什么关系,它们均和订单、库存和总账系统发生关系。把它们的结构图分别画入图9-11。

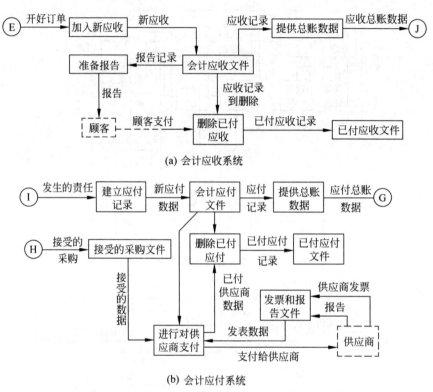

图 9-11 会计应收和应付系统的结构

3. 库存系统

库存系统包括采购和库存处理系统两大部分,见图9-12。

采购包括选择供应商,得到口头允诺,准备采购文件,关闭采购订单和采购相联系的就是接收,接收包括处理接收和通知其他系统。库存处理根据库存文件,校核重订货点,填好订单中项目,并给顾客开发票,开好订单通知会计应收系统,并提供总账数据。

4. 总账系统

总账系统是综合各子系统的数据提供一个企业运营的全貌。它包括两个子系统,一是总账更新系统,一是报告准备系统,见图9-13。

9.2.2 财务信息系统

财务的总目标是最好地利用资金和剩余资金的最优投资。

财务信息系统是为协助主管达到以上目标的计算机系统。财务信息系统的概念模式见图9-14。

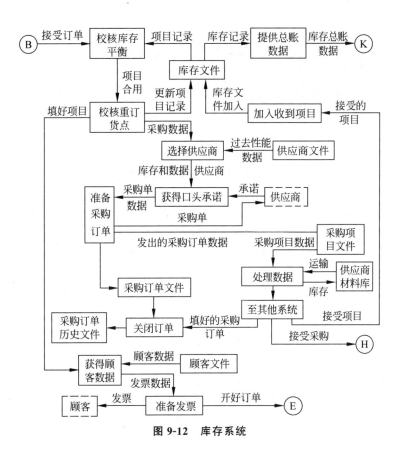

图 9-12 库存系统

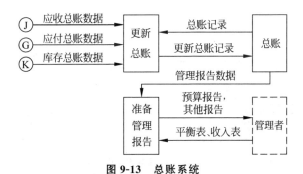

图 9-13 总账系统

图中左边是几个输入子系统,其中会计信息系统已如前所述。

内部审查子系统实际上也是会计功能。审计包括财务审计和运营审计。财务审计主要查公司的财务记录是否正确,账钱是否一致。而运营审计是审计财务手续是否完备、高效,它往往和信息系统的再设计联系在一起。审计可以请外部审计公司来进行,也可由公司内部组织进行。外部公司审计的最大好处在于客观性和其知识的全面性。内部审计只有在大公司才设有常设的机构。运营审计一般应有信息系统分析员参加。

财务情报子系统向股票持有者(股东)、财务社团以及政府机构提供信息,帮助了解公司经济环境。公司每年要给股东报告,说明投资效益包括股票的年增长率,与 500 家大公

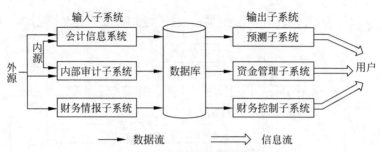

图 9-14　财务信息系统概念模式

司平均指数比较,各种产品的盈利比例等;每年还要召开股东大会,大公司均设有股东联络部掌管这方面工作,它们还负责收集股东的意见和建议,并及时和股东沟通。财务情报子系统还从政府报告、期刊、网上数据库收集经济信息,以便分析经济形势。现在互联网上也有这种服务,如 Dun&Bradstreet 等。

财务输出子系统是财务系统的主要系统,它们能帮助公司进行财务决策。

财务预测子系统所用技术和市场信息系统相同,这里不再赘述。

财务资金管理子系统可以说是财务系统的最重要的子系统,它帮助企业实现两个目标:

(1) 保证收入流大于消耗支出流;

(2) 保证这个条件在全年是稳定的。

为此要进行现金流分析。例如某公司的销售和消耗如图 9-15 所示。

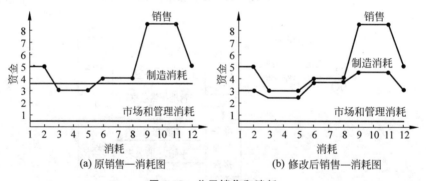

图 9-15　公司销售和消耗

图 9-15 显示,如果可以延缓制造材料的付款日期,即可保证全年不出现负的资金流。有时拖延可能带来损失,例如罚款和支付利息。负资金流会带来损失,如贷款的利息。信息系统即可进行这种模拟,以达到折中,使总效益最好。

现金和证券管理也是财务管理的重要内容,它应使现金较快流动而不要呆滞。计划日、周、月的现金存支,防止现金短缺。用计算机模拟寻求最佳的现金来源,并处理多余现金的投资问题,确定合理的证券组合、资金组合。图 9-16 所示为证券组合报告的例子。

财务控制系统要控制一些支出和控制一些企业性能的参数。控制的支出包括销售、电话、租金、办公用品等,它可以给出表格以便管理人员发现问题,如表 9-3 所示。

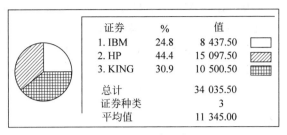

图 9-16 证券组合

表 9-3 预算支出报告

项目	本 月			本 年 累 计		
	预算	实际	盈亏	预算	实际	盈亏
工资	23 500	22 000	−1 500	59 000	54 250	−4 750
差旅费	8 250	9 000	+750	23 500	28 100	+4 600
招待	1 400	1 630	+230	4 200	5 100	+900
电话	200	85	−115	600	225	−375
租金	535	535	0	1 605	1 605	0
家具	0	0	0	420	505	+85
办公用品	635	410	−225	1 875	1 320	−555
杂项	400	620	+220	1 200	1 965	+765
总计	34 920	34 280	−640	92 400	93 070	+670

性能参数多用一些比例来衡量,如:

$$现金比例 = \frac{当前资产}{当前负债}$$

$$库存周转率 = \frac{售货总费用}{平均库存值} \times 100\%$$

财务系统往往用电子报表决策支持系统,具有 What-if 分析能力等。

9.3 生产信息系统

一旦管理者确定了需求,而且决定要去实施它,后面的任务就是生产信息系统的内容了。我们这里说的生产是广义的生产。对生产产品的企业来说它就是制造,对于服务业来说它就是服务运营。麦当劳把大生产的管理技术用到餐饮服务,得到了巨大的成功。这说明了生产和服务的相似性。由于生产管理中最困难的最复杂的还在于制造业,所以我们就针对制造业来讲述,其他任何行业均会从中受益。

制造信息系统可以分为两大类。一类是通过技术实现产品生产的系统;一类是通过管理实现生产的系统。技术信息系统包括计算机辅助设计(computer aided design,CAD)、计算机辅助制造(computer aided manufacturing,CAM)、计算机数字控制(computer numeric control,CNC)和机器人(robot)等。另一类管理系统是以材料需求计划

(material requirement planning，MRP)、制造资源计划（manufacturing resources planning，MRPⅡ)为中心，还有计算机辅助质量控制（computer aided quality control，CAQ）等。将技术系统和管理系统结合，如计算集成制造系统（computer integrated manufacturing systems，CIMS）和企业资源计划（enterprises resources planning，ERP）系统等。

9.3.1 MRP系统

现代化的大生产给机械制造业带来了许多困难，主要表现在：
(1) 生产上所需的原材料不能准时供应或供应不足；
(2) 零部件生产不配套，且积压严重；
(3) 产品生产周期过长，劳动生产率下降；
(4) 资金积压严重，周转期长；
(5) 市场和客户要求多变和快速，使企业的经营计划系统难以适应。

长期以来围绕这些问题研究了各种方法，主要的有三种，一种是订货点法，一种是材料需求计划（MRP）方法，一种是准时法（just in time，JIT）。现在还有人研究最优化法（OPT），也有将各种方法混合应用的，如在MRPⅡ中应用订货点技术和JIT技术等。

MRP的发展经历了三个阶段，20世纪60年代初期为解决"订货点管理"的不足，发展了主要控制物料的物料需求计划。此阶段的MRP可定义为"利用主生产调度（MPS）、物料用量清单（BOM）、库存（inventory）和未交货单（open order）等各种资料，经计算得到未来的物料需求，并进行订单的补充和修改。"这是初期的或传统的物料需求计划，如图9-17所示。

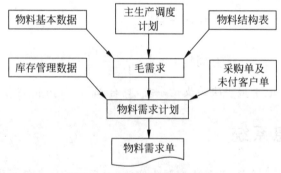

图 9-17 传统的物料需求计划

20世纪70年代闭环式（closed loop）MRP逐渐成功，它能适应主生产计划的改变，又能适应现场情况的变化。闭环式MRP还加强了各子系统之间的联系。闭环式MRP的结构见图9-18。

这里在制订主生产计划时进行了产能分析，如果可行就去进行物料计划，如果不可行就要反馈回去，重新修改主生产计划。同样在执行物料计划和执行车间计划时出现问题，也要反馈回去，并修改主计划或物料计划。这样就构成了闭环的动态控制。

20世纪80年代MRP逐渐为MRPⅡ所代替，这时企业资源不仅是材料、人力、资金、设备和时间也被看成企业资源,并加以控制。它除了生产外,还包括销售、财务、会计及成本的处理。所以 MRPⅡ的英文已不是材料需求计划,而是制造资源计划(manufacturing resources planning),为了和以前的区别,加了一个后缀Ⅱ。MRPⅡ的功能已能满足制造业的所有经营及生产活动,这也是 MRPⅡ被称为"制造业全面资源计划与控制系统"的原因。但总的来说,MRPⅡ是对内管理的系统,在战略规划、市场方面以及高层决策方面功能较弱,现在又在流行 ERP(enterprises resources planning),它是在 MRPⅡ基础上扩充市场、财务等功能的系统。MRPⅡ的原理见图 9-19。

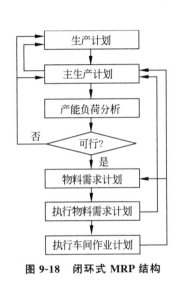

图 9-18 闭环式 MRP 结构

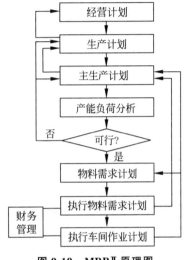

图 9-19 MRPⅡ 原理图

一般 MRPⅡ均由 10 个左右的子系统组成,子系统相对独立,但实现时必须有先有后,各子系统之间联系起来构成 MRPⅡ的系统结构图。各子系统按运行顺序连接起来叫系统的流程图,见图 9-20 和图 9-21。

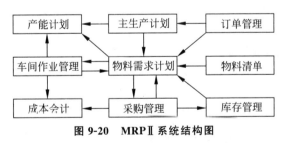

图 9-20 MRPⅡ 系统结构图

MRPⅡ的结构和流程因工厂不同可能很不相同。例如有的企业在主计划前还有汇总计划,有的企业财务上有较多的功能等。

目前国内企业用得较多的 MRP 产品有:SSA 公司在 AS400 上开发的 BPICS;QAD公司在 HP9000 上开发的 OPENMFG;ASC 公司在 DEC 机上开发的 MANMANX;还有 4 家公司在微机网上开发的 Fourth shift。

SAP 公司的 MRP 软件 R3 是一种很为最流行的 ERP 软件,SAP 公司成为世界上最大

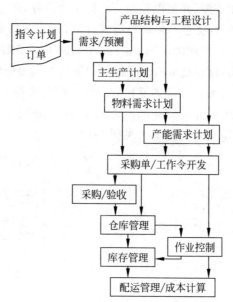

图 9-21　MRPⅡ 系统流程图

的 ERP 软件公司。Oracle 公司在原来数据库的基础上,也开发了 ERP 软件,现已成为行业位居第二的 ERP 软件。这些软件的价格大约是 1 万美元一个子系统模块。最少用 6 个模块,最多可达 18 个。这样的系统一般在较大的企业应用。

由于本书篇幅有限,不可能介绍 MRP 所有子系统,只介绍几个主要的子系统。

9.3.2　主生产计划子系统

主生产计划子系统一般应包括两部分:一部分叫总量计划子系统;另一部分叫主生产计划子系统。

总量计划是关于总体水平的计划,它不是细的要求,例如,总量是钢,不是钢板或钢锭等。计划要用人,忽略了各种技术的人。它是用标准产品代表所有产品。总量计划的目标是充分利用人力资源和设备。

总量计划是制订一年的计划,它考虑用一些方法平衡全年的生产。这些方法有如下几种。

(1) 在需求低时生产较多产品,满足高需求时的需要,这样产量可平稳,但库存较高。

(2) 增加或减少一些人,以便每一周期生产正好需要的产品。这样库存较少,但增人、减人和培训均有花费。加班也是一种方法,但这能力有限。

(3) 送出去一部分工作,这要另有花费。

(4) 让顾客接受推迟。

(5) 维持最高需求所需的人力、物力。

解决这个问题的办法有经验图表法和最优化总量计划法等。

1. 经验图表法

例如,一个小厂制造放像机,其设备能力每天 38 架,每台产品库存一月要花 10 元,推迟交货一个月要花 25 元,制造一个产品的费用为 800 元,加班制造一个要 1 000 元,手工计划表见表 9-4。

表 9-4 总量计划表

(1)	(2)	(3)	(4)	(5)	(6)	(7)	(8)	(9)	(10)	(11)	(12)	(13)	(14)	(15)
月份	预测需求	积累需求	正班时间	加班	正班产量	加班产量	积累产量	库存	退单	正班费用	加班费用	库存费用	推迟费用	总费用
1	500	500	22	4	836	152	988	488	—	668.8	152	4.88	—	825.88
2	750	1 250	18	4	684	152	1 824	574	—	547.2	152	5.74	—	704.94
3	800	2 100	22	4	836	152	2 812	712	—	668.8	152	7.12	—	827.92
4	1 000	3 100	21	4	798	152	3 762	662	—	638.4	152	6.62	—	797.02
5	1 400	4 500	22	5	836	190	4 788	288	—	668.8	190	2.88	—	861.68
6	1 500	6 000	21	4	798	152	5 738	—	262	638.4	152	—	6.55	796.95
7	850	6 850	22	4	798	152	6 688	—	162	638.4	152	—	4.05	794.45
8	750	7 600	13	3	494	114	7 296	—	304	395.2	114	—	7.60	516.8
9	600	8 200	20	—	760	—	8 056	—	144	608.0	—	—	3.60	611.6
10	400	8 600	23	—	483	—	8 539	—	61	386.4	—	—	1.53	387.93
11	400	9 000	21	5	441	—	8 980	—	20	352.8	—	—	0.5	353.3
12	400	9 400	20	4	420	—	9 400	—	—	336.0	—	—	—	336.0
										6 547.2	1 216	27.24	23.83	7 814.47

注:表中(6)=(4)×38,(11)=(6)×0.8,(13)=9×10/1 000,(14)=(10)×0.025,(11)~(15)均乘 1 000。

根据表中所计算的数据用线条图表示出来,如图 9-22 所示,图中纵坐标单位为元。图中虚线表示累计的预测需求,点画线表示累计的生产计划,而实线表示可提供的正班和加班的产量。只要点画线位于实线以下,且在终点和虚线相会,就是一个可行的总量计划方案。这张图可以用于各种资源的校核。由表可以看出每月到底用多少设备能力,用或不用加班的能力全是由人凭经验决定。表图只是帮助人更好地判断,同样用此表图可以判断增加人力或设备的影响。

2. 最优化总量计划法

最优化总量计划法,可由线性规划模型求得。这种方法理论上似乎很完善,但由于实际情况与理论数据的偏差,使求得的最优解偏离最优很远。最优化总量计划法的模型如下:

$$\min Z = \sum_{t=1}^{T}(A_{p,t}P_t + A_{r,t}R_t + A_{o,t}O_t + A_{i,t}I_t + A_{s,t}S_t + A_{h,t}H_t + A_{l,t}L_t)$$

式中:P_t——产量; $A_{p,t}$——材料费用;
R_t——正班人数; $A_{r,t}$——正班工资率;
O_t——加班人数; $A_{o,t}$——加班工资率;
I_t——库存; $A_{i,t}$——库存费用;
S_t——脱库; $A_{s,t}$——脱库费用;
H_t——增加人数; $A_{h,t}$——增人费用;
L_t——减少人数; $A_{l,t}$——减人费用。

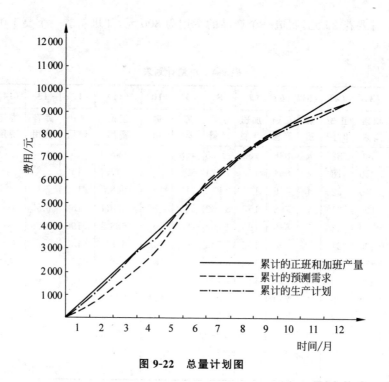

图 9-22 总量计划图

约束条件：

$$I_t = S_t = I_{t-1} - S_{t-1} + P_t - F_t \quad ①$$

$$R_t = R_{t-1} + H_t - L_t \quad ②$$

$$O_t - U_t = kP_t - R_t \quad ③$$

$$P_t, R_t, O_t, I_t, S_t, H_t, U_t > 0 \quad ④$$

U_t 为生产工时小于可用工时的窝工时数；$t = 1, 2, \cdots, T$。

如果不允许脱库，而且保存一定的缓冲库存，则①改为

$$I_t \geqslant I_B, \quad t = 1, 2, \cdots, T$$

如果不允许人员增或减，则

$$R_{\max} \geqslant R_t \geqslant R_{\min}, \quad t = 1, 2, \cdots, T$$

在以上目标及约束中删除 H_t、L_t。

如果不允许窝工，可以把 U_t 删除。

如果可以送外加工，可以加新变量 C_t（产品数），在目标中加 $A_{c,t}C_t$，在约束①中加 C_t，在③中减 C_t，在④中加 C_t。

主生产调度计划就是安排具体的产品的生产计划。如果说总量计划的目的是进行宏观控制的话，那么主生产计划就是用微观的方法安排可执行的年度计划。

主生产计划要回答生产什么产品，数量多少，什么日期生产出来，它给出最终报告是一个表，见表 9-5。

表 9-5 主生产计划(产品:电动机 927)

月份	2	3	4	5	6	7	8
数量/台	700	750	800	850	900	900	900

同样它也可用线条图的形式表示出,并和预测的曲线对比。

为了制订主生产计划,考虑的原则和总量计划相似。但它核算能力要比总量计划细得多,它要把产品拆散,求得每种零件的资源需求剖面,然后相加,与总的可提供的资源剖面相比。若资源足够,该计划即可行。

例如某产品 P 对各种资源的需求见图 9-23。工作负荷(小时)即每小时某工种的工时。

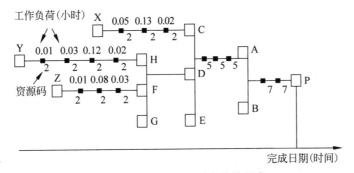

图 9-23 产品 P 对工时负荷的需求

根据产品结构可以画出产品资源需求分布,见图 9-24。

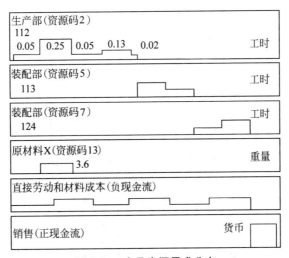

图 9-24 产品资源需求分布

系统可以把各月的该种产品按各种资源的需求累加起来,求得总的资源需求,见图 9-25。

系统可以给出各种产品对某种资源的总需求,见图 9-26。

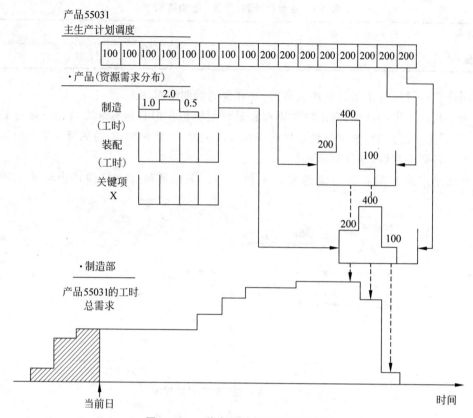

图 9-25 一种产品对各种资源的需求

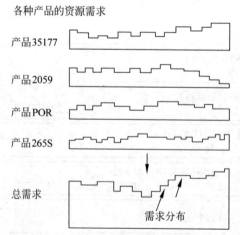

图 9-26 各种产品对资源需求的汇总

主生产调度计划子系统是企业高层管理与整个系统的主要界面。为了使管理人员做出正确决策,系统提供多种形式的模拟功能。为了说明主生产调度计划子系统如何辅助决策,我们举个例子。假如正在开一个会议,讨论电冰箱生产的计划,一开始系统显示出原预测的情况,讨论中大家认为随着工资的改革,电冰箱销售量将比原预测有所增加,于是通过终端把这个意见输入系统,见图 9-27。这是一个季节性需求,生产部门希望维持均衡生产,系统显示出平均需求(图 9-28)。可以看到产品需求量增加 50%,那么劳动力够吗?装配线负荷怎样?系统将根据不同资源分别显示出需求变化的情况(图 9-29)。

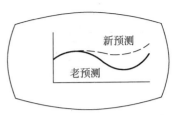

图 9-27 终端上直接修改预测

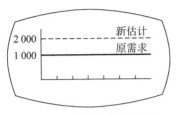

图 9-28 系统显示平均需求

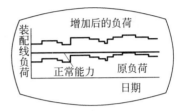

图 9-29 某种资源需求的变化情况

管理人员再通过计算机系统查明调整的可能性,最后作出决定。同样,当某种资源发生变化并冲击计划的落实时,系统将提请管理人员进行分析、裁决。

9.3.3 库存控制子系统

库存控制子系统也叫物料需求计划(MRP)子系统,它利用主生产计划(MPS)、物料清单(BOM)、采购、生产等订货资料计算出相关需求的状况。该系统的主要功能有:

(1) 计算各种原材料和零部件的需求时间、需求数量和需求地区;

(2) 配合作业控制,使仓库和车间管理人员对物料运送、设备和工具需求等事宜及早安排准备;

(3) 及时采购原材料,避免库存积压;

(4) 计划和控制产品加工全过程,使其准时交货。

库存控制子系统的基本功能见图 9-30。

库存控制有两种基本方法:订货点技术法(即统计库存控制)和物料需求计划(MRP)法。对于统计的方法,计算机可以根据消耗的历史数据自动统计出消耗的均值与方差,不断修正订货点($R=ut+a$),如果对前导期 t 也作均值与方差统计,可使订货点更为精确。但订货点法的前提是消耗平稳,每次消耗量小,而且适用于独立需求。对大多数相关需求行为,并且是突发性的批量需求,必须用物料需求计划法来处理。MRP 方法要求处理大量数据,一般制造厂大约需要几万个记录,只有借助计算机才能解决。当某种物资需求既来自独立需求,且消耗平稳,又来自相关需求,且消耗是批量的情况,系统将把两种控制方法综合起来。

库存计划是通过一个循环机制实现的,见图 9-30 中的循环。循环步骤简述如下。

(1) 库存计划首先确定各个周期的产品总需求,初始根据是主生产计划确定的产品需求量和备品备件需求、试验用需求等。

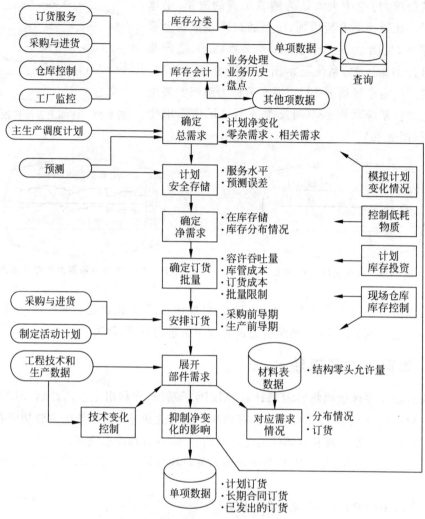

图 9-30　库存管理子系统的基本功能

(2) 根据历史统计资料和生产上的要求,确定安全存储量,见图 9-31。

(3) 根据安全库存的要求和当前可用的库存量求得净需求量。

(4) 考虑经济批量。

(5) 确定订货的开发日期。一个产品要求某个日期交货,一般要往前推一个安全前导期(对于独立需求,一般考虑了安全库存量,就不用再考虑安全前导期;而对相关需求,一般考虑用安全前导期。两者目的是一样的,都是考虑生产缓冲)。再往前推一个生产制造前导期,即得到这个产品的订货开发日期,见图 9-32。

(6) 产品按产品结构用 MRP 的方法展开,展开是逐级进行的,见图 9-33。

每展开一级,下一级的组件需求又作为"总需求"的一部分来对待,返回到第 1 步由系统汇总后继续处理,一直展开到原材料、元件为止。

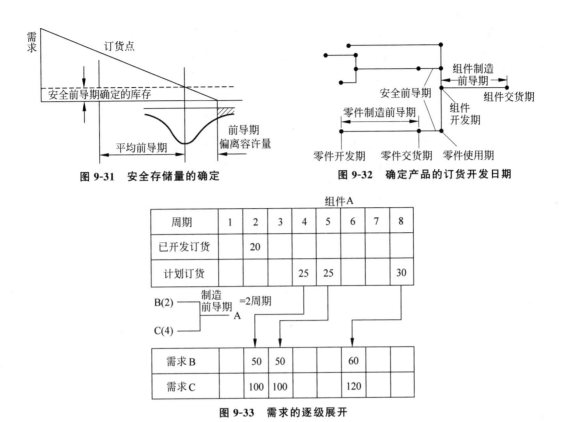

图 9-31 安全存储量的确定

图 9-32 确定产品的订货开发日期

图 9-33 需求的逐级展开

这里要着重指出一个"抑制变化"的问题。由于系统是一个实时系统,对计划变化的适应和库存出入库业务可以非常敏感,但过于敏感会降低系统运行的效率。例如一个订货使某材料需求增加1,几秒钟以后有一个计划使该材料需求减少1,那么从系统效率来看第一次变化可以不作处理,等待下次变化,积累到必须处理时才一次性处理。因此库存管理系统应及时准确地记录每一微小变化,但不是一有变化立即做出全面反应。抑制变化要制定应变的标准,可以定时采取行动,定时的标准可根据实际情况来定,可以几小时、一天,也可按模拟的时间周期或按库存量来制定标准,如图 9-34 所示。

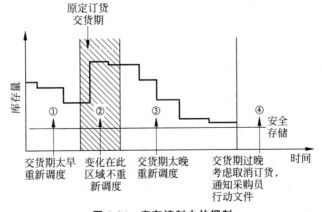

图 9-34 库存控制中的抑制

系统采用"限定需求"技术,即某项的需求可通过计算机搜索,追溯到需要它的上一级需求项(图 9-35)。"限定需求"技术对实现各种跟踪功能起很大作用。这种"限定"技术一般都靠数据库来实现。

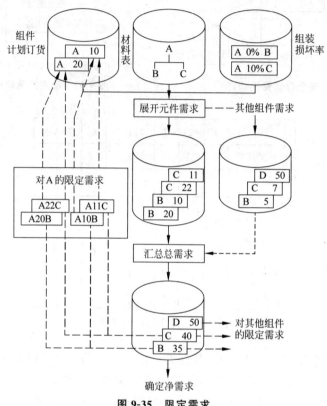

图 9-35　限定需求

库存管理子系统输出的类型大致有以下几种。
(1) 指示库存管理人员做出行动的命令。
(2) 向"生产制造活动计划"子系统提供机内输出信息,指示每项的开发初步计划。
(3) 库存系统执行主生产调度计划情况报告。
(4) 库存会计与库存控制的执行情况报表。

以上对 MRP 的主要子系统做了介绍,作为完整的 MRP 系统一般还包括成本管理、采购管理、仓库管理和工厂维护等子系统。

成本管理包括材料成本、直接劳动成本、管理费用、资产消耗等的计划与控制。成本管理系统与可生产信息系统共享数据,有效地做好各项成本的计划、控制与监督。

采购管理的目的是适时、适量、符合质量地提供原材料和外购件,以减少资金支出和库存,它保存有许多行情数据,而且不断更新,如质量、价格、信用等。它还保存有供应商与供应商的报价管理等。

仓库管理系统是从物流方面指挥仓库,使仓库达到合理地利用;东西放在合适的地方,如早用的放在外面。

工厂维护子系统是负责维修,包括维修期的确定、维修计划的安排、维修材料的准备以及维修费用的管理,有时还应包括事故的应急计划等。

由于企业不同,MRP 的软件厂家不同,MRP 的结构和子系统划分很不相同,不过万变不离其宗,它们不过是这些功能的组合。

9.4 人力资源信息系统

人力资源(human resources,HR)部门的工作除了维护人事档案外,还包括:

(1) 招聘、选拔和雇用;
(2) 岗位设置;
(3) 绩效评价与考核;
(4) 薪酬管理;
(5) 人才培养和发展;
(6) 健康、保安和保密等。

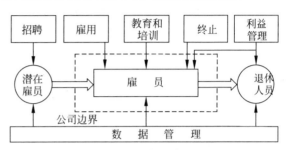

图 9-36 人力资源功能流程

实际上,人力资源管理贯穿人员雇用的主要生命周期,可以用图 9-36 来表示。

人力资源信息系统(HRIS)是支持人力资源管理的系统。企业过去比较重视 IS,现在则更多地注重 HR。人力资源系统的结构也像其他系统一样,有输入系统和输出系统。输入系统包括记账子系统、人力资源研究子系统和人力资源情报子系统。输出系统包括人力计划子系统、招聘子系统、人力管理子系统、薪酬子系统和环境报告子系统等。通过中间的数据库将它们联系起来,见图 9-37。

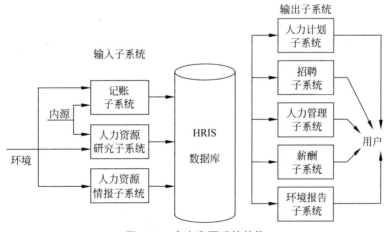

图 9-37 人力资源系统结构

9.4.1 输入子系统

(1) 记账子系统:登录个人数据,如姓名、年龄、生日等。还包括个人会计数据,如小时工资率、现在总收入、收入税等。

（2）人力资源研究子系统：其内容包括晋升提拔的研究、岗位分析和评价、牢骚研究等。

（3）人力资源情报子系统：包括政府人事情报、人才供应单位、保险公司、人才市场、学校等信息；工会组织方面的信息，以便更好协调劳资关系；全球社团的信息，如教育、再创新及住房等方面信息；财务社团的信息竞争者的信息。

9.4.2 输出子系统

（1）人力计划子系统：估计未来的岗位、人力，给出 HRIS 的总要求。

（2）招聘子系统：包括接受外来的申请、跟踪申请者、内部寻找等。这是个小子系统。

（3）人力管理子系统：这是个大子系统，包括绩效评价、培训、职位控制、任免、技术/胜任、晋升等。这里业绩评价和培训尤其引人注意。

（4）薪酬子系统：包括工资、功绩考核、行政酬劳、奖金等。工资有时放到会计信息系统，但人事系统往往还保留一些功能。

（5）环境报告子系统：向政府报告企业的人事政策和实情，也有时向工会报告。这种报告多数是对外的，而不是对内的。

总的来说，相对于其他信息系统，人力资源系统较少使用信息系统，国外也只有 47% 的公司应用，主要原因是这个部门非结构化性较强。

研讨题

1. 为什么每个职能信息系统都不是独立的？每个职能信息系统和其他系统有什么密切关系？
2. 什么输入系统为市场系统收集顾客和竞争者的数据？
3. 市场信息系统的主要功能是什么？试评述现有市场系统软件满足这些要求的情况。
4. 新产品开发有什么管理需要？新产品开发有什么系统功能要求？
5. 财务信息系统和会计信息系统的区别是什么？
6. 财务系统的主要目标是管好现金流吗？最适合于财务系统的软件是什么？
7. 材料需求计划的几个主要子系统是什么？
8. CAD、CAM 和 MRP 有哪些信息共享和信息交换？
9. 人力资源管理系统哪些部分容易用计算机管理，哪些不容易？不容易部分可否用计算机做某些支持？

CHAPTER 10 第 10 章

层次和智能管理模块

不同的管理层次使用的信息系统不同。一般来说,企业均将其管理分为 3 个层次,即高层、中层和基层。有人将这 3 层分为战略(strategy)层、管理(management)层和作业(operation)层。我们不倾向这种分法。因为各层不完全对应。例如,高层是主要关心战略问题,但战略信息系统并非高层信息系统的全部,譬如支持高层个人效率的功能就不属于战略信息系统。还有,用管理来指定中层信息系统也不确切,因为战略也是管理。也有人将这 3 层分为决策层、执行层和作业层。同样我们认为这种分法概念上也不确切,因为决策绝不只在高层才有,一般高层的决策是非结构化的决策,中层的决策是半结构化的决策,基层的决策则是结构化的决策,所以将决策只归于高层是不合适的。还有作业层本身就是执行,执行不能只属于中层。我们放弃了这种种分法,还是回到最明显的高层、中层和基层。我们从人员的角度来划分,基层人员主要使用的是业务处理系统,中层人员使用的多是终端用户系统,而高层人员主要使用的是主管信息系统。

智慧是按系统聪明的程度来划分的。聪明,更主要体现在决策上,结构化决策是最死板的决策,因而是处于聪明的最低层;半结构化的决策,是中等程度的聪明,支持半结构化决策的系统是中级系统;支持非结构化决策的系统是最高级的系统。现在的人工智能(artificial intelligent,AI)能帮助处理半架构化的决策和一些非结构化的决策。未来期望着具有更高智慧(wisdom)的系统,能支持更复杂的决策。

10.1 层次信息系统

层次信息系统分为高层、中层和基层信息系统。

10.1.1 基层信息系统

基层使用的信息系统主要是业务员信息系统,又叫业务处理系统(transaction processing systems,TPS)。

业务是某种工作的手续的集合。例如,在银行进行一个客户的存款;在理发馆理完一个人的头发;在企业接受完一笔订货。业务处理系统就是处理这些业务的系统。这里指的均是计算机信息系统。

业务处理有个过程,这个过程叫业务处理周期,它包括 5 个步骤或活动:①数据输入;②业务处理;③数据库维护;④文件和报告产生;⑤查询处理。如图 10-1 所示。

1. 数据输入

数据输入指的是从拿到数据,记录、编码和编辑,到转换成实用的形式的整个过程。

数据输入的过程总是数据处理的一个瓶颈,如何快速准确地输入数据,现在仍然是个很重要的问题。数据输入的方法有两种,一种是传统手工方法,一种是源数据自动化的方法。

传统的数据输入方法依赖于计算机的终端用户由源文件获取数据,这些源文件如采

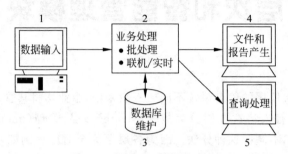

图 10-1　业务处理系统粗框图

购单、工资考勤表、销售订货表等。这些源文件积累成批送给数据处理人员,进行输入。这些数据将周期地送进计算机系统。

由于手工的处理方式要求很多操作,成本高,而且出错率高,所以人们希望能应用"源数据自动化",现在慢慢被自动化处理方式替代。

源数据自动化已有许多方法,但达到全自动化者可以说没有。自动化方法的例子见图 10-2。

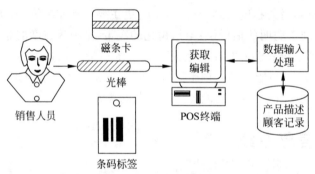

图 10-2　自动数据输入

这个销售业务处理系统希望是:

(1) 获取数据越早越好;

(2) 获取数据越近数据源越好;

(3) 用机械读出介质获取(如条码标签、磁条、磁卡)代替源文件;

(4) 预计机器可读介质上的数据很少变化;

(5) 不用介质,直接获取数据。

图 10-2 中的自动数据输入需用到几种设备,如 POS 业务终端、光字符识别器(OCR)等。当然还有其他各种,如技术篇所述。

2. 业务处理

业务处理分为批处理和实时处理。

(1) 批处理

批处理（batch processing）是定期地、周期性地收集源文件，然后进行成批的处理。如银行存款处理，白天整天所收到的存款单等到下班后一起交给数据处理部门，由他们进行累加和其他分析。这里处理周期就是一天。

批处理活动包括：

① 收集源文件，如订单、发票，并将它们分成批；

② 把源文件录入到输入媒体，如磁带、磁盘；

③ 把源文件排序，排序应根据某个关键词，一般这个关键词和主文件的相同；

④ 将源文件和主文件合并处理，建立一个新主文件，并输出一些文件，这些文件如发票、支票等；

⑤ 定期地将业务文件成批地送往远方的中央计算机保存和进一步处理。

图 10-3 所示为一个银行的批处理过程。

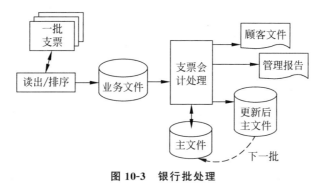

图 10-3　银行批处理

这里主文件是一种永久存储的文件，如客户主文件，包括客户名称、地址、电话、生产主要产品、主要业务等数据；学生主文件包括学生姓名、年龄、籍贯、学号等，也可能包括成绩等具有档案性质的文件。支票主文件记录支票金额、接收方、开出方、日期、编号等数据。业务文件是一种中间存储文件，具有暂存的性质，一旦它的内容并入主文件，业务文件即消失。更新后的主文件在下一批处理就处于主文件的位置。

批处理的优缺点分析：当要处理大量的数据时批处理是一种比较经济的方法。每笔业务处理时没必要翻动主文件。错开白天的时间，机器可以在晚上处理，能充分地利用机器的资源。机器的速度也不一定要求很高，机器档次和设备费用可以大大下降。但批处理有很多缺点，主文件经常是过时的，打出的报告也是这样，马上查出当前的情况也是不可能的。所以，许多业务转向实时处理。某些实时处理系统中还保留着某些业务的批处理。

(2) 实时处理

在处理业务时实时处理是及时的、即刻的处理完这笔业务后，主文件已经进行了更新，因而这时的统计数据就反映现时的真实情况。实时处理也叫作联机处理或在线处理（online transaction processing，OLTP）。这时数据只要一输入，记录、转换、更新主文件一气呵成，响应顾客的查询也是即时的。

图10-4所示是一个实时的销售处理系统。

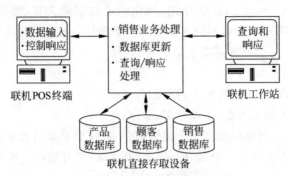

图10-4 实时销售处理系统

防止数据处理的故障是个很重要的问题。在批处理的情况是保留多个副本,一般要三个,而且在不同的地方。每次批处理完后,副本也跟着产生,当主机损坏时可以根据两个副本恢复数据。在实时处理情况下也要留副本,不过它是在每笔业务后及时留副本,所以要用联机存储器,甚至多处理器。具有多处理器而且能支持实时恢复数据的处理叫作容错数据处理(fault tolerant processing),这种计算机系统叫容错系统(fault tolerant systems)。

实时处理的优缺点分析:实时处理能及时处理、及时更新和及时响应顾客。因而在要求及时的情况下,只有实时系统能满足要求。实时处理缺点是由于联机、直接存取,必须采取特殊的措施保护数据库以及防止病毒和闯入者。在许多实时系统也用磁带作控制日记和恢复文件。因而在设备上要付出高成本。所以实时优点必须和它的成本、安全的问题相平衡,现在由于技术的发展,要更好地满足顾客需求,越来越多的公司欢迎实时处理。

批处理和实时处理的比较见表10-1。

表10-1 批处理和实时处理的比较

特 性	批 处 理	实 时 处 理
业务处理	记录业务数据累计成批,排序处理周期进行	数据一产生立即处理
文件更新	批处理时	业务处理时
响应时间(周转时间)	几小时或几天	几秒钟

3. 数据库维护

公司数据库中的数据必须反映公司的现状,每一笔业务处理均是对公司现状的改变,因而业务处理要修改、维护数据库,使其和现状一致,业务处理程序中应包含维护数据库的程序。维护数据库保证它能准确地反映企业现状,实在是个大问题,可以说现在没有一个企业能做到这点,甚至一个企业或组织的人员名册都不能和现实相符。所以尽管数据库维护的技术已很发达,但它还要有一套很好的运行制度和良好的人员素质,才能保证数据库真正合用。

4. 文件和报告产生

最后一个处理阶段是产生信息产品,也就是报告和文件。数据处理系统所产生的文件叫业务文件。业务文件有以下几种。

（1）行动文件(action documents)：用来启动接受者行动的文件，如采购单、支票等。

（2）信息文件(information documents)：用来确认业务已发生，如销售收据、发票等。

（3）周转文件：它能转回发送者，例如有些发票附有周转部分，由顾客签付退回，这个退回的文件自动被光扫描设备处理。所以周转文件综合了行动文件和信息文件两者的功能。

除此以外，这个系统还可产生控制表、编辑报告和会计报告等。

5. 查询处理

无论批处理和实时处理均可提供查询功能。由于 IT 技术的发达，现在越来越多地应用实时查询和远距离查询。远距离查询就像应用查询语言那样描述要查内容即可得到远距离响应。一般响应是以固定的事先设计好的格式在终端屏幕上显出，也可以用打印机打出。

10.1.2 中层信息系统

中层管理人员使用的多为终端用户系统(end user computing system)。终端用户系统一般具有一台完整的终端机，该机可以和一个企业的中央计算机联网，自己也有一个小的数据库以及一些软件工具。

终端用户系统的发展有两个原因，一是集中的信息中心无法满足中层人员的信息需求，现在的中层人员都是知识工作者，他们直接动手操作微机或工作站，以获得他们工作所需的信息，并取得了巨大的成功，因而他们宁愿这样工作，这是需求拉动；二是现代信息技术的发展使他们有可能这样获取和处理信息，这是技术驱动。

使用终端用户系统可以节约大量时间，以前依赖于信息中心为用户提供服务，所提的要求信息中心 3～5 年也完不成，只好自己动手及早实现。还有好处是大大节约成本。终端用户熟练操作计算机，无须中间人员操作，节省了人员，有的终端用户自己可以编程，甚至省略了业务过程的介绍。这同时也提高了开发程序的质量。程序的不合用、不好用和不愿用的现象将大大减少。同时最良好的服务是自我服务，因而 EUC 比集中方式显然得到较好的服务。所以在 TQCS 方面均得到较大改善。

终端用户系统的部件及其连接见图 10-5。

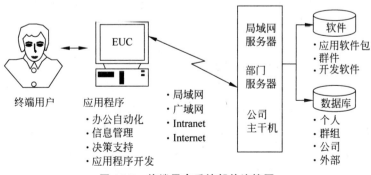

图 10-5　终端用户系统部件连接图

由图10-5看出,终端用户系统是基于微机的信息系统,它同时支持运营和管理层的用户应用。这个图还说明,EUC不仅依赖于它的软件和数据,而且可以和群组的、部门的以及公司的软件数据库相连,甚至和外部的相连,以共享它们的资源。在EUC方式下,企业的信息中心不是被取代,而是改变角色,由直接服务变成支持服务,由一线成员变成顾问。但这也是非常必要的和不可忽视的,只有这样系统才能真正发挥作用,提高效率。

终端用户运算的资源包括硬件、软件、人员、数据和网络资源。

硬件资源主要是终端用户工作站,早期的大型机的哑终端已被具有智能的微型机所代替,专用的高性能的工作站也逐渐地被高性能的微机所代替。如图10-5所示,高性能的微机通过通信网络与局域网、部门服务器或公司的主干机相连。这个微机也可与广域网、Internet直接相连。局域、部门的服务器以及公司的主干机可以为终端用户提供以下服务:

(1) 帮助控制实现网络连接,包括实现gateway的功能;

(2) 分享软件包和数据库;

(3) 执行分时处理服务,即当需要主干机的高速处理能力的时候。

终端用户运算的软件资源,包括字符处理、电子报表、数据库、数据通信、图形处理以及集成软件等这一类的应用软件包,还包括办公室自动化的软件,如电子邮件、桌面印刷、办公支持服务等。另一类软件资源就是群件(groupware),这种软件是支持协同工作的软件,如合作字符处理、合作电子报表、文件共享、计算机会议、调度会议以及项目管理等。

还有一类软件是应用开发软件,用它作为工具,使用户很容易开发应用程序。属于这方面的软件均有4GL的性质,即用它来描述用户应用程序,而不用描述这些程序实现的过程。这些软件如SQL、Intellect、Visual Basic等。

终端用户的数据资源主要表现为多数据库,首先是个人数据库,它用来保存个人的专门的资料,也可能是原始的文件等。其次是群组和公司的数据库,这个群组可能是跨组织的项目组或者属于同一部门的一群人,利用它来存储共享信息和进行信息交换,尤其是一对多的发布。这样,一个工作人员可能和几个群组库有联系,实现不同的工作。对内而言,公司库是最大的群组库,利用它实现公司范围内的信息交换和协同工作。最后是外部数据库,这也可能是集团的、行业的,甚至是Internet这样全球性的内容广泛的数据库。

终端用户的网络资源可能是局域网、广域网或企业的Internet和外部的Internet。最多的方式是通过局域网,或通过电话线直接连到服务器。对于通信要求高的可视会议,其网络的传输速率也要求很高,要求使用ISDN或DDN。

人力资源是指终端用户运算的人力资源,不是指用户自身,而是指对用户进行支持的人力。这些人要帮助用户维护硬软件设备,更新硬软件,开发新应用程序以及培训。一般企业这些活动均由计算中心担任。但对于较多地采用终端用户计算方式的企业,这种支持均显得不够,主要原因是许多企业计算中心向外的服务意识较弱,主要只关心其内部的事。对于较明白如何驾驭信息技术的企业,均在计算中心设立用户顾问组,这个顾问组由系统分析员、程序员和技术员组成,他们的首要任务是培训用户,使用户会使用系统各种资源;同时也帮助用户开发新的应用软件。目前有信息资源分散化的趋势,各部门自己负责自己的信息资源管理。各部门设立自己的信息资源顾问,对用户进行直接的支持,而且也作为部门和总公司信息资源管理部门的联络员。无论是集中的也好,分散的也好,这些人力资源的主要任务如表 10-2 所示。

表 10-2 人力资源的主要任务

基 本 服 务	提 高 服 务
• 计算机文化教育 • 使用产品培训 • 硬件/软件分享 • 应用问题顾问 • 热线服务 • 硬件/软件评价 • 产品标准化兼容支持 • 安全支持	• 通信软件开发 • 数据管理 • 安排测试新发表软件 • 维护 PC 设备 • 用户开发的项目管理 • 用户编写软件的质量保证 • 和用户共同进行原型开发

终端用户系统也不是没有缺点的。如果没有集中的指导,终端用户系统的发展可能失去控制,导致重复建设、质量标准不一,造成混乱以及投资的失控等。企业最好采用集中指导下的分散,以使集中和分散的优势均能发挥。

随着技术的发展,网络和通信技术的发达,终端用户系统的计算机也不一定要有很强的计算和存储的能力,而是随时和网络连接着,所有的数据和应用程序均存于网络,如现在的 iPhone 或 iPad。这种瘦终端体积小,待机时间长,非常有利于流动办公。由于经济全球化的发展,流动办公的需求会大大地增加,相信这种瘦终端的方式会有很好的发展前途。

现在又发展了为支持中层管理者的许多后台系统,如决策支持系统、知识管理系统等,将在以后的有关章节中介绍。

10.1.3 高层信息系统

高层经理主要使用的系统是主管信息系统(executive information systems,EIS),也称经理信息系统。这里的主管(executive)可以指一个行政长官、一个总经理、一个对企业决策具有权力的法人。所以也有人将此译作经理信息系统、领导信息系统等。

利用信息系统支持主管高效率的工作,高效益的决策一直是技术人员和管理人员的愿望和梦想。这种努力由 20 世纪 70 年代开始,80 年代又降温,90 年代随着 IT 的成熟,网络的发展,实现真正的 EIS 的愿望又出现了曙光。

实现 EIS 确有很多困难,主要在于以下几点。

(1) 经理信息的松散定义使得经理的信息需求确定变得十分困难。

(2) 经理和员工面对面的交流十分必要,只有这样才能了解态度、情绪等信息,而这种"软信息"对经理决策是很有用的。信息系统难以支持它。

(3) 经理的决策是非结构化的,不仅是科学,而且是艺术,而当前信息系统的灵活性远没达到艺术的水平。

(4) 一般来说经理驾驭计算机的能力是较弱的,缺少学习时间。

(5) 经理的思想和行为又是千变万化的、多种多样的,每个经理均不相同。很难有一种经理信息系统是通用结构。

正是由于这些问题,追求经理信息系统的努力在20世纪80年代末进入了低潮。90年代的经理信息系统又兴起了高潮,主要是由于IT的成熟,微机越来越小,功能越来越高,社会信息源和企业内信息源的成熟,以及经理本身的信息意识和信息技术水平的提高。

经理信息系统是集中于满足经理战略信息需求的系统。这种战略信息是关于企业的关键成功因素(CSFs)的信息,其满足的方式在于易取和及时。

经理的信息源是多种多样的,包括书面的信件、报告、备忘录、会议记录和公共媒体,也包括口头的交流,如电话、会议、交谈和社会活动等。这样经理信息的来源多数不是来自计算机。根据我们对50家企业经理(包括中层和高层)的调查得到表10-3所示的数据。

表10-3 经理信息来源统计

会议会客	基层调查	行业简报	公共媒体	企业报表	计算机部	市场调查	其他	合计
27	15	15	13	26	2	18	5	121
22.3%	12.4%	12.4%	10.7%	21.5%	1.7%	14.9%	4.1%	100%

由此看出企业经理的信息来源主要来自企业报表和会议会客,这两部分已近50%。直接来自计算机部的较少,只有1.7%。当然企业的报表也有许多是计算机产生的,但它是固定格式的,不用计算机也能产生,它只是把计算机当成一种工具而已。这也反映我们的计算机部没有成为信息中心。

经理的工作方式或处理信息的方式也和其他人员不同,有人把经理、专家和职员的信息处理方式进行了比较,见图10-6。

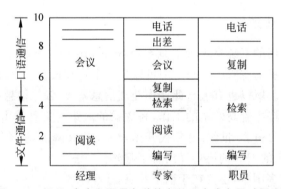

图10-6 经理、专家和职员各种信息处理方式占用时间比较

由图10-6可以看出,任何人员的通信方式不外乎两种:一种是口头通信,包括会议、出差、电话等;另一种是文件通信,包括文件的编写、阅读、检索和复制等。

经理的口头通信以会议为主,包括面谈,占了其口头通信的大部分时间;而文件通信以阅读为主,文件编写和检索均少于专家。经理的这种工作方式决定了经理信息系统和一般信息系统有完全不同的要求。由于过去一些EIS的失败和昂贵的成本,其应用面临很多困难。由于微机、移动设备和网络的实用化,目前 EIS 受到越来越多的注意,一个调查表明,25%的公司经理愿意使用 EIS,但也有另一个调查表明只有 3%的经理是高层经理。而确有一些公司用得很好,如世界最大石油公司之一的 Conoco,其总部的大多数高层经理均用 EIS,而且 4 000 名雇员在休斯敦总部和世界各地均已用上了这个系统。

经理信息系统也往往集成一些其他的功能,因而也有一些其他的名字,如经理支持系统(executive support systems)、管理支持系统(management support systems)、企业信息系统(enterprise information systems),甚至有人风趣地把它称作"每人信息系统"(everyone's information systems)。下面将经理信息系统(EIS)和经理支持系统(executive support systems,ESS)进行比较。

(1) 经理信息系统(EIS)
① 是为满足经理个人的需求;
② 抽取、过滤、压缩和跟踪关键数据;
③ 提供在线状态存取、趋势分析、例外报告和深入挖掘数据的能力;
④ 取存和集成广泛的内源和外源数据;
⑤ 对用户是友好的,可以显示表达图形、表格以及文本信息,不用培训或少量培训即可使用;
⑥ 主管经理直接使用,不要中间人。

(2) 经理支持系统(ESS)是加入附加能力的 EIS
① 支持电子通信,包括电子邮件、传真、计算机会议和字符处理;
② 提供数据分析能力,包括电子报表、查询语言和决策支持系统等;
③ 包括提高个人工作效率的工具,如电子日历、电子备忘录等。

经理信息系统的主要部件如图 10-7 所示。

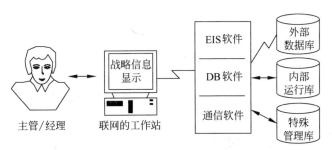

图 10-7 经理信息系统(EIS)概念结构

如图 10-7 所示,通常 EIS 的工作站是连接到公司的主干机或部门的中型机或局域网(LAN)上,它可以由局域网上取软件。EIS 又通过数据库管理软件去存取内部运行库、外部数据库以及特殊管理库中的数据。这种响应均是实时的,而且是多媒体的。它能根据现实的状态预测未来的趋势,它具有模型分析能力,可以像决策支持系统那样进行方案评价,有些新的 EIS 软件包已具有一些专家系统的特点。

EIS 的重要特点在于能根据主管的需要和习惯去裁剪已有的系统。如有的主管喜欢图像显示,有的主管喜欢例外报告,有的主管喜欢深挖数据的功能,获得与他所关心的数据相关的其他数据,然后一直向下深追得到细节的数据。一般的主管均不大喜欢模型,但也不尽然。

战略信息系统是为高层经理服务的系统,但它是由专家建造、为高层经理提供信息的系统。它所提供的信息放于特殊管理库中或者数据仓库中,并尽可能使其处于最新状态,以便高层经理查询。

开发好一个 EIS 是不容易的,其关键成功因素如下。

① 高层经理亲自参加开发,描绘出信息系统未来的蓝图,给信息技术的战略应用以委托。

② 了解数据源。为使 EIS 成功,事先改善现有的信息系统的信息源是必要的。

③ 集中于重要问题。组织的关键成功因素、例外报告、深挖信息的能力是 EIS 的关键成功因素。

④ 时间响应。不断增加时间的区间,性能也随之不断扩大。持续进行性能监控是重要的。

⑤ 主管经理要有信息意识和适当的计算机水平。

⑥ 开发队伍。要不断学习,使用开发工具是关键。

⑦ 要有灵活性,以利于不断跟踪经理的需求变化。

⑧ 持续支持 EIS,不断改善系统。

综上所述,可以看出,EIS 已公认是很有前途的应用系统领域,但它现在还很不完善,所以我们不是确认已有的系统,而是描述未来。未来的 EIS 应当是个什么样的系统,才能使它获得广泛的应用。我们感到应有以下几点:

(1) 具有原来的 EIS 的信息查询和模型处理的能力;

(2) 具有原来 EIS 一样的使用简单的界面;

(3) 具有更强的通信能力,支持有线的和无线的通信,支持 ISDN、DDN,能传送电子邮件、传真,以及音频、视频资料等;

(4) 具有更强的多媒体信息处理能力,如能摄像、录音和文字识别等;

(5) 体积更小,便于像手机一样携带;

(6) 不仅能支持经理决策提高效率,而且能支持经理日常办公提高效率,能支持经理学习培训提高水平,甚至可以支持一些休闲活动,如游戏、社交等以调节经理的情绪。

10.2 决策和智能支持系统

决策和智能支持系统是按系统的智能化程度来划分系统的。智能最低者是专家系统,智能中等的是传统决策支持系统,智能最高者为智能决策支持系统。具有智慧程度的支持系统现在虽有苗头,但还很不成熟。智能程度和管理的层次有密切的关系,但和层次信息系统又不是一回事。

10.2.1 决策与决策支持系统

智能的程度和决策的类型有很大的关系。

决策是管理的核心内容,所以西蒙称管理就是决策。我们不主张过分地强调决策就是一切,决策是管理的最重要的内容,但不是管理的全部。决策有经验决策和科学决策之分;也有结构化决策、非结构化决策和半结构化决策之分。当代的决策越来越复杂,需要收集和处理大量的信息,利用大量复杂的模型,如果不依靠计算机帮助处理,简直就不能实现。因而信息系统在决策过程中起着至关重要的作用。

信息和决策是管理活动的相互关联和互补的两个部分。信息论的主张者认为,有了信息就有了一切。因而他们认为"在得到了充分的信息以后,决策自然就会得出"。我们同样也不主张这种过分的强调,而是认为它们是相辅相成的两个方面,相互支持,达到好的效果。在决策过程中应尽量地利用信息和信息系统。

利用信息技术实现决策自动化,显然是我们希望的远景,但离现实还是十分遥远,现阶段只能利用信息技术帮助进行决策。利用信息帮助进行决策的系统叫决策支持系统(decision support systems,DSS)。但是至今对什么是决策支持系统仍争论不休,也就是说至今没有一个公认的定义。大致上有两种极端的说法。一种认为"只要对决策有某些支持的系统就是决策支持系统"。一种则认为"能帮助决策者利用数据和模型去解决非结构化问题的基于计算机(computer-based)的交互式系统"才是决策支持系统。

按照前一种说法,几乎所有的系统均为决策支持系统。数据处理系统能提供数据给决策者,对其决策有某些帮助,因而也是决策支持系统。按照后者,至今我们在文章中见到介绍的决策支持系统,大多数不是决策支持系统,多数不帮助解决非结构化问题,最多只是帮助解决半结构化问题,有的不是交互式,有的数据库或模型库不全,称其为决策支持系统就有点勉强。

决策支持系统可以按照不同维度分为各种类别。例如,按照支持的决策者的数量可分为单体决策支持系统和群体决策支持系统;按照支持的管理层次来分,可分为中层决策支持系统和高层决策支持系统;按照系统的智慧或聪明(smart)程度来分,可分为专家系统、传统决策支持系统和智能决策支持系统。因为智慧在决策中的重要性,我们就对智慧分类的每一类做比较详细的介绍,其他分类不再赘述。

决策支持系统所支持的决策者可能是一个单独的决策者或一个群体决策者,无论是个人或群体他们都有一个系统,即决策系统,这是由企业的决策者和企业的组织、企业过程、规章、价值观、习惯以及信息和信息系统所组成。决策支持系统实际上只能支持一个小范围的目标,相对于管理信息系统来讲,更显得重要。决策支持系统要支持决策,必须由管理信息系统收集数据,甚至可能利用它已有的模型。决策支持系统和决策系统、传统管理信息系统之间的关系见图10-8。

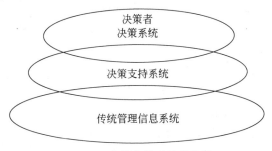

图10-8　决策支持系统的位置

商业智能（business intelligent，BI）的概念和决策支持系统有许多交叉，有人认为商业智能范围广，决策支持系统只是它的实现，有人则认为商业智能只是决策支持系统的一类。

BI 是指用于指点、挖出和分析商业数据的基于计算机的技术。如分析按产品或部门分类的销售数据等。这样说来，它是一些技术的总称，而不是有一定目标的一个完整的系统。这些技术包括报告、在线分析处理、分析、数据挖掘、商业性能管理、标杆、文本挖掘和预测分析等。这些技术也是瞄准企业决策的，因而，也有人把它称作"决策支持系统"。商业智能和竞争智能（competitive intelligent，CI）均是支持决策的，因而有时也把它们看成"同义语"，但 BI 大多用技术、处理和应用程序去分析内部的结构化的数据和企业过程，而竞争智能收集、分析和散发聚焦于竞争者的信息。广义的 BI 则包含 CI，把 CI 看成它的一个子集。

我们不主张过分地在概念上区分决策支持系统、数据仓库（DW）和商业智能（BI），而主张因势利导、相互借鉴、综合应用。未来的 BI 的趋势是应用当代的更新的技术来改善企业的决策，这些技术包括绿色计算、社会网络、数据可视化、移动计算、混成应用、云计算和多触摸技术等。

以下较详细地介绍按照智慧程度来划分系统。专家系统的智慧是最低的，它实际上是把人的非结构化知识给结构化了，也就成了死板的结构化问题处理器；传统的决策支持系统的智慧是中等的；而目前最高的就是智能决策支持系统。

10.2.2 专家系统

专家系统（expert systems，ES）是一个含有知识型程序的系统，它利用捕捉人们在有限范围的知识或经验去解决一个有限范围的问题。专家系统有以下共同的特点：

（1）它们能进行某些人求解的工作；
（2）它以规则或框架的形式表示知识；
（3）它可以和人进行相互对话；
（4）它们能同时考虑多个假设。

当今的专家系统仍然是面窄、浅显和脆弱的，它缺少人们的知识宽度和对基本原理的理解。它不像人类那样有思想。人类可以抓住事物的要点，利用摘要的因果模型，直接引出结论。专家系统不能由第一原理推理，不能抓住相似，缺乏普通的感知。

所以专家系统不是一个通用的专家，不是一个问题求解器。它们只能解决很有限的任务。如果人不能解决这个问题，那么专家系统也很难解决它。但是在很窄的领域，如果专家系统捕捉了人的知识，它能很好地组织和较快地提取。

1. 专家系统如何工作

专家系统由 4 个部分组成：知识库、开发队伍、开发环境（AI 外壳）和用户，见图 10-9。

人类知识用模型化表达成计算机能懂的形式，这个模型就是知识库。人类知识的表达有三种方法：

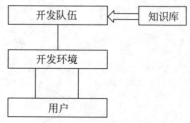

图 10-9 专家系统工作环境

规则、语义网络和框架。

一个标准的形式是 IF-THEN 结构。IF 后面是条件。如条件为真,就执行后面的行动。

例如： IF INCOME＞＄45 000(条件)
　　　　Print NAME AND ADDRESS(行动)

一系列这种规则就组成一个知识库。几乎所有的计算机语言均包含有 IF-THEN 结构。和语言不同之处在于专家系统的这种程序数量。一个专家系统的 AI(人工智能)程序,很容易具有 200～10 000 条规则,一般程序只有 50～100 个 IF-THEN 语句。专家系统程序框图见图 10-10。

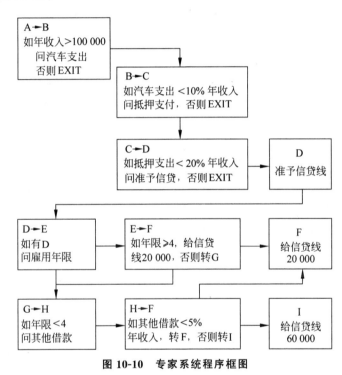

图 10-10　专家系统程序框图

由图 10-10 可以看出,执行规则的顺序,部分地取决于系统给出什么信息。多条道路可能导出同样的结果,规则可以内部互联,可以包含复杂的规则,这对专家系统来说是十分重要的。

规则库是在 AI 系统中以 IF-THEN 规则表示的知识集合。具有这种知识库的专家系统叫知识库专家系统。用这种形式能否存下《大英百科全书》? 恐怕不能。因为这样专家系统就会非常大,而且有些内容也不适于用 IF-THEN 规则来存。通常专家系统都是限于有限的知识领域,解决范围很窄的问题,一般规则数在 9 000 以下。

语义网络是专家系统中另一种表示知识的方法,它比规则较为有效。当知识涉及有互联特性的对象或群族时,用语义网络较为有效。语义网络是用形如 IS-A 语句连接对象的,见图 10-11。

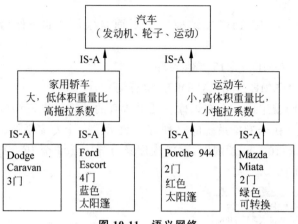

图 10-11 语义网络

这里 IS-A 有继承的意思。所有下面部分的车,继承上面车类的性能,如均有发动机、轮子,均能运动。保险公司可以用这个网络来做汽车分类,以确定保险率。

框架是专家系统中另一种表示知识的方法。它也是表达知识成族类。但它是由用户确定的。这种表示方法是基于人类思考问题时,总是应用框架或概念去很快地感知前景。如有人命令你:"找到敌机,向它射击!"人们首先激发一个概念:什么是飞机,不符合这个概念的东西均被删除。在计算机中也模仿这样做。如图 10-12 所示,一辆汽车的特点包括:四个轮子、有发动机、可以运动。汽车的特点可以和其他类似的东西相比较,如摩托车,见图 10-12 中摩托车框架。

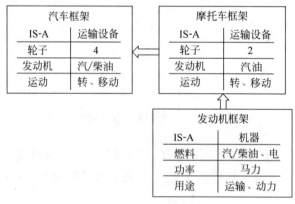

图 10-12 知识框架

框架所表示的知识不是层次式的,而是概念式、随意式的。

专家系统成功的例子是很多的。也有许多产品化的专家系统,这些实际上是专家系统的开发环境或者叫专家系统外壳(expert shell)。利用它,可以容易地开发具体的专家系统。

2. 专家系统的开发

专家系统的开发要有开发队伍、工具外壳和用户。

开发队伍首先包括一些专家,这些专家粗略地知道知识库的指令。其次是一个或多个知识工程师。这些人能把知识翻译成规则、语义网络或框架。知识工程师访问专家,说明决策规则和知识。知识工程师类似系统分析员。

工具外壳是专家系统的开发环境,它是人工智能的开发环境,所以也叫 AI 外壳,或 AI Shell。原理上它可以由任何语言实现,早期人们多用 LISP 和 Prolog,现在用 C 语言的越来越多。AI Shell 能很快开发用户友好的接口,建立知识库和查寻知识库。它产生出 C 语言程序,然后可以和现成的系统集成在一起。

专家系统中最使人感兴趣的地方是推理机制,这是搜索规则库的机制。常用的有两种机制,即前向推理和反向推理。

前向推理即由用户输入的信息开始,查询规则库,然后到达结论。这是在条件满足时,启动行动。当用户每次输入信息时,每次启动去搜寻知识库。当输入信息满足另外的条件时,另一条通路将启动。

反向推理即由开始一个问题,然后去寻找更多的信息,以评价这个问题。搜寻规则库的策略是先始于假设和进行询问用户一系列问题,直到这个假设被肯定或否定。举例说明,见图 10-13。反向推理如先假设录取,反推所有条件均不满足,则不录取。

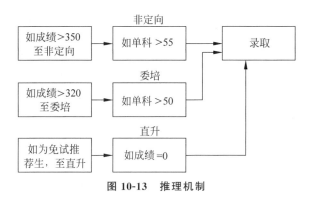

图 10-13 推理机制

用户要输入数据和回答问题。用户用专家系统给出建议或处理琐碎的结构化的分析任务,所以专家系统又被视为把问题结构化的系统。

开发专家系统要考虑到由系统得到的可能的节约和开发系统所花费的成本。项目成本包括设计开发人员费用、知识工程师费用、计算机时费和管理费等。

随着计算机硬件的进步和专家系统开发工具功能日趋完善,专家系统的开发成本将越来越低。

专家系统的开发不像信息系统有明确的生命周期,它取决于用户,因开发队伍和开发工具(AI Shell)相互之间的关系而组成不同的开发方式。

第一种方式是直接买成品的专家系统。它可协助主管经理分析一项投资,包括对新厂、仓库或产品,或者考察接受一个其他公司。它由许多公司获得财务知识,使其知识库适用于其他公司。

第二种方式是买一个外壳,用户要向它输入知识。它可以给出用户手册,有几个案例,如葡萄酒配方、银行服务等。当然对具体的用户,要输入自己的知识。

第三种方式是自己建造。由知识工程师访问专家,开发决策规则、知识框架和建造系统。

知识工程师也可用开发工具,也可由程序员用高级语言编写,过去较多用 LISP、Prolog,而现在多用 C 语言。只有大公司才有能力组织这种开发。现在多数公司用商品 AI 外壳开发,产生与现存系统兼容的 C 语言的程序。

专家系统的问题是,专家系统只是人的经验的汇集,因而它存在先天的缺陷,其解也可能未必正确。对于复杂系统,专家系统这种表达知识的方法也很难表达,解就更难。专家系统维护也很不容易,尤其对快速发展的医学和信息领域,有时一年就有 30% 的规则要加以改变,但所有这些均不妨碍专家系统在相对窄的知识范围和一些定义好的领域的成功应用。在企业的管理信息系统中,专家系统能起到它应有的作用。

10.2.3 传统的决策支持系统

决策支持系统(decision support systems,DSS)是管理信息系统应用概念的深化,是在管理信息的基础上发展起来的系统。但是至今对什么是决策支持系统仍争论不休,也就是说至今没有一个公认的定义。大致上有两种极端的说法。一种认为"只要对决策有某些支持的系统就是决策支持系统"。一种则认为"能帮助决策者利用数据和模型去解决非结构化问题的基于计算机(computer-based)的交互式系统"才是决策支持系统。

按照前一种说法,几乎所有的系统均为决策支持系统。数据处理系统能提供数据给决策者,对其决策有某些帮助,因而也是决策支持系统。按照后者,至今我们在文章中见到介绍的决策支持系统,大多数不是决策支持系统,多数不帮助解决非结构化问题,有的不是交互式,有的数据库或模型库不全。

按照本书所定义的广义的概念,DSS 是含于 MIS 之中的,但不妨碍它在某些情况下独立存在,也不妨碍它作为 MIS 的核心。

对现在的 DSS 的特征描述如下:
(1) 目的在于解决非结构化或半结构化的问题;
(2) 综合应用数据、模型和分析技术;
(3) 交互式的友好的接口,非计算机人员容易使用;
(4) 具有很高的灵活性和适应性;
(5) 是支持而不是代替人的决策过程;
(6) 是跟踪和适应人的决策过程,而不是要求人去适应系统。

根据发表在期刊上介绍 DSS 案例的文章来看,决策支持系统可以有以下一些类型。
(1) 文件抽屉系统:只是把文件存起来备查,如航空订票系统、车间监控系统。
(2) 数据分析系统:功能是分解和汇总,如分析投资机会的财务系统。
(3) 信息分析系统:如销售、顾客的预测分析。
(4) 会计模型系统:如每月的预算、短期的计划。
(5) 表达模型系统:如用模拟模型进行风险分析。
(6) 最佳模型系统:可根据目标和约束条件提出最佳解,供参考。
(7) 建议模型系统:可以根据条件,选择模型给出处方,如保险率的计算系统。

显然越是后面的系统,其介入决策的程度越深。我们把这些系统的性能,包括任务类型、用户、操作类型、应用模型和时间区间等做个比较,见表10-4。

表10-4 系统的性能

系统类型	任务类型	用 户	操作类型	应用模型	时间区间
1. 文件抽屉系统	运行级	非经理级	存取数据项或文件	简单查询	不规则
2. 数据分析系统	运行或分析	系统分析员或经理	数据文件的专门分析	数据的加工和显示	周期或不规则
3. 信息分析系统	分析和计划	系统分析员	多数据库和小模型的专用分析	特殊报告的小模型	不规则
4. 会计模型系统	计划和预算	分析员或经理	估计会计结果的标准计算	估计活动的输出(钱数)	周期(周、月、年)
5. 表达模型系统	计划和预算	分析员	估计特殊行动的后果	输入可能的决策,输出可能的结果	周期或不规则
6. 最佳模型系统	计划和资源分配	分析员	组合问题求解	输入目标、约束,输出结果	周期或不规则
7. 建议模型系统		非经理人员	执行计算产生一个建议决策	输入一个结构化的决策情况,输出一个建议的决策	每日或周期

由表中可以看出,大多数的决策支持系统并非经理人员直接使用。如果是专门针对经理使用的系统,在经理信息系统(EIS)中讲述。这里可以说经理使用决策支持系统有4种方式。

(1) 订阅型:经理定期由系统接收报告。
(2) 终端型:联机直接操作。
(3) 文书型:批处理,离线使用系统。
(4) 中间型:通过中间人员使用。

中间人员有两种方式工作。一种中间人员只是工具的使用者,他帮助决策者输入、调试、得出结果。另一种是参谋式,他也有有关决策的知识,可参与决策的制定,也负责具体操作,还能分析和解释系统输出的结果,他可以说是决策者最全面的助手,但最后的决策权还由决策者做出。

按照决策者操作系统的方式和决策者由系统得到信息的方式,将应用模型定位,如图10-14所示。

按照决策支持系统本身的功能来分,可以把决策支持系统分为专用DSS、DSS工具和DSS生成器。

专用决策支持系统(special decision support systems,SDSS)是指专门针对某种问题的决策支持系统,如专用于电站投资的决策支持系统,专用于某地区货运汽车调度的决策支持系统等。

决策支持系统工具(decision support system tools,DSST)是指一些工具,如某种语言、操作系统、某种数据库软件等。

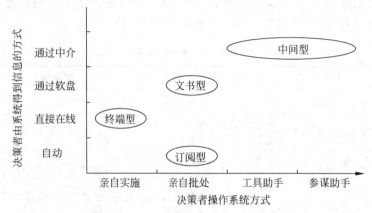

图 10-14　决策支持系统的应用模型

决策支持系统生成器(decision support system genertor,DSSG)是通用决策支持系统。实际上由于决策的复杂性,决策涉及面太广,我们不可能去建造一个通用的决策支持系统。而只可能建造一个生成器,这个通用的生成器可以生成各种决策支持系统,所以它是通用的,但因此它也不是那么直接,必须还要生成。DSSG 可以帮助决策者快速而容易地建立专用决策支持系统。这种系统如 IFPS(interactive financial program system)、Excel 等。它类似于专家系统外壳,是一种开发环境。

SDSS、DSST 和 DSSG 的关系可用图 10-15 表示。

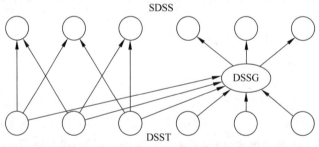

图 10-15　SDSS、DSST 和 DSSG 关系图

由图 10-15 可以看出一个专用的 DSS,可以由工具组合而成,也可以由 DSSG 开发得到。一个 DSSG 也可把 DSST 作为成分连到 SDSS 中。

决策支持系统的一般结构如图 10-16 所示。

由图 10-16 可以看出,决策支持系统的信息可来自内源和外源。决策支持系统本身包含有一些库,如数据库、模型方法库。有时模型方法库分开为模型库和方法库。决策支持系统当然应有信息处理器。决策支持系统有两个接口,一个是与内源和外源相连的 DSS 输入接口,一个是 DSS 的输出接口。由输出接口产生一些报告、模拟结果以及查询结果,用以支持决策的 4 个阶段,即情报阶段、设计阶段、选择阶段和评价阶段。

以上是决策支持系统的概念表示,还可以把它用图 10-17 表示。图 10-17 中,DBMS 为数据库管理系统。MBMS 为模型库管理系统,DGMS 为会话部件管理系统。通过

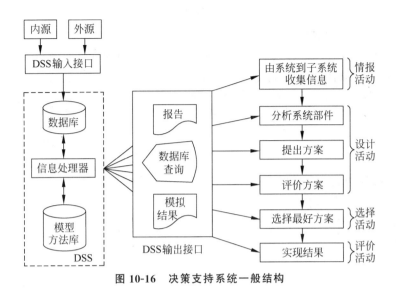

图 10-16　决策支持系统一般结构

DBMS、MBMS 和 DGMS 对数据库、模型库和会话部件进行管理，达到 DSS 的协调运转。

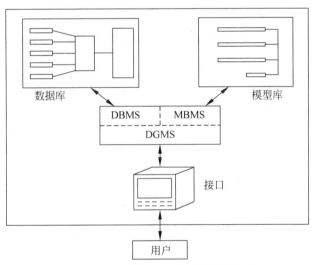

图 10-17　决策支持系统逻辑概念模式

由此图也可以看出传统的决策支持系统有三个主要部件，即数据库、模型库和会话部件。由这三个部件联成整体，支持决策的制定。根据决策的性质，决策支持系统对这三种部件有着特殊的要求。下面我们将决策支持系统对这三个部件的要求做些介绍。

1．数据库

通过对决策的研究，可以知道数据库应当是什么样的，通过对现有 DSS 的研究，可以发现已经怎样。我们得出一般的 DSS 对数据库的要求。

（1）支持记忆：要有空间，要能保留中间结果，要有数据之间的联系，要能方便地触发。

(2) 支持数据的压缩：包括抽取、合并和汇总。

(3) 变化细度，变化精度。

(4) 宽的时间范围：由过去→现在→将来，一般的计算机应用只有过去和现在。

(5) 多源：内源、外源和内源中的不同部门。

(6) 公用或私有库：不同的拥有者和不同的费用方式。

(7) 集合运算能力：基本的与、或、非和各种关系逻辑运算。

(8) 随机存取能力。

(9) 响应时间。

(10) 支持各种关系和视图。

(11) 和 DSS 其他部件有好的接口，和终端用户有好的接口。

按现有技术水平，关系型数据库能较好地满足这个要求。关系数据库有以下五大优点：

(1) 容易了解，和人们常用的表格相似；

(2) 支持集合运算；

(3) 增加数据和程序的独立性；

(4) 有严密的运算理论基础；

(5) 数据库和字典结合紧密，运算性能也比别的库好。

虽然关系数据库有很多优点，但是决策支持系统直接使用下层信息系统所建立的数据库也是很不方便的。综合的数据均要经过一定的加工和通过一定的查询途径才能得到，因而速度较慢。关系数据库较之其他数据库本身就较慢，因而更加剧了这个矛盾。所以现代的决策支持系统多用在原来的基层数据库的基础上，建立一个 DSS 专用数据库的方法，来解决这个问题。其结构见图 10-18。

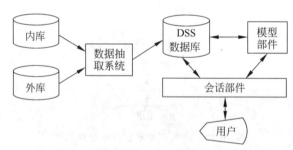

图 10-18　DSS 数据库

由图 10-18 可以看出，DSS 数据库是由原来的内源基层数据库和外源数据库抽取数据，经过加工以后得到的综合数据组成的。它可以满足快速查询和显示的要求。这样做的结果是争取了时间，但增大了空间。显然 DSS 数据库的数据和原来的数据有冗余和相关。其优点是减少了 I/O 时间和计算时间，其缺点是数据冗余功能重复，还有取到的数据是非现实的，也即是由较早的原始数据加工而得到的数据。

DSS 的数据提取结构可以用图 10-19 表示。由于数据仓库的出现，给 DSS 的数据提取创造了很好的条件，因而数据仓库可以充当 DSS 数据库的角色。

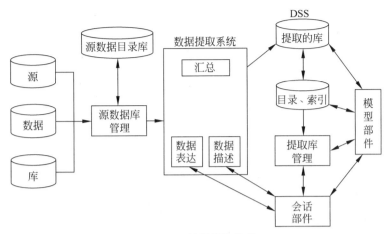

图 10-19 数据提取结构

数据仓库是最近发展起来的数据存储和管理方式。简单地说,数据仓库(data warehouse)是集成数据的存储中心,它是由数据库、DSS 数据库逐渐发展起来的。由于决策的需要,集中统一的数据库不能满足需要,我们把一些汇总的数据事先算好放在 DSS 数据库中。由于决策分析的需要,只是汇总的数据也不能满足要求,还要查看历史的数据,数据仓库就是既有汇总数据,又有历史时序数据的数据管理方法。不仅如此,数据仓库还可由不同种类的异构的数据库中提取数据,加工后放到数据仓库中,其结构见图 10-20。不同

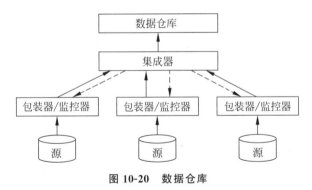

图 10-20 数据仓库

的异构的源数据库可能是由于企业信息系统的开发历史造成的内部多种数据库,也可能是外部的各种数据库。随着网络技术的发展,由外部的多种数据库抽取数据是不可避免的。

数据仓库不像传统的数据库是面向业务层的,它主要是面向高层应用进行决策支持的,因而实际上它是 DSS 数据库的扩充。数据仓库不仅具有数据的一般加工和汇总的能力,而且具有深度加工和数据挖掘的功能。

数据挖掘的概念见图 10-21。由图 10-21 可以看出,源数据经过集成得到数据,数据经过选择得到目标数据,目标数据经过处理后得到预处理后数据(后数据)。后数据经过挖掘得到各种模式的数据,各种模式的数据经过解释就是知识。

总之,数据仓库能支持大量的数据存储,快速并行地处理;保存历史序列数据,能进行

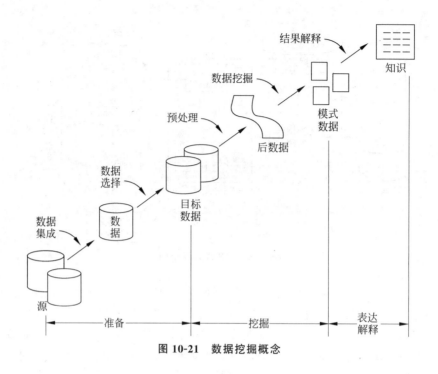

图 10-21 数据挖掘概念

趋势分析；支持数据的集成和综合；支持直接用户的查询。所以数据仓库才是理想的决策支持系统数据库。

2. 模型库

数据库为决策提供了数据能力或资料能力，模型库则是给决策提供分析能力的部件。

模型能力的定义是转化非结构化问题为结构化问题的程度。只有把模型能力加入传统信息系统中，才能将传统的信息系统转变成真正的决策支持系统。显然只是快而准地提供信息，但不能算作真正的决策支持系统。

传统的应用模型也是很多的，如军事运筹学和企业管理科学。但传统的模型是独立的，它有自己的输入和输出，见图 10-22。

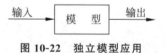

图 10-22 独立模型应用

此图所示模型没有综合到一个大系统之中，这种方法对经理或管理人员来说很容易错用、误用，最后到不用。也就是说它没有一组集成好的模型使经理在决策中容易使用它。它具有以下缺陷：

(1) 需要的数据和参数常不合用，或难以产生；
(2) 模型的输出难以使用；
(3) 对复杂问题的大的模型难建且难维护；
(4) 大的模型难懂，难以相信；
(5) 决策者和模型的交互很少。

DSS 的模型库就要克服这些问题。DSS 对模型能力的要求，从任务上说能支持决策的设计和选择阶段，能支持以下活动：规划（projection）、推论（deduction）、分析（analysis）、创造（creation）、比较（comparison）、最优化（optimization）、模拟（simulation）等。总体上说应当让用户很容易修改目标函数,容易修改参数,容易和模型交互。

为了使模型库很好地工作,要求有以下组成部分:

(1) 一个模型库和管理它的一组软件;

(2) 集成模型库和数据库的部件;

(3) 集成模型库和会话部件的部件。

在模型库中存放模型有三种形式,即语句存储、子例程子程序方式存储以及像数据一样存储。

语句存储是把一段语句用一个名字代表,只要写出这个名字就可以调到这段程序。例如各种语言中所用的函数,当写出 SIN 时,该机器即可自动调用正弦函数,而其输入数据即由后面括号中的变量给出,形如 SIN(x)。其他各种命令语句,例如 PRINT、LET 等也是这种形式。

子例程子程序(SUBROUTINE)是 FORTRAN 语言中的一段程序,给它冠以 SUBROUTINE 就可以用 CALL 语句来调用它,例如:

SUBROUTINE EVENT(JOB,I)

1. CALL ARRIVE(JOB)

　　RETURN

2. CALL DEPART(JOB)

　　RETURN

　　END

这里 EVENT(事件)是 SUBROUTINE 定义的一个子例程子程序,下面的全部语句是它所包含的程序语句。这个语句中又包含了以前定义的子例程 ARRIVE 和 DEPART,这两个子例程用 CALL 调用它,执行完以后由 RETURN 语句告诉它返回。当然 EVENT 本身也可被 CALL 语句调用。

用数字来存储模型,这里说的是给模型起个数字名,但每个数字又有一定含义,这样便于分析调用。例如:

计量经济模型可用　10001　00 来代表。

线性规划模型可用　01110　11 来代表。

这里由左到右各位所代表的意义是时序、集合、变量、参数、回归、联立、约束、目标。

这里时序的、回归的,属计量经济模型,而集合的、变量的、参数的、联立的、约束的、目标的,则属线性规划。这种代表的方法有利于识别使用何种模型。

模型库与数据库的连接应做到以下几点:

(1) 每个模型均可从数据库中提取输入数据;

(2) 所有模型由一个数据库中取数;

(3) 模型把所有的输出数据存回数据库中;

(4) 模型自己作为数据存到数据库中。

模型库与会话部件的联系应做到以下几点(其中 D 表示会话部件,M 表示模型部件):

(1) 激发模型:(D-M)。

(2) 参数要求：(D-M)。
(3) 参数收集：(D-M)。
(4) 中断：(D-M)(中断运算，观察)。
(5) 通知：(D-M)。

这和一般的程序运算不同之处是：
(1) 没有结果的自动反馈，而是存到库中；
(2) 信息处理程序不是同样的，而是由用户决定。

3. 会话部件

会话部件又叫接口部件，它是人和决策支持系统联系的接口。人的任何意图、系统的任何支持都要通过它才能最终实现，因而它是很重要的部件。可惜当今的技术解决得还很不理想，可以说是 DSS 实施中的一个瓶颈。

现在人和机器的交互主要是通过屏幕和键盘进行的。屏幕对人显示结果，由人的眼睛接收。人通过手敲键盘，机器通过键码接收。因而这是一种非对称通信，和人与人之间的沟通是不同的。这种非对称通信可以用图 10-23 表示。

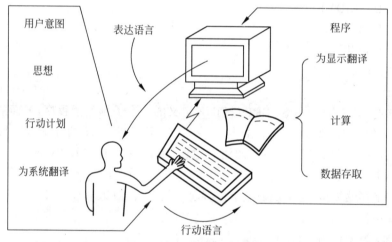

图 10-23 人-机非对称通信

这里人给予系统以行动语言(action language)，系统由键盘得到数据或资料，经过系统的计算或操作得到一个结果，这个结果要经过翻译以后才能在屏幕上给人以回答。人看到这种回答是由系统的表达语言接收的。接收后，人根据自己的意图产生思想，再产生新的行动计划，这个计划也要经过翻译才能成为操作键盘的符号，又变成行动语言输入系统。如此周而复始。

机器给人的信息主要是通过人的视觉输入，人的视觉本来就是人接收知识的主要渠道，要占人知识来源的 80％以上。

决策支持系统对会话部件的要求如下。
(1) 能产生输出表达；
(2) 用户能启动运行，并输入参数；

(3) 用户能启动存储, 并接收参数;

(4) 用户能把输入和输出综合进控制过程。

现有的会话形式有以下几种。

(1) 提问回答方式(question/answer, Q/A)。例如:

1. Patient'name: (first-last)

    ＊ ＊ C.R.

2. Sex:

    ＊ ＊ Male

3. Age:

    ＊ ＊ 52

4. What is the infection?

    ＊ ＊ Endarteritis(动脉内膜炎)

5. From what site was the specimen taken?

    ＊ ＊ Blood

用户回答, DSS 能懂, 并继续以下问答。用户也可以跳过一些问题向下提问题。

(2) 命令语言对话。常用的命令是动词-名词对, 而且常用简写。例如:

CAMMAND

   'INPUT VALUE'

   CASH—INFLOW

   CASH—OUTFLOW

   AMOUNT, CAR='—'

   'NET PRESENT VALUE', NET-PRES-VAL, LEVEL=2 TOTAL=NO

   'CUMULATIVE PRES, VAL.', CUMPV LEVEL=2, TOTAL=NO

输出的结果就是:

```
INPUT VALUES
CASH—INFLOW           18.00    31.00    43.00    92.00
CASH—OUTFLOW           3.00     6.00     8.00    17.00
AMOUNT                15.00    25.00    35.00    75.00
NET PRESENT VALUE              13.64    20.66    26.29
CUMULATIVE PRES.VAL            13.64    34.30    60.59
```

对命令语言熟悉的用户省去了许多选择的时间, 因而比较方便。但对不熟悉的用户要记忆许多命令词和变量词, 要经常查手册, 反而感到不便。

(3) 菜单对话方式。用户在一组提示中选择所希望的行动, 选择时不用输入命令, 只要单击按钮。例如:

REPORT TYPE SELECTION

   10. Single period comparison report

   20. Historical comparison report

   30. Historical analysis report

40. Rotate axes for selection 10 above
50. Rotate axes for selection 20 above
60. Rotate axes for selection 30 above
ENTER YOUR TWO DIGIT SELECTION
20

给出 6 种选择，由用户输出两位数从中选择出一种。现在已经常把每项用图标代表，用户可用鼠标选择一项。这种方法对无经验的用户感到较容易，但在多次重复使用时也感到有些烦。

（4）输入表格对话方式。输入方式为一个表格，让用户输入数据，系统自动地去查询数据库，产生结果，再输出，如图 10-24 所示。

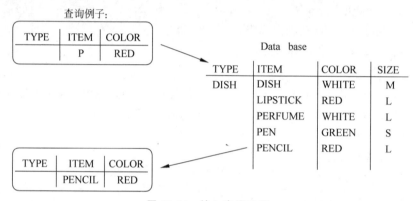

图 10-24　输入表格对话

（5）在输出图形的思路中进行输入。系统和人的交互就是一个图形。例如在一个地图上标注了某公司的所有销售点。每个点的背后都有许多数据说明这个点的特征，如销售量、销售员人数等。用户可在上面画个圈，如包含河南省、河北省，系统即可显示在这两省的销售总额等。在此图上也有选择项可供用户选择，如图 10-25 所示。

图 10-25　在输出思路中输入

实际上现代的系统总是把几种交互的方法同时使用，也是几种方法的折中。但是不管怎样，当代的接口仍然是决策支持系统的瓶颈。理想的 DSS 接口还有待于心理学、生理学、艺术学以及技术的成熟。

10.2.4　智能决策支持系统

由于决策本身的复杂性和动态性，决策所需信息的不足性，传统的决策支持系统对非结构化决策支持的突破很少。因而人们开始了对智能决策支持系统（intelligent decision support systems，IDSS）的研究，也许只有当系统具有一定智能时，它才能对决策支持做出较大的贡献。

美国学者 HiH 对智能决策支持系统提出了一个框架,至今我们还认为它是内容较全的,见图 10-26。

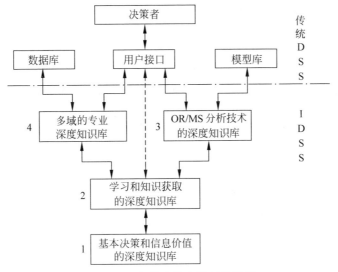

图 10-26　智能决策支持系统框架

这个图中虚线以上部分是传统的 DSS,它由数据库、模型库和用户接口三大部件组成,在虚线以下是智能决策支持系统 DSS,各个部件有不同的用途。

在这个结构图中广泛应用了深度知识库的概念。所谓深度知识指的是更一般、更基础的知识,也可以说是关于知识的知识。例如,牛顿第二定律是弹道轨迹的深度知识。

这个框图的核心部分是最下边的基本决策和信息价值的深度知识库。它应当包括决策的最基本的规律的知识,这种知识可能是一种常识。往往许多 DSS 所做出的结论,被很有经验的决策者轻易否定,就是这种知识在起作用。因为信息的收集是无止境的。完全的信息收集,决策就会自然得出,因而人们总是希望信息收集最少,获得决策收益最大。这就要在信息和决策之间进行折中,这也是知识库所应有的知识。当然,究竟这个库还应当包括什么知识,任何一个研究者均可设想它。

较上一层是学习和知识获取的深度知识库。这个库的主要作用是使 1 框的功能可以实现。由它指导如何获取信息,并不断学习积累获取信息的经验,以修改 3、4 框的知识。作者添加了虚线把它和接口直接联系起来,因而也可以和决策者直接会话学习。

OR/MS 分析技术的深度知识库是关于如何使用 OR(运筹学)和 MS(管理科学)模型的知识。例如,根据问题的性质,如何选择一个线性规划的程序,是用全系数矩阵还是用稀疏矩阵。

用户通过接口再通过本部件去模型库中选择合适的模型。

多域的专业深度知识库包括了使用数据的知识。例如,用户只要说明问题或现象,该库可以帮助选出应用的数据,并且组成合适的结构。这个库也可以通过学习库得到各种专业领域知识的扩充。

四块设想的 IDSS 部件加到传统的 DSS 上就形成一个完全的 IDSS。这里所说的完全也是相对的，有些功能在图上没有明显地表示出，如智能接口的内容包括自然语言理解等。但即使如此，现在可能实现的离此还差得很远。也就是说，现在 IDSS 还只是开始，今后的道路还很长。

智能决策支持系统和一般决策支持系统的主要区别在于学习和推理，而学习和推理均是计算机科学中人工智能(artificial intelligent, AI)研究的内容，因而可以说

$$IDSS=DSS+AI$$

人工智能是计算机技术研究的前沿，虽然其思想早在20世纪40年代已出现，但至今可以说未得到实质性的突破，在用计算机模拟人脑的长河中只是迈出了第一步。

人工智能技术将计算机用于要求知识、感知、推理、理解和识别的场所。为了达到此目的，计算机必须做到：

(1) 懂得共同的感觉；

(2) 懂得事实和加工非定量资料；

(3) 涉及概念和不连续性；

(4) 懂得事实间的关系；

(5) 以自由格式的形式与人进行接口；

(6) 能基于自学习，了解新情况。

人工智能可以定义为：使机器能做到像人那样做智能工作的科学。人工智能系统自然而然地关心事实、知识的再生产和显示。

人工智能由一组相关的技术组成，这些技术主要包括专家系统(ES)、自然语言处理(NLP)、语音识别、图像识别、机器人。

专家系统的主要应用已如前述。专家系统的推理机制是人工智能的初步。其道理很简单，它是根据一些基本规则推出某件事是真还是假，某项决策是对还是错。例如，判断一句话是否合乎语法，这里先把这句话中每个字进行分析，看它是什么词，然后检验它是否符合语法，从而判断它是否合乎语法的句子。见下例，字符的含义为：S 表示句子；N 表示名词；V 表示动词；A 表示形容词；D 表示指示词；P 表示前置词、介词；NP 表示名词短语；VP 表示动词短语；PP 表示前置词短语；DNP 表示指示词名词短语。所用规则如下。

1. \<S\>-\<DNP\>\<VP\>

2. \<VP\>-\<V\>\<DNP\>

3. \<PP\>-\<P\>\<DNP\>

4. \<DNP\>-\<D\>\<NP\>

5. \<DNP\>-\<DNP\>\<PP\>

6. \<NP\>-\<A\>\<NP\>

7. \<NP\>-\<N\>

8. \<P\>-of

9. \<V\>-approve

10. \<A\>-new

11. \<N\>-president

12. <N>-company

13. <N>-sale

14. <D>-the

现在有一个句子,看我们如何推理:

The new president of the company approves the sale.

13. the new president of the company approves the<N>

7. the new president of the comany approves the<NP>

14. the new president of the comany approves <D><NP>

4. the new president of the company approves <DNP>

9. the new president of the company approves <V><DNP>

2. the new president of the company approves<VP>

12. the new president of the <N><VP>

7. the new president of the <NP><VP>

14. the new president of <D> <NP><VP>

4. the new president of <DNP><VP>

8. the new president <P><DNP><VP>

3. the new president <PP><VP>

11. the new <N><PP><VP>

7. the new <NP><PP><VP>

10. the <A><NP><PP><VP>

6. the <NP><PP><VP>

14. <D><NP><PP><VP>

4. <DNP><PP><VP>

5. <DNP><VP>

1. <S>

经过上述规则代换,最后推出这是个句子。这是反向推理,显然也可用正向推理,即由<S>一直推到 the new president…sale。在推理过程中显然有多条路,如果没有控制,可能发散、循环而达不到目标。所以还要有控制机制和启发式算法,以尽快达到目标。

专家系统实际上就是用 WHAT IF 结构达到模拟专家经验的结果。一个典型的专家系统应包括以下部件:

(1)知识获取设备;(2)知识库(规则库和数据库);(3)知识库管理系统(KBMS);(4)推理机构;(5)用户接口。

专家系统的知识有三种:(1)事实知识;(2)启发式知识;(3)元知识。

一个专家系统的概念结构如图 10-27 所示。

计算机的语言处理能力在不断地进步,对机器来说,第一代语言是机器语言,即用二进制表示的语言,这种语言像天书一样远离人类语言。第二代语言是汇编语言,它用英文助记码表示计算机指令,使人们较容易记忆。第三代语言叫高级语言,如 FORTRAN、

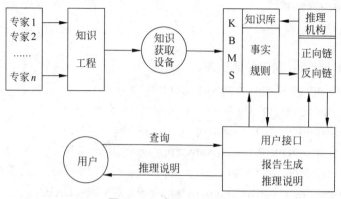

图 10-27　专家系统结构

COBOL 等,用它很容易描述程序的过程,它的语句很像英语的缩语。第四代语言是面向对象的非过程化语言。例如,LOTUS123 等,它与人的接口是一个报表,很类似人们日常处理的活动,它只描述对象,而不描述具体解决问题的步骤。自然语言处理是第五代以上的语言,机器能懂人们平常所说的各种语言。现在的机器对完全的自然语言理解还有漫长的路要走,这不只是一个语法和语义的问题,而且涉及机器的知识问题。机器懂得的知识越多,它所能理解的语言也越多。只有机器具有像人一样多的知识,而且能像人一样,不断学习和扩充知识,机器才能具有像人一样的语言理解能力。自然语言应当具有自由格式的问题/回答的能力。

通往自然语言的道路还有许多障碍,是机器难以克服的。

(1) 自然语言的两义性。中国的语言更为突出,例如,"解衣衣人"两个"衣"字意义完全不同,而且一为名词,一为动词。机器怎么去理解它呢?在英语中 get、1ine、order 都有很多意思,依靠一般的方法识别简直是组合爆炸。

(2) 许多语言带有省略。例如 No pain,No gain,都不能简单地识别和翻译。

(3) 隐喻。它是一种对比暗示。例如,"He is on top of the world"意思是"他永远快乐",并不是"他在世界的顶端"。对于不懂此话的人如何能知此意。

(4) 问题和行动混淆。例如,Can you answer the phone for me? 只回答 Yes 和 No 是不够的,而是请求你做一件事。

(5) 成语。任何语言均有些成语,这些成语既有隐含,又有省略,意义深奥,如果没学过就难以理解。英语中还有双词动词,三词动词,几个字一组合变成一种完全不同的意思。

(6) 相似声音的字和短语。英语中如 Chip、Cheap、Bare、Baret 等。汉语中的同声字更多,如不与上下文联系就难知其意。

一个自然语言系统为了完成语言的理解,要分几步进行。

(1) 进行语法结构分析。如"John drew a picture",首先把它分解,John 是一个名词,然后分析 drew,是个动词,直到把全句每个字分析完,结果是一个分析树。

(2) 开始语义分析。首先翻译动词,再对动词的修饰词进行翻译,然后用条目树与它自己的字典进行对照,以得到其意义。

(3) 如果出现了二义性,就用专家系统使它们明朗。图 10-28 表示了整个过程。

语音识别和自然语言理解也有相似的困难。不同地区的人,语言不同;女人和男人的音调不同;有人说话快,有人说话慢;甚至同一人早上和晚上说话还有不同的频率。

图像识别虽然有很大的进展,机器人利用图像识别,可以抓举不同的物体,但是如果机器人见到一种它没见过的东西,它会怎么样呢?计算机要达到模拟人的视觉,还有很长的路要走。

机器人也是人工智能的一个重要分支。

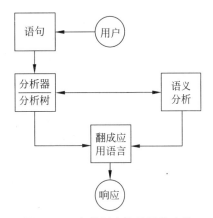

图 10-28 自然语言处理系统功能

近十年来已发展了许多种机器人,而且已商品化。

人工智能方面的成就将对决策支持系统产生巨大的影响。

基于案例推理的决策支持系统是在全面达到 IDSS 过程中的一个阶段,它也是 AI 和 DSS 结合的一个很好的例子,也叫作援例支持系统。

援例支持系统维护一个案例库,这是已解决的问题的案例。当遇到新问题,首先由系统中抽取相似于新案例的案例,把旧的解答转化为对新问题的解答。这与人们处理问题的模式十分相似。

援例支持系统很容易把使用和学习功能结合在一起。学习常发生于记忆新案例的过程以及对现存案例分类和由案例中得到一般化知识的过程中。

在援例支持系统中相似推理起了关键的作用。相似推理有三个变换操作:推理(inference)、映射(mapping)和应用(application)。例如:

20 世纪 30 年代美国的股票大跌(A),引起了经济危机(B),日本的经济危机(C)将引起什么(D)?

我们首先由 A 推理得到 B。

其次由 A、B 映射出 C、D。

最后把 A、B 关系应用于 C,得到 D。

当新的情况 C 出现时,先去取 A,修改 B 就可以得到 D。

模型的相似要包括概念(conceptual)相似、结构(structural)相似和函数(functional)相似。案例相似模型使用概念和结构相似来确定函数相似。

援例学习最初是把所有例子均记忆下来,放进案例库。以后越存越多,实际上是不可能的。存一部分抛一部分,这要在存一个的成本和抛一个的损失间平衡。其启发式算法可用图 10-29 表示。

DSS 向深度方向的发展还有自适应决策支持系统(adaptive DSS)。这种 DSS 又可分为主动决策支持系统(active DSS,ADSS)和共生决策支持系统(symbiotic DSS,SDSS)。ADSS 是独立于用户指明的方向独立支持,SDSS 是 ADSS 的一个特例,它利用用户的意象(image)去支持用户。各种 DSS 的位置可用图 10-30 表示。

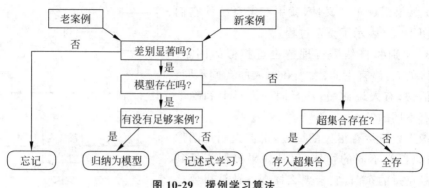

图 10-29 援例学习算法

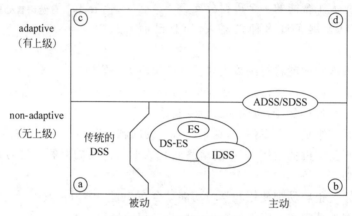

图 10-30 DSS 样本关系图

由图可以看出ⓒⓓ基本上是空的。这是我们今后研究兴趣所在地,尤其是ⓓ。

以上所讲各种 DSS 均是指单用户的。随着网络技术的成熟,支持多用户的决策支持系统研究越来越多。这就是群体决策支持系统(group decision support systems,GDSS)。

群体决策支持系统具有单用户 DSS 的所有特点,如有硬件、软件、数据库、模型库等,还有容易使用等特点,它也可以融入人工智能技术。除此之外它有自己的特点,它有相互通信的规则,有群体决策的规则,有支持群体决策过程进行的事件流控制等,还有支持保密的手段。群体决策支持系统也要求有支持群体决策的特殊方法和模型,如支持信息收集,支持创意产生和头脑风暴,支持方案选择的群体决策方法等。GDSS 要求有一定的硬件环境,例如,决策室就有各种形式的,如图 10-31 所示。

电视会议是一种群体决策的形式,但它是最接近人工决策的形式。只是利用电子系统作为信息传输的工具,克服了距离的障碍,但它不是群体决策支持系统。GDSS 建立在它的基础上,开发出比它多得多的功能。GDSS 的沟通方式比电视会议多,它可以用多媒体、声音、图像、文字,甚至动画。GDSS 的时间域比电子会议宽,它可以是同时的同步会议,也可以是不同时的异步会议。GDSS 的决策支持功能要远强于电子会议,它有记忆支持、信息查询支持、处理支持等。在空间域上可以说 GDSS 和电视会议是相同的。所以 GDSS 能大大提高群体决策的效率和效益。为了很好地驾驭 GDSS,GDSS 一般设一个

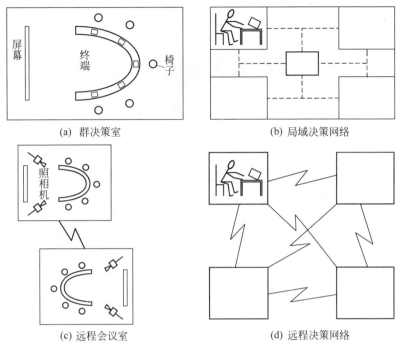

图 10-31 决策室的各种形式

"设置员"(facilitator),他在技术上会设置 GDSS 的设备,包括开启机器、设置屏幕、取景取像、访问数据库、整理发言记录、形式决定等事务性工作。GDSS 的主席一般不懂得 GDSS 的系统技术。有些"设置员"只懂设备,他只使用工具。有的也懂点管理,他也可起到管理的参谋作用,但他绝不参与决策。

研讨题

1. 业务处理信息系统和业务员处理系统是否是一回事?为什么?

2. 终端用户系统和业务员处理系统有何不同?

3. 主管信息系统和主管支持系统有何不同?目前主管信息系统的需求前景如何?什么因素妨碍主管信息系统的发展?

4. 试用任何一种语言实现专家推理结构。

5. 专家系统和决策支持系统的区别是什么?

6. 传统的决策支持系统的主要特点是什么?它对数据库和模型库的要求是什么?

7. 试论决策支持系统的人机会话的性质和决策支持系统对接口的要求。如何衡量接口的好坏?

8. 群体决策支持系统和普通决策支持系统有什么区别?

9. IDSS 主要试图解决 DSS 所不能解决的什么问题?其解决的思路是什么?

10. 试论决策支持系统(包括 IDSS、GDSS)的问题和发展方向。

CHAPTER 11
第 11 章

流程管理模块

信息系统也可以按照流程的前后划分,即按产品或服务产生的过程的时间顺序划分。粗略地说可以划分为上游、中游和下游信息系统。一般不严格的说法是上游是供应链管理系统(SCM)、中游是企业资源计划系统(ERP)、下游是顾客关系管理系统(CRM)。较准确的划分见图 11-1。

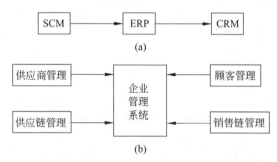

图 11-1 流程信息系统

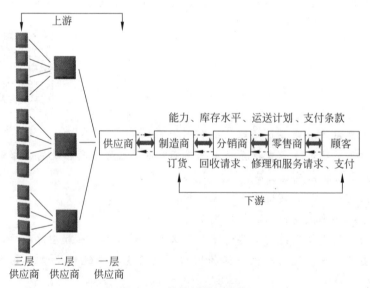

图 11-2 供产销管理系统

图 11-1(b)中,供应商管理系统维护一个供应商数据库。该系统能进行采购的招投标、供应商的选择、供应商关系的历史记录、供应商的信用考核等。供应链管理系统则是

由物料源到企业的整个物流管理。同样,顾客管理系统维护一个顾客数据库,里面包含许多详细的顾客资料。顾客管理包括招揽顾客、分析评估顾客、提供商品或服务给顾客、售后的技术支持等。销售链管理主要从事分销渠道的分析和管理。

目前各种软件供应商能够提供 SCM、ERP 和 CRM 成套软件。他们往往以这三种软件中的一种为基础,扩展功能包含了其他两种软件的一些功能。如 ERP 软件扩展了 SCM 和 CRM 的功能。有的 SCM 软件甚至包含了全部三种功能,实际上这种系统应当叫供产销管理系统,见图 11-2。

下面详细介绍各种系统的核心功能。

11.1 上游供应链系统

供应链系统因大规模生产的制造厂的需求而生。它作为制造厂的生产系统的上游系统。它的主要作用在于保证原材料和零部件的供应,使生产能不停顿的进行,从而达到降低成本,提高效益的目的。为了保证生产的连续进行,制造厂可能要多增加一些中间库存,这将增加库存成本;如果库存过少,将有停产的风险,从而导致停产损失。为了保证供应,生产厂原来是自己管理供应,随着生产规模的扩大,要求的材料和零部件的复杂性大增,依靠自己管理已没有可能,就把供应功能分出,由供应商来完成。制造厂和供应商以战略合作或供应合同方式连接。随着复杂性的进一步增加,以及为了解决产-供间的矛盾,引入了中立的第三方,叫作第三方物流。而把从技术上保证这种物流的企业,例如为他们提供 IT 设备和服务的企业,叫作第四房物流。现在,从事上游供应的功能,已经变成一个大行业——物流业。上游的企业本身也就成为一个独立的企业,它已不专为某一个生产厂家服务,而是面向所有企业。

长久以来,为企业提供物料的工作一直是企业提高效率和效益的瓶颈,严重制约着企业产品的成本降低、加工周期的缩短,使企业不能获得竞争优势,甚至濒临破产。所以提高供应链的效率一直是管理研究的一个主要问题。

最初的供应链管理策略有订货点技术、准时到货技术(just-in-time)等。这些技术的目的均是在不影响生产的前提下,尽量减少库存,也就减少了仓库面积,直至零库存、零面积,即无库存方式,图 11-3 是一家药品供应商的供产销管理系统。

从图中可以看出在无库存的方式,医院已不需要仓库,药品直接被送到病房或门诊的药房。

如图 11-2 所示,供应商可能有一层、二层甚至三层。中间的供应商实际上只是货物转手的供应商,也就是买进卖出。这是一种最简单的供应商,对货物进行某些处理或加工的供应商就是较复杂的供应商了。最简单的供应商的信息系统功能见图 11-4。

世界著名的物流公司美国联合包裹运送服务公司(United Parcel Service,UPS),是一个第三方物流公司。我们引用这个案例来介绍。

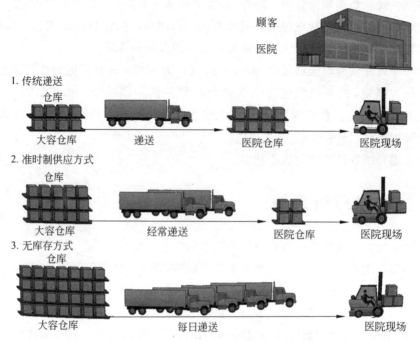

图 11-3　无库存、准时制和传统方式的比较

UPS 公司始于 1907 年一个封闭的地下室。由西雅图来的两个年轻人 Jim Casey 和 Claude Ryan 带了两辆自行车和一部电话机，发誓要做到"最好的服务，最低的费率"。遵循这个目标，UPS 繁荣了 90 多年，至今已成为全球最大的地面和空中包裹递送公司。

尽管有来自 FedEx 和 Airborne 的激烈竞争，由于大量投资于信息技术，UPS 仍能在小包裹递送服务上维持领导地位。UPS 注入数十亿美元用于技术和系统以提高顾客服务，同时保持低成本和整个运行顺畅。

用一个手持设备，名曰递送信息查询设备（DIAD），UPS 司机可以捕捉顾客的签名以及接收、递送和时间卡信息。司机将 DIAD 插入 UPS 卡车上的适配器，它是一个连接到移动电话网络的信息传输设备。然后，包裹递送信息就传至 UPS 的计算机网络，在新泽西州的 Mahwah 和佐治亚州的 Alpharetta 的 UPS 的主干机对它进行储存和处理。

通过它的包裹跟踪系统，UPS 可以监视包裹的整个递送过程。从送出到接收的沿路各点，条码设备从包裹标签上扫描运输信息；这个信息被送往中央计算机。顾客服务代表由连接于中央计算机的台式计算机可以校核任何包裹的状态，可以立刻响应顾客的询问。UPS 的顾客也可以用自己的计算机或无线设备，如手机，由 UPS 的网站存取这些信息。

任何人要寄一个包裹，可以连上 UPS 网站，去跟踪包裹、计算运费、确定运输时间和调度取包。企业可在任何地点应用 UPS 网站安排 UPS 运输和汇运费给公司的 UPS 账号或信用卡。在 UPS 网站上收集的信息被传至 UPS 中央计算机，处理后再传至顾客。UPS 也提供工具使顾客能在 Cisco 系统中包含 UPS 功能，如跟踪和计算费用，在自己的

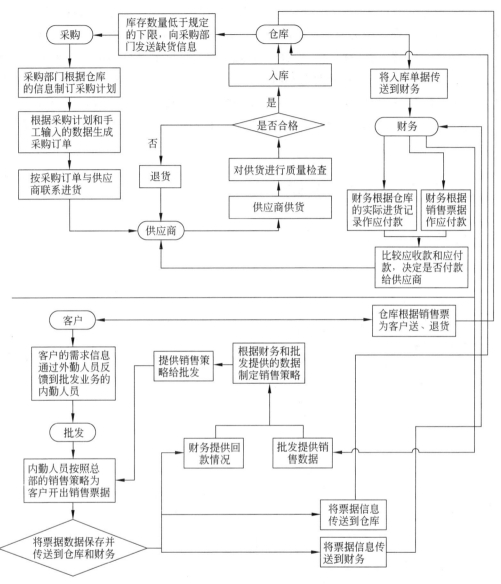

图 11-4 具有采购-供应功能的供应商系统

网站不用访问 UPS 网站即可跟踪运输。

UPS 庭院运输,允许雇员在一个企业的多个办公室用计算机进行处理,而运输手续被企业设立的中央管理员控制。UPS 工具使成本的分配和报告甚至每一个顾客按件的详细运输花费实现了自动化。

信息技术帮助 UPS 增强自己和保持增长。UPS 现在已经把自己管理递送网络的知识用来为其他公司管理后勤和供应链。UPS 供应链解决方案部门提供完全绑扎的标准服务给签约公司,费用相对于他们自己建造系统和基础设施只是一个小数目。这些服务包括供应链设计和管理、运费转交、海关费用、多种运输、财务服务以及后勤服务。

Birkenstock 公司是许多得益于这种服务的公司中的一个。该公司的德国工厂将鞋装于箱中，上有条码写明美国的目的地。UPS 和位于 Rotterdam 的海洋运输公司签订合同，鞋箱跨过大西洋到新泽西口岸，代替了通过巴拿马运河到该公司的加利福尼亚仓库。UPS 卡车飞速地将每一船的货物几小时内通过 UPS 的管道运到 3 000 个零售点。将这项工作转交给 UPS，Birkenstock 减少了一半的时间。在路途中，UPS 用条码扫描记录每笔运输的轨迹直至商品签收为止。UPS 也为 Jockey 国际处理互联网订货，为飞利浦医疗系统处理 X 射线机安装。

11.2 中游企业管理系统

中游企业管理系统处于供产销链中的中游，是以生产为核心的企业管理系统。最初的生产系统只是生产计划系统，以后加进了库存控制和订货系统，这就是材料需求计划系统（MRP）。再后，计划的材料不只是产品直接需要的材料，扩展了辅助的和支持的资源，如能源、机器设备、人员和资金等，因而材料需求计划就变成了制造资源计划（MRPⅡ）了。再往后，把生产信息系统和其他职能系统集成，如市场、财务和会计等系统，就形成了企业资源计划系统（ERP）。所以从流程的角度看，中游的系统就是以 ERP 为核心的系统。

企业管理系统管理企业内部的所有事务。它把制造和生产、财务和会计、销售和市场以及人力资源系统集成起来，配合以全企业的过程，从而担当起全企业内部所有过程的管理，见图 11-5。

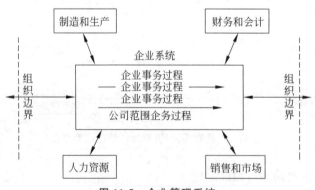

图 11-5　企业管理系统

一个小型企业的 ERP 结构见图 11-6。

这个小型系统虽然每一小块的功能不怎么复杂，但它把生产计划、采购管理、销售管理、财务系统和人事管理均集成在一起，形成了一个完整的 ERP 系统。

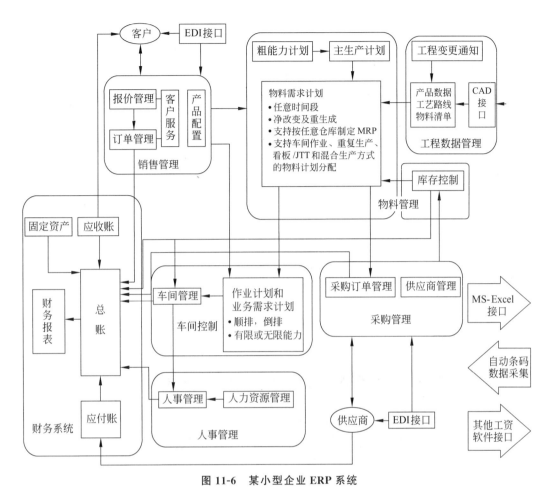

图 11-6　某小型企业 ERP 系统

11.3　下游顾客关系管理系统

今天的企业不再把顾客当成盘剥的对象和收入的来源,而是通过客户关系管理系统把顾客当成长期资产来看待。客户关系管理(customer relationship management,CRM)系统专注于协调所有的围绕着企业和客户联系的企业过程,如销售、市场和服务,以期达到最佳收益、顾客最满意和留住顾客的目的。理想的 CRM 系统提供从接受订单到产品送到全过程的点对点的所有顾客关心的事项。

过去,公司处理销售、服务、市场是高度分开的,这些部门没有对顾客的重要信息的共享程度较低。一个特殊顾客的信息可能在与公司相关的个人账户储存和组织,同样,顾客的其他信息可能与其购买的产品相联系。没有办法去组合所有这些信息以提供全公司对该顾客的看法。CRM 系统试图解决这个问题,通过集成客户相关的信息,由多种通信通道,如电话、电子邮件或网络,综合客户的信息,这样,公司会基于一些协调一致的信息来对待这个顾客,见图 11-7。

图 11-7　客户关系管理

好的 CRM 系统能提供数据和分析工具以解决以下问题：更能符合企业之所需，并给重要的顾客不断提供新的价值。最简单的 CRM 系统主要是了解顾客和分析顾客。其重要功能是围绕着客户数据展开的，见图 11-8。

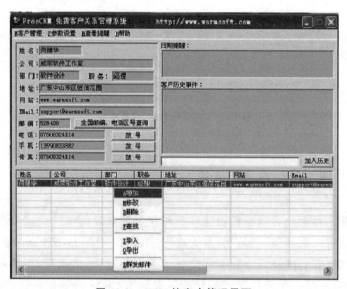

图 11-8　CRM 的客户管理界面

CRM 系统一般具有如下功能：

- 来电显示功能。当客户来电的时候，会显示来电号码，并可将通讯录中对应的客户资料也显示出来。
- 拨号功能。当找到客户资料的时候，可以直接在软件上向客户拨打电话，无须在电话上拨号。CRM 还支持 IP 拨号功能。
- 日期提醒功能。它可以提醒客户的生日或交易日等重要日期的到来。

- 客户历史记录功能。可以在每次交易或联系的时候输入有关资料,以备日后查询。
- 和邮件系统结合,可建立邮件群发功能。

具有了这些简单的处理功能,可使企业对客户准确地了解,从而能更好地开发客户资源。

图 11-8 所示的简表显然不是全部的客户信息,甚至只能是很小一部分,许多信息是没有的。例如,客户需要什么产品,价位如何,客户和本公司的交易次数,总金额,客户的信誉等。这些信息不仅可以正向查询,还应当可以反向查询。例如,有哪些客户需要本公司的某种产品,客户关系管理系统实际上是要求有许多决策功能。它有个数据库,还应当形成一个数据仓库。

把客户关系管理系统和企业的市场功能、销售功能和服务功能结合起来,就成了集成的客户关系管理系统,见图 11-9。

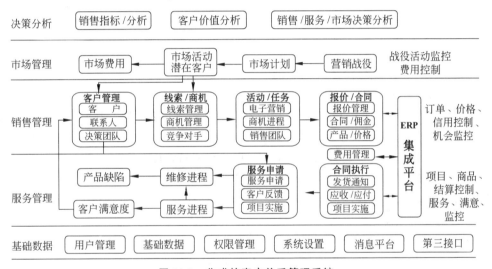

图 11-9 集成的客户关系管理系统

集成的客户关系管理系统不仅能提供为客户服务的好思想,而且能把这种思想付诸实施。

11.4 流程系统的发展趋势

从以上讲述的上、中、下游系统可以看出,它们是相互交叉的。单独供应这些系统的软件公司,往往以某种系统为中心,例如 CRM,扩展一些中游系统 ERP 的功能,作为一个完整的套装软件提供。如果购买上、中、下三种套装软件,则它们中间就会有冗余,如图 11-10 所示。

企业如果全面实施信息化,就应当统一规划,减少这种冗余,从而实现真正的全集成。全集成不仅减少了冗余,而且使信息真正能做到全企业共享。

由于一般系统是分开建立的,又为了达到集成应用的效果,一些软件公司专门制作了

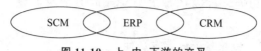

图 11-10 上、中、下游的交叉

一种软件,其功能就是把分离的系统集成起来,也就是连接起来。这种软件叫企业应用集成(enterprise application integration,EAI)。企业应用就是企业应用系统的简称,SCM、ERP、CRM 均属于企业应用。EAI 连接起各种系统就提供了一个企业应用的平台,各种应用系统均可在其上工作。

11.4.1 下一代的企业应用

今天,企业应用系统的供应商正在提供更灵活的、基于网络的、具有和其他系统集成能力的更有价值的系统。单个的企业系统、顾客关系管理系统和供应链管理系统将成为过去。

一些企业软件供应商已开发了被称为"企业解决方案""商业套装""企业套装"或"电子商务套装"的系统,以使其顾客关系管理、供应链管理和企业系统相互紧密地工作。SAP 的套装、Oracle 的套装、Microsoft 的动态套装(瞄准中型企业)就是例子,现在用网络服务和"面向服务"的结构(SOA)。

SAP 的下一代企业应用是基于它的企业"面向服务"架构。它结合了面向服务(SOA)的标准和应用其作为集成平台的工具 NetWeaver,连接 SAP 自己的应用系统和独立厂商开发的网络服务。其目的是使企业应用系统容易实现和管理。

例如,新版的 SAP 企业软件联合财务、后勤和采购、人力资源等几个关键应用系统成为核心 ERP 部件。企业可以扩展应用,连至特殊功能的网络服务,如由 SAP 公司或其他厂商提供的雇员雇用或征召管理。SAP 通过其网站提供 500 多个网络服务。

Oracle 将 SOP 和企业过程管理能力囊括于其 Fuion 中间件产品中。企业可用 Oracle 工具选择 Oracle 应用,无须破开整个应用系统。

下一代的企业应用系统也包括开放源代码和按需解决方案。相比于商业化的企业应用软件,开放源产品,如 Compiere、Open for Business 和 Openbravo 不那么成熟,软件开发者也没做太多的努力。然而,一些小型制造业的公司选择了它们,因为没有软件许可费(开放源产品的支持和客户化的费用除外)。

SaaS(software as a service,软件即服务)中最火爆增长的是顾客关系管理。Salesforce.com 和 Oracle's Siebel 系统是 CRM 解决方案中的领导者,而微软的动态 CRM 有一个在线按需版本。企业系统的 SaaS 的版本不很普遍,主要的企业系统供应商也不一定都有。

Salesforce 和 Oracle 现在有某些 Web 2.0 的能力,使组织能较快地识别新思想、改进团队生产率以及和顾客的深度互动。例如,Salesforce Idea 允许员工、顾客和商业伙伴对新思想提建议和投票。Dell 计算机就将这个技术应用于 Dell Ideastorm(dellideastorm.com),使顾客可以对 Dell 的产品新概念和结构改变进行建议和投票。顾客的建议鼓励 Dell 在 Dell 1530 手提电脑上加装了较高分辨率的屏幕。

11.4.2 服务平台

另一个扩充企业应用的方式是利用它们为新的或改进的企业过程建造一个平台，从多个职能领域集成信息。这些企业范围的服务平台提供了一个比传统的企业应用更大程度的跨职能集成。一个服务平台从多个企业职能、企业单位或企业合作者集成多个应用，为顾客、员工和企业合作者提供一个无缝的体验。

例如，订单到现金处理过程包括接受一个订单，跟踪这个订单直到获得支付的整个过程。这个过程开始于线索产生、市场竞争和订单输入，这些通常由 CRM 支持。一旦订单被接受，制造就开始调度，零件够否就被检查，这些过程常由企业软件支持。然后是订单分配计划、仓库、订单实现和运输等过程处理，这些常由供应链管理系统支持。最后是开票给顾客通知付款，它是由企业财务应用系统或会计应收模块支持。如果这个采购在某些点上要求顾客服务，顾客关系管理系统将再次被应用。

一个服务，如订—送货—付款，要求来自企业应用系统和财务系统的数据进一步集成进入一个企业范围的合成过程。为完成这个服务，公司需要软件工具，可用现有的应用系统作为新的跨企业的过程建造模块（如图 11-11 所示）。企业应用系统供应商也提供中间件和工具，使用 XML 和网络服务集成企业应用以及其他供应商的系统。

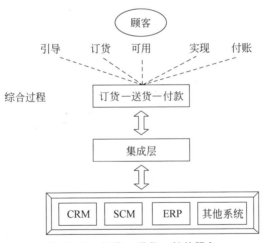

图 11-11 订货—送货—付款服务

这些新的服务将越来越多地通过门户网站提供。门户网站软件可以由企业应用系统和分隔的内部信息系统集成信息，通过一个网络接口传达给用户，这样信息将呈现出来自单一源。例如，Valero Energy——北美最大的精炼厂，用 SAP 的 NetWeaver 门户网站建造了一个针对批发客户的服务，以观察它们的会计信息。SAP NetWeaver 门户网站提供一个接口给客户的发票、价格、电子资金和信用卡业务数据，这些数据存储在 SAP 的顾客关系管理系统的数据仓库和非 SAP 系统中。

即测即练

研讨题

1. 什么是企业系统?企业系统是怎样工作的?
2. 什么是供应链?它由哪些实体组成?什么是供应链管理?
3. 列出和描述5个主要的供应链过程。
4. 互联网和互联网技术如何使供应链管理简易化?
5. 供应链管理系统如何给企业提供价值?
6. 什么是企业资源系统(ERP)?ERP一般包括几个模块?
7. ERP是企业应用的核心,你同意吗?为什么?
8. 什么是顾客关系管理?为什么顾客关系管理今天如此重要?
9. 伙伴关系管理(PRM)和顾客关系管理(CRM)有何区别?相互关系如何?
10. 描述对销售、市场和顾客服务的顾客关系管理软件工具及其能力。
11. 顾客关系管理系统如何给企业提供价值?
12. 什么是服务平台?它们如何和企业应用系统一起应用以提供跨功能的过程集成?

CHAPTER 12 第 12 章

行业信息系统

每个企业或组织都有不同的组织特性,我们不可能描述所有的组织的特性,但组织是可以归类的,例如按行业归类,归到同一行业中的组织,尽管不尽相同,但它们至少有类似的部分,这样相似特性的软件模块就可以共用。本章选取几个行业的信息系统结构作介绍,以帮助了解在建设不同行业的信息系统时,应注意不同的行业特点。

从经济的观点,最重要的组织是企业,企业本身就归属于不同的行业,如制造业、零售业、金融业、运输业等。我们选择其中一些介绍。除此之外,还有政府部门、军队、事业单位、学校以及非政府部门等,它们都会有不同的特点,均应引起我们的注意。

12.1 制造业企业信息系统

不同行业的企业有不同的信息系统,制造业企业就和服务业不相同。即使在一个行业内,不同企业也有不同的信息系统需求。

制造业的信息系统大多以我们以前介绍过的生产智能信息系统为基础,扩展成 MRP Ⅱ,现在制造业已不满足于 MRP Ⅱ,逐渐扩充为供应链管理(supply chain management,SCM)系统、企业资源计划(enterprises resources planning,ERP)和顾客关系管理(customer relation management,CRM)系统,它包含了比 MRP Ⅱ 更多的市场、财务以及涉及全企业全面管理的功能,见图 12-1。

图 12-1 MRP 的扩充

某小型现代制造业企业信息系统的概貌见图 12-2。

由图可以看出,该信息系统以 ERP 为核心,在其外围扩充了 SCM、CRM,然后,通过 EDI 和其他企业联系,通过 Internet 和客户联系,形成了一个由内向外的完整的电子化管理信息系统。有的企业已将 ERP、SCM、CRM 集成到一个软件中,将其称作 ERP Ⅱ,或称其为企业信息系统(enterprise information system,EIS)。

信息系统的完善,信息流程的理顺,反过来又对企业的物理流程产生影响,要求企业的物理流程也要理顺。理顺了流程的当代小型制造业的物理布置,如图 12-3 所示。

由图可以看出,从事管理的行政单位均在图的上部,图的左侧是技术部门,图的右侧为材料和部件的准备部门,而处于中间的是生产部门。原材料由右侧进入,产成品由下部运出,所有的部门均以生产为主轴,围绕安排,大大地提高了生产的效率。

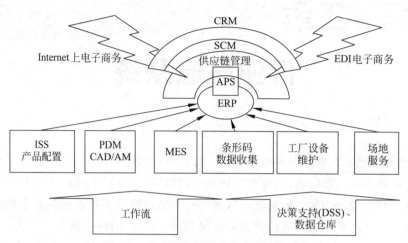

图 12-2　某小型现代制造业企业信息系统

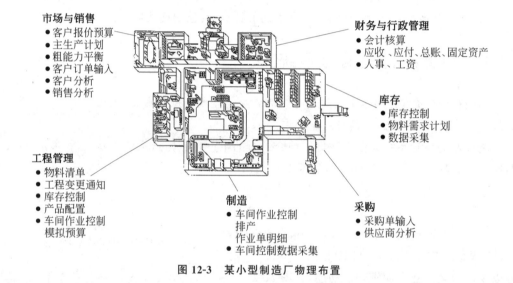

图 12-3　某小型制造厂物理布置

12.2　零售行业信息系统

零售行业信息系统解决方案,主要为零售企业提供财务管理、供应链管理、人力资源管理、企业绩效等业务一体化管理功能,同时也提供零售收银管理、门店管理、促销管理和会员管理等具有行业特色的零售管理功能,它适用于诸如沃尔玛、联华等大型连锁超市。通过以高效供应链管理为核心,建立起采购、库存、配送等各环节控制、分析与考核的全过程管理体系,帮助零售企业规范业务流程。并帮助零售企业建立一体化的财务成本控制体系、以业务协同为目标的供应链管理体系和以能力素质为核心的战略人力资源体系。为中小连锁零售企业实现高效协同、快速扩张奠定基础。

关键应用见图 12-4。

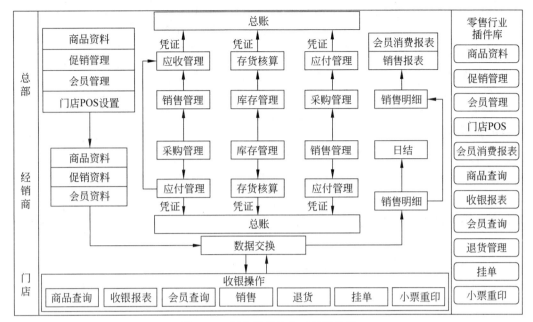

图 12-4 零售行业信息系统结构图

图中系统包括的关键功能有如下几项。

(1) 零售收银平台(POS),是一个完整、可拓展的收银系统。支持多种常见收银设备,支持自定义打印格式,对门店零售业务进行全面管理,提供收银设置、传输设置、零售开单、退货、挂单、重印、查询报表、离线模式等功能。销售前台(POS)系统与会员、供应链等系统无缝连接,形成了连锁零售的一个完整解决方案。

(2) 促销管理,提供灵活多样的促销政策。可以设置促销优先级策略,保证商品促销价可以正确执行;可以按总部、区域、门店、商品类别、商品、会员级别等维护设置各种促销政策;可以支持时间段特价、固定周期特价、数量段特价、金额段特价;可以设定促销让利供应商承担比率,与供应商结算促销费用。

(3) 全生命周期的会员管理。会员管理以会员资料为核心,对会员进行全生命周期管理,提供会员资料、会员卡、会员账户、会员策略等完整会员管理。会员资料管理:会员资料维护、卡分类管理、会员分级管理等;会员卡管理:制卡、发卡、冻结解冻、挂失解挂、回收、退换处理等;会员策略管理:会员优惠策略、会员积分策略、积分返点、积分兑奖、积分结转处理等;会员查询分析:基础资料查询、消费记录查询、会员消费特性分析、会员动态、会员促销效果分析、金额调整与对账、卡进销存查询、会员返利查询等。

(4) 商品属性管理。根据类型提供商品基本资料、商品物流资料、商品计划资料等。商品辅助属性的设置可以帮助更好地进行销售管理。特别适用于服装、家电等行业的特色需要,通过辅助属性的管理,一方面减轻了基础资料维护的工作量(无须设置大量的商品明细资料);另一方面又增加了系统的灵活性(辅助属性可以分为基本类、组合类,用户可以自由选择,一个商品可以同时考核几个特性,如颜色、尺寸等),另外,还可以进行辅助属性报表的综合性查询。

(5) 条码管理。条码管理是零售行业的一个重要应用,商品通过商品条码进行扫描输入,可以极大地提高操作效率和准确性。包括一品多码、国际条码校验、条码生成规则设置、条码标签设置、条码标签打印等功能,支持市场常见条码打印机,如斑马、立象等。提供对常规商品、生鲜商品、固定金额商品条码的管理。

(6) 全程跟踪的序列号管理。适用于手机、汽车发动机等有单品管理需要的商品。单品,即每个商品都有不同于其他商品的特性。如手机,虽然从型号上来看,每一种类型的手机有很多,如诺基亚5110灰色手机,但每一个手机都有一个区别于其他手机的唯一标识号,通过序列号管理,可以在不增加操作人员工作负担的同时,方便地跟踪手机从入到出的整个过程。

12.3 交通运输行业信息系统

交通运输业是介于生产行业和销售行业之间的行业。由于运输行业有其专业的特点,就分工出了专门从事运输活动的企业群,这就是运输行业。运输行业最典型的企业是铁路公司、公路公司以及航空公司等。在这些领域里有许多具体的企业。如航空公司、售票公司、机场公司等。我们这里以机场为例,说明这种行业的一些特点。我们将看到即使是一个分工的末端,系统也是相当复杂的。

机场现在已不仅是飞机起和停的地方。它有供飞机起停、旅客登落的传统主业,又发展起物流、商品销售、旅游交通服务等综合辅业。有些机场甚至是繁辅夺主,辅业的收入已经超过主业,如香港机场。一般机场均设在一个城市的合适的地方,拥有一块相当大的土地,和市中心有便捷的交通。在机场的周围,有为机场运营服务的企业,如供油公司、配餐公司、维修公司等。也有借这块宝地来凑热闹的独立经营营利企业,如商店、餐馆、免税店、旅店等。所以一个机场实际上是一个小城镇,而且是24小时无休的市镇。国外有种说法,说"机场是个城市(airport is a city)"。由于人流的聚集和商业的发达,机场也成了广告的中心,各种广告公司争相在机场周围打造各种平面广告、多媒体广告和网络广告。所以,机场建筑也往往是当地免费无线上网的先行者。

当代的机场管理者也已经认识到机场这块宝地的价值,他们也在想方设法尽量延伸价值链、扩大盈利空间和发展空间。他们希望机场成为城市的"窗口",通过机场人们能了解该城市的各种情况;通过机场,顾客能找到办理任何事情的途径。所以他们提出了"任何事,找机场"的目标和口号。他们将努力设法帮助顾客解决任何问题,以求无限扩大服务空间。

由于物理空间的有限,现代的机场均在向虚拟化的方向发展。他们大力发展网络应用,力图通过使用信息技术,打破时间和空间的约束。机场的业务上网成了机场的观念和技术的发展方向。机场的网络成了机场的通路,网站成了机场的门站。

随着经济形态由实物经济向精神经济转移,企业如何满足顾客的精神需求,成了企业能否持续繁荣发展的门槛。随着商品的充足和复杂,商品经济逐渐转向服务经济,不仅商品要廉价质优,还要服务好,包括售前服务、售中服务和售后服务;还包括财务服务、技术服务和后勤服务等。今天,产品经济逐渐转向精神经济,人们追求的更多的是精神需求。

第12章 行业信息系统

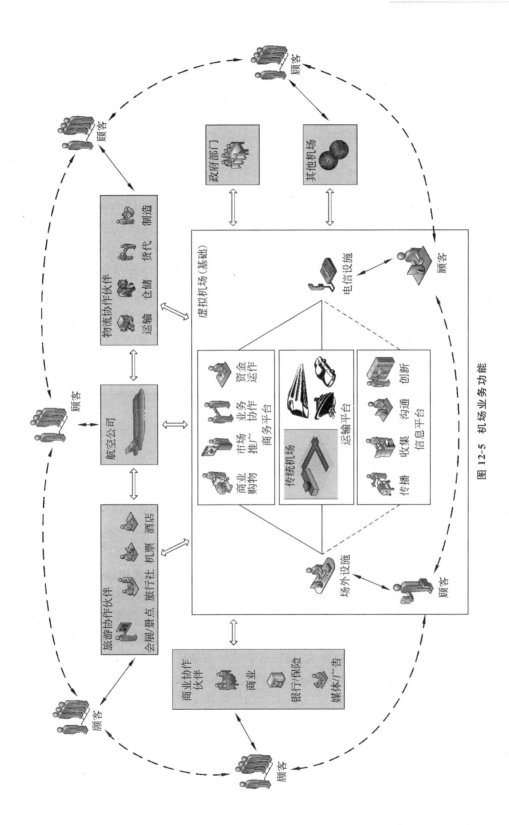

图 12-5 机场业务功能

信息产品主要是满足人们的精神需求的产品，它显示出许多新的特性，如产品的价值不是取决于它的使用价值，而是取决于顾客的喜好，不同的喜好将会有不同的价值，因而同样的产品对不同的人可能会有不同的价格。信息产品不断地以"讨人喜欢"为其目标走向。这样产品经济将走向"愉乐"经济。

经济走向愉乐经济，机场也就得进行相应的变化，机场也应成为使人快乐的地方。没有前瞻观念的机场，不注意让机场使人舒适，登机秩序混乱，步行路程枯燥漫长，候机厅嘈杂。这样的机场能够持续发展吗？如果机场提供了宽松遐逸的环境，成为人们可以休闲的地方，不仅能吸引更多的人登机，而且能吸引人流、发展商业，机场才真正能够实现其"机场城市让生活更美好"的愿景。

要想做到这些，不依靠 IT 是不可能的。力图实现这样的愿景的一个中型机场的业务功能见图 12-5。

图 12-5 说明了涉及机场的各种人员间的关系，包括顾客、协作伙伴和机场内部各部门的关系。图中间的方块中表示出了机场内部的各运行业务，包括商务平台、运输平台和信息平台。方块以外表示了和航空公司、旅行社、酒店以及一些后勤企业的关系。

一个完善的机场管理信息系统应有 4 层架构，如图 12-6 所示。

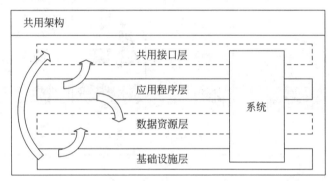

图 12-6 系统 4 层架构图

这 4 层架构分别是基础设施层、数据资源层、应用程序层和共用接口层。其中，基础设施层指的是基本的硬件和系统软件，它们互相连接成一个系统，就好像水管和煤气管成为土木建筑的基础设施一样，这些硬件和软件构成的系统组成了数据和信息的技术基础设施，它提供了数据和信息在其上流动的通路。数据资源层主要指企业的信息内容的资源，它包括各种数据库和数据仓库，不包括系统软件的数据库管理系统，那些是属于基础设施。应用程序层，在英文中通常简称为应用（applications）。它是为各种企业职能服务的应用软件程序。如会计、财务、人事或生产的处理程序。不同的行业它们的数据内容和应用层会有很大的不同。最上层是整个信息系统和用户的接口或界面。

较详细的功能架构见图 12-7。

本图的最上框是机场对外的公共服务和合作平台，包括对顾客的服务，对合作伙伴的合作工作，如顾客服务系统等。接下去两个框是机场内部为支持运营的系统，如保密安全系统等。

再下去的第四层，或最底层是一些数据库，包括飞机、安全、旅客、资产、货物、财务、商

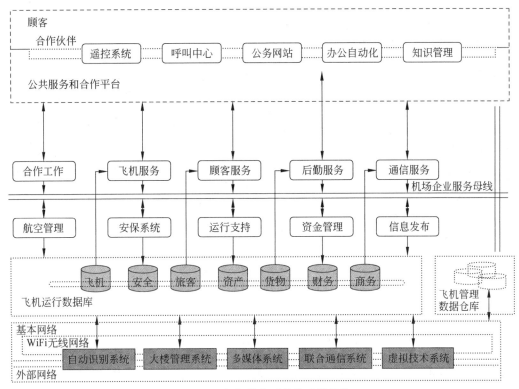

图 12-7 机场信息系统的功能架构

务等数据库,以及典型或特殊应用的数据仓库。

对虚拟化机场,最重要的是网站和呼叫中心。它们是实体虚拟以后,直接面对顾客的"门面"。顾客感觉到的机场就是一个网站和一个呼叫中心。网站页面设计得好坏,直接影响机场的形象;呼叫中心的回应,直接关系到机场的亲民印象;要求顾客选择"1、2、3……"等的程序化服务已不能满足"价值敏感"的顾客的要求。虚拟化对智能提出了更高的要求,可以说是无止境的要求。所以机场虚拟化是一个长期的持续的努力。

12.4 金融行业信息系统

金融行业是个胖信息、瘦物质的行业,信息系统可以说是它的生命线。信息就像空气对人那样,离开了它,许多金融企业一分钟也活不下去。最古老的典型的金融企业是银行。我们以一个银行为例,看看金融企业信息系统的特点,见图 12-8。

图中第一行表达了银行业务的总流程,首先是一些揽客的渠道,如网上银行、手机银行等。然后经过集成环节使输入的数据能适合于其在银行内部系统中的流动。其次,到达客户关系环节,来判断给该顾客的优惠度。再次,就到了选择合适的银行产品推销给该顾客。最后两个环节是银行内部的处理,包括结算和分析。图的下半部列举了它们所用的处理模块。

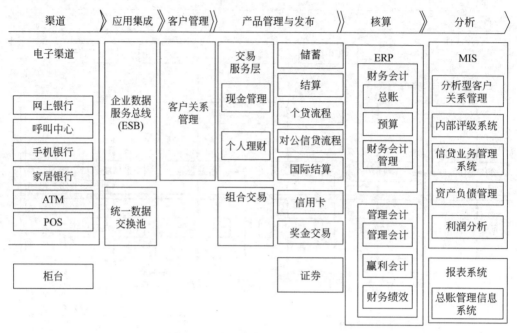

图 12-8 一个大型银行的信息系统架构

对于一个分行,不一定要有所有的处理模块,它可以共享总行的模块,分行最重要的是要有直接面向客户的模块,见图 12-9。

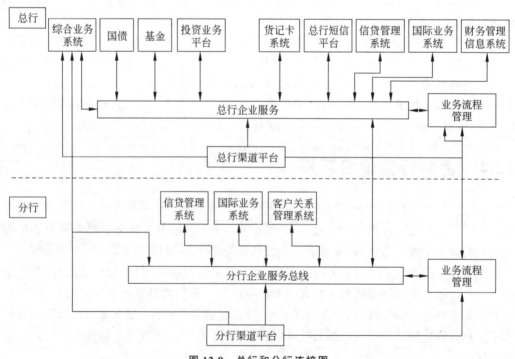

图 12-9 总行和分行连接图

12.5 政府部门信息系统

政府部门和企业有完全不同的性质。政府和企业的目标不同,政府是非营利的机关。每个政府部门并不和自己单位的利益直接挂钩,而是和一个范围的整体利益挂钩,如一个省市,甚至一个国家。办事的高效和廉洁,创造良好的政府形象成了它们的主要目标。一些事业单位,如学校,也是非营利机构,它们和政府有相似的性质。

将信息系统用于政府工作被称作电子政务(electronic government)。由于网络是最好的反映群情民意的工具,因而电子政务得到了越来越多的重视。电子政务不仅能提高政府办事的效率,而且能帮助政府发现问题,合理决策。电子政务涉及一个更大更面宽的系统,更需要统一的、全面的、长远的规划和统一的实施,才能更显其效益。

图 12-10 是一个城市的信息系统结构。

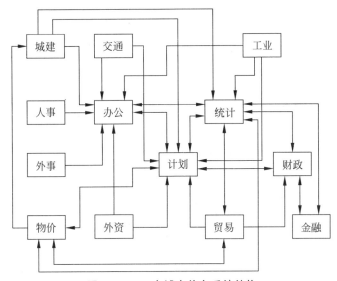

图 12-10 一个城市信息系统结构

该信息系统包括以下分系统:
- 综合办公分系统
- 计划分系统
- 统计分系统
- 工业分系统
- 交通分系统
- 城市建设管理分系统
- 物价分系统
- 贸易分系统
- 外资分系统
- 外事分系统
- 人事分系统
- 财政分系统

以上共 12 个分系统,这些分系统组成网络结构。

随着虚拟化的发展,网站在电子政务中也起着非常重要的作用。它也将是政府的"门面",也得到越来越多的重视。

介于企业和政府之间的还有事业单位,如学校就是事业单位,它接受政府拨款,完成政府赋予的任务。它不执行政府的管理社会的职能,也不像企业那样独立地根据市场情况自负盈亏。它的信息系统又有自己的特点。例如,某大学的信息系统架构如图12-11所示。

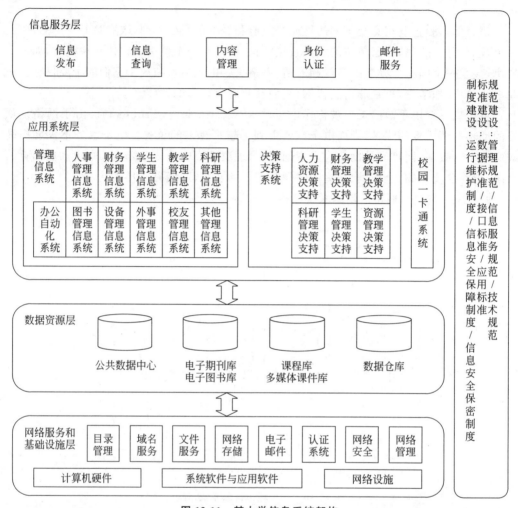

图 12-11 某大学信息系统架构

研讨题

1. 政府信息系统、企业信息系统和制造业信息系统功能上有什么不同?
2. 制造业组织信息系统和制造职能子系统有何区别?

Part 4 第 4 篇

开发建设篇

第 13 章 信息系统规划
第 14 章 信息系统开发管理
第 15 章 系统分析
第 16 章 系统设计
第 17 章 系统持续交付

通过前几章的学习，我们已经清楚了管理信息系统的概念、性质和应用形式。本篇将介绍信息系统的建设与开发，包括信息系统的规划、项目确定后的开发、开发过程中的系统分析、系统设计、系统实施和系统运行管理等。

信息系统的建设或者是新建，或者是改建，但无论是新建或改建，都要用系统的方法，从社会-技术系统的全局出发，很好地组织才能成功。本篇所讲的方法将会对信息系统的建设有很大的帮助。

在信息系统的建设开始以前，首先要解决领导问题。根据经验，信息系统建设不成功的原因主要是领导问题。美国的经验是：主要领导者不是参加者而是旁观者是信息系统失败的主要原因，更不用说是反对者；苏联很成功地建成了大约 5 000 套系统，约 2 500 套用于企业，约 2 500 套用于政府管理。他们的经验是"第一把手"原则，即组织的第一把手亲自参加领导是成功的关键。为此建立以主要领导为领导的 IS 领导小组应是信息系统建设的第一步，见图Ⅳ-1。

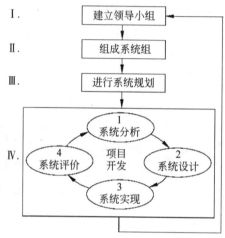

图Ⅳ-1　信息系统建设流程总框图

这个领导小组应以企业主要领导为组长，其成员应包括企业各职能部门的负责人、信息部门负责人以及内部或外请的系统分析员等。在它的领导下成立系统组（或者是系统规划组、系统开发组等）。它应包括系统分析员、各职能部门的业务骨干、信息系统技术人员等。这是一个全时进行系统规划的组织。

组织建成以后一般应先进行规划，有了规划以后，确定了一些项目，针对某个项目就可进行开发，项目开发应包括系统分析、系统设计、系统实现和系统评价等阶段，见图Ⅳ-1。

下面我们将分几章进行介绍。

CHAPTER 13 第 13 章

信息系统规划

信息系统规划(information system planning, ISP)是信息系统实践中的主要问题,也是现在管理信息系统研究的主要课题之一。

它之所以重要,首先在于,现代企业想做什么,往往取决于它的信息系统能做什么。信息系统的应用越来越向企业战略层攀升。信息系统如不能实现,直接影响企业战略的实现,进而甚至导致企业倒闭。其次,现代企业用于信息系统的投资越来越多,例如宝钢投资已多达亿元。信息系统的建设是个投资巨大、历时很长的工程项目,规划不好,就会造成损失。通常人们有一种认识,假如一个操作错误可能损失几万元,那么一个设计错误就能损失几十万元,一个计划的错误就能损失几百万元,而一个规划错误的损失能达到千万元,甚至上亿元。因而规划比起计划、设计、运行就显得更重要。

所以应克服那种"重硬、轻软"的片面性,把信息系统的规划摆到重要的战略位置。

13.1 什么是战略规划

当我们想要去做任何事情时,总要将事情分解,然后沿着一个顺序,一步一步地进行。一般来讲,我们要首先清楚使命,然后沿着畅想、愿景、目的、目标、战略、策略、计划、项目、实施和评价这样一个顺序进行下去。

战略规划是这个顺序中的一个重要的环节,它是一种"安排未来"性质的工作。过去的世界变化很慢,几十年不变,百年老号生产百年产品,安排未来的工作不显得那么重要。当代的中国"一年一个样,三年大变样"。今天生产的产品要满足未来的需求,不把握未来的需求,就会没有销路,企业就没有出路。安排未来的工作越来越重要。所以说,"管理最重要的是未来管理","经理应当是明天的经理,不应当是今天的经理,更不应当是昨天的经理"。可是,我们现在的许多经理往往是昨天的经理。每天早上上班,紧赶慢赶地处理昨天留下的工作,好容易干完了,已经接近下班了,这样日复一日,年复一年,总处于被动状态之中。根本腾不出手抓抓明天,也就没有精力抓抓规划。重当前,轻未来,重运营,轻规划,成了管理上的劣迹。信息系统的规划是更要远看的工作。至今的信息系统大多是要什么,开发什么,结果开发出了许多孤立的单用途的系统,信息不能集成,使用很不方便,还浪费了投资。信息系统的战略规划成为信息系统开发越来越重要的部分。

战略(strategy)是基于组织使命制订的组织长远的计划,至少 3～5 年,一般是 10 年,长的能到 50 年。当然由于时间长,未定因素多,因而,相对于短期计划而言,它也比较粗。

我们先来看看,一个战略规划是什么样子? 如图 13-1 所示,这是一个国家级的规划——中国制造 2025,就是我国先进制造业在 2025 年时达到什么水平的规划。

图 13-1 中国制造 2025 规划

这张图显示了一个规划的主要成分：目标、重点任务、保障条件和关键项目等，还规定了关键时间节点。从内容上看，我们可以看出它目标清晰，振奋人心，要求明确，三步走适度，让人相信一定能达到。任务涵盖全面，重点项目工程抓得准。

有了规划的粗略概念后，我们再来细究战略规划的内容？战略规划是描述企业领导者关于企业发展的一些概念的集合，包括：

（1）组织的环境，包括政治（politics）、经济（economy）、社会（society）、技术（technology）（简称 PEST）环境，竞争对手和自身环境的分析，应用优势（strengths）、劣势（weaknesses）、机会（opportunities）、威胁（threats）（简称 SWOT）战略分析方法进行分析。

（2）组织的方向，包括组织的使命（mission）、愿景（vision）、目的（goal）。使命是组织成立的依据，是组织的根本大任。愿景是对未来向往的憧憬，是对想象的"天堂"的描述。目的则是靶心，是行动方向的相对位置的描述。例如某学校的使命是培养人才，出科研成果。学校的愿景是美丽的校园、丰富的图书、先进的设备、优秀的教师队伍和浓厚的学术氛围等。学校的目标是，10 年内争取进入全国前 10 名等。

（3）组织的目标（objectives）和达到目标的战略。相对于目的而言，目标是可量化的，如学生数量、发表论文进入 SCI 和 EI 的数量、科研经费数量等。达到目标的战略是一种途径的描述,是政策、策略和决策的集合。如首先建立优秀的教师队伍,塑造学校高水平的无形资产,吸引优秀的学生等。

13.1.1 企业的使命和愿景

某一企业的使命说明该企业存在的缘由,也就是说办你这个企业究竟为了什么?有些企业主要是最大限度地获取利润,回报股东,如某一电视购物公司。有些企业则是获取适当利润,维持企业生存,主要是为社会稳定作出贡献,如城市的地铁公司。学校的使命主要是培养人才和创造科研成果。

进行企业规划和它的信息系统规划时,一定要牢牢地把握使命,不要背离使命。背离了使命,就可以说是不务正业。如学校只为赚钱,就必然被管理部门视为不好的学校。

企业的愿景是企业对未来的期望的描绘。例如,企业的劳动生产率大大地提高,生产线高度自动化,工人一般只作监控,生产操作全由机器人执行,企业不断创造新产品,订单满满。还包括企业环境优美,大多用绿色能源,工作人员知识化,大多具有大学或硕士学位,企业的信息化和网络使用达到当时的领先水平,等等。愿景已不是随意的畅想,而是科学的推断,是要估计到技术、经济、社会、管理上的可行可达性。它是经过专家队伍大量的研究的基础上,又综合了高管的实践经验得出的。它又需要以准确、通俗、振奋人心的语句加以描绘。然后将它作为企业的最高共识。

13.1.2 战略规划的目的和目标

目的是指向未来的目的地,而目标是在不久的将来可以达到的可测量的东西。如建立和维护一个学校在科学界的领导地位是一个目的,而在某年某月发展到学生万人就是一种目标。目的和目标可以由以下几个方面区分。

(1) 时间区段。目的是持久的,无终止的,无时限的。而目标是有时限的,可以为子目标所替代的。

(2) 特殊性。目的指的内容较广,较通用,是涉及印象、风格以及认识上的东西,是对未来的憧憬;目标则较专,是在某一时刻可以达到的东西。一个目标的完成就沿着目的所指的境界前进了一步,但未必能达到最终目的,一个战役的胜利绝不等于战争的胜利。

(3) 聚焦点。目的常根据外部环境叙述,而目标是内向的,隐含如何利用企业的资源。

(4) 度量。目的和目标均是可数量化的,但目的常以相关项叙述,如"……达到前10名";目标是以绝对项叙述的,如盈利的 50% 来自外省的顾客等。

13.1.3 战略规划的特点

战略规划的有效性包括两个方面,一方面是战略正确与否,正确的战略应当做到组织资源和环境的良好匹配;另一方面是战略是否适合于该组织的管理过程,也就是和组织活动匹配与否。一个有效的战略一般有以下特点。

(1) 方向目标明确。战略规划的方向应当是明确的,不应是二义的。其内容应当使人得到振奋和鼓舞,经常用简单的一句话概括,如建设世界一流大学、奔小康等。目标要先进,但经过努力可以达到,其描述的语言应当是坚定和简练的,如十年翻一番。

(2) 可执行性良好。好的战略的说明应当是通俗的、明确的和可执行的,它应当是各级领导的向导,使各级领导能确切地了解它,执行它,并使自己的战略和它保持一致。

(3) 组织人事落实。制定战略的人往往也是执行战略的人,一个好的战略计划只有有了好的人员执行才能实现。因而,战略计划要求一级级落实,直到个人。高层领导制定的战略一般应以方向和约束的形式告诉下级,下级接受任务,并以同样的方式告诉他的下级,这样一级一级地细化,做到深入人心,人人皆知,战略计划也就个人化了。

个人化的战略计划明确了每个人的责任,每个人了解自己在组织中的地位,就可以充分调动每个人的积极性。这样一方面激励了大家动脑筋想办法,努力完成自己的计划;另一方面增加了组织的生命力和创造性。在一个复杂的组织中如果只靠高层领导一个人是难以识别所有机会的。

(4) 灵活性好。一个组织的目标可能不随时间而变,但它的活动范围和组织计划的形式无时无刻不在改变。现在所制订的战略计划只是一个暂时的文件,只适用于现在,应当进行周期性的校核和评审,灵活性强使之容易适应变革的需要。

13.1.4 战略规划的内容

战略规划的内容由三个要素组成,即方向和目标、政策和约束,以及计划和指标。

(1) 方向和目标。设立方向和目标是战略规划的第一重要的事情。方向的导出来自对自己企业的使命和环境的分析。使命(mission)是指企业的宗旨,也就是究竟为什么要有这个企业。如大庆油田在成立时的使命是解决我国石油困难问题。在分析使命和环境的基础上,建立愿景(vision)。愿景是未来想要达到的景象,如建立一个几十万人的石油城。在愿景的基础上,建立方向目的(goal)。

目的是以相对量描述的,如全国最大的油田。设好使命,就是要我们做一个对的事情(doing a right thing)。设好目的,就是要我们把事情做对(doing things right)。愿景和目的设立应是"源于现实,高于现实",要指明经过努力能达到的目的。太低不能鼓舞士气;太高达不到,造成泄气。我们可形象地用一幅图来形容,见图 13-2。

图 13-2 愿景-现实关系模型

如图所示,愿景通过橡皮筋把现实拉向未来。如愿景过高,拉力过大,则可能拉断橡皮筋,现实会没有进展;愿景过低,拉力过小,现实提高得很慢。只有愿景不高不低才能把现实较快地拉向高地。

方向和目标的设立是很困难的,经理在设立方向和目标时有自己的价值观和自己的抱负,但是他不得不考虑到外部的环境和自己的长处。因而最后确定的目标总是这些东西的折中,这种折中往往是主观的,但又是不得已的。一般来说,最后确定的方向目标绝不是一个人的愿望。

(2) 政策和约束。这就是要找到环境和机会与自己组织资源之间的平衡。要找到一些最好的活动集合,使它们能最好地发挥组织的长处,并最快地达到组织的目标。这些政策和约束所考虑的机会是现在还未出现的机会,所考虑的资源是正在寻找的资源。

(3) 计划和指标。这是近期的任务,计划的责任在于进行机会和资源的匹配。但是这里考虑的是现在的情况,或者说是很近期的将来的情况。由于是短期,有时可以做出最优的计划,以达到最好的指标。经理或厂长以为自己做到了最好的时间平衡,但这还是主观的,实际情况难以完全相符。

战略规划内容的制定处处体现了平衡与折中,要在此基础上考虑回答以下 4 个问题:

① 我们要求做什么?
② 我们可以做什么?
③ 我们能做什么?
④ 我们应当做什么?

这些问题的回答均是领导个人基于对机会的认识,基于对组织长处和短处的自我评价,以及基于自己的价值观和抱负做出的。所有这些不仅限于现实,而且要考虑到未来。

战略规划是分层次的,正如以上所说战略规划不仅在最高层有,在中层和基层也应有,一个企业一般应有三层战略,即公司级、业务级和执行级。每一级均有三个要素:方向和目标、政策和约束以及计划和指标。这 9 个因素构成了战略规划矩阵,也就是战略规划的框架结构,见图 13-3。

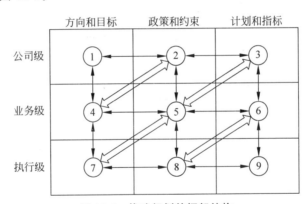

图 13-3　战略规划的框架结构

在这个结构中唯一比较独立的元素是①,它的确定基本上不受图内其他元素的影响,但是它仍然受到图外环境的影响,而且和图中④也有些关系。因为当考虑总目标时不能不考虑各种业务目标完成的情况,例如在确定总的财务目标时不能不了解公司财务的现实状况。

其他元素都是互相关联的,当业务经理确定自己的目标④时,他要考虑上级的目标①,也要考虑公司的约束和政策②。尤其当公司活动的多样性增加的时候,公司总目标所覆盖的范围相对降低,必然需要下级有自己的目标。一个运行很好的公司应当要求自己的下属做到"上有政策,下有对策",而不应当满意那种"上有政策,下无对策"的下属。同样,这样的公司领导也应当善于合理地确定自己的目标,善于发布诱导性的政策和约束。

执行经理的目标⑦不仅受到上级目标④的影响,而且要受到上级的约束和政策⑤的影响。

总的结构是上下左右关联,而左下和右上相关,上下级之间是集成关系。这点在计划和指标列最为明显,这列是由最实在的东西组成,上级的计划实际上也是下级计划的汇总。左右之间是引导关系,约束和政策是由目标引出,计划和指标则是由约束和政策引出。

13.1.5 战略规划的实现

上面所说的战略实际上是期望的战略,实现的战略往往和期望战略不一样,见图 13-4。

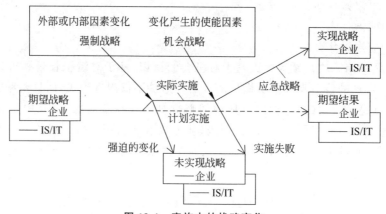

图 13-4 实施中的战略变化

由图 13-3 可以看出,由客观分析和主观想象所得到的企业和 IS/IT 期望战略,不是都能实现的。由于环境的变化和企业所采取的应变战略,原来的期望战略可能有三个结果:期望结果、未实现的战略和实现了修改后的战略。

如何制定好一个战略规划,如何执行好战略规划,又是战略规划的一个主要内容,这叫战略规划的操作化。战略规划的实现和操作,存在着两个先天性的困难。

(1) 这种规划一般均是一次性的决策过程,它是不能预先进行实验的。用一些管理科学理论所建立的模型与决策支持系统,往往得不到管理人员的承认,他们喜欢用自己的经验建立启发式模型,由于一次性的性质难以确定究竟哪种正确。

(2) 参加规划的专家多为企业人员,他们对以后实现规划负有责任,规划的结果和他们的自身利益有关。由于战略规划总是要考虑外部变化,要求进行内部的变革以适应外部变化,这种变革又往往是这些企业人员不欢迎的,或者损害他们的既得利益。这样他们就有可能在实行这种战略规划时持反对态度。

为了执行好战略规划,应当做到以下几点。

(1) 做好思想动员。让各种人员了解战略规划的意义,知道如何才能做好战略规划,并能积极参加战略规划的实施。例如让高层干部了解规划的重要性,不只把规划放在心里,而且要写出,要让组织人员知道规划。现在 80% 的高层领导说有规划,但只有 50% 的人能拿出。要让高层人员知道吸收外部人员参加规划的好处,要善于把制定规划的人的意图让执行计划的人理解。对于一些大企业战略计划的新思想往往应当和企业的文化形式相符合,或者说应当以旧的企业习惯的方式推行新的内容,尽管推行的目的是改变旧的形式。只要规划一旦制定,就不要轻易改动,无论困境或顺境均应坚持,除非已证明它是完全错误的。

做好思想动员工作是一个"造势"过程,任何社会性活动或项目均需"动先造势,势在必行"。必须造成一种大家齐心、坚决执行、不达目的绝不罢休的气势。要让正气压倒邪气,让那些作梗的人,或想保留自己"自留地"的人,没有市场。项目如果遇到一点小的挫折,也不至于影响团队的情绪。只有在这种气场的环境中,项目才能顺利地进行。领导的决心,对这种"势"起着关键的作用,也应当十分重视。

(2) 激励新战略思想。战略规划的重要核心应当说是战略思想。战略思想是创新,一般来说是艺术,而不是科学,因此要激励。往往由于平时的许多紧迫的工作疏忽了战略的重要性,这就是紧迫性与重要性的矛盾。如果没有新的战略思想的不断产生,现在运行得很好的企业将来也不见得好。因而激励新战略思想的产生是企业获得强大生命力的源泉。

通常的数据与决策和战略思想之间没有线性关系,也就是说收集很多数据,进行许多经常决策的研究,未必能产生很好的战略思想。

为了能产生很好的战略思想,必须加强企业领导中的民主气氛,发扬职工的主人翁精神。应做到以下两点。

① 明确战略思想的重要性,改变职工的压抑心情,改变企业的精神面貌,上下级应进行思想沟通。例如进行以下七维的沟通,即战略的"硬件"、结构和系统,组织的软件、技术、人员和风格。一般来说企业应当将老的管理方式注入新的规划,然后再去追求老的方式的改变。转变思想过程中中层管理起着关键的作用,要特别重视。

② 要奖励创造性的战略思想,克服言者有罪的现象。对企业战略思想有贡献的人应给予奖励。对应用产生效果者更要给以精神上和物质上的重奖,而且应当把它当成企业的骄傲。有的公司对有创造性建议的人,让他脱产,给他一年实践的时间,即使没成功,回到原岗位也把他当成受尊敬的人物,并在他的档案中当成一件好事记下来。有的企业领导还注意用非正规的方式吸收新战略思想,如利用午餐时的"异端邪说"吸取新的思想。对于提了很好建议而一时无法实现的人,要做好工作,不要挫伤积极性。有些公司经理不仅不扶植新战略思想的苗子,反而为创造思维所激怒,造成恶劣影响。因而在选择公司经理时应把对待创造思维的态度或有没有战略思想当成重要条件。

(3) 采用科学的步骤。无论是企业的战略规划或者是企业的信息系统规划都是一项大的系统工程。做好大的系统工程项目,关键要做到明确系统的目标,组成系统的队伍和采用系统工程的步骤。本章前面已对目标的确定做了很多介绍。下面介绍一下队伍组成问题。

组成系统队伍首先就要确定系统的领导。战略规划由谁来领导呢?企业的战略规划显然应由企业的最高领导来担任,信息系统的战略规划应由谁来领导呢?同样是要企业的最高领导担任领导。一般的做法是先建立一个领导委员会,委员会的主席是企业的总经理或副总经理。委员会的成员应包括企业各职能部门、各下属机构的负责人。如为信息系统规划,则还应有一些信息系统方面的专家或外来顾问。领导委员会是规划的最高决策机构。在它的下面应设有一个系统规划组。这是一个全时进行规划工作的组织。值得注意的是,其人员不仅应有 IT 专家和系统分析员,而且应包含各职能部门的业务骨干,他们熟悉企业业务的流程,而且他们和业务人员有很好的沟通。关于系统工程步骤的问题将在下节讲解。

(4) 把规划活动当成一个连续的过程。在规划制定和实行的过程中要不断进行"评价与控制",也就是不断地综合集成各种规划和负责执行这种规划的管理,不断调整,这就是战略管理的概念。只有这样,战略规划才可能成功。一个好的战略管理应当包含以下几个内容:①建立运营原则;②确定企业地位;③设立战略目标;④进行评价与控制。这些内容在整个运营过程中是动态的和不断修改的。不仅如此,随着当代"战略短线化的管理趋势",企业进行战略规划的组织有成为常设组织的趋势。

13.2 什么是管理信息系统的战略规划

管理信息系统的战略规划是关于管理信息系统的长远发展的计划,是企业战略规划的一个重要部分。它和企业战略规划有相同的性质和几乎相同的步骤,只是在内容上深入到信息系统。这不仅由于管理信息系统的建设是一项耗资巨大、历时很长、技术复杂且又内外交叉的工程,更因为信息已成为企业的生命线,信息系统和企业的运营方式、文化习惯息息相关。

一个有效的战略规划可以使信息系统和用户有较好的关系,可以做到信息资源的合理分配和使用,从而可以节省信息系统的投资。一个有效的规划还可以促进信息系统应用的深化。如 MRP Ⅱ 的应用,可以为企业创造更多的利润。一个好的规划还可以作为一个标准,可以考核信息系统人员的工作,使他们明确方向,调动他们的积极性。进行一个规划的过程本身就迫使企业领导回顾过去的工作,发现可以改进的地方。总之,管理信息系统的规划对我国企业是非常重要的,应大力提倡和推广。

管理信息系统的战略规划的内容包含甚广,由企业的总目标到各职能部门的目标,以及他们的政策和计划,直到企业信息部门的活动与发展,绝不只是拿点钱买点机器的规划。一个管理信息系统的规划应包括组织的战略目标、政策和约束、计划和指标的分析;应包括管理信息系统的目标、约束以及计划指标的分析;应包括应用系统或系统的功能结构、信息系统的组织、人员、管理和运行的分析;还包括信息系统的效益分析和实施计划等。

进行管理信息系统的战略规划一般应包括以下一些步骤,见图 13-5。

(1) 规划基本问题的确定。应包括规划的年限、规划的方法、确定集中式还是分散式的规划以及是进取还是保守的规划。

(2) 收集初始信息。包括从各级干部、卖主相似的企业、本企业内部各种信息系统委员会、各种文件以及从书籍和杂志中收集信息。

(3) 现存状态的评价和识别计划约束。包括目标、系统开发方法、计划活动、现存硬件和它的质量、信息部门人员、运行和控制、资金、安全措施、人员经验、手续和标准、中期和长期优先序、外部和内部关系、现存的设备、现存软件及其质量,以及企业的思想和道德状况。

(4) 设置目标。这实际上应由总经理和 MIS 委员会来设置,它应包括服务的质量和范围、政策、组织以及人员等,它不仅包括信息系统的目标,而且应有整个企业的目标。

(5) 准备性能评价矩阵。这实际上是评价建成的信息系统以及信息系统开发工作好坏的指标矩阵。

(6) 提出解决方案。一般至少 3 个方案,也可能多至 n 个。

(7) 对每一个方案做出较详细的说明。

(8) 在其中选择最好的方案。

(9) 写出规划报告。这时要与用户和 MIS 委员会反复交流讨论。

(10) 写出的规划要经总经理批准才能生效,并宣告战略规划任务的完成。如果总经理没批准,只好再重新进行规划。

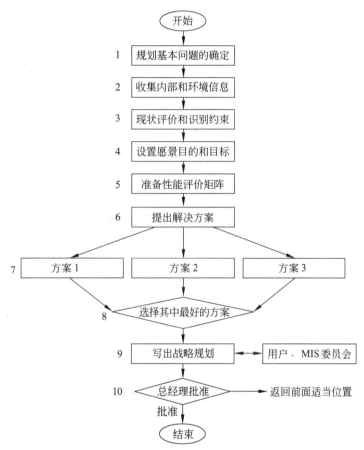

图 13-5 管理信息系统战略规划步骤

最能说明企业规划和 IS/IT 规划关系的是"三明治法"。它将规划分为企业规划、IS 规划和 IT 规划三层。三者紧密联系,相互交互,多次循环,多重反馈。三层规划的关系如图 13-6 所示。

这里企业规划、IS 规划和 IT 规划形成了三层,形如三明治,我们把它叫作"三明治规划"。这里企业规划是龙头,是领先的,也是最上层的。它根据外部环境,分析市场需求、威胁和机会来确定规划的使命、愿景、目的和目标,也就是企业规划的主要思路。值得注意的是,在此同时它也考虑了 IT 的潜力。这里给出的战略是初步的战略,用它指导 IS 规

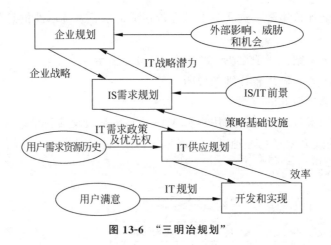

图13-6 "三明治规划"

划。企业规划说明了企业向何处去，为什么。IS 规划要说明的是要求什么。就是 IT 的需求是什么，需要些什么信息和系统？这个规划是基于企业业务的，是面向需求的，是针对应用的。这种需求的目的是支持企业规划的。这个规划所确定的需求和优先权将作为 IT 规划的输入。IT 规划将解决这种需求如何给以供应。IT 规划是基于活动的，是面向供应的，是针对技术的。IT 规划为 IS 规划提供了基础设施和服务支持。从企业规划到 IS 规划，从 IS 规划到 IT 规划完成了正向过程；而 IT 规划到 IS 规划，再由 IS 规划到企业规划完成反馈过程。早期的规划基本上是顺序的、单次的；现在则为多重循环的，也就形成了互动规划。

图 13-6 的最下一部分描述了在规划的指导下的实现问题。

一个完整的信息系统规划最后应当定义清楚 IT 应用架构、IT 数据架构、IT 基础设施、IT 管理制度和组织结构。

13.3 早期管理信息系统规划的主要方法

最早，管理信息系统的规划没有成为单独划出的一个阶段，只是把它当成系统开发前的需求调查，我们把它称为职能需求法。顾名思义，职能需求法就是由现有企业的各个职能调查其需求，然后靠经验和艺术的方式总结汇总，投射未来，做出规划。可惜我国现在大多数企业仍然应用此法。

稍后，许多学者提出了很多用于管理信息系统规划的方法，主要有关键成功因素法（critical success factors，CSF）、战略目标集转化法（strategy set transformation，SST）和企业系统计划法（business system planning，BSP）。其他还有企业信息分析与集成技术（BIAIT）、产出/方法分析（E/M）、投资回收法（ROI）、征费法（charge out）、零线预算法、阶石法等。使用最多的是前三种，后几种用于特殊情况，或者作为整体规划的一部分使用。

13.3.1 关键成功因素法（CSF）

1970 年哈佛大学教授 William Zani 在 MIS 模型中用了关键成功变量，这些变量是确定

MIS 成败的因素。过了 10 年,MIT 教授 John Rockart 把 CSF 提高成为 MIS 的战略。作为一个例子,有人把这种方法用于数据库的分析与建立,它包含以下几个步骤:

(1) 了解企业目标;
(2) 识别关键成功因素;
(3) 识别性能的指标和标准;
(4) 识别测量性能的数据。

这 4 个步骤可以用一个图表示,见图 13-7。

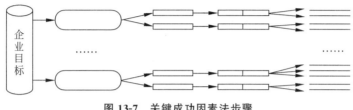

图 13-7 关键成功因素法步骤

关键成功因素法源自企业目标,通过目标分解和识别、关键成功因素识别、性能指标识别,一直到产生数据字典。这好像建立了一个数据库,一直细化到数据字典。关键成功因素就是要识别联系于系统目标的主要数据类及其关系。识别关键成功因素所用的工具是树枝因果图。例如,某企业有一个目标,是提高产品竞争力,可以用树枝图画出影响它的各种因素,以及影响这些因素的子因素,见图 13-8。

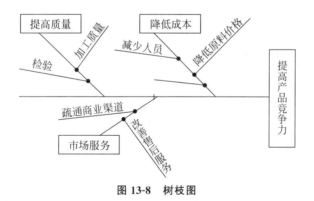

图 13-8 树枝图

如何评价这些因素中哪些因素是关键成功因素,不同的企业是不同的。对于一个习惯于高层人员个人决策的企业,主要由高层人员个人在此图中选择。对于习惯于群体决策的企业,可以用德尔斐法或其他方法把不同人设想的关键因素综合起来。关键成功因素法在高层应用,一般效果好,因为每一个高层领导人员日常总在考虑什么是关键因素。对中层领导来说一般不大适合,因为中层领导所面临的决策大多数是结构化的,其自由度较小,对他们最好应用其他方法。

13.3.2 战略目标集转化法(SST)

William King 于 1978 年提出战略目标集转化法(SST),他把整个战略目标看成一个"信息集合",由使命、目标、战略和其他战略变量(如管理的复杂性、改革习惯以及重要的环境约束)等组成。MIS 的战略规划过程是把组织的战略目标转变为 MIS 战略目标的过程。

这个方法的第一步是识别组织的战略集,先考察一下该组织是否有写成文的战略式长期计划,如果没有,就要去构造这种战略集合。第二步是将组织战略集转化成 MIS 战略,然后列出 MIS 的目标、约束及设计战略。

13.3.3 企业系统计划法(BSP)

IBM 公司 20 世纪 70 年代初将企业系统计划法(BSP)作为用于内部系统开发的一种方法,它主要是基于用信息支持企业运行的思想。在总的思路上它和前述的方法有许多类似之处,但它特别强调有系统角度的思考。它也是先自上而下识别系统目标、识别企业过程、识别数据,然后再自下而上设计系统,以支持目标,见图 13-9。

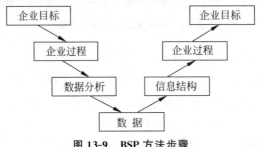

图 13-9 BSP 方法步骤

BSP 方法是把企业目标转化为信息系统(IS)战略的全过程。

BSP 工作是系统工程性工作,所以要很好地准备。准备工作包括接受任务和组织队伍。一般接受任务是由一个委员会承担,委员会应当由总经理或副总经理牵头,这个委员会要明确规划的方向和范围。在委员会下应有一个系统规划组,其组长应全时工作,并具体参加规划活动。委员会委员和系统组成员思想上要明确"做什么"(what)、"为什么做"(why)、"如何做"(how),以及希望达到的目标是什么。要准备必要的条件:一个工作控制室、一个工作计划、一个采访交谈计划、一个最终报告的提纲,还有一些必要的经费。所有这些均落实后,还要得到委员会主任认可,准备工作才算落实了,正式工作即可开始。

下面对 BSP 的主要活动进行介绍。

1. 开始的动员会

首先,动员会要说清工作的期望和期望输出。其次,系统组要简介企业的现状,包括政治、经济、管理上的敏感问题。还应介绍企业的决策过程、组织功能、关键人物、用户的期望等。最后,由信息系统负责人介绍信息人员对企业的看法,同时应介绍现有项目状况、历史状况以及信息系统的问题。通过介绍让大家对企业和对信息支持的要求有个全面的了解。

2. 定义企业过程

定义企业过程是 BSP 方法的核心。系统组每个成员均应全力以赴去识别它们,描述它们,对它们要有透彻的了解,只有这样 BSP 才能成功。

企业过程定义为逻辑上相关的一组决策和活动的集合,这些决策和活动是管理企业资源所需要的。

整个企业的管理活动由许多企业过程所组成。识别企业过程可对企业如何完成其目标有个深刻的了解,识别企业过程可以作为信息识别构成信息系统的基础,按照企业过程所建造的信息系统,在企业组织变化时可以不必改变,或者说信息系统相对独立于组织。定义企业过程的步骤见图13-10。

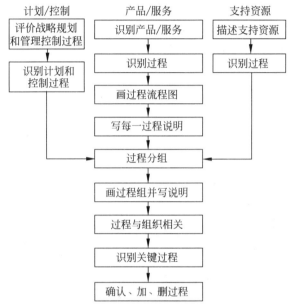

图 13-10 定义企业过程的步骤

对于产品和服务这条线所列出的过程,可以把它们画成流程图的形式,这有助于对企业活动的深刻了解,这种流程图见图13-11。

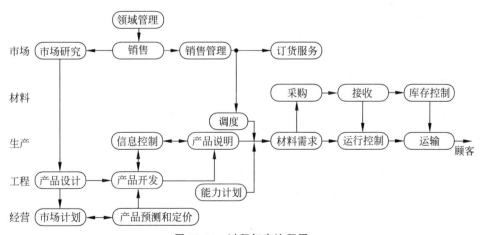

图 13-11 过程初步流程图

同样这种图也只是为了帮助深刻地理解企业过程,以后还可能增加、合并或删除,它是企业过程的关联图,而不是子系统的划分图。

识别过程是 BSP 方法成功的关键,应予以高度重视。识别过程的输出应有以下文件:

(1) 一个过程组及过程表;
(2) 每一过程的简单说明;
(3) 一个关键过程的表,即识别满足目标的关键过程;
(4) 产品/服务过程的流程图;
(5) 系统组成员能很好地了解整个企业的运营是如何管理和控制的。

至此识别过程才能告一段落。

3. 定义数据类

识别企业数据的方法有两种,一种是企业实体法,一种是企业过程法。企业实体法是首先找到企业实体,根据实体发现数据。企业的实体有顾客、产品、材料及人员等企业中客观存在的东西,联系每个实体的生命周期阶段就有各种数据,各种数据的关系如图 13-12 所示。

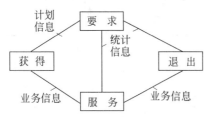

图 13-12 定义数据类

企业实体法的第一步是列出企业实体,一般来说要列出 7~15 个实体。再列出一个矩阵,实体列于水平方向,在垂直方向列出数据类,见表 13-1。

表 13-1 企业实体法

企业实体 数据类	产品	顾客	设备	材料	卖主	现金	人员
计划/模型	产品计划	销售领域 市场计划	能力计划 设备计划	材料需求 生产调度		预算	人员计划
统计/汇总	产品需求	销售历史	运行 设备利用	开列需求	卖主行为	财务统计	生产率 赢利历史
库存	产品 成品 零件	顾客	设备 机器负荷	原材料 成本 材料单	卖主	财务 会计总账	雇用工资 技术
业务	订货	运输		采购 订货	材料 接收	接收 支付	

另一种识别数据的方法是企业过程法,它利用以前识别的企业过程,分析每一个过程利用什么数据,产生什么数据,或者说每一过程的输入和输出数据是什么。它可以用输入—处理—输出图来形象地表达,见图 13-13。

4. 分析企业和系统的关系

分析企业和系统的关系主要用几个矩阵来表示。其一,组织/过程矩阵,它在水平方向列出各种过程,垂直方向列出各种组织,如果该组织是该过程的主要负责者或决策者,

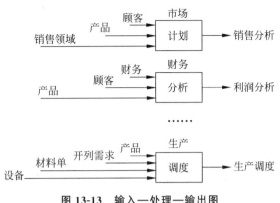

图 13-13　输入—处理—输出图

则在对应的矩阵元中画＊；若为主要参加者就画×；若为部分参加者就画/，这样一目了然。其二，如果企业已有现行系统时，可以画出组织/系统矩阵。在矩阵元中填 C，表示该组织用该系统。如果该组织以后想用某系统，可以在矩阵元中填入 P，表示该组织计划用该系统。其三，同理可以画出系统/过程矩阵，用以表示某系统支持某过程。还可以用 C 和 P 表示现行和计划。用同样方法还可以画出系统和数据类的关系。

5．确定经理的想法

确定经理的想法就是确定企业领导对企业长远前途的看法。

作为系统组的成员就应当很好地准备采访提纲、很好地采访以及很好地分析总结等。采访的主要问题参考如下。

(1) 你的责任领域是什么？

(2) 基本目标是什么？

(3) 你去年达到目标所遇到的三个最大的问题是什么？

(4) 什么东西妨碍你解决它们？

(5) 为什么需要解决它们？

(6) 如果有更好的信息支持，你在什么领域还能得到最大的改善？

(7) 这些改善的价值是什么？

(8) 什么是你最有用的信息？

(9) 你如何考核你的下级？

(10) 你希望做什么样的决策？

(11) 你的领域明年和 3 年内主要变化是什么？

(12) 你希望本次规划研究达到什么结果？

以上问题供参考，应根据具体情况增删。一般来说，所提问题应是开放型，即打开话匣子型，而不应当是封闭型，即只回答是与否的问题。具体的采访技巧不在这里赘述。

6．评价企业问题

在 BSP 采访以后应当根据这些资料来评价企业的问题，评价过程的流程图见图 13-14。根据这个图，第一步就要总结采访数据，这可以汇集到一个表中，见表 13-2。

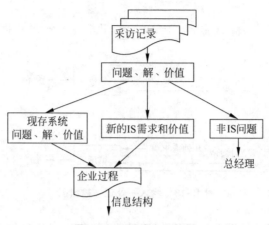

图 13-14 评价企业问题

表 13-2 总结采访数据

主要问题	问题解	价值说明	信息系统要求	过程/组影响	过程/组起因
由于生产计划影响利润	计划机械化	改善利润 改善顾客关系 改善服务和供应	生产计划	生产	生产

第二步是分类采访数据。任何采访的数据均要分三类,即现存系统的问题和解、新系统需求和解以及非 IS 问题。第三类问题虽不是信息系统所能解决的,但也应充分重视,并整理递交总经理。

第三步是把数据和过程关联起来,可以用问题/过程矩阵表示,见表 13-3。表中的数字表示这种问题出现的次数。

表 13-3 问题/过程矩阵

过程组 问题	市场	销售	工程	生产	材料	财务	人事	经营
市场顾客选择	2	2						2
预测质量	3							4
产品开发			4			1		1

7. 定义信息结构

定义信息结构实际上是划分子系统。BSP 方法是根据信息的产生和使用来划分子系统的,它尽量把信息产生的企业过程和使用的企业过程划分在一个子系统中,从而减少了子系统之间的信息交换。具体的做法是用 U/C 图,U 表示使用(use),C 表示产生(create),见图 13-15。

这个图的左列是企业过程,最上一行是数据类。如果某过程产生某数据,就在某行某列矩阵元中写 C。如果某过程使用某数据,则在其对应元中写 U。开始时数据类和过程是随机排列的。U、C 在矩阵中排列也是分散的。我们以调换过程和数据类顺序的方法,

过程 \ 数据类	计划	财务	产品	零件主文件	材料单	卖主	原材料库存	成品库存	设备	过程工作	机器负荷	开列需求	日常工作	顾客	销售领域	订货	成本	雇员
企业计划	C	U	U						U					U			U	U
组织分析	U			•					•					•				•
评价与控制	U	U																
财务计划	C	U							U									U
资本寻求		C																
研 究			U											U				
预 测	U		U	•										U	U			
设计、开发			C	C	U									U				
产品说明维护			U	C	C	U												
采 购						C										U		
接 收						U	U											
库存控制				•			C	C	U									
工作流程图				U						C			U					
调 度				U		U			U	C	U		•					
能力计划						U				C	U	U						
材料需求				U		U						C						
运 行							U	U	U	C								
领域管理				U										C	U			
销 售				U									→	U	C	U		
销售管理														U	U			
订货服务				U									→	U		C		
运 输				U			U							U				
会计总账		U				U								U	→		U	
成本计划		U				U										U	C	
预算会计	U	U										U					U	U
人员计划		U																C
招聘/发展																		U U
赔 偿		U																U

图 13-15 U/C 矩阵

尽量使 U、C 集中到对角线上排列。然后把 U、C 比较集中的区域用粗线条框起来,这样形成的框就是一个个子系统。在粗框外的 U 表示一个系统用另一个子系统的数据,图中用带箭头的线表示。这样就完成了子系统划分,即确定了信息结构的主流。划分好子系统后,应对这个子系统内容进行分析和说明,并把它们写出来。以下步骤的内容不再详述,下面将对这些方法进行评价。

CSF 方法能抓住主要矛盾,使目标的识别突出了重点。由于经理们比较熟悉这种方法,用这种方法所确定的目标,经理们乐于努力去实现,或者说它和传统的方法衔接得比较好,但是它只是在确定管理目标上较有效,在以后的目标细化和实现上作用很小。

SST 方法从另一个角度识别管理目标,它反映了各种人的要求,而且给出了按这种要求的分层,然后转化为信息系统目标,它是一种结构化方法。它能保证目标比较全面,疏漏较少，但它在突出重点方面不如前者。

BSP 方法虽然也首先强调目标，但它没有明显的目标引出过程。它通过管理人员酝酿"过程"涉及了系统目标，企业目标到系统目标的转换是通过组织/系统、组织/过程以及系统/过程矩阵的分析得到的。这样可以定义出新的系统以支持企业过程，也就把企业的目标转化为系统的目标，所以我们说识别企业过程是 BSP 战略规划的中心，绝不能把 BSP 方法的中心内容当成 U/C 矩阵。

20 世纪 80 年代初中国就有学者把这三种方法结合起来使用，把它叫 CSB 方法（即 CSF、SST 和 BSP 结合）。这种方法先用 CSF 方法确定企业目标，然后用 SST 方法补充完善企业目标，并将这些目标转化为信息系统目标，用 BSP 方法校核两个目标，并确定信息系统结构，这样就补充了单个方法的不足。当然这也使得整个方法过于复杂，而削弱了单个方法的灵活性。

13.4 信息系统规划方法的演进

随着信息系统技术的进步，信息系统在企业中的应用经历了提高效率阶段、提高效益阶段和寻找机会阶段。信息系统的应用形式也由数据处理系统发展到管理报告系统、决策支持系统、战略信息系统，到全球网络系统。不同的应用、不同的形式，必然导致不同的规划方式。从企业规划（BP）和信息系统规划（ISP）的关系上来分析，信息系统规划经历了 4 个阶段：孤立规划阶段、顺序规划阶段、交互规划阶段和整体规划阶段。

阶段一：孤立规划阶段。BP 主要是年度预算；ISP 主要是功能自动化。BP 与 ISP 间联系较少。

阶段二：顺序规划阶段。BP 主要是差距分析、静态资源分配、多年度预算；ISP 为决策者提供内部辅助决策信息。BP 指导 ISP 方向，ISP 跟随 BP，支持改善内部效率。

阶段三：交互规划阶段。BP 注重面向外部的战略思考、动态资源分配；ISP——考虑外部影响，ISP 如何为 BP 作出贡献，BP 和 ISP 相互影响。

阶段四：整体规划阶段。BP 和 ISP 结合在一起，共同应对外部的影响和提升内部的核心能力。BP 和 ISP 在领导、人员、时间上一致起来。

阶段一为 20 世纪 60 年代以前，阶段二盛于 20 世纪 60 年代初到 60 年代末，上述 CSF、SST 和 BSP 均为这个阶段的产物，实际上它是与管理报告系统的应用相联系。阶段三为 20 世纪 70 年代初到 80 年代末，它与决策支持系统和战略信息系统的应用相联系的，这个阶段的例子如"三明治"法。阶段四始于 20 世纪 80 年代末，持续至今，它的一个例子是企业流程重组（business process reengineering，BPR），将在下一节介绍。

阶段四是整体规划阶段，就是把 BP 和 ISP 合到一起进行规划。将 BP 和 ISP 的领导机构合到一起，人员混合在一起，时间上统一在一个时段。人员在统一组织中会有分工。在考虑人员组成时，既要有管理人员也要有信息技术人员，以组成一支系统性队伍。当前 IT 的发展水平已能支持几乎任何的企业需求。在考虑企业目标时，考虑 IT 的潜力已不是考虑 IT 能做什么，而是在企业功能和 IT 花费上进行平衡，以达到最好的经济效果。这种规划的雏形就是现在有些企业进行的 BPR。

由于网络的发展、IT 技术的创新,给信息系统的规划方法创造了发展的广阔前景。规划已经跨出了一个企业的范围。跨国公司面临全球 IT 治理(IT governance)的问题、全球平台问题、不同地域的 IT 资源在同一平台上协同工作的问题等。云计算的发展,促进了"胖主网、瘦终端"模式的广泛应用,促进了外包方式的推广,虚拟化的企业成为十分明显的趋势,"企业上网"变成"网上企业"已成必然。当代企业更要规划好信息系统的层次架构,见图 13-16。

拓展阅读

图 13-16 信息系统的层次架构

13.5 基于 BPR 的信息系统规划

上节已介绍了 BSP 方法,它是由过程的观点出发来看待企业,实际上已建立了企业的过程模型。它根据企业过程模型去建立信息系统。它更多地承认企业的现有过程,虽然也涉及一点企业过程的改进,但力度不大。20 世纪 80 年代以来,美国开始兴起了 BPR(企业流程重组)的热潮。由过程的观点来看待企业,BPR 和 BSP 是一样的,所不同的是 BPR 主张彻底的变革,而且在改造企业过程方面研究出许多行之有效的方法,因而把 BSP 向前推进了一步。有人认为 BPR 已进入了运营管理的领域,因而已和信息系统离得较远。实际上 BPR 是信息系统向上的自然延伸,而不是由运营管理的下扩。推行 BPR 的也多为信息系统的咨询公司。所以现在信息系统规划(ISP)和 BPR 已经紧密连接,如果分离,两者均不可能做好。

BPR 的本质最早于 1993 年由美国学者哈默(Hammer)和杰姆培(Champy)给出:BPR 是对企业过程进行根本性的再思考和彻底的再设计,以求企业关键的性能指标获得巨大的提高,如成本、质量、服务和速度。

这里描绘 BPR 用了三个关键词:"根本性的""彻底的"和"巨大的"。

"根本性的"是指不是枝节的,不是表面的,而是本质的。也就是说它是革命性的,是要对现存系统进行彻底的怀疑。首先认为"现存的均是不合理的"。强调要用敏锐的眼光看出企业的问题。只有看出问题,看透问题,才能更好地解决问题。

"彻底的"是指要动大手术,是要大破大立,不是一般性的修补。正像我国政府改革那样,先转变职能,再精简组织,只有这样才能彻底。

"巨大的"是指"成十倍成百倍的"提高,而不是改组了很长时间,才提高20%～30%。例如有的企业人员减到只剩10%,产量提高10倍,总体效益就提高了百倍。有的企业在2～3年内营业额由上亿元猛增到百亿元。这种巨大的增长是在原来线性增长的基础上的一个非线性跳跃,是量变基础上的质变。抓住跃变点对BPR是十分关键的。

BPR实现的手段是靠两个使能器:一个是信息技术(IT),一个是组织。BPR之所以能达到巨大的提高在于充分地发挥IT的潜能,即利用IT改变企业的过程,简化企业过程。还有利用组织结构变革,达到组织精简,效率提高。没有深入地应用IT,没有改变组织,严格地说不能算是实现了BPR。

除了这两个使能器,对BPR更重要的是企业领导的抱负、知识、意识和艺术。没有企业领导的决心和能力,BPR是绝不能成功的。领导的责任在于克服中层的阻力,改变旧的传统。在当今飞速变化的世界中,经验不再是资产,而往往成了负债。在改变经验的培训上的投入,越来越增加。领导只有给BPR造成一个好的环境,或给BPR造成一个好的"势",BPR才能得以成功。

BPR的主要技术在于简化和优化过程。总的来说,BPR过程简化的主要思想是战略上精简分散的过程、职能上纠正错位的过程、执行上删除冗余的过程。战略上分散的过程,如一个高科技企业把主要精力投入房地产,结果经营不善,企业很快破产;正大集团擅长于饲料业,投入很多到摩托车行业,结果效果不佳,不得不退出等。职能上的错位过程,例如,高等学校主要的战略方向是教学、科研,结果教师只占1/3,大部分为后勤职工,显然是错位,后勤社会化是唯一的出路。执行上的冗余过程更是司空见惯的,有些手续除了白耽误工夫以外没什么用处。

BPR在利用IT技术简化过程上有一些原则,这些原则可以帮助启发我们做到过程简化。这些原则包括如下几项。

(1) 横向集成。跨部门按流程的压缩,例如交易员代替定价员和核对员的工作。

(2) 纵向集成。权力下放,压缩层次。

(3) 减少检查、校对和控制等的事后过程,使其变事后检查为事前管理,变事中检查为事后审计。

(4) 单点对外,对待顾客,用入口信息代替中间信息。

(5) 单库提供信息。建好统一的共享信息库,把相互的交道变成对库的交道。

(6) 一条路径到达输出。不用许多路径均能走通,多路径会让人不知该走哪条。

(7) 并行工程。串行已不可能再压缩的,可考虑把串行变为并行。

(8) 灵活选择,过程连接。对于某些输入,可能不需要全过程,少几个过程也可连接起来,也能达到输出。

这些原则不一定很全,分类也不严格,多在战术层,而非战略层,只是作为一种启发读者、引导读者的简化思考。

图13-17所示为利用上述原则简化一个采购流程的例子。

企业想要进行BPR,有以下几种情况:

(1) 企业濒临破产,不改只能倒闭;

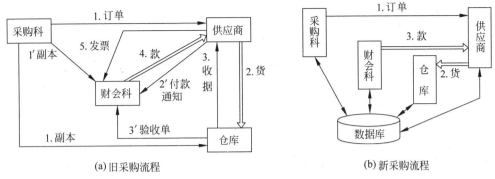

图 13-17 采购流程简化

（2）企业竞争力下滑，企业调整战略和进行重构；

（3）企业领导认识到 BPR 能大大提高企业竞争力，而企业又有此扩张需要；

（4）BPR 的策略在自己相关的企业获得成功，影响本企业。

一般来说，两头的企业即濒临破产的和需要大发展的企业容易推进 BPR。根据1993年的报道，BPR 的失败率多达 50%～70%，这和 MIS 在 20 世纪 60 年代的成功率 50% 是可以对应的。尽管 BPR 的失败率较高，但总是有人投身。况且 BPR 的成功完全是在企业可控范围的事，只是取决于企业领导的决心和能力，并无外部的不定因素。

BPR 的目标在于实现管理的现代化。BPR 的成功也定会使企业朝着现代化的方向迈进一大步，其中包括：

（1）企业的组织更趋扁平化，工作方式也将改变；

（2）企业将更多地采用更大的团队工作方式；

（3）团队间的相互了解和主动协调将大大提高；

（4）领导更像是教练，而不像司令官；

（5）整个组织将更主动更积极地面向顾客，形成在统一目标情况下的"人自为战，村自为战"的局面，从而达到管理过程化、职能综合化和组织扁平化。

从上面的介绍可以看出信息系统规划（ISP）和 BPR 有着非常密切的关系，它们均有共同的思想——使顾客满意，即在企业的交货时间（T）、产品质量（Q）、成本（C）、服务（S）等关键性能指标上得到很大的提高。它们均是采用系统的方法，均应由系统队伍去完成。在实际工作上它们也是相互衔接的。喜欢 BPR 的企业往往先实行 BPR，接着就做信息系统的规划或计划。喜欢 ISP 的企业往往在进行过程分析时融入 BPR 的思想。现在有将 ISP 和 BPR 合二而一的趋势，即一个领导，一班人马，同时一起做。这就达到了阶段四的规划。

现在的趋势是将 IS 规划和 BPR 结合在一起进行，也就是达到了整体规划阶段，或者叫基于 BPR 的信息系统规划。一个完整的基于 BPR 的信息系统规划应包括给出基于 BPR 的过程规划、作为基础设施的 IS 架构规划、企业全员的信息培训计划和信息系统形象规划。

13.6 信息系统规划和企业形象系统

企业的形象系统(corporate identity systems, CIS)是企业精神和物质的表现，它不仅有神，也有形，达到形神的统一。一个整洁高雅的企业环境，一定会有高质量的产品和高素质的职工。CIS实际上也是信息系统，而计算机化的信息系统也是形象系统。一个信息系统规划得好，运作得好，也就给企业树立了好的形象。因而信息系统规划时要和CIS结合。

信息系统规划要考虑企业的文化。每个公司均有一个不同于其他企业的公司文化，它包括办事和决策的方式、交流中未写出的规则及一套语言体系、共享的价值观、企业变革的引入等。了解这些文化，一个雇员就可以成功地完成他的工作，也可以帮助系统分析员实现计划。

企业文化各式各样，但总起来可粗略地分为两大类，一类企业是进取型的，一类企业是稳健型的。进取型的企业领导喜欢冒风险，在信息系统方面他们也表现为愿意用先进的不太成熟的技术；而稳健型的企业则厌恶风险，在信息系统方面愿用成熟的技术，并愿意开发能立即见效的项目。

13.7 战略规划的几个关键问题的讨论

13.7.1 愿景和规划

规划，应当站得高、看得远、揽得宽、想得深，这样才能有大格局、大气势。那我们就要有像样的梦。最高、最远、最宽、最深的梦就应当是共产主义梦，无论任何行业，这均是最顶层的梦。虽然共产主义离我们还很远，也许几百年，甚至上千年，但只要我们认定它是未来人们的归宿，它就像一座灯塔，树立在我们的前方，照亮着我们前进的方向。它就能帮助我们识别我们所做的事情有没有发展前途。例如，共产主义是主张向"公"的方向发展，那我们现在出现的共享经济，是让资源为尽可能多的人享用，这就肯定是对的。

对于我们的信息和信息系统，什么是我们的灯塔呢？以前我们给出了"四全"的愿景，这是对现实的描述，现在，从虚拟化的角度，我们把它添成"五全"，即全信息、全掌控、全自动、全智能、全时空。全信息就是你做任何事均能留下全部信息，如果将来"考古"技术发达了，这些信息能追回来也行。全掌控就是对外界要企图掌控，但不是简单的控制，而是根据外界的性质，有的严格计划，有的顺势引导，有的发布政策、规则，让外界对象自己适应。全掌控就是认为外界总是能观、能控的，是可知论，不是不可知论。全自动就是再难的动作，机器人也能完成。像包饺子、理发，以及各种家务，人能做到，机器也能全自动化地做到。全智能是指机器具有一定的思维能力，所有结构化动脑的工作，机器均可完成，而且向着具有智慧的方向发展。全时空指的是网络已相当完善，在哪里工作已无所谓，可以在家工作，也可以在旅游的途中工作，而且没有不同的感觉。如果你有了"五全"的追求，那你就会觉得有做不完的工作，那你就不会反对在公共场所加强监控，多设一些探头，甚至覆盖任何角落。到那时，技术使社会更加透明、公平。

我们以澳门机场为例,介绍一下虚拟化机场的愿景。

澳门是中华人民共和国的一个特别行政区,面积 32.8 平方公里,2015 年人口约 65 万人。2015 年人均 GDP 69 309 美元,排名世界第五位。澳门机场是个小型机场,面积 192 公顷,一条跑道。澳门机场专营股份有限公司(CAM)是政府控股和私人参股的股份公司,员工共约 900 人。2016 年运送旅客 660 万人次,超过澳门人口 10 倍。机场总营业额达约澳门币 45 亿元(相当人民币 38.6 亿元)。2016 年非航收入占整体收入 58.6%,在 2009 年至 2016 年间,平均年增长达到了 16.4%,效益居亚洲之首。澳门机场曾多次获亚洲最佳机场荣誉。如亚洲最具潜质货运机场,全球航空货运卓越奖,亚太区年度最佳小型机场等。澳门机场现在也在扩大实体设施,扩建候机楼,从 2014 年开始的工程,预计完成后可容纳到每年 1000 万人次旅客。澳门机场取得如此巨大成就关键在于高管层廉洁敬业,正确地采取了战略转移和力图实现机场虚拟化。从 2005 年开始,经过多次研讨,整个企业建立了虚拟化机场概念的共识,认清了机场的使命、宗旨、目标和愿景,见图 13-18。

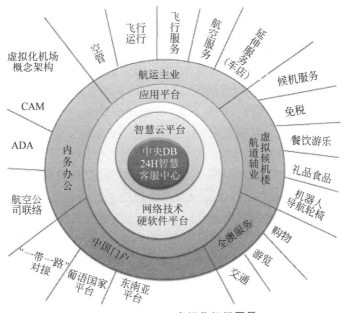

图 13-18 虚拟化机场愿景

这是一个什么样的愿景呢?现在一般的国际机场,在机场的周围都建有一个商城,称作"机场城市(airport city)",澳门没提机场城,而提城市中机场(airport in the city),这是什么意思呢?因为澳门城市很小,就像是机场周围的城市,澳门就把整个城市纳入服务范围,就像机场城。那么它的服务就应当囊括全澳门。这就是本图中右下角"全澳服务"之意。顾客如果需要澳门的旅游、购物、交通等服务,在机场的虚拟候机厅通过虚拟网络均可得到。虚拟化机场还可以把澳门机场当成中国的门户,外连"一带一路"国家、东南亚国家和葡语国家等,当然它也可为各个航空公司服务,也为本身的办公自动化服务。这个图扩大了机场的服务视野,扩展了澳门这个小机场的时空。

13.7.2 创新

愿景不仅扩展时空,还要深入扩展内容,深入内容的创新。澳门虚拟化机场内容上有哪些创新呢？

在航运主业上,设想如果用IT技术使飞机起降的时间间隔由3分钟降到1.5分钟,那我们的一个机场就可有两个机场的起降量,相当于机场扩容一倍,用时间换来了空间。随着IT应用的深入,我们可以设想用虚拟化改变运行的模式。如改变固定时间航班的模式,变为像公务机一样的模式,凑够人数,即可随时申请起飞。公务机在机主本人不用时,机场还可租给他人,从而获得共享的收益。如果虚拟化机场朝着个性化的方向发展,将会使机场的控制达到更高的复杂度。

在服务方面,机场是个人流聚集的地方,是服务创新最好的地方,它可扩展的服务太多了。澳门机场提出了"一次服务,服务一生"的目标,只要顾客乘坐了一次飞经澳门机场的航班,认识了澳门机场,我们就算是"已相识",就有了为你服务一生的缘分。近期的扩展服务包括：专车接送；异地的登机手续服务,智慧登机,取消登机柜台；托运行李快递回家,机场购物快递回家等。这种服务可扩充到世界几百个机场。这种深度服务,还可以扩充到澳门所有行业,如游览、影视、展览、餐饮、购物等。不仅如此,这种服务还可扩展到信息服务,如培训服务、咨询服务、个人资料整理、个人历史记录等。

机场的服务中心,24小时接听顾客的问询,机器能回答就回答,机器不能回答,就人工接听。但人工要将问询和回答内容记录下来,机器记忆学习,下次再遇到这个问题时,机器就可回答。这样,开始时,可能机器只能回答20%,久而久之,机器可能达到回答90%的水平,尽管很难达到回答100%。

创新,有的是企业模式的创新,也有是信息系统的创新,信息系统创新有哪些呢？例如,我们追求"全信息",追求一个全社会统一的多功能的平台是自然的要求,尽管资本炒作它们所拥有的网站多么能耐,但离提供全信息服务还差十万八千里。我们希望要求云计算不像现在阿里巴巴等声称的那样,你只要把"数据交给我",我就能替你管好,而是要能把我的十几台服务器集成到你的平台上,一部分数据存在我处,一部分存在你的平台,谁也不能全掌握,保证数据的保密。而且,我的计算能力也能连上网,统一调度,我的资源也能创造价值,这才是真正的"共享经济"。这就要求平台完全是开放型的架构,而且是随时动态扩充的,现在流行的Hadoop,恐怕还差得相当多。

办公室系统也有许多想象的空间,例如,办公微信化,把现在的办公系统融入微信的界面,让它能随时随地办公,甚至多地互动办公,当然这不仅要改进现在的办公系统,也要改进现在我们所用的微信,让它更安全,存取更方便等。

在保安系统方面,安装摄像头、人脸识别,员工的识别卡内装芯片,可以提供位置信息等,就能大大地减少保安的人员巡视,保安可由200人减少至50人。保安系统也是可以使用智慧的地方,它能观察人员流动,识别可疑的现象,然后锁定跟踪。只有具有这样功能的系统才算具有智慧的系统。想想我们所说的"智慧城市",到底有多少智慧？

13.7.3 成败论

如果一个施工的错误损失几百万,一个设计的错误就损失几千万,一个主干计划的错误就损失上亿,那么一个规划的错误就会损失几亿甚至几十亿。可现实中往往一个施工的错误追得很严,一个设计次之,一个主干计划追究得就很少了,一个规划的错误反而无人问津,有时还遮遮掩掩。其实规划是要花大量功夫去做的。因此,领导的重视,是规划成功的第一要素。

规划成功的第二要素是规划确定的目标合适,是经过努力可以达到的目标。规划要有个长远的愿景目标,树立全员的理想,统一大家的意志。

再者,就是战术正确。整个战略布局合理,战役选择抓到点子,然后就是战术执行正确了。战术上要注意,初战必胜,中战决胜,尾战彻胜,收场干净。初战必胜,就是在我们选择第一个项目时,要选择一些对整体有影响的关键点,又要工作量和难度合适,要和别的部分联系相对较少或联系清晰。选中以后就要"四快一慢"——建立队伍快、动员培训快、地点场所准备快、硬软件系统准备快,启动开工慢。开工要有个显著的标记,不一定很隆重。一定要让"哪天开始,哪天结束"牢固地嵌入团队心里,成为大家的共识,"开弓没有回头箭",不要轻易变更进程。必要时要挑灯夜战,加班加点。我们认为研究创新只靠准时准点的上班下班是难以实现的,没有奋斗的激情,就难有创新。中战是项目主要内容的攻坚战,是决胜战,中战占据了任务内容的主要工作量,此段工程的质量决定了项目的成败,由于持续时间较长,不宜过多加班,要平稳高速。尾战是项目收尾阶段,要迅速彻底,收场干净,各阶段的工作量图,见图 13-19。

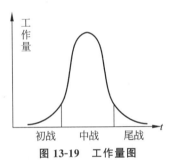

图 13-19 工作量图

总之,有了坚定正确的长远方向,有了美好合适的愿景,再有宏伟可行的规划,有良好执行力的工程团队,成功完成规划是可期的。

即测即练

研讨题

1. 信息系统战略规划是否比企业的一般规划更困难?为什么?
2. 信息系统战略规划和企业计算机应用规划有何不同?
3. 信息系统战略规划有哪些方法?试比较它们的优缺点。
4. 企业高层领导和企业外的顾问专家在信息系统规划中的作用和职责是什么?
5. 在信息系统规划中以下领域的主要变量是什么?
   (1) 外部环境　(2) 技术环境　(3) 政治环境
   (4) 社会环境　(5) 危机环境

CHAPTER 14
第 14 章

信息系统开发管理

信息系统开发管理是一项技术管理活动,不能等同于技术上的软件开发和软件工程,又不能脱离技术而单独存在,是一种开发活动管理的纲要性、整体性、系统性的宏观掌控,包含最重要的开发方法的选择、认知方法的思考、开发成本与绩效的管理、开发规范性的管理。

信息系统的开发是在信息系统规划的指导下,分析、设计、实现一个信息系统的过程。信息系统开发方法是指在信息系统开发过程中的指导思想、逻辑、途径以及工具等的组合。由于管理信息系统的开发是一项复杂的系统工程,它涉及的知识面广、部门多,不仅涉及技术,而且还涉及管理业务、组织和行为。

14.1 系统开发过程中的认知方法

管理信息系统的开发是一个庞大的系统工程,对内它涉及组织的内部结构、管理模式、生产加工、经营管理过程、数据的收集与处理过程等各方面;对外它涉及连锁或连营企业、企业的营销策略、采购系统、销售系统以及市场分析等各方面。面对一个大型、复杂的组织机构和管理系统,我们应该如何去着手认识对象和开发电子商务信息系统呢?这就是系统开发认知体系所要研究的问题。

14.1.1 从需求分析到系统开发

我们暂时搁置信息系统开发中的问题,先从一般意义上来分析人们从事任何一项工程项目时的开发方法。

通常人们在做任何事情时,首先必须了解对象(即明确要干什么);其次在了解对象以后,则开始考虑怎样去干的问题;最后才是实际动手去做这件事情。这一过程可以形象地用图 14-1 左边的三个步骤来表示。

图 14-1 左边所表示的三个主要步骤是人们从事任何一项工程时所必须遵循的一般规律。信息系统的开发当然也不能例外。在信息系统的开发过程中上述三个步骤分别被称为系统开发过程的三个阶段。即:系统分析阶段、系统设计阶段、系统实现阶段(如图 14-1 右边三个部分所示)。

在传统的系统开发方法中,由于计算机软硬件设备条件所限,系统开发方法的重心向下。重点在于研究和告诉人们如何才能有效地设计、编程并实现一个系统。

14.1.2 分析事物的认知方法体系

认知体系一般是指人类认识和了解客观事物的规律和方法,是人们认识客观事物和

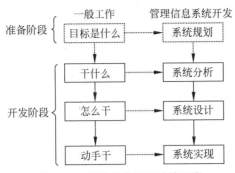

图 14-1 从需求分析到系统开发

获取知识的途径和实现方法。迄今为止人类了解客观事物的思维活动主要有两种，即抽象思维和形象思维。抽象思维是以概念为基础的，形象思维是以具体的形象为基础的。从人们认识事物和获取知识的认知过程来看，无论哪种思维方式，主要是通过从一般到特殊的演绎方法和从特殊到一般的归纳方法来进行的。

迄今为止，人类分析事物的认知方法体系归纳起来不外乎如下 6 种。

1．系统分析法

系统分析方法是以系统的观点和系统工程的方法与步骤来分析事物的。它的具体做法是对系统开发过程中的每一步都严格按照先整体后局部，从一般到特殊的原则进行。系统分析方法的具体内涵可以简单地用下式表示：

系统分析＝自顶向下＋系统划分＋关系结构

其中：自顶向下＝先整体后局部＋在整体最优下考虑局部

系统划分＝层次化＋模块化

关系结构＝系统结构＋相互关系

2．功能分析法

功能分析法是以对实际管理功能进行详细的分析基础之上来了解和规范被分析对象的。它的具体做法是对系统调查所得到的资料，按管理功能进行分解，以了解每一个功能的作用、结构和内部处理细节。然后再对其进行优化处理。功能分析法可以简单地表示为：

功能分析＝结构划分＋功能分解＋功能规范化

其中：结构划分＝层次化＋管理功能结构

功能分解＝业务过程＋处理功能＋子功能＋功能接口

功能规范化＝规范功能行为＋优化处理过程

3．数据流程法

数据流程法是以数据在实际管理业务中的流动和处理过程来分析问题的。数据流程法以数据为主要对象，通过系统调查的资料，对实际管理业务中的数据流程进行分析，最终以数据指标和数据流程图的方式将它们规范化地确定下来。分析包括：了解业务流程、理顺数据流程和优化处理方法。数据流程法可简单地表示为

数据流程分析＝数据流程＋指标体系＋处理过程

其中：数据流程＝业务过程＋层次结构＋数据流程图
指标体系＝数据字典＋管理指标＋关系结构
处理过程＝处理方法＋结构模式＋分析模型

4．信息模拟法

信息模拟法是以机器模拟数据在实际管理业务中的作用而进行分析的方法。信息模拟方法将事物分解成若干个实体，着重分析其信息属性和相互关系。目前信息模拟法的主要工具是实体关系图（E-R 图）。信息模拟方法可简单地表示为

信息模拟分析＝结构划分＋实体划分＋关系

其中：结构划分＝实体的分层结构＋指标的分层结构
实体划分＝实体抽象＋属性指标
关系＝数据关系＋实体关系

5．抽象对象法

抽象对象法是信息模拟方法的进一步发展。在这里对象已不再是对事物本身的直接表述，而是事物的运行方式、处理方法和属性值的一种抽象表述。抽象对象分析法就是要在系统调查资料的基础上，进行分类、整理和抽象。抽象对象分析法所要确定的内容可简单地表示为

抽象对象分析＝对象＋类＋继承＋消息通信

其中：对象＝实体＋属性＋主题＋关系＋结构
类＝对象＋子类＋类＋超类
继承＝特化＋泛化＋继承集合运算
消息通信＝信息联系＋方法＋处理模型

6．模拟渐进法

模拟渐进法是以系统模拟和不断修改完善来完成分析和了解对象的过程。它的具体做法是在调查的基础上，基于系统开发工具立刻模拟出一个系统原型，然后与用户一道来不断修改和评价这个原型，直到双方满意为止。模拟渐进法可以简单地表示为：

模拟渐进法＝模拟原型＋评价修正＋系统规范化

其中：模拟原型＝归纳用户需求＋原型开发
评价修正＝原型运行＋用户评价＋修正原型＋过程循环
系统规范化＝确定处理内容＋功能规范＋系统优化＋程序和文档规范化

14.1.3 当前开发方法的认知基础

系统分析和设计方法至今已有几十种，有些方法的基本思路就不相同，有些方法则是相互间只有细小技术上的差别。我们首先根据两维坐标进行分类，一维是按时间过程的特点，另一维是按关键分析要素或建造系统的"抓手"。按时间过程来分，我们把开发方法分为生命周期法和原型法，这两种方法是这个轴的两头，实际上还有处于中间的许多方法，如阶段原型法、阶段生命周期法等。原型法又按照对原型结果的处理方式分为试验原型法和演进原型法。试验原型法只把原型当成试验工具，试了以后就抛掉，根据试验的结论做出新的系统。演进原型法则把试好的结果保留，最终成为系统的一部分。按照系统

的分析要素,可以把开发方法分为三类:

(1) 面向处理方法(processing oriented,PO);

(2) 面向数据方法(data oriented,DO);

(3) 面向对象方法(object oriented,OO)。

所谓 PO 就是系统分析的出发点在于搞清系统要进行什么样的处理。这里面又分为两种,一种是面向功能(function)的,另一种是面向过程(process)的。面向功能是由企业的职能出发,例如市场、生产、会计和人事等管理功能出发。面向过程则是跨越企业职能,由企业运营流程出发,划分成一些过程进行处理分析。而 DO 是面向数据的分析方法,它首先分析企业的信息需求,建立企业的信息模型,然后建立全企业共享的数据库。而 OO 是面向对象的分析方法,首先分析企业的一些对象,把描述对象的数据和对象的操作放在一起,或者说对象的数据和操作内容是对外封闭的。如果多个对象可以共享某些数据和操作,共享的数据和操作就构成了对象类。对象类可以有子对象,子对象可以调用其他类所定义的数据和操作。

我们可以把以上的分类用表格来说明,见表 14-1。

表 14-1 系统开发方法分类

按时间过程	面向处理 PO	面向数据 DO	面向对象 OO
生命周期法(LC)	LC—PO	LC-DO	LC—OO
原型法(PROT)	PROT-PO	PROT-DO	PROT.-OO

现在十分流行的面向过程的系统分析方法,在概念上它是把功能与数据结合,因而从本质上可以认为是面向对象的方法。如果把面向对象的方法和面向过程的系统分析结合,将会对系统开发的方法注入新的活力。

上面我们对信息系统的开发方法进行了两维分类,实际上分类的维数绝不止两维。例如我们可以根据参加的人员,分为专家开发、用户开发以及两者结合开发;根据使用或不使用工具开发,分为手工开发和计算机辅助开发(computer aided software engineering,CASE),以及使用商用软件包等。我们把这种三维分类以图 14-2 表示。

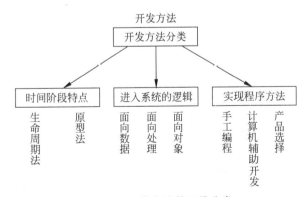

图 14-2 开发方法的三维分类

在以上方法中,真正称得上是具有完整认知体系基础的信息系统开发方法目前只有三种,即结构化系统开发方法、原型化系统开发方法和面向对象的系统开发方法。下面将这三种最常见的系统开发方法以及它们与上述系统开发认知体系之间的关系介绍如下。

1. 结构化系统开发方法

结构化系统开发方法是迄今为止最传统、应用最广泛的一种系统开发方法。结构化系统开发方法的基本思想是:用系统工程的思想和工程化的方法,按用户至上的原则,结构化、模块化、自顶向下地对系统进行分析与设计。

用结构化系统开发方法开发一个系统,将整个开发过程划分为五个首尾相连接的阶段,一般称之为系统开发的生命周期(life cycle),如图 14-3 所示。

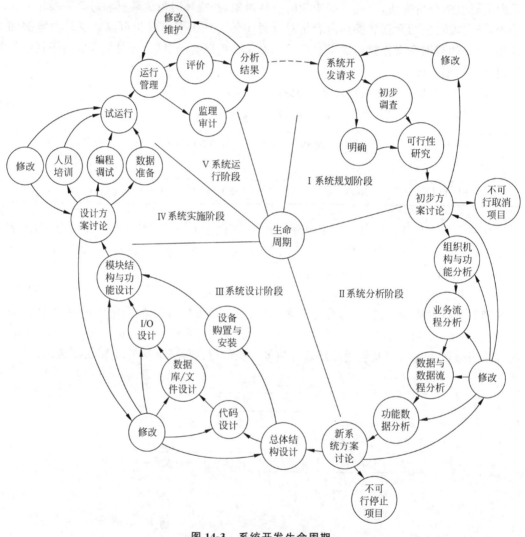

图 14-3 系统开发生命周期

(1) 系统规划阶段。系统规划阶段的工作就是根据用户的系统开发请求,初步调查,明确问题,然后进行可行性研究。

(2)系统分析阶段。系统分析阶段的任务是：分析业务流程；分析数据与数据流程；分析功能与数据之间的关系；最后提出新系统逻辑方案。

(3)系统设计阶段。系统设计阶段的任务是：总体结构设计；代码设计；数据库/文件设计；输入/输出设计；模块结构与功能设计。与此同时根据总体设计的要求购置与安装设备，最终给出系统实施方案。

(4)系统实施阶段。系统实施阶段的任务是：同时进行编程（或者是选择产品化软件，根据系统分析和设计的要求，进行本地化二次开发）；人员培训；数据准备。然后投入试运行。

(5)系统运行阶段。系统运行阶段的任务是：同时进行系统的日常运行管理、评价、监理审计三部分工作。然后分析运行结果，如果运行结果良好，则送管理部门指导组织生产经营活动；如果有点问题，则要对系统进行修改、维护或者是局部调整；如果出现了不可调和的大问题（这种情况一般是系统运行若干年之后，系统运行的环境已经发生了根本的变化时才可能出现），则用户将会进一步提出开发新系统的要求，这标志着老系统生命的结束，新系统的诞生。

结构化系统开发方法的认知体系＝系统分析＋功能分析法＋流程分析法。

2. 原型方法

原型方法是20世纪80年代随着计算机软件技术，特别是关系数据库系统的发展，在第四代程序生成语言和各种各样的系统开发生成环境产生的基础之上提出的一种新的系统开发方法。与前面介绍的结构化方法相比，它扬弃了那种一步一步周密细致地调查分析，然后逐步整理出文字档案，最后才能让用户看到结果的烦琐做法。而是一开始就凭借着系统开发人员对用户要求的理解，在强有力的软件环境支持下，给出一个实实在在的系统原型，然后与用户反复协商修改，最终形成实际系统。

原型方法的工作流程如图14-4所示。首先用户提出开发要求，然后开发人员识别和归纳用户要求，根据识别归纳的结果，构造出一个原型（即程序模块），再同用户一道评价这个原型。如果根本不行，则回到第三步重新构造原型；如果不满意，则修改原型，直到用户满意为止，这就是原型方法工作的一般流程。

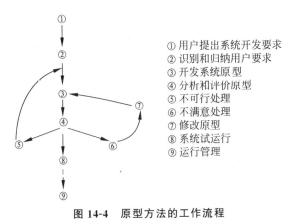

图14-4　原型方法的工作流程

原型方法的使用是有一定的适用范围和局限性的。这主要表现在以下方面。

(1) 对于一个大型的系统，如果我们不经过系统分析来进行整体性划分，想要直接用屏幕来一个一个地模拟是很困难的。

(2) 对于大量运算、逻辑性较强的程序模块，原型方法很难构造出模型来供人评价。因为这类问题没有那么多的交互式方式（如果有现成的数据或逻辑计算软件包，则情况例外），也不是三言两语就可以把问题说得清楚的。

(3) 对于原基础管理不善、信息处理过程混乱的问题，使用有一定的困难，首先是由于对象工作过程不清，构造原型有一定困难。其次是由于基础管理不好，没有科学合理的方法可依，系统开发容易走上机械地模拟原来手工系统的轨道。

(4) 对于一个批处理系统，其大部分是内部处理过程，这时用原型方法有一定的困难。

因此，在实际系统开发过程中，人们常常将原型方法与系统分析的方法相结合来开发系统。即：先用系统分析的方法来划分系统；然后用原型方法来开发具体模块。

原型开发方法的认知体系＝系统分析＋模拟渐进法。

3. 面向对象的开发方法

面向对象的开发方法是从 20 世纪 80 年代末各种面向对象的程序设计方法（如：Smalltalk、C++ 等）逐步发展而来的。面向对象（object oriented，OO）方法从另一个角度为我们认识事物，进而开发系统提供了一种全新的方法。

OO方法学认为：客观世界是由许多各种各样的对象所组成的，每种对象都有各自的内部状态和运动规律，不同的对象之间的相互作用和联系就构成了各种不同的系统。当我们设计和实现一个客观系统时，如能在满足需求的条件下，把系统设计成由一些不可变的（相对固定）部分组成的最小集合，这个设计就是最好的。因为它把握了事物的本质，因而不再会被周围环境（物理环境和管理模式）的变化以及用户没完没了的变化需求所左右。而这些不可变的部分就是所谓的对象。

因此，以对象为主体的OO方法就可以简单地解释为：

(1) 客观事物都是由对象（object）组成的，对象是在原事物基础上抽象的结果。任何复杂的事物都可以通过对象的某种组合结构构成。

(2) 对象由属性和方法组成。属性（attribute）反映了对象的信息特征，如特点、值、状态等。而方法（method）是用来定义改变属性状态的各种操作。

(3) 对象之间的联系主要是通过传递消息（message）来实现的，而传递的方式是通过消息模式（message pattern）和方法所定义的操作过程来完成的。

(4) 对象可按其属性进行归类（class）。类有一定的结构，类上可以有超类（super-class），类下可以有子类（subclass）。这种对象或类之间的层次结构是靠继承关系维系着的。

(5) 对象是一个被严格模块化了的实体，称之为封装（encapsulation）。这种封装了的对象满足软件工程的一切要求，而且可以直接被面向对象的程序设计语言所接受。

OO方法如图 14-5 所示。

按照上述思想，可将用 OO 方法开发一个系统分为 4 个阶段。

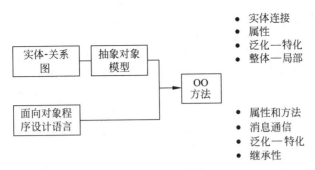

图 14-5 OO 方法

（1）系统调查和需求分析。对系统将要面临的具体管理问题以及用户对系统开发的需求进行调查研究。即先弄清要干什么的问题。

（2）分析问题的性质和求解。在繁杂的问题域中抽象地识别出对象以及其行为、结构、属性、方法等。这一阶段一般称为面向对象分析，简称 OOA。

（3）整理问题。即对分析的结果作进一步的抽象、归类、整理，并最终以范式的形式将它们确定下来。这一阶段一般称为面向对象设计，简称 OOD。

（4）程序实现。即用面向对象的程序设计语言将上一步整理的范式直接映射（即直接用程序语言来取代）为应用程序系统。这一阶段一般称为面向对象的程序，简称 OOP。

面向对象开发方法的认知体系＝信息模拟法＋抽象对象法。

14.2 系统开发发展趋势

14.2.1 开发方法发展的回顾

20 世纪 40 年代出现的计算机，50 年代用于管理。当时用于管理的目的主要在于代替大量的数据处理工作量，因而可以说是面向处理的。这时的系统也多叫作数据处理系统，处理实际上是依靠程序完成的。这时的数据是跟随程序的，即针对一个处理程序，就有一个专为它提供数据的数据文件跟随它。这就是最原始的开发方法，即先了解处理功能，然后编写程序，再编写一个数据文件跟随它。到 20 世纪 60 年代初出现了数据库。信息系统的建设方式也有改变，先建立数据库，然后再围绕数据库编写各种应用程序，这种方法可以说是面向数据的。实际上在这个阶段并没有注意到开发方法的研究。

从 20 世纪 60 年代开始，系统越来越复杂，人们已开始注意信息系统开发的方法和工具。到了 20 世纪 70 年代，系统开发的生命周期（life cycle）法诞生了。它较好地给出了过程的定义，也大大地改善了开发的过程。然而，问题的累积，成本的超支，性能的缺陷，加深了系统开发的困难。20 世纪 80 年代以后，友好的语言和自动化编程工具的出现，使得开发方法又有些进步。20 世纪 90 年代利用模块化和模块连接技术，大大降低了维护成本，提高了开发者的劳动生产率。20 世纪 90 年代中期，由于 Web 技术的出现，开发方法又出现了新的机遇。下面我们根据时代的特点，介绍系统开发方法的演变。

14.2.2 生命周期法

以前系统开发工作好像在做手工艺品。一个个匠人根据自己的经验和喜好,编出各种各样的程序,让数据像音符一样在计算机各部件间跳动。同样一个业务,有人用 50 条指令,有人只用十几条指令完成。程序难写、难懂,更难以维护,因而标准化成为用户和开发公司的愿望。当时的开发环境是:

（1）第三代语言（如 COBOL）用于编程；
（2）已有数据库管理系统,用于数据管理；
（3）联机处理和批处理混合使用；
（4）主要针对主干机开发；
（5）只由专业程序员进行程序开发；
（6）利用标准符号来说明过程；
（7）用户只在定义需求阶段和安装阶段介入开发；
（8）试图用结构化的程序设计方法和自动化的项目管理。

这时系统开发方法依据著名的"瀑布模型"也就是生命周期法,见图 14-6。

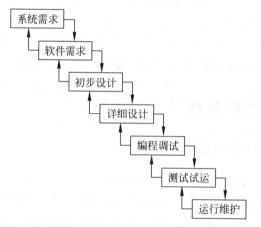

图 14-6 瀑布模型

结构化的意思是试图使开发工作标准化,因而它可以减少随意性。结构化开发的目标是有序、高效、高可靠性和少错误。有序是按部就班,按规矩办事,相同情况得出相同结构,减少程序员的随意性,从而达到有纪律、标准化。结构化还要求建立标准的文档。当然结构化有其负面的影响,它可能妨碍程序员的创造性。但对一个大系统来说,只有纪律才能维护高的生产率,才能统一各种努力达到目标,才能组织开发者解决越来越大的问题。在每一个开发阶段,每一个分阶段,加强检查是提高可靠性、减少错误的主要方法。

由于开发不可能一条直路走到底,Glass 提出了蛛网模型,见图 14-7。蛛网模型基于蛛网理论,与生命周期法相比,最大的特点在于弹性改进。

它说明需求、设计、实现和测试要不断循环进行,然后达到全局成功。

在 20 世纪 70 年代后期,人们开始强调"初级阶段"的重要性。差错产生得越早,以后为纠正差错所花的成本越高。反过来说,纠正差错越早所花成本越低。如在需求阶段产生一个差错,在需求阶段纠正要花费 1 元,那么在设计阶段纠正就要花费 5 元,在实现阶段就要 10 元,到运行阶段就要 100 元。所以对错误应尽早发现,尽快纠正。为了较早发现错误,应用了一些方法,主要有两种,一种是数据驱动开发;另一种是合作开发,这在当时起到了一定作用。

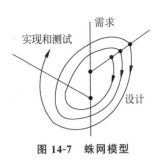

图 14-7　蛛网模型

14.2.3　从面向过程到面向对象

20 世纪 80 年代初,一些开发环境逐渐成熟,其一是第四代语言(fourth generation language,4GL)。这使得开发者有可能使用另一种系统开发方法,即原型法(prototyping)。原型法和生命周期法是完全不同思路的两种方法。生命周期法试图在动手开发前,完全定义好需求,然后经过分析、设计、编程和实施,从而一次全面完成目标;而原型法相反,在未定义好全局前,先抓住局部设计实现,然后不断修改,达到全面满足要求。两种方法实现的最终系统应当是同功能的,但它们实现的轨迹完全不相同。一种是单次的,一种是多重循环的。

4GL 是一种面向问题的语言,而不是面向过程的语言。它不只是一种语言,而且意味着包含一种环境。这种环境包括:关系数据库系统、数据字典、非过程语言、交互查询机构、报告生成器、排序和选取、字处理和文本编辑、图形处理、数据分析和模型工具、宏命令库、程序界面、复用程序、软件库、支持和恢复、安全和保密以及与其他数据库的联系等。只有在这些环境上应用 4GL 的开发,才能算作是原型法。国内以前有人错误地理解,认为用汇编语言直接编程就是原型法,这实际上不是原型法,而是"原始法"。进行原型法开发要求 4GL 有很强的交互能力。我们知道,第一代的交互是主干机和终端的交互;第二代的交互是 PC 机间交互;第三代交互是 client/server,即客户机/服务器的交互;第四代交互是 Web 交互,即因特网的交互。越近的交互方式,越是原型法的良好环境,越有利于应用原型法的开发方式。

20 世纪 80 年代末期,计算机辅助软件工程(computer aided software engineering,CASE)和面向对象(object-oriented,OO)的开发方法得到很大的发展。面向对象的方法在 20 世纪 80 年代初已用于计算机科学,80 年代末开始用于企业系统。90 年代初,面向对象的分析与设计和面向对象的语言,如 C++,开始实际应用。

对象是一组数据和一组操作的集合,这组操作可以存取和处理这组数据,见图 14-8。对象还可以组成分类(classes)。

面向对象的方法有以下特点:它把数据和操作绑扎在一起作为一个对象。这里数据是主动的,操作跟随数据,不像通常的程序,程序是主动的,而数据是被动的;面向对象的方法很容易做到程序重用,重用也较规范,不像传统程序,重用是很随意的;面向对象技术使新系统开发和维护系统很相似,因为均是重用已有部件。当用于企业管理时,面向对象的方法就像给出一个企业模型,模拟企业的运行,这时开发者和企业管理者的沟通用的是企业语言,如会计、顾客、报告等,而不是技术术语。面向对象的方法特别适用于图形、多

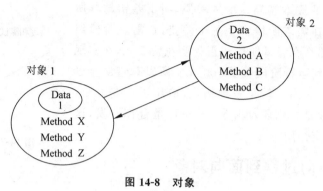

图 14-8 对象

媒体和复杂系统。

14.2.4 从面向对象扩展到迭代开发和持续改进

2010年以后,随着联网和大数据的广泛应用,信息开发管理与之前传统的模式发生巨大的变化。以快速迭代和持续改进为思想的信息系统开发方法得到广泛应用。

亚马逊系统每周系统更新的频度达到惊人的5000次,并且正常保证系统上线率稳定在99.9%。王坚带领的阿里云团队在技术上持续迭代和技术改进,实现云资源管理应用的突破性进展,2017年在中国公共云市场的占有率为47.6%。

与此同时,软件工程在信息系统开发的应用更加深入,基于戴明循环改进,基于WBS的任务分解以及后续应用的改进和更新,传统的开发理论都发生了巨大的变化:

(1) 敏捷开发方法应用广泛。

(2) 开发的终结不再是上线及验收,开发的过程将遍及整个项目或产品全周期,直至系统停止使用。

(3) 基于上万用户甚至上亿用户的数量级下,以PDCA戴明循环迭代方法建立的系统,技术快速的发展迅速解决了开发效率问题。传统边界设定的过程式控制问题、技术瓶颈问题、需求绩效问题在大生产的分工优势面前迅速解决。

(4) 以服务驱动、数据驱动等新技术和新应用辅助,通过微服务和系统框架构建的技术体系,快速地将之前不可完成的巨系统或大系统拆分为小服务或微服务,使之轻量化,系统直接解耦,实现开发效率的大幅度提高和运行性能的大幅度提高。

14.2.5 开发过程的发展

对于同一个系统开发过程来说,使用不同的系统开发方法,其具体的操作过程是有区别的。传统的开发方法包含瀑布模型和螺旋模型。后面产品线理论出来后,全周期信息开发过程慢慢也开始有人提出。敏捷模型和持续迭代的开发模式相近,甚至有些敏捷开发方法就采用了快速、持续、迭代的方式,进行开发绩效改进。不断出现的新的类似于电商平台提供的中间框架,例如支付宝平台、微信公众号平台、小程序平台,采用的都是全周期增量迭代的开发方法。

如果用结构化系统开发方法来开发系统,其思路应该是先对问题进行调查,然后从功能和流程的角度来分析、了解和优化问题,最后规划和实现系统;如果用原型开发方法来开发系统,其思路应该是先请用户介绍问题,然后利用软件工具迅速地模拟出一个问题原型,再与用户一道运行和评价这个原型,如不满意则立刻修改,反反复复,直到用户满意为止,最后优化和整理系统;如果用面向对象开发方法来开发系统,其思路应该是先对问题进行调查,然后从抽象对象和信息模拟的角度来分析问题,将问题按其性质和属性划分成各种不同的对象和类,弄清它们之间的信息联系,最后用面向对象的软件工具实现系统。

随着软件工程的发展、产品的发展以及后续数据需求的急剧提高,基于平台服务的开发的要求越来越急迫,产品平台化在电商及运营以及大的行业产品开放上成为趋势尤其是后续大数据的需求更是如此。电商模式下的电商平台、基于移动端的微信平台都是电信的案例。

目前敏捷与迭代开发方法是最新最常用的开发方法,取代了传统的生命周期方法,但同时带来绩效模型建立带来了其他因素不确定性和复杂性,尤其是项目控制、风险控制、需求匹配问题等。提高新产品的开发绩效是如今企业赢得技术优势、市场优势和竞争力优势的主要因素,电商时代产品开发的主要特征是迭代特性和返工特性。这两个变量是产品开发的主要特征,也是风险的主要来源。项目计划、项目管理包括项目控制做得再好,信息不充分情况下或需求匹配系数不足的情况下,为实现最优设计和短周期反馈,持续迭代是必然的。

随着数据应用范围的扩大和对数据要求的提高,相当数据发展带来的数据质量问题越来越大。在传统的信息系统开发过程中,由于不关心数据源头的依存关系,使得信息系统功能开发好评,实际客户满意度降低,造成叫好不叫座现象。开发过程全周期、考虑因素复杂化、开发团队重新分工、数据服务业务支持已成数据平台的必然趋势。

根据以上开发理论的研究,产品开发逐渐渡过软件危机的瓶颈,在当今上万用户甚至上亿用户的数量级下,以 PDCA 迭代方法建立的系统,开发方法引起的效率问题回被快速的技术发展迅速拉近差别。传统边界设定的过程式控制问题、技术瓶颈问题、需求绩效问题在大生产的分工优势面前迅速解决。

14.3 开发绩效与规范性管理

14.3.1 开发流程管理配置

如图 14-9 所示,从横向来看,系统开发流程分为前端和后端。前端包括需求调研、原型设计、交互设计、功能测试、交付测试等阶段;后端包括数据库设计、工程框架、数据实现、模块测试、版本管理、系统配置等阶段。其中,需求调研分为功能清单列表、角色权限列表、业务流程、数据字典等各项的确认;原型设计则要突出关键页面;交互设计就是将系统以交互的方式与客户进行沟通;功能测试需要在进行集成测试的同时,完成操作手册;交付测试即贯穿于开发过程那个的系统测试。

从纵向来看,系统开发流程分为需求分析、概要设计、详细设计、软件开发、工程实施五个阶段。其中,需求分析阶段主要的任务是充分了解用户的需求,完成客户需求语言到

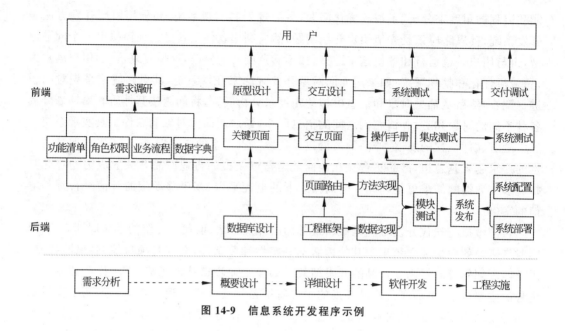

图 14-9　信息系统开发程序示例

技术语言之间的翻译工作,最终形成双方都认可的需求分析报告;概要设计阶段的主要任务是充分在用户需求的基础上,完成技术框架的确认和搭建,包括技术路线、数据库设计以及 UI 风格与关键页面的确认;详细设计阶段需要完成交互页面的设计,后端需要完成功能方法的设计及工程框架的搭建;开发阶段进行各类方法的实现,前端实现用户手册的编制以及功能测试,并和用户进行实现阶段的沟通;交付测试阶段实现系统的配置、部署和上线测试,并实现最终的交付。

14.3.2　系统开发规范性管理

系统开发本身就是一个组织行为,通过指定标准化得规则,规范组织行为,加强开发组织的开发绩效。高效的开发组织都有相关的开发规范性的管理标准,例如谷歌、亚马逊、阿里都有相关的开发规范,甚至影响到行业的应用。

系统开发规范的组成包括开发规范的总纲和目的、实施细则和执行程度和力度。

现代软件架构都需要协同开发完成,高效协作即降低协同成本,提升沟通效率,所谓无规矩不成方圆,无规范不能协作。对信息系统来说,适当的规范和标准绝不是消灭代码内容的创造性、优雅性,而是限制过度个性化,以一种普遍认可的统一方式一起做事,提升协作效率。代码的字里行间流淌的是信息系统生命中的血液,质量的提升是尽可能少踩坑,杜绝踩重复的坑,切实提升质量意识。

早期日本外包软件的规范性要求做到了极致,通过严苛的规范性要求,降低了对开发者的技术要求,在稳定状态下提高了开发者的代码质量和可维护性。

谷歌也是执行严格的代码开发规范,针对开发过程有不厌其烦的规格性要求和长篇大论的缩进要求,不能越雷池一步。阿里云栖大会后,其开发规范已成 Java 开发人员的基本参考手册,其中"码出高效"成为组织的纲领和口号。

14.3.3 开发成本管理

1. 信息化项目成本管理的相关概念

传统的信息化项目在对数据、数据流、功能进行分析的过程中,由于不能以问题的原有形态作为基础来对其进行描述,因此就会导致其分析的方向和方式无法直接反映出问题的结果。在传统的信息化项目中,问题通常出现在与客户进行交流沟通的过程中。如果在这一过程中,不能够把客户的需求通过分析转化为清晰的概要设计或者数据设计。这就很有可能给开发结果带来非常严重的隐患,进而更加容易造成项目质量下降和项目延期等问题。

信息化项目管理的主体是整个软件工程。其根本目的就是让项目(特别是一些大型的、复杂的项目)的整个开发过程都在管理者们的掌控范围之内,包括需求分析、概要设计、详细设计、原型设计、编码测试、项目维护等,从而确保项目能够按时按质的交付给客户。信息系统工程所涵盖的范围极其广泛,这就要求项目经理对项目的实施范围、工作任务、团队成员的安排、项目里程碑、实施进度等这些关键因素都要心中有数。另外,对项目的管理工作是应该贯穿于整个工程活动中,直到项目顺利验收之后才结束。

早在 20 世纪 70 年代,美国就已经提出了信息化项目管理的概念。通过相关部门的专门研究得知,大部分信息系统开发项目失败的主要原因是管理不善。尽管开发者们已经开始关注信息化项目的管理工作。但是由于项目研发过程中,要想对有可能出现的各种问题都做好充分的准备,几乎是无法实现的。这样一来,就导致将近有 90% 左右的项目,是不能够在预期的成本范围以及时间范围之内被完成的。之所以出现这种情况,主要是因为信息化项目本身具有一定的特殊性,比如:需求变更是频繁的;开发进度不是直观可见的;质量和成本构成是复杂的;人为影响因素是较大的;诸多不确定因素的风险是较高的,等等。由此可见,管理好一个信息化项目是非常有难度和有意义的。

通俗地说,信息化项目管理就是将管理理论与实际开发情况相结合,从而顺利地实施一个结构化的、系统化的项目。主要包括以下几个要素。

(1)需求控制

一个信息化项目的需求的重要性慢慢被认可。研究表明,在项目的开发过程中,因返工所造成的成本占开发总成本的比例为 40% 左右,而其中 70% 以上的返工都是由于需求分析不当所产生的。

由于信息化系统建设的需求分析过程是复杂多变的。需求的内容具体不完整、不合理、不够准确、变化频繁等特点。如果到了系统建设后期,才发现需求中的较大问题,那么所付出的代价,将会是前期发现的几十倍,甚至上百倍。所以在实际项目的开发过程中,相关管理人员要对需求调研的过程进行严格把控和管理。需求的成本控制是整个成本考证的重要组成部分。

(2)进度控制

为了保证系统建设能够在整体可评估和预测,就需要进行进度管理。

虽然进度计划和安排都是提前安排和考虑。然而,在项目实施的过程中,有非常多的因素影响和不确定性。干系人管理、人力资源管理以及外界环境的干扰因素等都会影响到项目的进展。

（3）成本预估

成本预估，其成本主要在于支付员工脑力劳动所付出的报酬。尽管不同公司的薪资水平大相径庭，但是信息化建设成本估算的对象，是系统开发的工作量和工作进度。根据公司的实际情况，再结合项目开发所需的人力成本，就可以估算出相应的成本。

（4）产品化导入和定制化开发，除了预估成本更重要的是明确责任，为了减少越改越多问题的情况，产品化导入的更改一般只包含问题修改，只包含免费售后期的成本，如需现场服务需另外每年支付合同金额的大约15%的费用，定制开发需要另外按照标准人/月的计算成本。

（5）质量控制。开发过程本身不具有物理实体，并且具有维护的高成本性。随着信息社会对信息系统的依赖，信息化系统就显得越来越不可或缺。因此，质量管理尤为重要。在质量管理理论体系中，ISO 9000 系列标准以及软件能力成熟度（capability maturity model，CMM）具有代表性。ISO 9000 标准自从 1947 年创建以来，几乎涵盖了全部的技术和业务。CMM 最初是由美国卡内基梅隆大学的软件工程中心研发出来的，应用于评估软件供应商的能力，并为其提供改善质量的办法。CMM 认为，应该全力以赴去构建项目开发过程的基础，并在过程中持续改进和完善，以便有能力应对开发过程中产生的难题，进而在规定的时间和成本范围内高质量的交付成果物。

2. 成本管理的过程

信息化项目的成本管理过程通常包括以下几点。

（1）把控资源：在计划阶段，对于所需要的资源，比如人力、物力，以及每类资源的用量，相关人员需要列出一份详细的清单。其作用是为系统建设的资源计划做好适当的安排工作。

（2）成本估算：也就是对项目所需资源成本的近似估计。在成本管理过程中，通常将工作任务分解成较小的工作单元，以此来评估每个工作单元的成本，然后进行汇总，得出估计的总成本。

（3）成本预算：预算的过程是把上述估算出来的总成本分配到单项工作中，从而建立基准成本来衡量绩效。由此可见，成本估算的结果直接影响着成本预算的准确性。

（4）成本把控：成本把控的对象是预算变更，其输出物包括修订后的成本估算和更新后的成本预算等。相关管理者根据成本基准计划，(依据项目实际情况规定的允许偏差范围)来管控项目的预算变更情况。正是由于项目在实施过程中，成本基准计划是根据需求的变化而变化的，所以我们需要采用适当的方法，对偏离的数据进行校正。

在成本管理中，成本估算是其他活动的前提和基础。

通过成本估算阶段得出的项目开发所需要的时间、人员、资源、成本等数据，有利于项目管理者们对项目进行实时的跟踪和管控，并依据实际情况，对项目阶段和活动提出适当的变更或规划方案。

案例：高校实验教学管理系统开发管理

一、系统开发过程中的认知方法

1. 系统分析方法：对于核心的业务采用系统分析方法，明确到各个相关的子系统，可视化系统、数字校园对接、业务系统、物联系统、移动服务系统等。

2. 功能分析法：学校实验教学管理业务相关职能与功能关系，包括教务、设备资产管理、二级学院，明确用户关系。

3. 数据流程法：对于数据类业务，如预约开放、审批等，采用数据流程法，明确数据的产生与流程关系。

4. 模拟法：对于客户知道大致要什么，但是不知道效果和布局，采用信息模拟法，如可视化、数据报表。

5. 对象法：对高校基本稳定的业务，采用对象类比方法，如实验室建制管理、基础信息管理、实验室排课、绩效统计等。

6. 模拟渐进法：对于无先例的业务，采用模拟渐进法，通过原型页面逐步逼近，如实验项目开放等。

二、系统开发方法的选择

根据高校实验教学管理系统项目的需求，开发方法按照各类需求与商业软件模块的成熟度，分别采用面向对象、原型法和敏捷开发方法。

1. 面向对象方法：在商业化产品的基础上进行二次开发，对于基本操作、属性类似的应用模块，可以通过聚合、继承等方式进行扩展开发，对于有流程操作、展示属性有差异的应用模块，可以选择进行多态性二次开发。

2. 原型法：针对需要进行交互评估的需求，采用原型方法进行开发，如实验项目开放。

3. 敏捷方法：需要随着校业务发展逐步明确的需求，采用敏捷开发方法，进行持续迭代开发，如各类预约开放联动、小程序等。

三、开发绩效与规范性管理

1. 开发绩效

根据各类不同模块的成熟度，按照开发周期进行管理，涵盖功能设计、代码移植与二次开发、模块封装与产品化测试，按照不同的类别进行统计分析。

（1）新功能封装：估算成熟开发工程师人日数，对节省人日数进行奖励。

（2）定制开发：估算项目的规模与开发周期，对按计划周期与人日范围内的团队进行奖励。

2. 规范性管理

（1）过程管理：需要对开发的全生命期进行管理，涵盖需求阶段、启动阶段、计划阶段、实施阶段、验收阶段、售后服务阶段,保障项目的交付。

(2) 代码规范:需要明确代码编写遵循的命名规范、每个类及方法的注释与维护、单元测试用例与单元测试方法、代码的规模与易读性等规范,便于协作与维护。

(3) 数据库设计规范:需要明确外键约束、索引建立、表、主键、时间字段、普通字段的命名、表设计兼容性等,便于后续的维护与开发。

拓展阅读

研讨题

1. 实际调查某个企业信息化建设的发展状况,说明开发方法在信息化建设中的重要作用。

2. 为什么说认知方法体系在信息系统开发过程中是非常重要的?

3. 试简述几种常用系统开发方法的相同和不同之处。

即测即练

4. 试述评系统认知方法体系与几种常用开发方法之间的关系。

5. 信息系统的开发方法应如何分类才好?试进行研究,并提出自己的看法。

6. 随着技术尤其是中间开发平台的发展,你认为开发方法在新技术中起到什么作用?举例说明开发方法对信息系统的整个开发过程有什么影响。

7. 如何管理一个综合的复杂的信息系统的开发规范?在规范性和效率之间存在怎样的关系?开发方法在开发管理与效率中的作用是什么?

CHAPTER 15 第 15 章

系 统 分 析

根据制定规划的要求展开系统分析,是 MIS 开发过程中非常重要的一环。

管理信息系统是一个社会-技术系统,对于这样一个系统,同时遵循社会系统研究的四个范式和自然科学研究的四个范式,这些范式有所不同又相互依赖构成了一个复杂的人-机系统,这样一个系统不同的客户和用户看待系统有不同的认知范式,了解了这些范式的出发点和趋势,很多看不明白的系统就比较容易找到分析的切入点。传统的管理信息系统是系统分析的基石,从方法论的意义上说就是对要开发的项目进行系统的、层次化的展开分析;分析企业过程的输入、处理、输出;提出用计算机改进业务流程和管理模式的思路和逻辑方案。从这个意义上说,它包含一些方法,如调查、访谈、资料整理、方案创意、报告编写等。

系统分析过程总体上分两步,首先应将业务或数据流程弄清楚,然后研究分析抓住主要问题,提出解决问题的思路,提出新系统拟采用的方案。具体可分为系统调查、组织功能分析、业务流程分析、数据流程分析、功能/数据分析和新系统方案提出等。

系统分析是项目开发的最重要的阶段。从事这项工作的人员要有敬业精神、变革思想、创新意识、协调能力,这种人的职业被赋予了一个光荣的名称——系统分析员。关于系统分析员的知识、技能和修养我们将在后面讲述。

15.1 系统分析范式

信息系统是人-机系统,人-机区别于计算机系统和人际交流系统,具有社会科学和自然科学双重属性,在信息系统分析过程中,就应充分了解非技术相关的社会系统的信息流流转方式的理论及其应用,用来分析信息系统的社会学属性和科学属性交合作用下的系统认知状况(图 15-1)。

需要指出的是,自然科学与社会科学的分析范式会指导我们信息系统的分析,渗透到我们的分析过程,信息系统管理的分析也受到基础社会科学和自然科学的影响,然而这种过程往往是滞后的,而信息系统的实践由于有了爆发性增长往往又具有探索性,我们在进行管理信息系统的分析时,要把握基本的分析方法和范式,了解和采取开放的思维,感知未来的变化。本书作为一本具有延续性的教科书,继续沿用基本的分析方法,信息系统的学习者要根据不断变化的时代,灵活采用适合的范式或者范式组合。

在进行一个管理信息系统的分析时,了解以上范式,以及企业管理信息系统技术与人性范式所处的认知阶段,才能采用各种调查手段进行分析,不至于失去管理信息系统作为社会性属性的特点,而混同于软件开发。

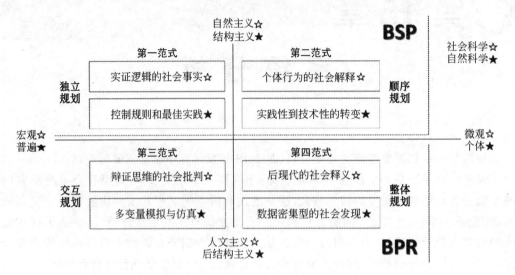

图 15-1　管理信息系统与系统分析范式

15.2　系统调查分析

15.2.1　对象/需求调查

对象调查(或称需求调查)就是要在整个系统开发工作展开之前,首先弄清楚对象生产、经营和管理过程的所有细节。对象调查可分为系统初步调查、可行性研究和详细系统调查三部分。其中详细系统调查是系统开发过程中工作量最大,同时也是最重要的过程之一。实事求是地进行全面调查是系统开发的基础。也就是说,这一步工作的质量对于整个开发工作的成败来说都是决定性的。

系统调查必须有正确的方法。没有正确的原则指导,大规模的系统调查是很难进行的。所谓系统调查原则是指在系统调查过程中应始终坚持的方法、做法或指导思想。它对于确保调查工作客观、顺利地进行是至关重要的。系统调查的原则可分为以下五个方面。

1. 自顶向下全面展开

系统调查工作应严格按照自顶向下的系统化观点全面地展开。首先从组织管理工作的最顶层开始,然后调查为确保最顶层工作完成的下一层(第二层)的管理工作支持。完成了这两层的调查后,再深入一步调查为确保第二层管理工作完成的下一层(第三层)的管理工作支持。依此类推,直至摸清组织的全部管理工作。这样做的目的是使调查者既不会被组织内部庞大的管理机构搞得不知所措、无从下手,又不会因调查工作量太大而顾此失彼。

2. 分析内在道理

组织内部的每一个管理部门和每一项管理工作都是根据组织的具体情况和管理需要而设置的。一般来说这个岗位和这项工作既然存在,必然有其存在的道理,否则早就在企业内部多年的管理实践中淘汰掉了。我们调查工作的目的正是要搞清这些管理工作存在的道理、环境条件以及工作的详细过程。再通过系统分析讨论其在新的信息系统支持下有无优化的可行性。所以我们在进行系统调查时,最好是保持头脑冷静和开放,实实在在地搞清现实工作和它所在的环境条件。如果调查前脑子里已经有了许多的"改革"或"合理化"设想,那么这些设想势必会先入为主,妨碍你接受调查的现实情况信息。这样往往会造成还未接触实质问题,就感觉到这也不合理、那也不合理,以致无法客观地了解实际问题。

3. 工程化的工作方式

对于任何一个工业企业来说,其内部的管理机构都是庞大的,这就给调查工作带来了一定的困难。对于一个大型系统的调查一般都是多个系统分析人员共同完成的。按工程化的方法组织调查是可以避免调查工作中一些可能出现的问题的。所谓工程化的方法就是将工作中的每一步工作事先都计划好,对多个人的工作方法和调查所用的表格、图例、图纸都统一规范化处理,以使群体之间都能相互沟通、协调工作。另外所有规范化调查结果(如表格、问题、流程图、所收集的报表和分析图等)都应整理后归档,以便进一步工作的使用。

4. 全面铺开与重点调查结合

如果是开发整个组织内部的信息处理系统,开展全面的调查工作是当然的。如果我们近期内只需开展组织内部某一局部的信息系统,这就必须坚持全面铺开与重点调查相结合的方法。即自顶向下全面展开,但每次都只侧重于与局部相关的分支。例如我们只要开发企业生产作业计划部分,调查工作也必须是从组织管理的顶层开始,先了解总经理或厂长的工作、公司或工厂管理委员会的分工、下设各个部的主要工作、企业年度综合计划的制定过程以及所涉及的部门和信息,然后略去其他无关部门的具体业务调查,而将工作重点放在生产部的计划调度处和物资供应处的具体业务上,如图15-2所示。

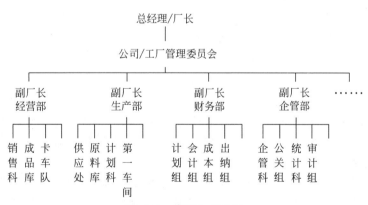

图15-2 调查方式举例

5. 主动沟通与亲和友善的工作方式

系统调查是一项涉及组织内部管理工作的各个方面,涉及各种不同类型人的工作。故调查者主动地与被调查者在业务上的沟通是十分重要的。另外创造出一种积极、主动、友善的工作环境和人际关系是调查工作顺利开展的基础。一个好的人际关系可能导致调查和系统开发工作事半功倍,反之则有可能根本进行不下去。

15.2.2 初步调查与可行性研究

初步调查与可行性研究是系统开发工作展开前的前期准备工作,它决定了该系统能否立项,以及立项后大致按什么规模、什么模式进行开发。所以初步调查与可行性研究工作和后面将要介绍的系统详细业务调查不同,它主要是根据系统开发可行性的要求、企业内部对信息系统开发的实际需求、企业基础数据管理工作对于支持将要开发的信息系统的可能性、企业管理现状和现代化管理的发展趋势、现有的物力和财力对新系统开发的承受能力、现有的技术条件以及开发新系统在技术上的可行性、管理人员对新系统的期望值以及对新系统运作模式的适应能力等几方面的因素展开的。

1. 初步调查

信息系统的开发一般都是由用户提出要求开始的。而对于这种开发要求是否具有可行性,以及原有信息系统是否真是到了必须推倒重来的地步等,都需要我们在系统开发之前认真考虑。在没做这些考虑之前提前进入后续任何一项工作都是很不明智的。为了使系统开发工作更加有效地展开,有经验的开发者往往将系统调查分为两步,第一步是初步调查,即先投入少量人力对系统进行大致的了解,然后再看有无开发的可行性;第二步是详细系统调查,即在系统开发具有可行性并已正式立项后,再投入大量人力展开大规模、全面的系统业务调查。

2. 新方案设想及其可行性研究

初步调查的目的就是要事先了解一下系统的基本状况,为开发者构思并提出一个切实可行的新系统方案奠定基础。所以在对系统做了初步调查以后,开发者应根据实际情况对下述问题作出抉择:现在系统是否具有完全推倒重来的必要性,如果完全推倒重来的话系统应该按何种方式、什么样的规模开发,以及这些方案执行的可行性如何等。

由于信息化项目失败率极高,因此信息化决策就要更加小心。很多不明就里的非专业人士忽悠的所谓"一步到位""整体规划""标准先行",花费大量精力而难以成功。事实上,一个十年以上的企业机构,如果没有"线下的信息化",是不可能平稳运行的。线下的信息化包含:纸质审批、公文系统、计划审批、调度计划、生产看板、上级文件等,而对于一个企业机构最成熟的管理部门,其线下信息化一般更为顺畅和明晰。管理信息系统化从哪里入手呢?从线下信息化最明晰的单位入手:数据系统、生产系统、统计报表系统、主流的业务流程系统。

把线下信息化搬上线上,是最容易成功的,但要有一定灵活性,要符合业务流程重组的专业要求,要高度还原现实活动。例如,现实企业规定总经理审批,但总经理不在事实上副总经理也能审批的话,信息系统就应该让用户高度还原真实的情况。先从成熟的线下信息化入手并不是排斥改革和创新。但是要掌握走一步看一步、点状创新的原则,"成功是成功之母",在线下没有走通的信息化,线上要小进步,一个项目成功之后再推进另外一个项目。

(1) 新建系统方案设想

初步调查和可行性研究要解决的问题就是新系统是否有必要立项开发的问题。如果经初步调查认为有必要立项开发,则下一步就要对新系统初步构想方案的可行性进行分析,分析新系统构想方案以及实现的技术路线是否具有可行性。如图15-3所示。新系统方案初步设想包括如下几个方面。

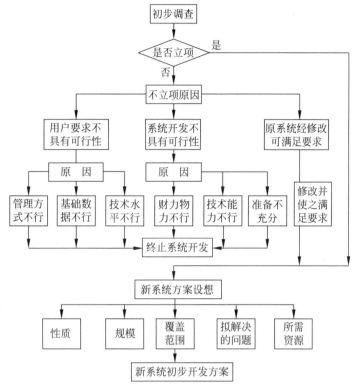

图 15-3　新系统方案设想的内容

① 根据用户要求,新系统应考虑是以覆盖整个组织的信息系统还是以某几个重点环节为主的局部环节信息支持系统。如果是覆盖整个组织的信息系统的话,应考虑是以解决日常信息处理业务为主(MIS),还是以解决日常办公文档信息处理为主(OA)。

② 新系统大致可按什么规模来开发。例如,有可能采用的计算机系统和网络系统、所覆盖的面积和业务主要有哪些、所需要的人力(包括系统开发人员、计算机硬件和软件技术人员、管理专业人员、基础数据统计人员等)和财力、可借用的设备(主要指原信息系统中的网络或计算机设备)以及子系统/模块等。

③ 新系统拟覆盖的范围,即新系统初步考虑可包括多少个子系统。工业企业的MIS系统有如图15-4所示的9个子系统。一般来说这9个子系统都是MIS应该覆盖的业务范围,但在实际开发工作中常常因工作量太大而被分步、分阶段地进行开发。这里所要确定的正是本系统目前首先要解决的是哪个或哪几个子系统,为下一步详细系统调查确定重点业务范围。

④ 新系统拟解决的主要问题。这个问题一般都是根据用户要求和初步分析后得出的。例如在生产管理子系统中,生产过程监控和生产计划的滚动式调整、生产计划与物料需求计划的衔接、生产计划与生产作业计划的制订等,主要要解决这些管理控制环节中处

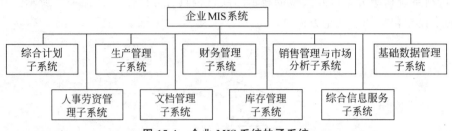

图 15-4　企业 MIS 系统的子系统

理模型问题、处理精度问题或处理速度(时间)问题等。而这里所提出的问题一般都只是面上的,真正问题的确定和解决应该是详细调查和系统分析以后才能具体确定。

⑤ 新系统预计的投入产出比。新系统开发预计的投入和预期的效益是系统立项能否通过的最关键一环。新系统的投入,包括人力资源(开发人员、管理人员、软硬件技术人员、数据统计人员以及操作人员等)的投入、设备资源(已有设备和新增设备)的投入、财力资源(总共所需要的资金)的投入等。新系统的效益主要包括:拟解决哪些管理问题,可完成哪些原系统想做而又不可能做的事情,整个系统的工作质量(如:成本、精度、速度、范围,以及分析的深度和广度等)将会有哪些提高,而这些工作质量的提高又会为组织的管理工作提供哪些间接的经济效益。

(2) 系统开发的可行性分析

在对系统的基本情况已经有所了解的情况下,就可以开始对项目进行可行性分析。可行性分析就是要根据系统环境、资源等条件,判断所提出的项目是否具有实际开发的可行性。

可行性分析可以从如下三方面着手进行:①从技术上来考察;②从经济上来考察;③需要考察各种社会因素,才能确定项目是否可行。

15.2.3　系统详细调查

在系统开发正式立项后,就应该立刻着手对组织的管理业务工作进行详细的调查。详细调查是系统开发工作中的一项十分重要的工作,它是开发人员弄清实际情况、制定合理方案、开发信息系统的基础。同时它也是一项十分繁杂、工作量很大的工作,对此必须加以充分的重视。

1. 详细调查的范围

详细调查的范围应该是围绕组织内部信息流所涉及领域的各个方面。但应该注意的是,信息流是通过物流而产生的,物流和信息流又都是在组织中流动的。故我们所调查的范围就不能仅仅局限于信息和信息流。应该包括企业的生产、经营、管理等各个方面。

围绕上述范围我们可根据具体情况设计调查问卷,即问卷调查表的栏目和问题。总之,目的只有一个,这就是真正弄清处理对象现阶段工作的详细情况,为后面的分析设计工作做准备。

2. 问卷调查方法

问卷调查是系统详细调查时常用的方法,而且也是一种行之有效的方法。如果问卷设计得当,又及时地对调查结果加以分析整理,在一般情况下,一次调查加上一至二次反复询问就可以将业务内容全部弄清楚。问卷调查的具体做法常常是提前几天将问卷交给被调查对象,请他先有针对性地准备一下,然后提问并记录调查的内容。

问卷调查中所问的问题既要能反映本系统的特点又要能全面地了解本业务的内容。通过问卷调查,调查者要能够了解到促使该岗位业务成功的"关键成功因子"。问卷设计一般是根据初步调查的结果,先对组织的基本情况进行大致的分析,然后根据以往调查分析工作的经验来结合可能与所调查问题有关的方面,设计出问题和问卷。

调查结果的整理工作就是将每个岗位业务调查的结果进行整理,弄清其自身的业务处理过程和它与前后业务工作的联系。其中包括数据之间的联系、业务分工和职权划分等。而最方便的查找相关调查资料的方法就是按图号和组织结构图来索引。查看调查工作是否有疏漏,弄清业务处理过程以及上下左右之间的联系是调查结果整理的主要任务。如果发现问题或是有没弄清的问题,则应立刻再回过头彻底弄清楚。整理结果的常见做法是另用一张纸来记述主要业务工作以及描绘该工作与其他工作之间的联系。

3. 业务流程调查方式

业务流程调查表如图 15-5 所示。

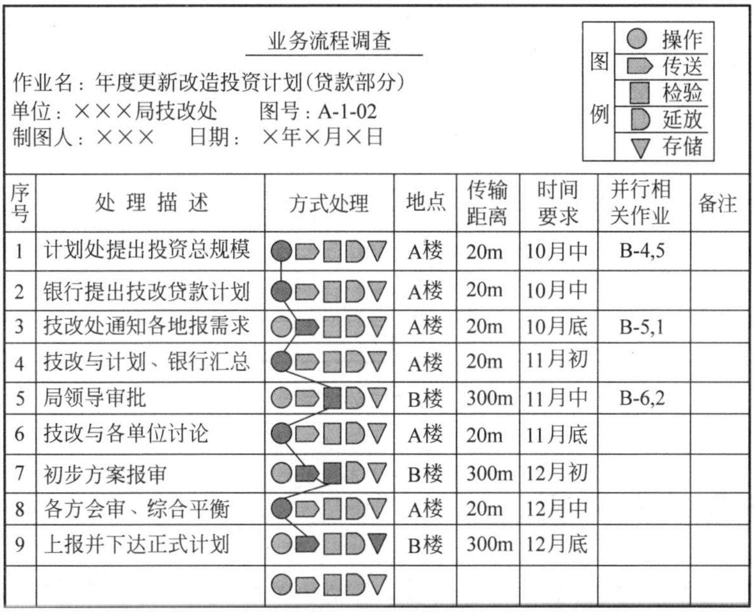
业务流程调查

作业名：年度更新改造投资计划(贷款部分)
单位：×××局技改处　　图号：A-1-02
制图人：×××　　日期：×年×月×日

图例：○ 操作；▷ 传送；□ 检验；D 延放；▽ 存储

序号	处理描述	方式处理	地点	传输距离	时间要求	并行相关作业	备注
1	计划处提出投资总规模		A楼	20m	10月中	B-4,5	
2	银行提出技改贷款计划		A楼	20m	10月中		
3	技改处通知各地报需求		A楼	20m	10月底	B-5,1	
4	技改与计划、银行汇总		A楼	20m	11月初		
5	局领导审批		B楼	300m	11月中	B-6,2	
6	技改与各单位讨论		A楼	20m	11月底		
7	初步方案报审		B楼	300m	12月初		
8	各方会审、综合平衡		A楼	20m	12月中		
9	上报并下达正式计划		B楼	300m	12月底		

图 15-5　业务流程调查

在详细业务调查中,为了辅助问卷调查清楚地反映出业务/数据流程的运行方式,笔者推荐如下业务流程调查方式。这种辅助调查方式是从 BSP 方法中演变而来的。在结合反映业务流程方面,它具有简便、全面、综合、准确的优点。这种方式的具体做法是：首先设计表格,然后根据问卷调查中所掌握的业务过程分发给用户,请用户填表后交回并以此来辅助开发人员了解业务发生、发展的全过程。

在图 15-5 的表格设计中,序号和处理过程栏目的设置是为了让用户能够具体地描述该业务流程过程的每一步骤。处理方式一栏是五个已经印刷好了的图例，根据处理过程描述选择其一，将其涂黑并将它与上一步所选择的图例连接起来。地点、传输距离两个栏目的设置是为了今后考虑系统配置和建立局域网时所需。可行的时间区间一样是为了今后作为新系统处理该业务的时间流程做准备。并行相关作业一栏是让用户指出与该步操作有关的其他业务流程的图号（如果有的话），以便开发人员在开发此业务过程时兼顾到其他业务联系的需要。备注一栏是留给用户说明其他栏中的一些没有充分说明的问题。

4. 数据/文件调查表设计

为了反映与业务过程相对应的数据报表形式和管理指标，数据/文件调查可设计为如图15-6 的形式。

图 15-6　数据/文件调查

15.3　业务功能分析

组织结构与功能分析是整个系统分析工作中最简单的一环。组织结构与功能分析主要有三部分内容：组织结构分析、业务过程与组织结构之间的联系分析、业务功能一览表。其中组织结构分析通常是通过组织结构图来实现的，是将调查中所了解的组织结构具体地描绘在图上，作为后续分析和设计之参考。业务过程与组织结构联系分析通常是通过业务与组织关系图来实现的，是利用系统调查中所掌握的资料着重反映管理业务过程与组织结构之间的关系，它是后续分析和设计新系统的基础。业务功能一览表是把组织内部各项管理业务功能都用一张表的方式罗列出来，它是今后进行功能数据分析、确定新系统拟实现的管理功能和分析建立管理数据指标体系的基础。

15.3.1 组织业务关系分析

组织结构图反映了组织内部和上下级关系。但是对于组织内部各部分之间的联系程度,组织各部分的主要业务职能和它们在业务过程中所承担的工作等不能反映出来。这将会给后续的业务、数据流程分析和过程/数据分析等带来困难。为了弥补这方面的不足,通常增设组织/业务关系图来反映组织各部分在承担业务时的关系,见图 15-7 和图 15-8。我们以组织/业务关系图中的横向表示各组织名称,纵向表示业务过程名,中间栏填写组织在执行业务过程中的作用。

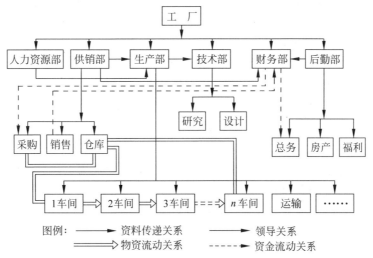

图 15-7 组织管理机构与物流的关系

序号	联系的程度 业务 \ 组织	计划科	质量科	设计科	工艺科	机动科	总工室	研究所	生产科	供应科	劳资科	总务科	培训科	销售科	仓库	……
1	计　划	*					√		×	×				×	×	
2	销　售		√											*	×	
3	供　应	√							×	*					√	
4	劳　资										*	√	√			
5	生　产	√	×	×	×		*		*	×				√	√	
6	设备更新				*	√	√	√	×							
7	……															

图中:"*"表示该项业务是对应组织的主要业务(即主持工作的单位);
"×"表示该单位是参加协调该项业务的辅助单位;
"√"表示该单位是该项业务的相关单位(或称有关单位);
空格:表示该单位与对应业务无关。

图 15-8 组织/业务关系图

15.3.2 业务功能一览表

在组织中,常常有这种情况,组织的各个部分并未能完整地反映该部分所包含的所有的业务。因为在实际工作中,组织的划分或组织名称的取定往往是根据最初同类业务人员的集合而定的。随着生产的发展,生产规模的扩大和管理水平的提高,组织的某些部分业务范围越来越大,功能也越分越细,由原来单一的业务派生出许多业务。这些业务在同一组织中由不同的业务人员分管,其工作性质已经逐步有了变化。当这种变化发展到一定的程度时,就要引起组织本身的变化,裂变出一个新的、专业化的组织,由它来完成某一类特定的业务功能。如最早的质量检验工作就是由生产科、成品库和生产车间各自交叉分管的,后来由于产品激烈的市场竞争和管理的需要,这时质量科产生了。对于这类变化,我们事先是无法全部考虑到的,但对于其功能是可以发现的,如果我们都以功能为准绳设计和考虑系统,那么系统将会对组织结构的变化有一定的独立性,将获得较强的生命力。所以在分析组织情况时还应该画出其业务功能一览表。这样做可以使我们在了解组织结构的同时,对于依附于组织结构的各项业务功能也有一个概貌性的了解,也可以对于各项交叉管理、交叉部分各层次的深度以及各种不合理的现象有一个总体的了解,在后面的系统分析和设计时切记避免这些问题。

这里所要制作的业务功能一览表是一个完全以业务功能为主体的树型表。其目的在于描述组织内部各部分的业务和功能。

我们仅列举某企业业务功能一览表中的一部分,来说明其具体的画法,见图 15-9。

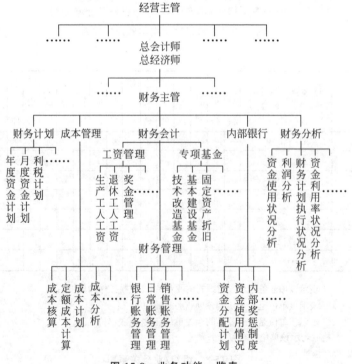

图 15-9 业务功能一览表

15.3.3 业务流程分析

在对系统的组织结构和功能进行分析时,需从一个实际业务流程的角度将系统调查中有关该业务流程的资料都串起来做进一步的分析,业务流程分析可以帮助我们了解该业务的具体处理过程,发现和处理系统调查工作中的错误和疏漏,修改和删除原系统中不合理部分,在新系统基础上优化业务处理流程。

业务流程分析是在业务功能的基础上将其细化,利用系统调查的资料将业务处理过程中的每一个步骤用一个完整的图形串起来。在绘制业务流程图的过程中发现问题、分析不足,优化业务处理过程。所以说绘制业务流程图是分析业务流程的重要步骤。

业务流程图(transaction flow diagram,TFD),就是用一些规定的符号及连线来表示某个具体业务处理过程。业务流程图的绘制基本上按照业务的实际处理步骤和过程绘制。换句话说,就是一本用图形方式来反映实际业务处理过程的"流水账",绘制出这本"流水账"对于开发者理顺和优化业务过程是很有帮助的。

有关业务流程图的画法,目前尚不太统一。但若仔细分析,就会发现它们都是大同小异的,只是在一些具体的规定和所用的图形符号方面有些不同,而在准确明了地反映业务流程方面是非常一致的。

业务流程图是一种用尽可能少、尽可能简单的方法来描述业务处理过程的方法。由于它的符号简单明了,所以非常易于阅读和理解业务流程。

1. 基本符号

业务流程图的基本图形符号非常简单,只有 6 个。有关 6 个符号的内部解释则可直接用文字标于图内。这 6 个符号所代表的内容与信息系统最基本的处理功能一一对应。如在图 15-10 中,圆圈表示业务处理单位;方框表示业务处理内容;报表符号表示输出信息(报表、报告、文件、图形等);不封口的方框表示存储文件;卡片符号表示收集资料;矢量连线表示业务过程联系。

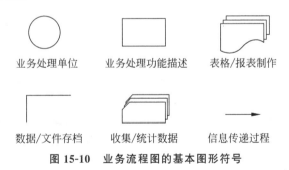

图 15-10 业务流程图的基本图形符号

2. 绘制举例

业务流程图的绘制是根据系统调查表中所得到的资料和问卷调查的结果,按业务实际处理过程将它们绘制在同一张图上。例如,某个业务的流程可被表示为图 15-11 的形式。

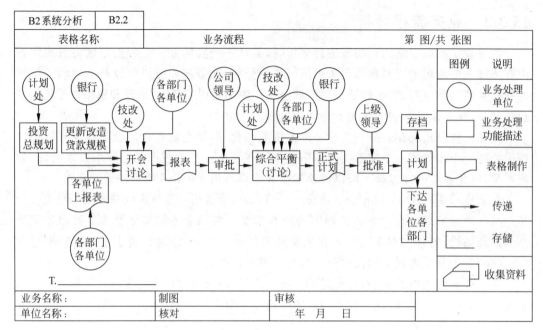

图 15-11 某业务流程图举例

15.4 数据流程分析

数据是信息的载体,是今后系统要处理的主要对象。因此必须对系统调查中所收集的数据以及统计和处理数据的过程进行分析和整理。如果有没弄清楚的问题,应立刻返回去弄清楚它。如果发现有数据不全,采集过程不合理,处理过程不畅,数据分析不深入等问题,应在本分析过程中研究解决。数据与数据流程分析是今后建立数据库系统和设计功能模块处理过程的基础。

15.4.1 数据汇总分析

在系统调查中,我们曾收集了大量的数据载体(如报表、统计表文件格式等)和数据调查表,这些原始资料基本上是由每个调查人员按组织结构或业务过程收集的,它们往往只是局部地反映了某项管理业务对数据的需求和现有的数据管理状况。对于这些数据资料必须加以汇总、整理和分析,使之协调一致,为以后在分布式数据库内各子系统的调用和共享数据资料奠定基础。

1. 数据汇总

数据汇总是一项较为繁杂的工作。为使数据汇总能顺利进行,通常将它分为如下几步。

(1) 将系统调查中所收集到的数据资料,按业务过程进行分类编码,按处理过程的顺序排放在一起。

(2) 按业务过程自顶向下地对数据项进行整理。例如,对于成本管理业务,应从最终成本报表开始,检查报表中每一栏数据的来源,然后检查该数据来源的来源,……一直查到最终原始统计数据(如生产统计、成本消耗统计、产品统计、销售统计、库存统计等)或原始财务数据(如单据、凭证等)。

(3) 将所有原始数据和最终输出数据分类整理出来。原始数据是以后确定关系数据库基本表的主要内容,而最终输出数据是反映管理业务所需求的主要数据指标。这两类数据对于后续工作来说是非常重要的,所以将它们单独列出来。

(4) 确定数据的字长和精度。根据系统调查中用户对数据的满意程度以及今后预计该业务可能的发展规模统一确定数据的字长和精度。对数字型数据来说,它包括:数据的正、负号,小数点前后的位数,取值范围等;对字符型数据来说,只需确定它的最大字长和是否需要中文。

2. 数据分析

数据的汇总只是从某项业务的角度对数据进行了分类整理,还不能确定收集数据具体形式以及整体数据的完备程度、一致程度和无冗余的程度。因此还需对这些数据做进一步的分析。分析的方法可借用 BSP 方法中所提倡的 U/C 矩阵来进行。U/C 矩阵本质是一种聚类方法,它可以用于过程/数据、功能/组织、功能/数据等各种分析中。这里我们只是借用它来进行数据分析。

(1) U/C 矩阵

U/C 矩阵是通过一个普通的二维表来分析汇总数据。通常将表的纵坐标栏目定义为数据类变量(X_i),横坐标栏目定义为业务过程类变量(Y_j)(如图 15-12 所示),将数据与业务过程之间的关系(即 X_i 与 Y_j 之间的关系)用使用(use,U)和建立(create,C)来表示,那么将上一步数据汇总的内容填于表内,就构成了所谓的 U/C 矩阵。

(2) 数据正确性分析

在建立了 U/C 矩阵之后就要对数据进行分析,其基本原则就是"数据守恒原理" (principle of data conservation),即数据必定有一个产生的源,而且必定有一个或多个用途。具体落实到对图 15-12 的分析中,则可概括为如下几点。

原则上每一列只能有一个 C,如果没有 C,则可能是数据收集时有错;如果有多个 C,则有两种可能性:其一,数据汇总有错,误将其他几处引用数据的地方认为是数据源;其二,数据栏是一大类数据的总称,如果是这样应将其细划。

每一列至少有一个 U,如果没有 U,则一定是调查数据或建立 U/C 矩阵时有误。

不能出现空行或空列,如果出现有空行或空列,则可能是下列两种情况:其一,数据项或业务过程的划分是多余的;其二,在调查或建 U/C 矩阵过程中漏掉了它们之间的数据联系。

(3) 数据项特征分析

- 数据的类型以及精度和字长。这是建库和分析处理所必须要求确定的。
- 合理取值范围。这是输入、校对和审核所必须的。
- 数据量,即单位时间内(如天、月、年)的业务量、使用频率、存储和保留的时间周期等。这是在网上分布数据资源和确定设备存储容量的基础。

所涉及业务,即图 15-12 中每一行有 U 或 C 的列号(业务过程)。

数据类\功能	客户	订货	产品	工艺流程	材料表	成本	零件规格	材料库存	成本库存	职工	销售区域	财务计划	计划	设备负荷	物资供应	任务单	列号Y
经营计划		U				U						U	C				1
财务规划						U					U	C	C				2
资金												U					3
产品预测	C	U									U						4
产品设计开发		U	C	U			C						U				5
产品工艺			U	C			C	U									6
库存控制							C	C							U	U	7
调度			U	U			U							U		C	8
生产能力计划				U										C	U		9
材料需求				U	U										C		10
操作顺序				C										U	U		11
销售管理	C	U	U							U	U						12
市场分析	U	U	U								C						13
订货服务	U	C								U	U						14
发运		U	U							U	U						15
财务会计	U	U	U							U	U	U					16
成本会计		U	U			U						U					17
用人计划											C						18
业绩考评											U						19
行号X	1	2	3	4	5	6	7	8	9	10	11	12	13	14	15	16	

图 15-12 U/C 矩阵

15.4.2 数据流程分析

有关数据分析的最后一步就是对数据流程的分析，即把数据在组织（或原系统）内部的流动情况抽象地独立出来，舍去具体组织机构、信息载体、处理工作、物资、材料等，单从数据流动过程来考察实际业务的数据处理模式。数据流程分析主要包括对信息的流动、传递、处理、存储等的分析。数据流程分析的目的就是要发现和解决数据流通中的问题，这些问题有：数据流程不畅，前后数据不匹配，数据处理过程不合理等。问题产生的原因有的是属于原系统管理混乱，数据处理流程本身有问题；有的也可能是我们调查了解数据流程有误或作图有误。总之这些问题都应该尽量地暴露并加以解决。一个通畅的数据流程是今后新系统用以实现这个业务处理过程的基础。

数据流程分析多是通过分层的数据流程图(data flow diagram,DFD)来实现的。其具体的做法是：按业务流程图理出的业务流程顺序，将相应调查过程中所掌握的数据处理过程，绘制成一套完整的数据流程图，一边整理绘图，一边核对相应的数据和报表、模型等。如果有问题，则定会在这个绘图和整理过程中暴露无遗。

1. 基本图例符号

常见的数据流程图有两种，一种是以方框、连线及其变形为基本图例符号来表示数据流动过程；另一种是以圆圈反连接弧线作为其基本符号来表示数据流动过程。这两种方法实际表示一个数据流程的时候，大同小异，但是针对不同的数据处理流程各有特点。故在此我们介绍其中一种方法，以便读者在实际工作中根据实际情况选用。

2. 方框图图形符号

方框图的图例符号及基本用法如下。

(1) 外部实体用一个小方框并外加一个立体轮廓线表示，如图 15-13 所示。在小方框中用文字注明外部实体的编码属性和名称。如果该外部实体还出现在其他数据流程中，则可在小方框的右下角画一斜线，标出相对应的数据流程图编号。

(2) 数据流动用直线、箭头加文字说明组成，例如销售报告送销售管理人员、库存数据送盘点处理等，详见图 15-14。

(3) 数据处理用圆角小方框来表示。方框内必须表示清楚三方面的信息：一是综合反映数据流程、业务过程及本处理过程的编号；二是处理过程文字描述；三是该处理过程的进一步详细说明。因为处理过程一般比前几种图例所代表的内容要复杂得多，故必须在它的下方再加上一个信息注释，用它来指出进一步详细说明具体处理过程的图号。

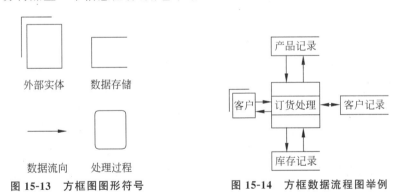

图 15-13　方框图图形符号　　图 15-14　方框数据流程图举例

(4) 数据存储即是对数据记录文件的读写处理，一般用一个右边不封口的长方形来表示。同上述图例符号一样，它也必须标明数据文件的标识编码和文件名称两部分信息，如图 15-15 所示。

由于实际数据处理过程常常比较繁杂，故应该按照系统的观点，自顶向下地分层展开绘制。即先将比较繁杂的处理过程(不管有多大)当成一个整体处理块来看待(如图 15-15 中的一个处理过程，俗称"黑匣子")；然后绘出周围实体与这个整体块的数据联系过程；再进一步将这个块展开。如果内部还涉及若干个比较复杂的数据处理部分的话，又将这些

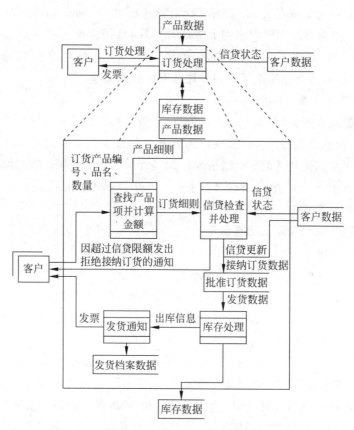

图 15-15　图 15-14 的展开图

部分分别视为几个小"黑匣子",同样先不管其内部,而只分析它们之间的数据联系。这样反复下去,依此类推,直至最终搞清了所有的问题为止。也有人将这个过程比喻为使黑匣子逐渐变"灰",再到"半透明"和"完全透明"的分析过程。

15.5　系统模型建立

15.5.1　系统处理方案

新系统逻辑方案指的是经分析和优化后,新系统拟采用的管理模型和信息处理方法。因为它不同于计算机配置方案和软件结构模型方案等实体结构方案,故称其为逻辑方案。

详细了解情况,进行系统分析,都是为最终确立新系统的逻辑方案做准备。所以说新系统逻辑方案的建立是系统分析阶段的最终成果,它对于下一步的设计和实现都是基础性的指导文件。

新系统的逻辑方案主要包括:对系统业务流程分析整理的结果;对数据及数据流程分析整理的结果;子系统划分的结果;各个具体的业务处理过程,以及根据实际情况应建立的管理模型和管理方法。同时新系统的逻辑方案也是系统开发者和用户共同确认的新系统处理模式以及打算共同努力的方向。

在本章前面各节中已经对原有系统进行了大量的分析和优化,这个分析和优化的结果就是新系统拟采用的信息处理方案。它包括如下几部分。

(1) 确定合理的业务处理流程。

(2) 确定合理的数据和数据流程。

(3) 确定新系统的逻辑结构和数据分布。

15.5.2 相关管理模型

确定新系统的管理模型就是要确定今后系统在每一个具体的管理环节上的处理方法。这个问题一般应根据系统分析的结果和管理科学方面的知识来定,在此无法给出一个预先规定的新系统模型或产生该模型的条条框框。但为了方便读者,我们示意性地给出若干新系统管理模型,以供借鉴和参考。

1. 综合计划模型

综合计划是企业一切生产经营、管理活动的纲领性文件。一个切实可靠的综合计划方案,基本上就奠定了企业生产、经营活动的基础。综合计划模型一般由综合发展模型和资源限制模型两大部分组成。

(1) 综合发展模型。主要用来反映企业的近期发展目标,它包括利税发展指标、生产发展规模等。

(2) 资源限制模型。主要是反映企业现有各类资源和实际情况对综合发展模型的限制情况。

2. 生产计划管理模型

生产计划的制订主要包括两方面的内容:第一是生产计划大纲的编制;第二是详细的生产作业计划。

3. 库存管理模型

库存管理有很多不同的模型,如最佳经济批量模型等。但我们一般常用的是下面介绍的这种程序化的管理模型。

(1) 库存物资的分类法

据统计分析,一般库存物资都遵循 ABC 分类规律。即 A 类物资品种数占库存物资总数不到 10%,金额数却占总数的约 75%;B 类物资这两项比例数分别为 20% 和 20% 左右;C 类物资则为 70% 和 5%。据此建立模型,所以库存管理首先得确定库存物资的分类以及具体的分类方法。

(2) 库存管理模型

例如把库存量的时间变动曲线画出,根据重订货点和经济订货批量等控制模型。

4. 财会管理模型

财会管理模型相对比较固定,确定一个财会管理模型需考虑会计记账方法、财会管理方法、内部核算制度、审计方法等。

5. 成本管理模型

对于成本管理我们应考虑成本核算模型、成本预测模型、成本分析模型等。

6. 经营管理决策模型

经营管理决策是一个广义的概念,它涉及企业高层管理人员围绕经营管理目标所进行的所有努力,它包括信息的收集、信息的处理(模型算法)、决策者的经验、背景和分析判断能力、环境条件的约束限制等多个方面。经营管理决策模型可以说是整个信息系统的核心和最高层次的处理环节,也是企业领导层(决策者)最为关注的内容。

确定一个有效的经营管理决策模型不是一件容易的事情,一般需要同用户(即决策者)在系统分析阶段进行反复的协商来共同确定。

7. 统计分析模型

统计分析模型常常是用以反映销售状况、市场占有情况、质量指标、财务状况等方面的综合、总量变化状况。

8. 预测模型

预测模型同统计分析模型一样可以广泛地用于生产产量、销售量、市场变化趋势等方面。常用的预测模型有:①多元回归预测模型;②时间序列预测模型;③普通类比外推模型等。

15.5.3　系统分析报告

系统分析阶段的成果就是系统分析报告,它反映了这一阶段调查分析的全部情况,是下一步设计与实现系统的纲领性文件。系统分析报告形成后必须组织各方面的人员(包括组织的领导、管理人员、专业技术人员、系统分析人员等)一起对已经形成的逻辑方案进行论证,尽可能地发现其中的问题、误解和疏漏对于问题、疏漏要及时纠正,对于有争论的问题要重新核实当初的原始调查资料或进一步地深入调查研究,对于重大的问题甚至可能需要调整或修改系统目标,重新进行系统分析。总之,系统分析报告是一件非常重要的文件,必须非常认真地讨论和分析之。

一份好的系统分析报告不但能够充分展示前段调查的结果,而且还要反映系统分析结果——新系统的逻辑方案,这是非常重要的。系统分析报告要包括以下内容。

(1) 组织情况简述。主要是对分析对象的基本情况做概括性的描述,它包括组织的结构、组织的目标、组织的工作过程和性质、业务功能、对外联系。组织与外部实体间有哪些物质以及信息的交换关系、研制系统工作的背景如何等。

(2) 系统目标和开发的可行性。系统的目标树是系统拟采用什么样的开发战略和开发方法,人力、资金以及计划进度的安排,系统计划实现后各部分应该完成什么样的功能,某些指标预期达到什么样的程度,有哪些工作是原系统没有而计划在新系统中增补的等。

(3) 现行系统运行状况。介绍以一些工具(主要是作业流程图、数据流程图)为主,详细描述原系统信息处理以及信息流动情况。另外,各个主要环节对业务的处理量、总的数据存储量、处理速度要求、主要查询和处理方式、现有的各种技术手段等,都应做一个扼要的说明。

（4）新系统的逻辑方案。新系统的逻辑方案是系统分析报告的主体。这部分主要反映分析的结果和我们对今后建造新系统的设想。

案例：高校实验教学管理系统分析

实验教学管理是高校人才培养的一个重要组成部分，是高校资金投入的重点。实验教学管理涉及学校的定位与规划、教学培养计划、实验仪器设备管理、实验课程安排、实验教学执行等活动，信息系统的建立有助于学校建立科学的资金投入、专业建设、实验室管理与教学质量管理体系，提高学校的竞争能力。

一、系统调查

1. 需求调查

高校实验教学需求调查对象为：高层主管副校长；管理层涉及教务、设备资产管理；业务操作层为各二级学院与一线教师。需求调查时一般采取调查访谈的方式，自顶而下组织覆盖各个业务层面。不同高校在实验教务计划与监督、实验仪器设备资产管理、实验教学执行方面的职责分配与权限划分方面有着比较大的差异，调查时需要根据学校的组织与职责分工进行仔细研究，避免出现遗漏。调查一般在前期资料收集整理的基础上进行，根据各个不同单位的特点形成调查表单，以访谈的方式进行。实验室教学相关的活动众多，调查的重点应在培养计划到实验教学具体业务上，包括：教务排课、实验室管理、实验项目管理、实验排课、教学督导、实验考勤、实验成绩方面。

2. 初步调查与可行性研究

初步调查的重点在于确定系统建设的可行性方面，可以通过资料收集整理以及重点用户与部门访谈的方式，对学校基本的组织架构、职能分工与已投入使用的信息系统进行了解。对信息系统在组织职能保障、实验教学运行、信息化基础网络设施、基础数据以及应用系统支撑等方面进行分析，分析系统在管理与技术方面的可行性。

3. 详细调查

在确定系统可行的基础上，开展围绕业务流程与数据的详细调查。具体调查需要明确组织与业务以及业务与数据之间的关系，相关的内容包括组织结构与职能分工、业务流程、文档与单据流程。对比初步调查以访谈为主，详细调查更加注重发布与执行中实验教学相关的制度、规范，以及运行的表单记录、绩效报表等，相关内容将作为后续业务及数据流程分析的依据。

二、业务功能分析

业务功能分析的产出是形成高校组织架构中单位(部门)与实验教学业务功能的静态关系，也就是职责分工的边界，高校实验教学，业务功能关系对业务功能划分具有指导作用。

三、业务流程分析

业务流程分析的产出是单位(部门)与实验教学业务功能之间的动态关系，也就是业务单据的输入与输出以及时效性的要求,高校实验教学业务主要有实验项目管理、实验排课、实验室预约、设备预约、考勤等,业务流程分析对数据流程分析及权限划分、数据采集方式具有指导作用。

四、数据流程分析

数据流程分析建立业务功能与业务数据之间的产生与使用关系,为系统模型的建立提供依据。高校实验教学业务的数据流程主要有课表、开放预约审批、实验室设备清单、设备使用记录、实验教学运行记录、实验考勤记录、绩效报表等。

五、系统模型建立

系统模型围绕组织系统的目标进行,高校是围绕人才培养构建的一个计划、执行与控制系统,相关的逻辑方案包含实验教学计划、实验教学执行、资源使用、绩效反馈系统。相关的管理模型则有高校战略规划模型、人才培养模型、投入产出模型、五全模型等。

研讨题

1. 系统分析的主要任务是什么?为什么说系统分析是管理信息系统开发过程中最重要的一环?

2. 目前有哪几种常用的系统开发方法?它们各有什么特点,主要适用于哪些系统?

3. 如何检查 U/C 矩阵的正确性,试用你身边熟悉的情况建立、验证并求解之,最后解释其意义。

4. 按照本章所介绍的内容从头到尾分析你所在单位(或学校、系)的情况,绘出所有的图表,并写出系统分析报告和新系统逻辑方案。

5. 实际体会"系统分析实质上就是分析了解待开发系统的实际状况和进一步的管理需求"这句话的含义。

6. 通过实际例子体会加强基础管理工作对于系统开发的重要性。

CHAPTER 16 第 16 章

系 统 设 计

根据前一阶段系统分析的结果,在已经获得批准的系统分析报告的基础上,即可进行新系统设计。系统设计需要总体设计和具体的物理设计以及代码设计、数据设计、可视化设计等。系统设计的主要目的就是为下一阶段的系统实现(如编程,调试、试运行等)制定蓝图。在系统设计阶段,我们的主要任务就是在各种技术和实施方法中权衡利弊,精心设计,合理地使用各种资源,最终勾画出新系统的详细设计方案。

信息系统的设计与分析结合是一个趋势,领域驱动是面向对象方法的一个新形式,除了领域驱动外,设计还有例如:领域设计、容量规划、架构设计、数据库设计、缓存设计、框架选型、发布方案、数据迁移、同步方案、分库分表方案、回滚方案、高并发解决方案、一致性选型、性能压测方案、监控报警方案等内容需要具体实施。

16.1 系统总体结构设计

系统总体结构设计是根据系统分析的要求和组织的实际情况对新系统的总体结构形式和可利用的资源进行大致设计,它是一种宏观、总体上的设计和规划。系统总体结构设计的主要内容有子系统的划分(或称系统划分)、网络和设备的配置、设备选型、新系统计算机处理流程图。

16.1.1 架构设计

1. 面向服务的体系结构

面向服务的架构(service-oriented architecture,SOA)是一个组件模型,它将应用程序的不同功能单元称为服务,通过这些服务之间定义良好的接口和契约联系起来。接口是采用中立的方式进行定义的,它应该独立于实现服务的硬件平台、操作系统和编程语言。这使得构建在各种各样系统的服务可以以一种统一和通用的方式进行交互。

这种具有中立的接口定义的特征称为服务之间的松耦合。松耦合系统的好处有两点:一点是它的灵活性;另一点是当组成整个应用程序的每个服务的内部结构和实现逐渐地发生改变时,它能够继续存在。而另一方面,紧耦合意味着应用程序的不同组件之间的接口与其功能和结构是紧密相连的,因而当需要对部分或整个应用程序进行某种形式的更改时,它们就显得非常脆弱。

对松耦合的系统的需要来源于业务应用程序,需要根据业务的需要变得更加灵活,以适应不断变化的环境,比如经常改变的政策、业务级别、业务重点以及其他与业务有关的因素,这些因素甚至会影响业务的性质。对能够灵活地适应环境变化的业务称为按需业务,在按需业务中,一旦需要,就可以对完成或执行任务的方式进行必要的更改。

2. MVC 设计模式

用户界面,特别是图形用户界面,承担着向用户显示问题模型和与用户进行操作和 I/O 交互的作用。用户希望保持交互操作界面的相对稳定,但更希望根据需要改变和调整显示的内容和形式。例如,要求支持不同的界面标准或得到不同的显示效果,适应不同的操作需求。这就要求界面结构能够在不改变信息系统的功能和模型情况下,支持用户对界面构成的调整。

要做到这一点,从界面构成的角度看,其困难在于:在满足对界面要求的同时,如何使信息系统的计算模型独立于界面的构成。模型—视图—控制(model-view-controller, MVC),就是这样的一种交互界面的结构组织模型。

MVC 由 Trygve Reenskaug 提出,首先被应用在 SmallTalk-80 环境中,是许多交互和界面系统的构成基础,Microsoft 的 MFC 基础类也遵循了 MVC 的思想。

对于界面设计可变性的需求,MVC 把交互系统的组成分解成模型、视图、控制三种部件。

模型部件是信息系统所处理的问题逻辑独立于外在显示内容和形式情况下的内在抽象,封装了问题的核心数据、逻辑和功能的计算关系,独立于具体的界面表达和 I/O 操作。

视图部件把表示模型数据及逻辑关系和状态的信息及特定形式展示给用户。它从模型获得显示信息,对于相同的信息可以有多个不同的显示形式或视图。

控制部件是处理用户与信息系统的交互操作的,其职责是控制提供模型中任何变化的传播,确保用户界面于模型间的对应联系;它接受用户的输入,将输入反馈给模型,进而实现对模型的计算控制,是使模型和视图协调工作的部件。通常一个视图具有一个控制器。

模型、视图与控制器的分离,使得一个模型可以具有多个显示视图。如果用户通过某个视图的控制器改变了模型的数据,所有其他依赖于这些数据的视图都应反映了这些变化。因此,无论何时发生了何种数据变化,控制器都会将变化通知所有的视图,导致显示的更新。这实际上是一种模型的变化-传播机制。

16.1.2 子系统划分

有关系统划分的方法目前主要有 6 类,详见表 16-1 所示。按功能划分是目前最常用的一种划分方法。例如,如果我们分析功能业务一览表时,完全是按规范化进行的,则这个划分就是按功能划分的;按业务处理顺序划分的依据就是关于业务流程分析的结果,这种划分方式在一些时间和处理过程顺序特别强的系统中常常采用;按数据拟合程度来划分是指按数据而不是按该子系统内部尽量集中来划分子系统,这种划分方式的子系统内部聚合力强,外部通信压力小;按业务处理过程划分子系统,严格地说这不是一种很好的方式,但在某些系统开发资源限制较大的场合,特别是要分段实现开发工作时,不得已而被采用;最后两种划分指的是按业务处理的时间关系或业务展开的环境条件来对系统进行划分,严格地说这也是不太合理的划分方法,但在某些特定的场合也有这种划分的情况。

表 16-1 系统划分方法的比较

序号	方法分类	划分方式	连接形式	可修改性	可读性	紧凑性
1	功能划分	按业务处理功能划分	好	好	好	非常好
2	顺序划分	按业务先后顺序划分	好	好	好	非常好
3	数据拟合	按数据拟合的程度划分	好	好	较好	较好
4	过程划分	按业务处理过程划分	中	中	较差	一般
5	时间划分	按业务过程时间划分	较差	较差	较差	一般
6	环境划分	按实际环境和网络分布划分	较差	较差	较差	较差

表 16-1 中的比较指标是根据一般情况而言的。在实际对系统进行设计时仍应以具体系统分析的结果而定,不能笼统、绝对地去评价好坏。

16.1.3 系统部署设计

系统部署设计的目的是将规划中的各子系统部署到节点(硬件设备与信息系统运行环境)上,并通过网络进行连接,将服务提供给各需要的用户。特别要说明的一点是系统部署设计并不是去设计或开发出一个涵盖基础硬件设施与网络的系统,而是根据实际业务的需要去考虑如何选择与配置满足系统服务要求的体系。

1. 部署架构

部署架构从形式上可分为集中式与分布式两种。集中式架构存在着一个中心(服务)节点,数据集中存储于这个中心节点中,整个系统的所有业务单元都集中部署在中心节点上,并处理系统所有功能均由中心节点进行处理,终端节点仅承担数据的录入和输出功能。分布式架构通过网络消息传递对分布在不同位置的节点进行协调提供服务,分布式系统中的节点没有绝对的中心,不同节点承担不同的功能,通过网络消息进行协作。

部署架构选择主要依据实际业务的需求,信息系统可以部署运行在多个服务节点与终端节点中,系统越集中部署难度越小但单点故障率越高,系统越分散可靠性越好但维护复杂性越高,部署架构的选择需要在服务需求、系统可靠性与维护复杂性之间取得平衡。

2. 基础设施与网络

基础设施方面主要包括服务器、存储等,为运行的信息系统提供物理支持,在满足信息系统部署需要的前提下,一般我们根据如下几个方面进行评定:

(1) 技术上是否可靠;
(2) 维修是否很方便;
(3) 纵向,新老系统能否兼容;横向,本系统外系统能否兼容;
(4) 选用用户对软件、硬件都熟悉的产品;
(5) 使用是否方便;
(6) 可扩充性,今后扩充系统或升级是否方便;
(7) 对工作环境的要求(如温度、湿度、防尘度等)是否很高;

(8) 性能价格比越大越好。

云计算（cloud computing）是基于网络相关服务的增加、使用和交付模式，通常涉及通过网络提供动态、易扩展的虚拟化资源。这种模式提供可用的、便捷的、按需的网络访问，进入可配置的计算资源共享池（资源包括网络、服务器、存储、应用软件、服务），这些资源能够被快速提供，只需投入很少的管理工作或与服务供应商进行很少的交互。

云计算技术为企业构建信息系统架构提供了更多的选择，企业可以利用资源虚拟化与服务技术构建"私有云"部署信息系统，实现基础设施的动态与可扩展服务。也可以通过租赁运营商提供的"公有云"部署信息系统，实现低成本的跨区域服务。还可以基于已有的网络与基础设施整合"公有云"资源构建"混合云"资源部署信息系统，将需要大规模跨区域服务的系统部署在"公有云"，需要区域内服务与数据安全要求高的系统部署在本地，实现服务能力、成本与可维护性之间的平衡。

16.1.4 输入输出设计

一个好的输入系统设计可以为用户和系统双方带来良好的工作环境，一个好的输出设计可以为管理者提供简洁、明了、有效、实用的管理和控制信息。下面我们分别来讨论这两方面的问题。

输入设计包括输入方式设计、用户界面设计。一个好的输入设计能为今后系统运行带来很多方便。

1. 输入设计

（1）输入方式

输入方式的设计主要是根据总体设计和数据库设计的要求确定数据输入的具体形式。常用的输入方式有键盘输入；数模/模数转换输入；网络传送数据；数据存储器传送数据等几种形式。通常在设计新系统的输入方式时，应尽量使输入接近数据源，减少重复输入次数。

（2）输入格式

在我们实际设计数据输入时，常常遇到统计报表（或文件）结构与数据库文件结构不完全一致的情况。如有可能，应尽量改变统计报表或数据库关系表二者之一的结构，并使其一致，以减少输入格式设计的难度。现在还可采用智能输入方式，由计算机自动将输入送至不同表格。

（3）校对方式

在输入时针对数字、金额数等字段，没有适当的校对措施做保证是很危险的。因为从理论上来说，操作员输入数据时所发生的随机错误在各个数位上都是等概率的。如果错误出现在财会记录的高位，则势必酿成大事故。所以对一些重要的报表，输入设计一定要考虑适当的校对措施，以减少出错的可能性。但应指出的是绝对保证不出错的校对方式是没有的。

2. 输出设计

相对于输入方式来说，输出方式的设计要简单得多，常用的只有两种：一种是报表输出，另一种是图形输出。究竟采用哪种输出形式，应根据系统分析和管理业务的要求而定。一般来说对于基层或具体事物的管理者,应用报表方式给出详细的记录数据,而对于高层领导或宏观、综合管理部门,应该使用图形方式给出比例或综合发展趋势的信息。

(1) 报表生成器设计

报表是一般系统中用得最多的信息输出工具。通常一个覆盖整个组织的信息系统,输出报表的种类都在上百种。这样庞大的工作量对系统开发工作的压力是很大的。所以我们在实际工作时常常是在确定了报表的种类和格式之后,开发出一个报表模块,并由它来产生和打印所有的报表。这个报表模块的原理如图16-1所示。

该图分两部分,左边是定义一个报表格式部分,定义完后将其格式以一个记录的方式存于报表格式文件中;右边是打印报表部分,它首先打开文件把读出已定义的报表列于菜单中,供用户选择,当用户选中某个报表后,系统读出该报表的格式和数据打印之。

(2) 图形方式

就目前的计算机技术来说,将系统的各类统计分析结果用图形方式输出已经是件很容易办到的事。大多数的软件编程工作都提供了作图工具或图形函数等。具体方法如图16-2所示。动态数据交换功能(dynamic data exchange,DDE),借用 Excel 来完成统计分析和图形输出的功能。

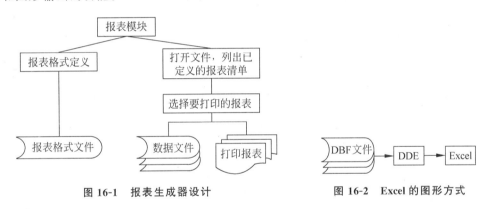

图 16-1　报表生成器设计　　　　　图 16-2　Excel 的图形方式

16.2　代码设计

代码设计问题是一个科学管理的问题。设计出一个好的代码方案对于系统的开发工作是一件极为有利的事情。它可以使很多机器处理(如某些统计、校对查询等)变得十分方便,另外还能把一些现阶段计算机很难处理的工作变得很简单。

代码就是以数或字符来代表各种客观实体。编码问题的关键在于分类。有了一个科学的分类,系统要建立编码就很容易了。准确的分类是我们的工作标准化、系列化、合理化的基础和保证。

16.2.1　分类原则

一个良好的分类既要保证处理问题的需要,又要保证科学管理的需要。在实际分类时必须遵循如下几点。

(1) 必须保证有足够的容量,要足以包括规定范围内的所有对象。如果容量不够,不便于今后变化和扩充,随着环境的变化这种分类很快就失去了生命力。

(2) 按属性系统化。分类不能是无原则的,必须遵循一定的规律。根据实际情况并结合具体管理的要求来划分是我们分类的基本方法。分类应按照处理对象的各种具体情况系统地进行。如在线分类方法中,哪一层次是按照什么属性来分类,哪一层次是标识一个什么类型的对象集合等都必须系统地进行,只有这样的分类才比较容易建立,比较容易为别人所接受。

(3) 分类要有一定的柔性,不至于在出现变更时破坏分类的结构。所谓柔性是指在一定情况下分类结构对于增加或变更处理对象的可容纳程度。柔性好的系统在一般的情况下增加分类不会破坏其结构。但是柔性往往还会带来别的一些问题,如冗余度大等,这都是设计分类时必须考虑的问题。

(4) 注意本分类系统与外系统、已有系统的协调。任何一项工作都是从原有的基础上发展起来的,故分类时一定要注意新老分类的协调性,以便于系统的联系、移植、协作以及新老系统的平稳过渡。

16.2.2 分类方法

目前最常用的分类方法概括起来有两种:一种是线分类方法,一种是面分类方法。在实际应用中根据具体情况各有其不同的用途。

1. 线分类方法

线分类方法是目前用得最多的一种方法,尤其是在手工处理的情况下它几乎成了唯一的方法。线分类方法的主要出发点是首先给定母项,下分若干子项,由对象的母项分大集合,由大集合确定小集合……最后落实到具体对象。分类的结果造成了一层套一层的线性关系,如图16-3所示。

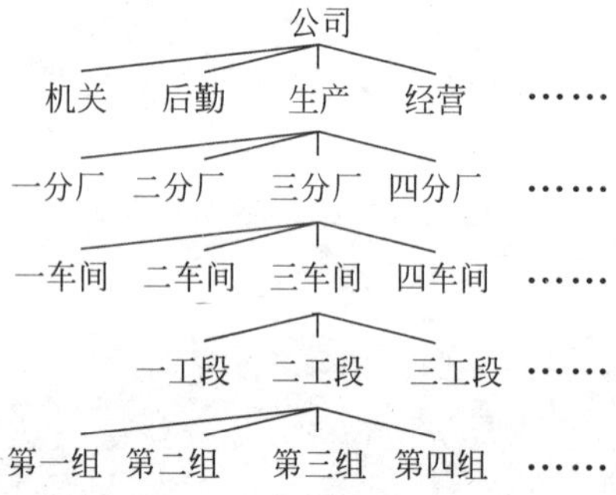

线分类划分时要掌握两个原则:唯一性和不交叉性。否则分类后如果出现有二义性,将会给后继工作带来诸多不便。

图 16-3 线分类方法

2. 面分类方法

与线分类法不同,面分类法主要从面角度来考虑分类。

16.2.3 编码方式

编码是指分类问题的一种形式化描述。如果分类问题解决得较好,编码问题就变成了一个简单的用什么样的字符来表示的问题。目前常用的编码归纳起来有如下几种形式。

1. 顺序码

以某种顺序形式编码。如在我国以政治经济重要性排序对城市进行编码,则北京001,上海002,天津003……在实际工作中,纯粹的顺序码是很少被使用的。这种编码的优点是简单易追加,缺点是可识别性差。

2. 数字码

即以纯数字符号形式编码(严格地说顺序码也属此类)。数字码是在各类管理中最常用的一类编码形式。例如,我国目前使用的居民身份证就是采用一个 18 位的数字码,前 6 位表示地区编码,中间 8 位表示出生年月日,最后 4 位表示顺序号和其他状态(性别等)。这种编码优点是易于校对,易于处理,缺点是不便记忆。

3. 字符码

即以纯字符形式编码(英文、汉语拼音等)。这类编码常见的有我们在程序设计中的字段名、变量名编码。例如在开发一个商业经贸性公司的信息系统时,在数据库中分别存储商品的进、存、销三个环节的价格、成本、资金占用等信息。为了区别起见我们可以规定字段的前 2 位分别用 J-,C-,X- 来表示进、存、销,用后 5 位数来代表价格、成本、费用、资金占用等。这种编码优点是可辅助记忆,缺点是校对不易,不易反映分类的结构。

4. 混合码

即以数字和字符混合形式编码。混合码是在各类管理中最常用的另一类编码形式。例如 GB.XXX 表示国家标准的某类编码,IEEE 802.X 表示某类网络协议标准名称编码等。这种编码的优点是易于识别,易于表现对象的系列性,缺点是不易校对。

16.2.4 代码应用

代码的应用范围很广,除了为某个人、某项工作、某个机械零件、某种加工要设编码外,还有很多其他的用途。例如,图书情报检索、项目经济效益统计等。

16.3 数据设计

16.3.1 数据结构设计

信息系统的主要任务是通过大量的数据获得管理所需要的信息,这就必须存储管理大量的数据。因此建立一个良好的数据组织结构和数据库,使整个系统都可以迅速、方便、准确地调用和管理所需的数据,是衡量信息系统开发工作好坏的主要指标之一。

数据结构组织和数据库或文件设计,就是要根据数据的不同用途、使用要求、统计渠道、安全保密性等,来决定数据的整体组织形式、表或文件的形式,以及决定数据的结构、类别、载体、组织方式、保密等级等一系列的问题。

一个好的数据结构和数据库应该充分反映物流发展变化的状况,充分满足组织的各级管理要求。同时还应该使得后继系统开发工作方便、快捷,系统开销(如占用空网络传输频度、磁盘或光盘读写次数等)小,易于管理和维护等特点。

一般 DBS 提供了两种建立数据库(DB)的方式。一种是用数据定义语言(data definition language,DDL)来建立数据库结构。另一种是通过交互式的命令方式来建立 DB 结构,后者是比较流行的方式,它非常类似于 dBASE,FoxBASE 的建库方式。如果我们在建库时将其关系属性、视觉属性、存储属性等都省略(即用 default 的方式)的话,那么它就与 dBASE 和 FoxBASE 等几乎完全一样，目前 DB 技术的发展使得建立一个数据库在技术上是越来越简单，相对而言，分析和建立数据的整体结构工作却变得越来越重要了。

1. 规范化地重组数据结构

建立一个良好的数据指标体系是建立数据结构和数据库的基础。指标体系中的一个指标类就是关系数据库中的一个基本表，而这个指标类下面的一个具体指标就是这个基本表中的一个字段。但如果直接按照这种方式建库，还不符合数据库设计规范。对于指标体系中数据的结构在建库前还必须进行规范化的重新组织。

数据组织的规范化形式是关系数据库的创始人之一科德（E. F. Codd）首先提出的。早在 1971 年科德就提出了规范化理论（normalization theory），并在随后一系列的论文中逐步形成一整套数据规范化模式，这些模式已经成为建立关系数据库的基本范式。

在数据的规范化表达中，一般将一组相互关联的数据称为一个关系（relation），而在这个关系下的每个数据指标项被称为数据元素（data element），这种关系落实到具体数据库上就是基本表（库文件），而数据元素就是基本表中的一个字段（field）。规范化表达还规定在每一个基本表中必须定义一个数据元素为关键字（key），它可以唯一地标识出该表中其他相关的数据元素。

2. 关系数据结构的建立

在进行了数据基本结构的规范化重组后，还必须建立整体数据的关系结构。这一步设计完成后，数据库和数据结构设计工作基本完成，只待系统实现时将数据分析和数据字典的内容代入到本节所设计的数据整体关系结构中，一个规范化数据库系统结构就建立起来了。

建立关系数据结构涉及三方面内容确定关联的关键指标项并建立关联表；确定单一的父系记录结构；建立整个数据库的关系结构。

（1）链接关系的确定

在进行了上述数据规范化重组后，已经可以确保每一个基本数据表（我们简称为表）是规范的，但是这些单独的表并不能完整地反映事物，通常需要通过指标体系，整体指标数据才能完整全面地反映问题。也就是说在这些基本表的各字段中，所存储的是同一事物不同侧面的属性。那么计算机系统如何能知道哪些表中的哪些记录应与其他表中的哪些记录相对应，它们表示的是同一个事物吗？这就需要在设计数据结构时将这种各表之间的数据记录关系确定下来。这种表与表之间的数据关系一般都是通过主或辅关键词之间的连接来实现的。因为在每个表中只有主关键词才能唯一地标识表中的这一个记录值（因为根据第三范式的要求，表中其他数据字段函数都依赖于主关键词），所以将表通过关键词连接就能够唯一地标识出某一事物不同属性在不同表中的存放位置。

（2）确定单一的父子关系结构

所谓确定单一的父子关系结构就是要在所建立的各种表中消除多对多（以下用 $m:n$ 来表示）的现象，即设法使得所有表中记录之间的关系呈树状结构（只能由一个主干发出若干条分支，而不能有若干条主干交错发出若干条分支的状况）。所谓的"父系"就是指表的上一级关系表。消除多对多关系可以借助于 E-R 图的方法来解决，也可以在系统分析时予以注意,避免这种情况的发生。

16.3.2 数据接口设计

在软件和系统高度发达的今天,已经很少见到一个系统的设计从零开始,不与外界交互的情况。因此要充分考虑使用外部数据和系统的数据共享给外部资源的情况。例如中国多数研究型大学的大型仪器管理信息系统需要通过中国科技资源共享网提供大型仪器共享服务。上海市研发公共服务平台(www.sgst.cn)提供了管理单位注册用户入口,高校可以通过注册,将共享的大型仪器设备进行登记上报。开发根据数据上报的格式要求生成数据文件,通过批量上报实现校内大型仪器设备的共享上网。不同系统对接的格式有所不同,因此在系统设计阶段要充分考虑到相关利益共同体使用的系统和标准,尽可能充分考虑数据共享和利用其他系统的数据。

16.4 用户界面设计

16.4.1 设计原则

物联网、大数据、人工智能引发智能时代,智能时代显著的特点是全地域(管理空间、生产空间、创新空间、工作空间)、全自动(物联网、自动化、视频、地理信息)、全信息(基础服务属性信息、业务过程信息、业务工具活动信息)、全智能(报表、可视化、云平台、共享库、数据湖)带来的智能革命。智能化使得信息和工具代替人的重复劳动从而节省了大量的人力,促使管理者和创造者集中精力集中在作为"人的智慧特征"的活动,而从信息视角来看,设计是人的智慧活动、排队是信息化的智能支撑,那么信息视角的业务设计,成为今后以业务角度指导"智能信息化"活动的重要的"人工智能不可替代"的作用。

与艺术的偶然性和无法预测性不同,设计需要人的智慧,却是可以学习和能够复制的活动,业务设计与其他的设计的规律一致,基本遵循 10 个特征:革新、实用、美观、易于理解、谨慎克制、诚实、经久永恒、尽可能少、细节一致、环保的特征,从信息视角来看,业务设计可以从理念和情怀,转变成信息学的初步解释和基本原则,以便于明辨。

用户界面设计应坚持友好、简便、实用、易于操作的原则,尽量避免过于烦琐和花哨。例如,在设计菜单时应尽量避免菜单嵌套层次过多和每选择一次还需确认一次的设计方式。菜单最好是二级、三级就够了。又如,在设计大批数据输入屏幕界面时应避免颜色过于丰富多变,因为这样对操作员眼睛压力太大,会降低输入系统的实用性。界面设计包括菜单方式、会话方式、操作提示方式,以及操作权限管理方式等。

16.4.2 交互设计

1. 菜单方式

菜单(menu)是信息系统功能选择操作的最常用方式。按目前软件所提出的菜单设计工具,菜单的形式有下拉式、弹出式、按钮(botton)式等。菜单选择的方式也可以是移动光棒、选择数字(或字母)、鼠标(mouse)驱动或直接用手在屏幕上选择等多种方式,甚至还可以是声音系统加电话键盘驱动的菜单选择方式。

菜单设计时一般应安排在同一层菜单选择中,功能尽可能多,而进入最终操作层次尽可能少。一般功能选择最好就是一次,只有少数重要操作时,才提醒用户再选择一次确认。例如,选择删除操作,程序尚未执行完毕前执行退出操作等。

菜单设计时在两个邻近的功能选择之间,可以考虑交替使用深浅不同的对比色调,以使它们之间的变化更加醒目。

在系统开发工作中,我们常常用下拉式菜单来描述前面第 15 章中所确定系统或子系统功能。例如,有关财务管理子系统分析和设计的主要功能就可以表示成如图 16-4 所示的形式。它既是系统分析和系统设计所确定的新系统功能,又是下一阶段系统编程实现时的主控程序菜单屏幕蓝图。

财务管理子系统					
账务处理	成本管理	财务计划	专项基金	销售利润	内部银行
日常账务处理	数据输入	财务计划	固定资产折旧	销售资金	年度资金分配
银行账务处理	成本核算	利税计划	设备改造资金	在途资金	资金使用情况
查询检索	定额成本	流动资金计划	基本建设资金	销售成本	借贷处理
文件维护	完成成本方法	计划执行分配	外资自留资金	应付税金	利率计划
科目设定	变动成本方法	资金分配计划	新产品研制费	应付账	资金调拨
账务平衡	成本计划				
往来收支账务	成本分析				
	系统修改				

图 16-4　财务管理子系统的功能菜单

下拉式菜单的另一个好处是方便、灵活,便于统一处理。在实际系统开发时,编制一个统一的菜单程序,而将菜单内的具体内容以数据的方式存于一个菜单文件中,使用时先打开这个文件,读出相应的信息,这个系统的菜单就建立起来了。按这个方法,我们只要在系统初始化时简单输入几个汉字,定义各自的菜单项,一个大系统的几十个菜单就都建立起来了。

2. 会话管理方式

在所有的用户界面中,几乎毫无例外地会遇到有人机会话问题。最为常见的有:当用户操作错误时,系统向用户发出提示性和警告性的信息;当系统执行用户操作指令遇到两种以上的可能时,系统提请用户进一步地说明;系统定量分析的结果通过屏幕向用户发出控制型的信息等。这类会话通常的处理方式是让系统开发人员根据实际系统操作过程将会话语句写在程序中。

这里所要说的是另一类形式的会话管理,如在开发决策支持系统时常常会遇到大量的具有一定因果逻辑关系的会话。对于这类会话显然不能再像前面所说的一样,简单地将它们罗列于程序之中。因为这类会话往往反映了一定的因果关系,它具有一定的内涵,是双向式的,前一次人机会话的结果,决定了下一步系统将要执行的动作以及下一句问话的内容。对于这一种会话,我们常常将它们设计成数据文件中的一条条记录(一句话一个记录)。在系统运行时首先接收用户对第i句会话的回答,然后执行相应的判断处理。如果有必要,系统通过简单推理再从会话文件中调出相应内容的下一句会话,并显示在屏幕上……如此反复,直到最终问题得到满意的解决,这个过程如图16-5所示。

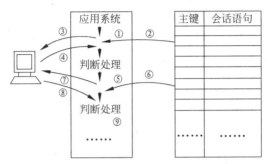

图16-5 双向式会话管理方式

这种会话管理方式的另一个好处就是方便、灵活。与程序不直接相关,如果想要改动会话内容,不需改变程序而只需改变会话文件中相应的记录即可。它的缺点是,一般分析和判断推理过程较为复杂,故一般只用于少数决策支持系统、专家系统或基于知识的分析推理系统中。

3. 操作提示方式与权限管理

为了操作方便,在系统设计时,常常把操作提示和要点同时显示在屏幕的旁边,以使用户操作方便,这是当前比较流行的用户界面设计方式。另一种操作提示设计方式则是将整个系统操作说明书全输入系统文件之中,并设置系统运行状态指针。当系统运行操作时,指针随着系统运行状态来改变,当用户按"帮助"键时,系统则立刻根据当前指针调出相应的操作说明。

另外与操作方式有关的另一个内容就是对数据操作权限的管理。权限管理一般都是通过入网口令和建网时定义该节点级别相结合来实现的。对于单机系统的用户来说只需简单规定系统的上机口令(password)即可。所以在设计系统对数据操作权限的管理方式时,一定要结合实际情况综合确定。

16.4.3 发布与体验设计

1. 门户系统与综合信息发布

门户作为信息的综合展示点,起着极为重要的作用,门户系统的设计应注重全局性和用户体验。以高校实验室管理信息系统为例,门户系统可以通过校区图展示实验室分布。总体介绍、信息公告、学校实验教学管理文件、实验课件(分学院)、学院实验室平面布置(分学院)、国家级实验教学示范中心(链接)、实验教学成果展示。分析各学院实验室绩效和输出各类所需报表。

门户(CMS)包括两个主要模块:前台显示模块和后台管理模块。目标是实现前台内容的发布完全模块化、简单化。可以针对各种内容进行分类和发布管理。可以针对不同类型的用户发布不同的内容,可以将各种内容进行分类。

信息发布可管理的项目,包括公告中心、新闻中心、规章制度、成果展示、项目发布、友情链接、实验中心设置等。

2. 系统后台功能

在项目实施阶段,一般会提供几个设计模块供用户选择,并且相应地显示模块可以根据用户的需求和用户沟通后进行定制。

3. 设计原则

(1) 符合管理系统的特点和特色要求;

(2) 系统界面设计友好,便于使用;

(3) 网站群结构,每个部分可以独立编辑,总体管理;

(4) 页面以用户的主色调为底,色彩搭配协调,尽量避免刺激性较强的色彩分散浏览者注意;

(5) 屏幕设计简洁美观,文本、图形等可视元素搭配协调得当;

(6) 页面布局美观,且符合视觉习惯;

(7) 首页中的文字、图形等对象的大小合适,颜色对比适当,清晰易辨;

(8) 在格式、风格、语言上具有内在一致性,避免造成不必要的分心或认知负担;

(9) 每页呈现的信息量不超过大众的认知负荷;

(10) 特别注意浏览器的兼容性问题。

16.4.4 可视化设计

可视化是将大量的数据、信息和知识转化为一种人类的视觉形式,直观、形象地表现、解释、分析、模拟、发现或揭示隐藏在数据内部的特征和规律,提高人类对事物的观察、记忆和理解能力及整体概念的形成。

1. 信息可视化

信息可视化是可视化研究的重要分支,自 18 世纪后期数据图形学诞生以来,抽象信息的视觉表达手段一直被人们用来揭示数据及其他隐匿模式的奥秘。信息可视化的英文术语 information visualization 是由斯图尔特·卡德、约克·麦金利和乔治·罗伯逊于 1989 年创造出来的。20 世纪 90 年代问世的图形化界面,则使得人们能够直接与可视化的信息之间进行交互,从而带动了十多年来的信息可视化研究的快速发展。

信息可视化是可视化技术在非空间数据领域的应用,可以增强数据呈现效果,让用户以直观交互的方式实现对数据的观察和浏览,从而发现数据中隐藏的信息特征、关系和模式。信息可视化以认知心理学和图形设计为基础,可视化的数据来源分为一维数据、二维数据、三维数据、多维数据、时态数据、层次数据和网络数据。

目前,信息可视化具有 4 个发展趋势,即以结构为中心的可视化研究范式向潜在现象的动态属性可视化研究转移、信息可视化技术与分析科学相结合、以用户为中心、可视化技术产品化与商品化。

2. 知识可视化

知识可视化是在科学计算可视化、数据可视化、信息可视化基础上发展起来的新兴研究领域，它应用视觉表征手段促进群体知识的传播和创新。

在一个知识可视化框架中，对一个有效的知识传递，要注意以下三个方面：知识的类型指的是要识别需要传递的知识的类型；接受者类型指的是鉴别目标群体和接受者的前后关系；可视化类型是指建立一个简单的分类方法，把已存在的可视化方法组织成一个统一的结构。

知识可视化工具很多，根据不同的角度有不同的分类：从可视化方式的角度分为启发式草图、概念图表、视觉隐喻、知识动画、知识地图、科学图表；从认知工具的角度有概念图、思维导图、认知地图、语义网络、思维地图；从知识可视化分类理论的角度有知识地图、图画、矩阵图、维恩图、流程图、树形图、鱼骨图、组织图等。

3. 知识图谱

知识图谱，或称科学知识图谱、知识域可视化，是以信息传递目标为对象，显示信息要素的发展进程与结构关系的一种图形，具有"图"和"谱"的双重性质与特征，主要是对信息内容和逻辑内容的关键节点进行可视化。

图谱展示作为对科学知识及其间的关系可视化所得出的结果，具有较为直观、定量、简单与客观等诸多优点，是一种有效的、综合性的可视化分析方法和工具，被广泛应用并取得较可靠的结论；目前已成为科学计量学、管理学、科学学和情报学等领域的研究热点与实践探索趋势。

16.5 模块功能与处理过程设计

模块功能与处理过程设计是系统设计的最后一步，是下一步编程实现系统的基础。前面我们已经对系统的总体结构、编码方式，数据库结构以及 I/O 形式进行了设计。一旦这些确定了之后，就可以具体地考虑与程序编写有关的问题了，这就是详细设计，即不但要设计出一个个模块和它们之间的连接方式，而且还要具体地设计出每个模块内部的功能和处理过程。这一步工作通常是借助于 HIPO 图来实现的。有了上述各步的设计结果(包括总体结构、编码、DB、I/O 等)再加上 HIPO 图，任何一个程序员即使没有参加过本系统的分析与设计工作，也能够自如地编写出系统所需要的程序模块。

16.5.1 HIPO 图

HIPO 图(hierarchy plus input-process-output)是 IBM 公司于 20 世纪 70 年代中期在层次结构图(structure chart)的基础上推出的一种描述系统结构和模块内部处理功能的工具(技术)。HIPO 图由层次结构图和 IPO 图两部分构成，前者描述了整个系统的设计结构以及各类模块之间的关系，后者描述了某个特定模块内部的处理过程和输入/输出关系。

HIPO 图一般由一张总的层次化模块结构图和若干张具体模块内部展开的 IPO 图组成，如图 16-6 和图 6-7 所示。

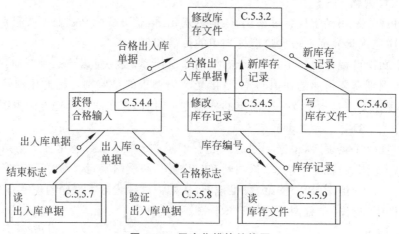

图 16-6 层次化模块结构图

IPO图编号(即模块号)：C.5.5.8		HIPO图编号：C.5.0.0	
数据库设计文件编号：C.3.2.2.C.3.2.3		编码文件号：C.2.3	编程要求文件号：C.1.1
模块名称：×××××	设计者：×××	使用单位：×××	编程要求：COBOL.C
输入部分(I)	处理描述(P)		输出部分(O)
·上组模块输入单据数据 ·读单据存根文件 ·读价格文件 ·读用户记录文件 ……	① 核对单据与单据存根记录 ② 计算并核实价格 ③ 检查用户记录和信贷情况 …… 处理过程 ① ─┬─ 出错信息(记录不合格) 　　　　　　ok ② ─┬─ 价格不对处理 　　　　　　　　ok ③ ─┬─ 用户信贷记录不好处理 　　　　　　　　　　ok ─── 记录合格		·将合理标志送回上一级调用模块 ·将检查的记录记入×××文件 ·修改用户记录文件 ……

图 16-7 IPO图

图 16-7 上部的内容是该模块在总体系统中的位置、所涉及的编码方案、数据文件/库、编程要求、设计者和使用者等信息。在图 16-6 中，内部处理过程的描述是用决策树方式进行的。最后是备注栏，一般用以记录一些该模块设计过程的特殊要求。

16.5.2　层次模块结构图

层次模块结构图或称结构图(structure chart)是 1974 年由 W.Steven 等人从结构化设计(structured design)的角度提出的一种工具。它的基本做法是将系统划分为若干子系统，子系统下再划分为若干的模块。大模块内再分小模块，而模块是指具备有输入输出、逻辑功能、运行程序和内部数据四种属性的一组程序。

层次模块结构图主要关心的是模块的外部属性，即上下级模块、同级模块之间的数据传递和调用关系,而并不关心模块的内部。换句话说也就是只关心它是什么,它能够做什么的问题,而不关心它是如何去做的(这一部分内容由下面的 IPO 图解决)。

1. 模块结构的图形表示

结构图给出了 5 个图例(如图 16-8 所示)和 4 种基本关系(如图 16-9 所示),表达模块和模块之间的联系。

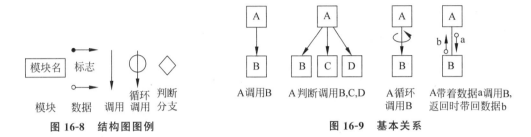

图 16-8　结构图图例　　　　　　　　图 16-9　基本关系

2. 结构设计

根据上述图例和几种基本结构关系来设计一个实际系统是一项较复杂的工作。随着所设计系统的增大,其结构的复杂性也迅速上升,当然难度也相应增大。为了确保系统设计工作的顺利进行,并不至于在繁杂纷乱的设计中搞昏头脑,在此有必要研究一下结构设计的原则规律。

结构设计一般应遵循如下原则:

① 所划分的模块其内部的凝聚性(cohesion)要好,即模块具有独立性,模块之间的联系要少。

② 模块之间的连接(coupling)只能存在上下级之间的调用关系,不能有同组之间的横向联系。

③ 整个系统呈树状结构,不允许有网状结构或交叉调用关系出现。

④ 所有模块(包括后继 IPO 图)都必须严格地分类编码并建立归档文件。

模块连接方式有 5 种:

① 模块连接,按功能和数据流程连接,是目前常用的一种方法。

② 特征连接,按模块特征相连接。

③ 控制连接,按控制关系相连接。

④ 公共连接(基本不用了)。

⑤ 内容连接(基本不用了)。

3. 功能模块划分

对于一个比较好的设计系统来说,模块一般都比较小,它往往都是在某一管理业务的某一局部中有某一单独功能。故在结构化系统设计中,模块一般都是按功能划分的,通常称为功能模块。功能模块的划分能够较好地满足上述所有的原则,而且还能够最大限度地减少重复劳动,增大系统的可维护性和提高开发工作的效率。

下面我们举例来说明层次化模块结构图的画法。

某公司销售采购处理系统的数据处理子系统(简称 GETSOL)的处理过程是公司营

业部对每天的顾客订货单形成一个订货单文件,它记录了订货项目的数量、货号、型号等详细数据。然后在这个文件的基础上对顾客订货情况进行分类统计、汇总等项处理操作,我们可设计该子系统的层次化模型结构图如图 16-10 所示。

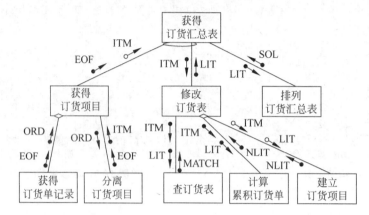

ORD——订货单; ITM——订货项目; LIT——订货表; NLIT——修改后的订货表;
SOL——订货汇总表;EOF——文件结束标志;MATCH——匹配

图 16-10 层次化模块结构图举例

IPO 图主要是配合层次化模块结构图详细说明每个模块内部功能的一种工具。IPO 图的设计可因人因具体情况而异。但无论你怎样设计它都必须包括输入(I)、处理(P)、输出(O),以及与之相应的数据库/文件、在总体结构中的位置等信息。

IPO 图其他部分的设计和处理都是很容易的,唯独其中的处理过程(P)描述部分较为困难。因为对于一些处理过程较为复杂的模块,用自然语言描述其功能十分困难,并且对同一段文字描述,不同的人还可能产生不同的理解(即所谓的二义性问题)。故如果这个环节处理不好,将会给后继编程工作造成混乱。目前用于描述模块内部处理过程主要有如下几种方法决策树方法、判定表方法、结构化英语方法和算法描述语言方法。几种方法各有其长处和不同的适用范围,在实际工作中究竟用哪一种方法,需视具体的情况和设计者的习惯而定。下面我们将分别介绍这几种方法。

16.5.3 决策树

我们用决策树(decision tree)方法来描述上述某公司产品销售业务过程中的折扣政策,如图 16-11 所示。

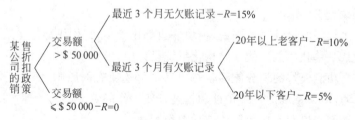

图 16-11 决策树

16.5.4 判断表

判断表(decision table)是另外一种表达逻辑判断的工具。与决策树方法相比,判断表的优点是能够把所有的条件组合充分地表达出来。但其缺点是判断表的建立过程较为繁杂,且表达方式不如前者简便。

例如,对前面提到过的例子,折扣政策条件有三个业务发生额、业务往来的时间和欠账情况。我们设有变量如表 16-2 所示。因为本例总共只有四种最终折扣的可能性,故可设计出如表 16-3 所示的判断表。

表 16-2 变 量 表

条件名称	取值	含 义
业务发生额	M L	$>\$50\ 000$ $\leqslant\$50\ 000$
欠账情况	N Y	无欠账记录 有欠账记录
业务往来时间	D N	20 年以上老客户 20 年以下老客户

表 16-3 判 断 表

	可能方案	1	2	3	4
条件	C_1(金额) C_2(欠款) C_3(时间)	M N /	M / D	M Y N	L / /
结束	$R=15\%$ $R=10\%$ $R=5\%$ $R=0$	×	×	×	×

在表 16-2 的条件栏中填入各种可能发生的情况,在结果栏中填入对应上面情况可能产生的结果,一张判断表就完成了。

另外判断表在知识表达中还有许多其他方式所达不到的作用。

16.5.5 结构化英语

结构化英语是专门用来描述一个功能单元逻辑要求的。它不同于自然英语语言,也区别于任何一种特定的程序语言(如 COBOL、PL/1 等),是一种介于两者之间的语言。

1. 结构化英语的特点

它受结构化程序设计思想的影响,由三种基本结构构成,即顺序结构、判断结构和循环结构。

2. 结构化英语的关键词

结构化英语借助于程序设计的基本思想,并利用其中少数几个关键词来完成对模块处理过程的描述。这几个关键词是 if,then,else,so,and,or,not。

16.5.6 算法描述语言方法

算法描述语言是一种具体描述算法细节的工具,它只面向读者,不能直接用于计算机。算法描述语言在形式上非常简单,它类似程序语言,因此非常适合那些以算法或逻辑处理为主的模块功能描述。

1. 语法形式

算法描述语言的语法不是十分严格,它主要由符号与表达式、赋值语句、控制转移语句、循环语句和其他语句构成。符号命名,数学及逻辑表达式一般与程序书写一致。赋值

用箭头表示。语句可有标识,标识可以是数字也可以是具有实际意义的单词。例如,循环累加可表示为

$$loopI \leftarrow i+1$$

2. 控制转移语句

无条件转移语句用"GOTO 语句标识"表示,条件转移语句用"IF C THEN S1 ELSE S2"。其中 C、S1 和 S2 可以是一个逻辑表达式,也可以是用"{""}"括起来的语句组。如果 C 为"真",则 S1 被执行;如果 C 为"假",则执行 S2。

3. 循环语句

循环语句有两种形式 While 语句的形式为"WHILE C DOS",其中 C 和 S 同上,如果 C 为"真",则执行 S,且在每次执行 S 之后都要重新检查 C;如果 C 为"假",控制就转到紧跟在 WHILE 后面的语句;FOR 语句的形式为"FOR i=init TO limit BY step DOS",其中 i 是循环控制变量,init、limit 和 step 都是算术表达式,而 S 同上,每当 S 被执行一次时,i 从初值加步长,直到 i>limit 为止。

4. 其他语句

在算法描述中,还可能要用到其他一些语句,因为它们都是用最简明的形式给出的,故很容易知道它们的含义。例如,EXIT 语句,RETURN 语句,READ(或 INPUT)和 OUTPUT(或 PRINT、WRITE)语句等。

案例:高校实验教学管理系统设计

一、总体结构设计

1. 架构设计:为应对教学改革带来的变化,系统采用松耦合的架构,采用分布式部署方式,便于系统未来的扩展;

2. 子系统划分:子系统划分依据高内聚低耦合的原则进行,子系统按照功能、顺序、数据的方式进行划分,分为实验资源与服务可视化、数字校园集成、移动应用服务、大数据服务、实验教学资源服务与物联 6 个子系统。

3. 系统部署设计:系统利用学校的机房、校园网基础设施,采用分布式部署,能够有效利用服务器资源并便于运行维护,可以随着业务发展进行快速扩展满足性能的需求。

4. 输入输出设计:管理人员以网页输入为主在页面进行矫正,服务应用采用移动端为主,通过审核进行矫正,物联系统通过设备自动采集输入,经过数据规则进行矫正,校园网数据通过数据清洗后同步输入;输出方式包括各类报表与推送的消息。

二、编码设计

1. 学院、班级、用户、楼宇建筑、教务数据采用校方统一的编码方式。
2. 学校、专业等基础数据采用教育部统一编码方式。
3. 设备、家具采用教育部与财政部统一编码方式。

三、数据设计

1. 数据结构设计：系统处理的数据包括结构化、非结构化数据、文件数据等，结构化数据的设计遵循第二范式，非结构化数据与文件数据支持分布式部署，提供缓存与文件服务，各类数据之间通过数据交换方式进行共享。

2. 数据接口设计：包括通过网络访问的数据接口与服务接口，外部接口，需要满足外部系统要求的规范。

3. 数据安全设计：系统中敏感数据（用户口令）通过加密进行传输，用户口令在数据库中，采用加密的方式进行保存。

四、用户界面设计

1. 交互设计：系统的交互主要通过网页、移动端的方式进行，交互设计遵循网页与移动端操作的基本习惯，依照用户完成任务所需的查找、定位、操作要求，提供相关信息呈现与提示，帮助用户顺畅完成任务。

2. 发布与体验设计：发布与体验为用户和系统互动的接触点，需要根据信息获取任务的要求，结合场景进行体验的设计，提升用户的满意度。

3. 可视化设计：根据多维信息与数据的发布与体验要求，以可视化的方式进行呈现，包括地图、图谱等。

五、功能模块与处理过程设计

1. 概要设计需要明确各功能模块之间的业务过程，详细设计需要具体到每个模块内部的功能和处理过程。可以通过流程图、算法描述语言、UML 语言等方式进行描述。

2. 设计需要根据功能与性能的要求选择技术架构与开发语言，充分发挥不同层次语言的优势，采用高内聚低耦合的方式对模块进行划分，兼顾系统的可维护性。

拓展阅读

研讨题

1. 系统设计的主要任务是什么？它能为下一步的系统实现工作提供什么作用？

2. 为什么说系统设计需自顶向下地进行，必须首先进行总体设计？

3. 购买机器（计算机设备）时常出现的问题有哪些？请具体列出购买计算机时需要考虑的因素和具体的软件硬件指标。

4. 编码的关键是什么？编码有哪些用途？分类、编码时应注意什么？如果编码出错会给今后系统带来什么样的问题？

5. 收集至少 3 种你所在的大学的排行榜（例如 QS、校友排行、双一流学科、学科评估、世界大学排名、本科排名等），用 TABLEAU 的用数据讲故事方式介绍你的大学和你的专业。

即测即练

6. 建立统计指标体系对于今后建立数据库系统有何作用？为什么说"建立适当的指标体系是今后建立数据库系统的关键"？

7. HIPO 图是如何构成的？它的主要用途是什么？

8. 请列出建立一个 MIS 常用的硬件设备和软件工具。

9. 使用 SKETCHUP 软件，根据你所在大学的实体形象设计出案例中的实验楼信息系统的三维全景，注意特别突出里面的信息化设备和软件应用 IT 化展示。

10. 为什么说"脚本设计是建立企业商务网站很重要的一环"？试从通过国内一些典型企业商务网站来说明。

CHAPTER 17
第 17 章

系统持续交付

随着计算机和信息系统的发展,已经有很少比例的系统是从零开始开发,即使是一个新成立的单位,越来越普遍的做法是在某个开源软件或者产品化软件基础上进行二次开发或者定制开发,这个时候系统的持续交付成为重要的系统过程。持续交付包含假设系统从零开发进行的系统实施以及内部的技术与管理、程序设计方法、编程工具、系统调试和人员变动的系统交接和系统测试。系统交付包含系统试运行与切换、系统培训、系统验收和系统评价。

系统的持续交付应该考虑二次开发和产品化管理。二次开发首先应该选择导入产品和系统初始化,在此基础上进行二次开发的管理。产品化管理重要的是版本和文档管理以及在此之后的产品范围管理和产品服务剥离。

系统运行与服务基本上参照 ITIL 的标准,分为服务台管理、配置管理、事件管理、问题管理、发布管理和变更管理。

需要指出的是,传统上本章的内容一般被称为"系统实施与运行管理",持续交付是目前的趋势,首先由大型移动互联网类企业实践与组织,多数企业与项目暂时也许没有能力完全实现系统持续交付,但是作为教科书和未来的趋势以及系统建设和管理的思想,持续交付已经逐渐被信息管理界所接受以及不断实践迭代。

17.1 系统实施

系统实施是新系统开发工作的最后一个阶段。所谓实施指的是将系统设计阶段的结果在计算机上实现。将原来纸面上的、类似于设计图式的新系统方案转换成可执行的应用软件系统。系统实施阶段的主要任务如下:

(1) 按总体设计方案购置和安装计算机网络系统;
(2) 建立数据库系统;
(3) 程序设计与调试;
(4) 整理基础数据;培训操作人员;
(5) 投入切换和试运行。

在这 5 项工作中,第一项购置和安装设备是件很简单的事情,只需按总体设计的要求和可行性报告对财力资源的分析,选择好适当的设备,通知供货厂家按要求供货并安装即可;第二项建立数据库系统也相对简单,如果前面数据与数据流程分析、数据/过程分析以及数据库设计工作进行得比较规范,而且开发者又对数据库技术比较熟悉的话,按照数据库设计的要求建立起一个大型数据库结构(当然不包括输入数据)也并非太难。本节准备着重讨论的是后三项耗时较多、工作量较大的工作。

在前面几章中我们都反复强调过自顶向下结构化系统设计思想,而在本章中我们是采用自底向上的逐步开发方法,即先开发一个个的模块,然后再结构化地逐步建立起整个系统。所以一些具体软件工程开发方法,如原型方法、结构化程序设计方法、面向目标的程序设计方法等都有了广泛的用途。

17.1.1　系统实施过程中的技术与管理

即使在 IT 界专业化程度非常高的今天,一个企业内部和开发企业内部"技优则管"是一个普遍现象,这符合大多数企业的实际。纯管理没有技术背景在项目很小的时候很难驾驭项目,对项目的技术关键问题没有判断,也容易产生外行瞎指挥的嫌疑,而项目大了技术出身的项目经理往往会欠缺系统的项目管理知识,常常是凭着自己的个人经验摸着石头过河,一旦失败了,就只能成为他个人的工作经验。这其中有两个问题。

(1) 技术情结,总是不由自主地想去了解每个技术问题的细节,好像不了解就感到很沮丧,而实际上从管理者的角度看问题并不需要了解不关乎全局的全部的技术细节。

(2) 潜意识管理,凭自己的朴素的曾作为开发人员的认识和一种英雄气概来管理,不太善于处理各种关系,对缺少专业技术背景的人员没有耐心。

技术与管理的最大差异就是管理的艺术性。技术给人的印象是生硬的语法定义和刻板的设计流程,而管理的主题更多的是人,还包含了人文的关怀和尊重,人与人之间的沟通。管理作为一门艺术性的学科已经得到了人们的广泛认同。

社会的发展已经不再需要单一学科的狭窄型人才,而需要多种学科交叉的复合型人才。在现在的 IT 业,想什么技术都精通几乎是不可能的,管理信息系统通常又很复杂,需要用到很多新技术,所以一个开发组需要很多技术人才,而这时候管理就显得非常重要。

项目经理需要将所有的人才团结起来,完成共同的目标,更重要的是通过客户的需求和项目的战略角度来引领项目,这时候,项目经理是不是技术高手也就不重要了。

项目经理的大部分工作应该是与客户、上级、团队成员沟通,协调各种关系和项目控制。但有些时候,在技术方案上需要项目经理来拍板定夺,这时技术背景就很重要了。当然技术把关也可以通过其他方式解决。在国外的很多大公司,专门有一个技术委员会来做决定把关,所以这些企业的项目主管可以不必拘泥于技术细节,而认真关注于管理工作。抛开项目的规模、人员、计划和资金等种种背景来探讨管理重要还是技术重要,本身就是一个简单的想法。

在项目规模小、人员少、资金紧张的情况下,也许就不需要多少管理,项目挑头的基本上都是技术带头人。

当项目规模大,人员众多,而且实施时间有限的情况下,引入规范化的管理势在必行,如果说以前是人管人,那么现在应该是制度管人。项目经理应该首先是规章制度的制定者和监督者。一个好的规章制度体现在执行者能感觉到规章制度的存在,但并不觉得规章制度会是一种约束。另外,不同的 IT 项目,其管理可能侧重面不一样,例如软件开发的项目管理,至少得技术和管理并重才行。如果项目经理完全不懂技术,有些孤傲的开发人员根本不会理你。

另外，一个信息系统项目的成败，技术因素和管理因素同样重要，同样有可能导致项目致命的失败。技术与管理确实没有固定的高下之分，关键在于项目所处的环境和项目的实际情况。在项目中的分工不同，角色不同，但终极目标是一致的：高质量地按计划完成项目既定的目标。

17.1.2 常用编程工具

目前市场上能够提供系统实现时选用的编程工具十分浩瀚。各类软件工具的发展是整个计算机或信息产业中发展最快的领域之一。目前工具技术的发展趋势不仅是数量和功能上突飞猛进，而且在其内涵的拓展上也日新月异，为我们开发系统提供了越来越多、越来越方便的实用手段。所以说，在当今的信息系统开发中，了解和选用恰当的工具是系统实现这一环节质量和效率的保证。

目前比较流行的软件工具为一般编程语言工具、数据库系统、程序生成工具、专用系统开发工具、客户端(client)/服务器(server)型工具，以及面向对象的编程工具等。而且目前这类工具的划分在许多具体的工具软件上又是有交叉的。为了说明问题起见，我们在此先给出工具的典型系统，然后再将其中最常用的工具的性能特点分类列出，以供实际工作时选择。

1. 常用编程语言

常用编程语言类如 JAVA、C、C++、C♯、Python、Java Script、Visual BASIC.net、R、PHP 等。

2. 数据库类

目前市场上提供的数据库软件工具产品主要有两类，一类是关系型数据库，具有代表性的有 MySQL、ORACLE、SQL Server、Sybase、DB2 系统等。另一类是非关系型数据库系统(NoSQL)，用于存储和处理超大规模和高并发动态应用，具有代表性的有 MemcacheDB、Redis、Voldemort、Cassandra、HBase、CouchDB、MongoDb、Neo4J、InfoGrid、Infinite Graph 等。

3. 代码生成工具类

代码生成工具是一种基于常用数据处理功能和程序之间对应关系的自动编程工具，通常的功能是通过定义好的数据库结构与模板生成相应各类语言的可执行代码。具有代表性的有 Acceleo、Auto 等。

4. 系统开发工具类

系统开发工具类是在程序生成工具基础上的进一步发展，它不但具有 4GL 的各种功能，而且更加综合化、图形化，因而使用起来也更加方便。目前系统开发工具主要有两类，即专用开发工具类(如 SQL，SDK 等)和综合开发工具类(如 IDEA)。

5. 客户端服务器工具类

面向客户端与服务器架构的开发工具，传统的有 Windows 下 Visual Studio、Delphi、Power Builder 等。

6. 面向对象编程工具

面向对象的三个基本特性：封装、继承和多态。

封装是对象的最重要特性,对象的实现细节都被封装在类中,对于用户是隐藏的。类与类之间通过消息进行信息的传递,类中对内的方法与属性是私有的,对向的方法与属性是公有的,只有公有的方法与属性才能与外部进行交互。

继承是对象的另一个重要特性,类与类之间是可以有继承关系的,子类继承了父类,就拥有了父类的属性与方法。继承可以让儿子拥有父亲的财产,那么父亲为什么不可以用儿子的财产呢?这就是向后兼容,让父亲(父类)指向儿子(子类)实现儿子(子类)的方法。这种向后兼容,父类指向子类并调用子类的方法就是多态。

多态实现了父类指向子类,并可调用子类的方法,这样有利于提高程序的扩展性和可维护性。通过面向对象的方式,让大的系统开发变为可能,在系统中将对象抽象成类,再通过继承与信息交互建立起类与类的关系,增强了代码的重用性,减少了重复性劳动。将复杂的问题封装起来,对外只需要暴露出必要的接口,减少信息的交互,增强对象内部的内聚性,使系统分割清晰,简单明了。通过多态性,让对象增加了更多的可能性,增强对象的扩展性及维护性。通过对象的方式可以把世界看得更加清晰、透彻。

面向对象类编程工具主要是指与 OO(包括 OOA、OOD)方法相对应的编程工具。目前面向对象编程工具非常多,有代表性的包括 Visual C++、NetBeans、Eclipse 等。这类工具最显著特点是它必须与整个 OO 方法相结合。没有这类工具,OO 方法的特点将受到极大的限制,反之,没有 OO 方法,该类工具也将失去其应有的作用。

17.1.3 管理信息系统的需求变更与需求控制

1. 需求变更

(1) 提早发现需求变更

需求变更避免不了,既然不能避免,那我们就要针对需求变更要早发现、早预防,需求变更对每一位产品人来说都会经常遇到,产生变更的原因很多,有外在的、有内在的,但不论是因为什么产生的变更,遇到了就要正确的、合理的分析、评估,给项目以正确的指导。如果项目前期进行了大量的调研、跟踪、分析、评审,并请客户尽早参与,许多变更是可以避免的。如果,技术框架设计的可扩展,程序设计的可扩容的话,当发生变更时也可以把变更对项目产生的影响控制到最小。防微杜渐、未雨绸缪。

(2) 分析需求变更的合理性和内在原因

① 从业务方面分析。需求变更基本都是因业务变化而产生的,当发生变更时,我们也要从业务角度多思考,变更的是否合理,是否必要,与导入的产品定位和版本是否相符,能给产品带来哪些好处?如果不做变更是否可以?

② 从技术方面分析。变更会对开发有多大影响,需求变更的部分是否已经开发?开发到什么程度?工作量多少?是否可以通过技术框架的扩容性很好的解决变更?

③ 从项目方面分析。从项目角度考虑,变更会使项目的时间、资源、费用上产生多大影响?影响是否能够承受?本次变更的需求必须本版本开发完,还是可以放到下一版本迭代开发?

(3) 冷静对待需求的变更

要对需求变更的工作内容、工作量进行评估、因变更所产生的费用、针对需求变更提出的方案,并填写需求变更文件签字确认,要让需求变更对项目产生的影响达成共识,对于需求的变更的责任(时间或经济)有一致的预期和解决办法。有些需求并没有直接写出来。隐含需求有时候不可避免时,开发方与需求方应对隐含需求进行底线控制,如规定变动比例范围和采用开口合同或者时间。资金与时间因素是稀缺资源,无论自己开发还是委托开发只有可持续模式是对项目最优的模式。当多次确认需求后,尽量用亲自签字和多方在场的正式场合当面确认。

(4) 引入需求变更管理机制,以降低需求变更带来的风险

需求变更管理的核心是减少变更所产生的影响,而非消灭变更。通过变更管理可以降低开发返工、重工的工作量,以减少项目风险。需求变更属于需求管理范围,同时也属于风险控制范围,对于产品经理要随时关注产品,定期对需求进行跟踪,对已变更的需求要做到文档标记更新,编写需求变更说明,保证需求与开发工作一致。从技术角度考虑,技术架构要做到可扩展,以弹性的架构来解决变更的需求,把变更造成的影响降到最低。

(5) 明确需求变更流程

当发生变更时,正规的流程需要变更申请,申请后组织人员对变更进行分析、评审,以判断变更是否必要,对项目的影响多大。评审完成后,对于需要安排开发的变更需求,先整理变更需求说明书,以帮助开发人员、测试人员了解变更内容,指导技术人员开发。

2. 需求控制

(1) 明确需求范围

项目一定要有清晰的目标、准确的方向,项目经理要有把撑好项目范围的能力,尽量把项目需求让所有项目干系人(范围相关的所有人)知晓,尤其要得到客户的认可,必要时要让用户确认。应当在项目立项、招标或者正式启动后明确需求细则,合同或者语言的描述往往会造成后续理解偏差,应当以更加明确的项目原型形式确定下来,并且明确确定细致的说明书或者变更单为最优先的效力文件。对于成熟的产品化的需求应该明确模块和产品版本,对于定制和二次开发的模块尽可能用封顶的开发工时控制需求蔓延。

(2) 尽可能避免需求理解不一致表达方式

需求提出方确保是得到全部授权的责任代表人,尽可能不要使用产生歧义的语言描述需求,除了用原型展示需求外,需求方阐述需求,项目经理用更加细致和明确的形式标书,再由需求方二次确认以避免需求偏差。当用户与项目经理提出的需求有任何疑问时不要仅仅止于坚持,更重要的是应该双方探讨背后的深层次逻辑,找到更佳的双赢的方案。项目经理要对项目进行跟进和监控,需求要很好的贯彻到每个人,不要出现理解偏差。需求理解的一致性是项目成功的基础,在项目管理的各个阶段,要让所有相关人正确的了解和把握需求。

(3) 做好需求变更机制

有时需求的变更是不可避免的,当发生需求变更时,我们要有一定的需求变更机制。

(4) 严格控制需求的阶段

对于项目要严格遵守规划、开发管理、分析、设计、交付的阶段,中间没有想到的细节很正常,应当采用规范化的阶段会议来解决,避免开发人员全程陪同而用户想起一点说一点的开发现象。复杂项目要让客户参与到项目的各个阶段。项目经理要拉着客户参与到

项目的各个阶段,需求分析、总体设计、详细设计、编码、测试,要让客户参与到项目的每个阶段,并随时让客户了解和提出自己的真实想法。这样就不会导致项目在最后时客户提出各种需求,变被动为主动。尤其是在需求分析和设计阶段,当整理完需求文档和设计文档时,一定要请客户一起参与评估,以避免需求理解不一致,需求范围不确定等问题。我们以前常提敏捷软件开发方法,敏捷开发又不至于项目出现更大问题的办法就是让客户随时参与项目的各个阶段,让客户与我们的项目管理人员一起把关。

(5) 控制用户满意度

坚持用户满意是建立在专业可控的基础上,经济学基本问题就是人的需求的无限和优先的资源的矛盾,对于管理信息系统的交付,控制客户满意度就是要在资源和边界明确的情况下通过效率和专业性来提高满意度,而不是透支资源和边界范围。

(6) 建立开发全过程与用户立体沟通体系

对于复杂和长周期的项目人力资源、需求范围、项目成本、进度控制、质量监督、风险监控、资源采购、干系人沟通,每个方面出问题都可能会导致项目的失败,所以项目管理也要有一套系统的管理办法。

管理信息系统需求的管理是一个复杂的过程,它涉及所有相关人的利益。有效地避免冲突,多提一些中肯的意见。同时,也要让用户参与到项目的各个阶段,了解项目的各个过程,建立起信任度,在有信任的前提下做事,友好的沟通,会让工作起来顺利。

17.1.4　系统实施交接

管理信息系统实施复杂、周期较长、技术和管理人员压力大,因此人员变动甚至项目经理变动成为常态,系统实施的交接成为重要的过程。系统实施的交接应该遵循以下的规则和流程。

(1) 与前任项目经理做好交接工作,移交清单应双方签字认可,可能的话应请双方主管确认,对于交接中发现的问题应及时沟通,告知领导,切不可碍于面子而忽视。

(2) 认清形势,由于信息不对称,接手人员不可能一下子发现项目的问题,应尽快熟悉项目,可以采取与项目组成员、客户、商务等沟通,听取他们的建议意见看法,然后作出正确判断:

① 同项目组成员沟通,项目组成员熟悉项目工作尤其是本职工作,争取他们的支持并 达成一致意见,听听他们的坦诚的建议和意见,有点困难,需要一定的沟通技巧。

② 同客户沟通,理解他们的需求和期望。

③ 查阅整理资料,包括商务合同等,确保对项目状况形成一个清晰的判断。

④ 及时向领导沟通,报告项目状况,确保领导对项目有个清晰的判断,让领导认识问题的严峻性。当然这样做容易造成人际关系紧张,需要权衡利弊和沟通技巧。

(3) 接手一个项目应先会同客户和本公司的商务及前任项目经理确认项目目标和范围,达成共识,并文档化形成项目工作基础。

(4) 以项目目标和范围说明书为基础,进行项目绩效评估,重新进行项目计划调整,并争取公司支持最佳的、必须的资源,争取客户理解和谅解,达到一致认识,并作为前一段时间工作的基线记录下来。

17.1.5 系统调试

程序的调试就是要在计算机上以各种可能的数据和操作条件对程序进行试验,找出存在的问题加以修改,使之完全符合设计要求。在大型软件的研制过程中调试工作的比重是很大的,一般占50%左右。所以对于程序的调试工作应给予充分的重视。

1. 程序调试的方法和应注意的事项

(1) 黑箱测试(blank box testing)。即不管程序内部是如何编制的,只是从外部根据HIPO图的要求对模块进行测试。

(2) 数据测试(data testing)。即用大量实际数据进行测试。数据类型要齐备,各种"边值""端点"都应该调试到。

(3) 穷举测试(exhaustive testing)。亦称完全测试(complete testing)。即程序运行的各个分支都应该调试到。

(4) 操作测试(operating testing)。即从操作到各种显示、输出应全面检查,检查是否与设计要求相一致。

(5) 模型测试(model testing)。即核算所有计算结果。

2. 程序调试的主要步骤

(1) 模块调试。按上述要求对模块进行全面的调试(主要是调试其内部功能)。

(2) 分调。由程序的编制者对本子系统有关的各模块实行联调,以考查各模块外部功能、接口以及各模块之间调用关系的正确性。

(3) 联调。各模块、各子系统均经调试准确无误后,就可进行系统联调。联调是实施阶段的最后一道检验工序。联调通过后,即可投入程序的试运行阶段。

实践证明这种分步骤的调试方法是非常奏效的。它得益于结构化系统设计和程序设计的基本思想。在其操作过程中自身形成了一个个反馈环,由小到大,通过这些反馈较容易发现编程过程中的问题,及时修正,如图17-1所示。

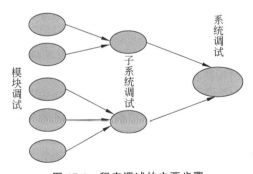

图 17-1 程序调试的主要步骤

17.1.6 系统测试

1. 测试内容

(1) 功能测试:功能测试属于黑盒测试,是系统测试中最基本的测试。功能测试主要根据产品的需求规格说明和测试需求列表,验证产品是否符合需求规格说明。

（2）压力测试：又称强度测试,是在各种超负荷的情况下观察系统的运行情况的测试。

（3）安全性测试：安全性测试就是要验证系统的保护机制是否抵御入侵者的攻击。保护测试是安全性测试中一种常见的测试,主要用于测试系统的信息保护机制。评价安全机制的性能与安全功能本身一样重要,其中安全性的性能主要包括：有效性、生存性、精确性、反应时间、吞吐量。

（4）文档测试：主要是针对系统提交给用户的文档进行验证。文档测试的目标是验证用户文档的正确性并保证操作手册的过程能正常工作。

（5）界面测试：测试用户界面的功能模块的布局是否合理、整体风格是否一致、各个控件的放置位置是否符合客户使用习惯,此外还要测试界面操作便捷性、导航简单易懂性、页面元素的可用性、界面中文字是否正确、命名是否统一、页面是否美观,文字、图片组合是否完美等。大规模的应用可以通过 AB 测试方式评估与采集数据。AB 测试是为 Web 或 App 界面或流程制作两个（A/B）或多个（A/B/n）版本,在同一时间维度,分别让组成成分相同（相似）的访客群组随机的访问这些版本,收集各群组的用户体验数据和业务数据,最后分析评估出最好版本正式采用。

2. 测试方法

（1）确认测试：又称有效性测试。其任务就是确认软件的有效性,即确认软件的功能和性能及其它特性是否与用户的要求一致。这一阶段要做的主要工作是进行功能测试和软件配置复审。

（2）Alpha 和 Beta 测试：Alpha 测试是用户在开发环境下进行的测试,也可以是产品供应商内部的用户在模拟实际操作环境下进行的测试。软件在一个自然设置状态下使用,开发者坐在用户旁边,随时记下错误情况和使用中的问题。这是在受控制环境下进行的测试。Beta 测试是由多个用户在一个或多个用户的实际使用环境下进行的测试。通常是在不受控制的环境下进行的测试,开发者通常不在现场。用户记录在测试过程中遇到的一切问题(真实的或想象的),并且定期把这些问题报告给开发者。

（3）验收测试：是以用户为主的测试,软件开发人员和质量保证人员也应参加,由用户参加设计测试用例,使用用户界面输入测试数据,并分析测试的输出结果。

（4）回归测试：在软件变更之后,对软件重新进行的测试。其目标是检验对软件进行的修改是否正确,保证改动不会带来不可预料的行为或者另外的错误。

17.2 产品化导入与开发

产品开发是指从产品的研制开发、生产到销售和最终推向市场的一系列过程。从绩效角度来说,产品开发绩效分为短期绩效长期绩效两种评估方式。

顾客沟通对新产品开发的影响,发现不论是长期还是短期都有正相关关系。虽然产品开发的相关理论发展很快,关注热点较高,然而由于环境因素和风险因素或其他原因,产品开发绩效造成的失败严重阻碍了组织的发展。随着技术、资本和相关理论的发展,产品的过程迭代加速,产品更迭会更快。尤其是客户需求的日益快速的增长,迫使企业应对变化、提高开发绩效、持续不断的完善、改进、创造新产品绩效。相对于定制化开发,产品化导入的具有以下特点。

(1) 无论是定制还是产品导入,从经济学来看双赢才能可持续,片面强调客户满意,最后很可能造成双输的结局。产品化导入由于用户量大、版本稳定,反而价格低,定制功能要有充分的高成本的心理准备。

(2) 即使用上很规范的测试手段,二次开发和定制的BUG也会很多,项目进度也会较慢;定制项目的版本问题,升级的问题也较多。

(3) 定制项目比较消耗人力物力,不成熟的用户尤其是基层用户会将项目精力的80%集中在个性化和个人化的5%的枝节上,一旦用户负责人发生变化,项目的风险也很大。

(4) 定制项目相对于产品化的导入,由于项目经理效益不高,造成的人员流失率是成熟产品的10倍,因此失败的比率也同比增加。

(5) 严格按照规划要求和需求说明书以及合同约束进行开发,表述含糊的原则上以上线为基准,尤其是用户方为多方,需求不一致时按照产品化方式先进行。

产品化导入开发,不意味着不服务,如果产品有BUG,产品商就不应该推卸责任;如果信息管理的需求合理,一般采用验收后通过升级产品化版本来解决;项目的界面和体验,可以通过上线后的收费服务逐步完善。产品开发过程建模是对产品开发过程的抽象,对其相关因素进行分解和重现定义,揭示整个开发过程的本质规律,提出开发绩效优化的模式。

(1) 减少开发成本;

(2) 通过复用提高质量;

(3) 减少生产周期;

(4) 减少功能维护成本;

(5) 提高数据上线率(客户满意度)。

卡内基梅隆大学的软件工程研究所借鉴瑞典 Celsius Tech System 公司在轮船系统上的成功经验提出了产品线(product line)概念。属于同一领域的一系列应用系统构成了软件产品家族(software product family)。

产品开发流程总体架构的十分重要;步骤之间界面是返工发生的主要地方;多次的短迭代胜过少量的长迭代。用平台效率和平台效用来衡量产品族中产品平台和衍生产品的开发绩效,组合管理方法的良好实施需要将项目组合作为一个整体,进行定期评审。

信息系统项目之间在资源、技术和进度方面存在普遍的依赖性,将所有研发项目作为一个整体进行评审,可以获得比单个项目更多的收益。而随着技术的飞速发展,新产品开发项目可能面临着内容和范围的变更,定期评审可以保持企业对外部环境的灵活性和提高新产品开发绩效。

17.2.1 产品化软件的导入

一般基础管理信息系统介绍的系统实现方法大多是针对自行编程和软件系统开发而言。但是,由于目前各类管理软件商品(如ERP、GRP等)和开源软件功能越来越强大、历史遗留的软件基础越来越多、行业已经具备的产品化的功能越成熟、覆盖范围越来越广。在绝大部分的管理信息系统开发时,很少再会有人去从头开始大规模设计模块、编写软件。现在较为流行的做法是:根据系统分析和系统设计的结果,选购一套现有的管理软件系统商品;然后再按照系统分析、优化、重组业务流程,以及系统设计中的一些细节因地制宜地展开客户化、本地化的二次开发和系统初始化。

随着开源软件普及和管理信息系统产品厂商越来越多,再加上开源软件也越来越多,因此管理信息系统选择导入也越来越多,仅 ERP 来说较为流行的国产产品有用友、金蝶、博科、安易、SAP R3 系统、针对中小型企业的 MySAP 系统以及甲骨文公司推出的 Oracle ERP 系统等。

17.2.2　系统初始化

系统开发的初始化是任何一个系统在开发或投入使用过程中不可缺少的一环。初始化主要包括处理模型的初始化、原始账务数据的初始化和系统控制变量的初始化三部分。前者在系统开发时一次性设置,后两者在系统开发和调试过程中会经常用到。

1. 处理模型的初始化

在进行本地化二次开发时,有可能会遇到以下两种情况需要对处理模型进行初始化:

(1) 对于一些原有产品没有考虑到的、特殊的处理模型或算法,需要启用系统的自定义函数功能,将这些特殊的模型和算法一次性地定义到系统中去。

(2) 对于系统已设置多种可供选择的处理模型,这时需要我们根据实际管理要求选定本系统所需要的处理模型。

2. 原始数据的初始化

任何一个系统都有其连续性。所以,在二次开发和调试时,我们需要人为地输入整个系统的初始值,以使系统能够正常地运行。

3. 系统控制变量的初始化

为了确保信息系统能够有一定的防止误操作的能力,按预先设计的流程运行,通常会在系统中设置许多流程控制变量。例如,各部门基础数据没有到全之前,用几个变量控制,不能进行汇总;一旦基础数据到全了,所有变量控制都打开,系统进行汇总后,系统再设一个变量将其锁住,以避免各种误操作发生等。对这些流程控制变量,在二次开发和调试时需要人为地将其恢复到整个系统的初始状态(或局部某种特定状态),以确保系统能按预先设定的流程正常运行。

17.2.3　二次开发管理

在利用现有管理软件实施企业信息化过程中,本地化、用户化的二次开发非常重要,它关系到整个系统开发的成败。本地化、用户化的二次开发的要点归纳起来有如下几个方面。

1. 实施规则

系统二次开发的实施规则是指:在项目的开发过程中,考虑到以下几个方面的问题。

(1) 在思想上要重视本地化二次开发问题,否则再好的产品,如果不适用,则一事

无成;

(2) 在人力、物力、财力上要预留有本地化二次开发的投入,一般占系统总资金投入的15%~20%;

(3) 将系统调查、需求分析、流程重组、新系统方案与产品选型、本地化二次开发联系起来综合规划。

缺乏实施规划、规划不合理或根本不重视本地化、用户化的二次开发实施问题是导致开发失败的原因之一。

2. 产品选择

现有的产品众多,不同的产品在功能、应用、价格等方面都有很大的不同。因此,根据实际需要选择适当的产品进行本地化二次开发就变得十分重要。产品选得合适,二次开发就会事半功倍,成本大幅降低。否则,多花了钱,还可能导致开发失败。

产品选择一般应注意以下几方面的问题:

(1) 必须要根据系统分析和设计的要求来综合选择,并非越大、越贵、越有名就越好;

(2) 要根据本单位和优化、重组后的业务流程来选择最适合的产品;

(3) 既充分考虑到产品的特点,又充分考虑到本地化二次开发的可行性;

(4) 考虑到产品自身的开放性、兼容性和未来的可扩展性。

17.2.4 产品导入、二次开发、定制的界限管理

1. 产品、服务、定制分类管理

虽然都成为信息化或者软件、硬件,但是产品、服务、定制开发具有完全不同的秉性,一般由具有完全不同的企业文化的公司来承担。甄别和分类管理不同类别的信息乙方,需要甲方具有充分的经验和智慧,尤其是对于管理信息系统复杂和个性化的用户。

2. 管理系统产品的特性和选择

产品公司需要强势的文化、稳定的产品性能、易用的用户体验、大量用户的经验积累以及精炼的人员队伍。优点也是缺点,管理信息化是要选择大量稳定和可拷贝的产品,但是很多选择管理系统的时候有一个巨大的误区,就是赋予产品商不应有的个性化的服务和开发定制需求。例如前些年很多小的单位让电信、联想、微软做企业信息化开发的总包商,这些企业都是很有名的企业,但是做大事的企业、员工身上都背有巨大的复制性的经营指标,这些项目表面上不会失败是因为产品公司很会逃避责任,但系统不好用不能用是必然的。很多人第一直觉就是为什么一个简单的管理系统政府采购招标的价格要远远高于市场的价格,其原因在于一个电视机无论安装还是出了问题都是用户与厂商联系,而企业购买的东西需要大量的服务,这些服务的成本自然会转嫁到价格上。

3. 开发定制的迭代

最难的是开发定制,开发定制最难的不是价格问题,往往乙方为了名声和案例可以接受甲方地域成本的开发费用,为此甲方往往沾沾自喜隐患却就此埋下。按照软件工程的逻辑,一个没有迭代和市场正向标准化的软件,开发结束意味着每年要付出相对应的服务费,如果没有这个服务费,该软件成为一个没有子版本传承的版本,巨大的风险就此产生,如果一个工程师离职,维护往往就成为不可能,而中国一线城市往往开发类工程师在公司

平均工作不超过18个月。如何解决这个问题呢？确实需要个性化定制，一定要谨慎而行，需要一个模块一个模块的渐次上线，成熟一个推进下一个，确保上一个不再有问题。对于成熟的甲方来说，乙方的低价往往意味着不负责任。

关于定制开发的几个要点如下。

（1）信息系统的项目和开发，应集中精力进行项目的快速、稳定推进，建立项目信心，确保上线率和按时履约率。

（2）原则上有产品化类似功能的，一般在初期使用阶段不定制，等到上线运行稳定以后再提出定制需求。

（3）信息系统的业务如果标准的流程走不通，尽量用数据方式解决而不要使用信息管理开发的反方式解决。

4. 开发服务的工作量和价格

将产品与服务分开，可以避免上述类似的问题，但是系统的服务外包很多人认为是为了节省费用。事实上服务外包一点也节省不了费用。正如家里使用钟点工事实上往往比女主人单位上班时间收费更贵一样，使用钟点工的目的是为了让编制为妻子的女主人集中精力做她专业的事，这是一种社会分工。信息化外包是很多企业逐渐采用的方式，然而很多企业错误地认为信息化外包等同于后勤外包，用低廉的价钱打发IT工程师，后果最轻的是安全风险和切换成本。服务的工作量要按照IT价值进行计算，才可能能干专业系统工程师的事情，而更要考虑到由于服务的规模不经济性，要站在乙方的角度上考虑对方的收益问题。

开发服务，承建方与用户方应该秉承生态原则，中国一线城市的开发工程师的平均人月已经达到2万~3万元了，软件工程师的人月指的是一个工程师一个月的工作量。而真正了解开发企业运行规律后才会明白，一个人月3万元，除去房租水电和公司销售管理成本，再去掉培训时间、公休假以及社保体系和税收，即使公司不赚钱，发到软件工程师手里就不到1万元了，而这样的工程师很难是成熟的工程师了。

甲、乙方的生态还包含企业运行和持续服务的能力，以及所带给企业信息管理外在的影响和文化。正如很多企业选择员工"高质高价"是最简单的优化原则一样，选择供应商"高质高价"也是最节省的原则。

17.3 系统交付

17.3.1 试运行和系统转换

系统实施的最后一步就是新系统的试运行和新老系统的转换。它是系统调试和检测工作的延续。它很容易被人忽视，但对最终使用的安全、可靠、准确性来说，它又是十分重要的工作。下面我们大致地谈一下这步工作的要点。

1. 系统的试运行

在系统联调时我们使用的是系统测试数据，而这些数据很难测试出系统在实际运行中可能出现的问题。所以一个系统开发完成后让它实际运行一段（即试运行），才是对系统最好的检验和测试方式。

2. 基础数据准备

按照系统分析所规定的详细内容,组织和统计系统所需的数据。基础数据准备包括如下几方面的内容:

(1) 基础数据统计工作要严格科学化,具体方法要程序化、规范化。

(2) 计量工具、计量方法、数据采集渠道和程序都应该固定,以确保新系统运行有稳定可靠的数据来源。

(3) 各类统计和数据采集报表要标准化、规范化。

3. 系统切换

系统切换是指系统开发完成后新老系统之间的转换。系统切换有三种方式,见图 17-2。

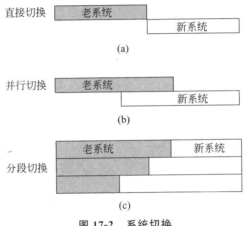

图 17-2 系统切换

(1) 直接切换。直接切换就是在确定新系统运行准确无误时,立刻启用新系统,终止老系统运行。这种方式对人员、设备费用很节省。这种方式一般适用于一些处理过程不太复杂,数据不很重要的场合。其示意图见图 17-2(a)。

(2) 并行切换。这种切换方式是新老系统并行工作一段时间,经过一段时间的考验以后,新系统正式替代老系统,其示意图见图 17-2(b)。

对于较复杂处理的大型系统,它提供了一个与旧系统运行结果进行比较的机会,可以对新旧两个系统的时间要求、出错次数和工作效率给予公正的评价。当然由于与旧系统并行工作,消除了尚未认识新系统之前的惊慌与不安。

在银行、财务和一些企业的核心系统中,这是一种经常使用的切换方式。它的主要特点是安全、可靠。但费用和工作量都很大,因为在相当长时间内系统要两套班子并行工作。

(3) 分段切换。又叫向导切换。这种切换方式实际上是以上两种切换方式的结合。在新系统正式运行前,一部分一部分地替代老系统。其示意图见图 17-2(c)。一般在切换过程中没有正式运行的那部分,可以在一个模拟环境中进行考验。这种方式既保证了可靠性,又不至于费用太大。但是这种分段切换对系统的设计和实现都有一定的要求,否则是无法实现这种分段切换的设想的。

总之,第一种方式简单,但风险大,万一新系统运行不起来,就会给工作造成混乱,这只在系统小,且不重要或时间要求不高的情况下采用。第二种方式无论从工作安全上,还是从心理状态上均是较好的。这种方式的缺点就是费用大,所以系统太大时,费用开销更大。第三种方式是为克服第二种方式缺点的混合方式,因而在较大系统使用较合适,当系统较小时不如用第二种方便。

17.3.2 人员以及岗位培训

为用户进行系统操作、维护、运行管理人员的培训也是信息系统开发过程中的一项工作。一般来说,人员培训工作应尽早地进行,本小节所要讲的人员培训主要是指系统操作员和运行管理人员的培训。

操作人员培训是与编程和调试工作同时进行的。包括以下内容。

(1) 系统整体结构和系统概貌;
(2) 系统分析设计思想和每一步的考虑;
(3) 计算机系统的操作与使用;
(4) 系统所用主要软件工具(编程语言、工具、软件名、数据库等)的使用;
(5) 汉字输入方式的培训;
(6) 系统输入方式和操作方式的培训;
(7) 可能出现的故障以及故障的排除;
(8) 文档资料的分类以及检索方式;
(9) 数据收集、统计渠道、统计口径等;
(10) 运行操作注意事项。

17.3.3 系统验收管理

1. 项目文档和系统内验

验收不仅是甲乙双方的一种契约形式,更是系统交付人们能够容易理解的阶段性目标,与一般的理解有很大不同,在系统项目的验收中,按照以下验收的优先级进行验收,文档的效力次序如下:

(1) 客户授权签字的需求确认单或变更单(有时候委托第三方监理);
(2) 被授权认可的测试报告;
(3) 被授权的系统运行报告和设备签收单;
(4) 合同;
(5) 投标文件;
(6) 招标文件;
(7) 客户批准的预算;
(8) 项目可行性规划文件。

2. 验收条件

(1) 完成设备供货,以书面形式提交《项目设备验收单》;

(2）完成系统测试，以书面形式提交《项目单项测试报告》《项目综合测试报告》；
(3）完成项目验收文档，以光盘和书面形式提交。

3. 验收过程
(1）验收方对设备的安装情况进行检查；
(2）验收方按合同要求的系统功能要求受验方进行现场测试；
(3）验收方检查受验方提交的项目文档是否完备，便于验收方维护使用；
(4）验收方对项目的实施提出意见，双方签署验收报告。

17.3.4 信息系统的评价

一个信息系统投入运行以后如何分析其工作质量？如何对其所带来的效益和所花费成本的投入产出比进行分析？如何分析一个信息系统对信息资源的充分利用程度？如何分析一个信息系统对组织内各部分的影响？这是评价体系所要解决的问题。

1. 信息系统质量的概念

所谓质量的概念就是在特定的环境下，在一定的范围内区别某一事物的好坏。质量评价的关键是要定出评定质量的指标以及评定优劣的标准。质量的概念是相对的。所谓优质只能是在某种特定条件下相对满意的（不可能有绝对的最优）。那么如何评价信息系统的质量呢？我们给出下列评价的特征和指标。

（1）系统对用户和业务需求的相对满意程度。系统是否满足了用户和管理业务对信息系统的需求，用户对系统的操作过程和运行结果是否满意。

（2）系统的开发过程是否规范。它包括系统开发各个阶段的工作过程以及文档资料是否规范等。

（3）系统功能的先进性、有效性和完备性。这是衡量信息系统质量的关键问题之一。

（4）系统的性能、成本、效益综合比。它是综合衡量系统质量的首选指标。集中地反映了一个信息系统质量的好坏。

（5）系统运行结果的有效性或可行性。即考查系统运行结果对于解决预定的管理问题是否有效或是否可行。

（6）结果是否完整。处理结果是否全面地满足了各级管理者的需求。

（7）信息资源的利用率。即考查系统是否最大限度地利用了现有的信息资源并充分发挥了它们在管理决策中的作用。

（8）提供信息的质量如何。即考查系统所提供信息（分析结果）的准确程度、精确程度、响应速度以及其推理、推断、分析、结论的有效性、实用性和准确性。

（9）系统的实用性。即考查系统对实际管理工作是否实用。

2. 系统运行评价指标

信息系统在投入运行后要不断地对其运行状况进行分析评价，并以此作为系统维护、更新以及进一步开发的依据。系统运行评价指标一般有如下几方面。

（1）预定的系统开发目标的完成情况

① 对照系统目标和组织目标检查系统建成后的实际完成情况。

② 是否满足了科学管理的要求？各级管理人员的满意程度如何？有无进一步的改

进意见和建议?

③ 为完成预定任务,用户所付出的成本(人、财、物)是否限制在规定范围以内?

④ 开发工作和开发过程是否规范,各阶段文档是否齐备?

⑤ 功能与成本比是否在预定的范围内?

⑥ 系统的可维护性、可扩展性、可移植性如何?

⑦ 系统内部各种资源的利用情况。

(2) 系统运行实用性评价

① 系统运行是否稳定可靠?

② 系统的安全保密性能如何?

③ 用户对系统操作、管理、运行状况的满意程度如何?

④ 系统对误操作保护和故障恢复的性能如何?

⑤ 系统功能的实用性和有效性如何?

⑥ 系统运行结果对组织各部门的生产、经营、管理、决策和提高工作效率等的支持程度如何?

⑦ 对系统的分析、预测和控制的建议有效性如何,实际被采纳了多少?这些被采纳建议的实际效果如何?

⑧ 系统运行结果的科学性和实用性分析。

(3) 设备运行效率的评价

① 设备的运行效率如何?

② 数据传送、输入、输出与其加工处理的速度是否匹配?

③ 各类设备资源的负荷是否平衡?利用率如何?

3. 系统评价的"数据原则"

信息化建设成败不好评估,领导、上级、资助方、乙方、甲方、用户,每个角色出发点不同很难达成共识,管理系统往往财权在领导或者专业的管理干部,自然倾向于一些没有数据支撑的绚丽的报表。如果站在组织的角度上共赢似乎很难,但有一个原则很有用,那就是"数据原则",无论大家喜欢什么,凡是有利于数据的先上;而有利于收集数据、处理数据、利用数据的,哪怕是零星的和不系统的,甚至各自孤立的,将来总有技术手段能够整合起来;而将信息化的焦点集中在流程的,很难成功。

17.4 系统运行与维护

17.4.1 管理流程

按照 ITIL(信息技术基础设施库标准),管理信息系统的服务管理体系各流程之间的接口如图 17-3 所示。以下是各接口的几个关键要点。

1. 信息系统运行保障的接口

(1) 用户提交事件或咨询请求给服务台,服务台在整个事件处理过程中保持与用户的沟通,直至解决方案的确认和事件请求的关闭。

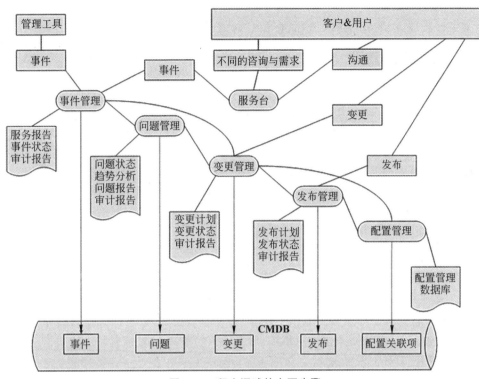

图 17-3　程序调试的主要步骤

（2）如果在管理流程中允许变更请求可以由用户提交，则用户可以把变更请求提交给变更管理人员。

2. 事件管理流程的接口

（1）监控系统发现的故障或报警输入到事件管理流程；
（2）用户的事件或服务请求输入到事件管理流程；
（3）问题管理流程分析事件记录，确定问题；
（4）提出变更请求到变更管理流程实施事件解决方案，以解决事件；
（5）事件管理流程查询配置项配置信息，进行事件的分析，诊断和解决。

3. 问题管理流程的接口

（1）事件记录输入到问题管理流程进行问题分析；
（2）提出变更请求到变更管理流程实施问题解决方案，解决问题；
（3）问题管理流程查询配置项配置信息，进行问题的分析、诊断和解决。

4. 变更管理流程的接口

（1）事件管理和问题管理提出变更请求到变更管理流程实施解决方案，解决事件或问题；
（2）变更管理流程查询配置项配置信息，如相互关系等，进行变更的风险，影响分析等；
（3）变更请求处理完毕后，与配置管理协调以更新相关信息。

5. 配置管理流程的接口

为事件管理、问题管理和变更管理等运维流程提供信息。

17.4.2 服务台管理

通过对信息系统的了解，建立符合 ITIL 指导框架的流程规范和设计各流程的相互关系及流程接口，从而达到建立与优化相应的服务台的服务支持工作流程的目的。

1. 实施主要内容

（1）确定服务台的定义、目标、作用；
（2）确定服务台人员工作角色、工作职责、工作范围及服务台人员管理制度；
（3）根据信息类设施设备运行维护情况，确定服务台人员工作流程与日常工作内容；
（4）确定服务台工作人员与其他流程相互接口与关系；
（5）确定服务台工作人员与其他供应商的接口；
（6）服务台人员技术文档收集与整理支持；
（7）确定服务台实施过程关键绩效指标与服务人员考核指标。

2. 工作成果

（1）服务台人员工作流程列表（包括供应商联系流程、部分事件处理流程等）
（2）服务台人员职责、工作注意事项、服务台人员管理制度
（3）服务台人员工作日志
（4）服务台人员绩效考核指标

17.5 BPR 与持续交付

按照现代管理的观念，BPR 以及持续改进是理想状态，组织如何跨部门进行协作，保证技术上支持 BPR 以及持续改进？传统的信息系统建设与流程改进，由系统开发、运营、质量保障部门通过分工协作实现。为了满足 BPR 持续改进的要求，系统开发、IT 运营和质量保障活动之间需要更加紧密的协作，实现持续的改进。

一些信息系统与运营深度融合的公司已经开展了相应实践，华为、亚马逊和阿里等大型公司的业务系统，每周迭代改进的高达上千次稳定部署和发布，在 2015 年，谷歌已经表示：他们每天会提交 5000 行代码、75 万次用例测试；亚马逊，每天会进行 13.6 万行代码的部署，平均每年 1500 万行；Netflix，每天部署 500 行代码；Etsy 则每天部署数百行以上。

持续交付（DevOps——development 和 operations 的组合词）的提出对产品交付、测试、功能开发和维护起到意义深远的影响，DevOps 是一组过程、方法与系统的统称，用于促进开发（应用程序/软件工程）、技术运营和质量保障（QA）部门之间的沟通、协作与整合。通过自动化"软件交付"和"架构变更"的流程，来使得构建、测试、发布软件能够更加快捷、频繁和可靠。

持续交付相关的几个重要特性如下。

（1）组织支持：组件架构必须支持从开发、测试、发布部署、交付以及维护的分工专

业性和持续生成可能的机构保证。传统的组织不能很好地支持持续交付的稳定运行。运营部门的全局介入是前提条件之一；

（2）自动化：持续交付就需要过程的稳定性和流程以及管理必须可控，目前主流的公司，通过自动化的部署、测试和发布，基本可实现全流程的稳定生产；

（3）全程监控：自动化的可靠性保证之一；

（4）运维左移：运维前置到开发管理，使得系统从开始就暴露在运维体系中，保证系统的稳定性；

（5）开发代码即基础设施：开发的版本纳入如服务器网络一样的基础设施的管理方式，通过配置和版本管理，保证可辨识，可维护。

技术发展对于 BPR 持续改进的阻力已经越来越小，未来会有越来越多的企业建立持续交付的模式，为企业的变革提供动力，从而能够更好地应对市场的变化。

案例：高校实验教学管理系统交付

一、系统实施

1. 需求变更与需求控制，需求变更需要由甲乙双方对边界与实现方案进行评估，双方进行签字确认，目的是控制进度与成本风险；

2. 系统调试与测试，系统需要经过单元、模块、功能、子系统、系统层级的调试与测试，测试的过程中可以采用自动化测试工具保证测试的覆盖率（回归测试）。

3. 系统联调，针对多个子系统之间，需要从业务的角度结合功能进行联合调试，确保系统最终能够满足业务的要求，系统相关的联调包括：物联系统联调、共享数据联调、一卡通联调、统一身份认证联调等。

4. 系统安装与配置：包括网络系统、服务器（虚拟机）的安装与配置，以及操作系统、中间件、数据库等运行环境的配置等，确保系统能够正常运行。

二、产品化导入与开发

1. 程序编制方法，程序编制一般均在架构框架的基础上进行，导入已有产品化软件复用成熟与已经验证过的公共代码（如认证、用户、安全、基础信息管理、排课等），确保系统的稳定性与可靠性，对定制化功能进行二次开发。

2. 编程工具，根据开发涉及的要求，一般可分为前端、后端、数据库、脚本以及版本管理与协同工具。

3. 二次开发控制事项包括，判断是否为实用功能、判断是否与现有运行过程有效集成，是否有持续运行的机制、判断是否优化了业务流程，同时减少了最终用户与服务方的工作量、判断是否达到并满足了运行的要求、判断是否为改进提供了有效的数据。

三、系统交付

1. 试运行和系统转换，试运行中需要协助校方完成数据的初始化工作，包括协助各院系进行实验室基础信息、设备信息、实验大纲、实验教学资源、数据字典的初始化录入,并协助各院系进行课表排定等工作,将系统从开发状态转换到运行状态,并且跟踪系统运行的数据和状况,对实际系统的运行方式进行考查。

2. 系统培训,根据项目运行维护的要求,对系统管理员、校级管理员、院实验室主任、实验室管理员、助管、教师、学生等提供了针对性的培训,确保系统能够交付运行。

3. 验收管理,目的是确保系统能够满足运行的要求。过程至少包括设备交付安装完整性检查、约定的系统功能已经过测试与验证、运行维护所需文档完备、试运行满足实际的业务要求、运行维护人员经过了培训。

四、系统运行和维护

1. 构建满足业务运行保障要求的体系,基本内容应包含统一的响应与协调机构,事件响应与处置流程、问题管理流程、变更与发布控制过程、配置的管理与维护程序。

2. 日常工作应能够覆盖软件系统BUG修复、应用系统升级维护、信息安全维护、业务数据维护、数据质量维护,系统性能优化、应急预案等。

五、BPR与持续交付

1. 涉及学校业务变革的功能,如实验室、实验项目、设备资源的共享开放服务,采用迭代的方式进行持续交付;

2. 迭代交付过程需要和业务流程、运行维护体系及变更发布活动形成有机的整体,成为业务变革的一部分。

拓展阅读

研讨题

即测即练

1. 系统实现应当包括的主要内容是什么?系统设计和系统实现接口上存在的主要问题是什么?

2. 三种切换方式是什么?分别适用于什么条件?

3. 试比较买软件和自编软件的优缺点。

4. 如何评价管理信息系统的经济效益?评价中的主要问题是什么?

5. 什么是一个好的系统运行?如何达到好的运行?

6. 验收过程中哪些文件是需要必须提供的,合同、招标书、投标文件、项目变更单、测试报告哪个更具备效力?

7. 产品化、二次开发的关系如何?

8. 信息系统运营和服务有哪些重要的环节?哪些主流的标准和工具解决这些环节的问题?

9. 你是如何理解持续交付的概念的?为什么在信息系统和大数据高度发展的未来,持续交付更为重要?你认为持续交付需要掌握哪些重要的知识和技能?

Part 5 第 5 篇

信息管理与修养篇

第 18 章 企业信息管理与信息系统分析员修养

管理信息系统是一个复杂系统，不仅要开发出一个好的系统，还要管理好，运行好，这样，才能使其效益发挥出来，信息管理是不可或缺的。企业的信息管理可分为企业信息技术管理和企业信息内容管理。企业信息管理日渐成为企业最重要的管理，和企业的运营管理、企业的财务管理并列成为企业的三大管理领域之一。分别由企业运营主管（chief executive officer，CEO）、企业财务主管（chief financial officer，CFO）和企业信息主管（chief information officer，CIO）负责。这三个 O 形成了总经理的日常运营企业的三个顶梁柱。

企业的信息管理包括信息系统的规划管理、信息基础设施架构及运行于其上的业务模式的管理、信息项目管理、信息系统的运行管理、信息部门的经营策略管理、企业的知识管理、企业信息部门的组织管理以及信息人员的行为管理等。由于企业的信息管理的内容越来越丰富，已经成为在管理信息系统后的一门专业课。本篇不可能很深地涉及所有内容，只是作为一个引子，为以后的学习做些铺路的工作。

CHAPTER 18 第 18 章
企业信息管理与信息系统分析员修养

18.1 企业信息管理的内涵

信息管理实际上包含两方面的管理：信息内容的管理和信息技术(IT)的管理。信息内容的管理至今还很不成熟，而信息技术的管理相对发展得较好。至今讨论的许多信息管理均是信息技术管理。为了不和信息内容管理混淆，有人就把它称为信息资源管理、信息系统管理等。实际上这种称呼也未必达意。难道信息内容不是资源吗？难道信息系统中没有信息内容吗？不过这些词在学界已经习惯，我们就应把它理解成信息技术管理。

信息技术管理的大部分内容已在以前各章讲述，但是分散的，这里加以概括和综合。信息技术管理主要涉及如何利用信息技术实现企业目标问题，它包括五个主题。

18.1.1 IS 战略规划问题

IS 的战略规划问题是安排 IS 的未来的问题，"管理最重要的是未来管理"，"经理应当是明天的经理，而不是今天的经理，更不能是昨天的经理"，安排未来管理应是最重要的问题，但这些话貌似易懂，做起来却非常非常难。究其原因，不外乎：一曰太忙，二曰不急。深层原因是怕失权失利，致使规划问题总也提不上日程，结果是事到临头，悔之晚矣，等待你的是危机。

国内建设的"一年一个样，三年大变样"，使战略规划问题有短现化和常态化趋势。就是说战略目标的实现时间越来越短，制定战略要经常化，制定战略的组织要常设化。国家设立了发改委，各大企业集团也陆续设立规划办，也都在不停地制订计划、修改计划和监督计划的执行。

制定企业的 IS 战略规划重要的三原则是主要领导的亲自参加、有系统性的执行团队和遵循系统管理的步骤。

企业的战略规划要考虑 IS 的潜能，IS 的规划要符合企业的目标。企业战略和企业 IS 战略要紧密相连，要使 IS 成为企业竞争的差异器和使能器。对不同的企业，IS 的重要性不同，对同一企业的不同部门，IS 的重要性也不同。注意战略关联，对发挥 IS 的潜能是十分重要的。

18.1.2 IS 的架构问题

架构定义为分配计算资源的模式，包括硬件、软件、网络和数据库的模式。它提供一个平台，使信息处理功能可以在它上面实现。IS 的合理的架构随信息技术的进展而不断变化，因而它本身是个动态过程。

架构问题不完全是技术问题，它也包括IS部门的人员组织问题，IS部门应具有什么组织形式，应在哪个层次，常规的运行方式是什么，显然均是IS管理的问题。

当前，企业内的IS的架构的发展趋势是朝着四层架构发展，见图18-1。

（1）未来的企业都是网络企业。网站是企业的门面，是企业主要的出入口，业务大多数是通过网站办理的。在管理企业的信息架构时要特别注意不断地扩充网站的功能，开展好网站的建设和应用。

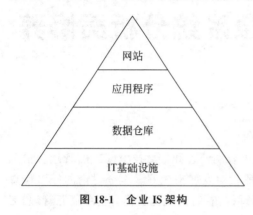

图18-1　企业IS架构

（2）应用程序层是对企业数据进行处理的各种应用程序的集合，例如ERP等。一些共同的应用程序现在均以一个集成的软件系统出现，或者称之为软件套件。但不同的行业有不同的需求，往往有特殊的软件系统，如航空业的登机系统。这些特殊的系统应当容易和其他的系统整合，做到流畅地衔接和处理。

（3）数据仓库层是数据集合的大全。它包含有全企业集中的基础数据库、企业各层决策所需要的决策数据库以及各种外部的历史的时间序列的数据，以便综合分析情况，作出正确的判断。数据仓库能保证它们平滑地存取，就像存取一个单一的数据库一样的方便，实现了全企业的数据的集成。

（4）IT基础设施层是企业应用的计算机硬件和系统软件的总和。这些硬软件组成一个平台，让数据和程序在它上面顺畅地流动。先进的基础设施已和硬件和软件的品牌无关，任何厂家的硬软件均可接入，任何形式的数据和程序均可在其上运行。就像一个城市的水、电、气等公用设施，达到标准化，为用户提供每周7天每天24小时便捷的服务。企业的IT基础设施也有像公用设施一样的发展趋势，变成一个城市的基础设施，不一定每个企业自己拥有，一个企业的IT基础设施也可外包给其他企业使用。云计算的发展为这种趋势的扩展提供了更好的条件，也为企业的信息管理提供了更多的机会和挑战。

18.1.3　项目管理问题

在有了IT规划、确定了IT架构以后，就要确定一些项目进行开发，就要进行项目管理。不同的项目应有不同的方法来管理。不同的项目应采用不同的组织结构、不同的用户接口形式、不同的领导风格和不同的计划和控制方法。最合理的项目管理方式应顺应项目的天生特点。

确定哪个项目是企业的关键项目是企业信息管理的关键。两种项目最值得关注，一是关键项目，一是启动项目。对于启动项目，初战告捷对于全局是十分重要的，所以先要选一些相对较小、关系较简单、资源足够的项目完成，争取得到一个好的开头。对于关键项目，它是能为企业带来较大效益，或者需要较长时间才能完成的项目，就应当仔细策划，选择合适的开发方式，尽早开始，全程监控，以免影响整个项目的进行。项目是一个个战役，只有一个个战役的胜利，才能获取全局的胜利。

18.1.4　IT运行的计划和控制问题

计划是合理地调度资源去实现规划的任务。控制是保证实现进行于规划的轨道中。在IT管理中,计划与控制的重要问题有：用户和IT部门的费用和责任如何平衡？IT部门是作为企业的利润中心,还是成本中心？IT的预算是项目驱动的,还是总量驱动的？IT性能指标的确定和监控问题。

18.1.5　IT部门的经营策略问题

最早IT部门在企业中是作为一个研发部门,以后变为一个后勤服务部门。今天的环境又有变化,是要利用IT创造新产品和获取竞争优势。

经营就是如何对利用IT提高企业效率、效益和获得竞争优势的活动进行管理。是把IT部门作为一个职能部门,还是作为一个内部独立核算的企业管理,就是IT部门的管理策略问题。

信息内容的管理远没有信息技术管理成熟。内容管理开始于数据管理,现在已进入知识管理领域,但离决策信息的管理还有很大的距离。图18-2所示为信息内容。

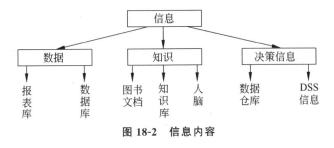

图18-2　信息内容

由图18-2可以看出,数据是信息的原料。数据一般储存在报表或纸质文件上,当然也可以电子化地储存在电子文件和数据库中。知识是人类对规律的认识,它是可重用的,也可以说是凝固了的信息。图书是知识的载体,这已为世人所公认。知识可以存放于电子文档和电子知识库中,而实际上最大量的知识还是存在于人们的大脑中,也就是分散地存在于群众中。决策信息是对数据和知识进行加工以后所得到的立即可为决策者使用的信息。它是很动态的,一旦凝固就可作为知识或数据储存。它一般只能储存在数据仓库或决策支持系统的信息库中。

18.2　企业知识管理

18.2.1　知识管理

什么是知识？可以说任何一个成年人都有自己的理解。但是关于它的定义,可以说至今没有一个完善的、为所有人接受的定义。例如：Wiig认为知识包括一些事实、信念、观点、判断、期望、方法论与使用知识等；Nonoka认为知识是一种被确认的信念；韦氏词典中定义的知识是通过实践、研究、联系或调查获得的关于事物的事实和状态的认识,是对科学、艺术或技术的理解,是人类获得的关于真理和原理的认识的总和。我们不打算严格地追究它们。就从字面上解释,中文的知识是由知和识组成。知者,要知道;识者,要认识。英文的 knowledge 是由 know 和 ledge 组成,know 者,知道也;ledge 有框架、结构之意,既要知道又要把它结构起来。所以我们认为知识就是人们对真理的认知。真理是自然界的规律,知识的发现就是要发现真理。由于没有统一的认识,许多人就由知识的不同侧面来描述知识。

有人由知识和数据、信息的区别来定位知识,认为数据是未经加工的原材料,信息是经过加工以后对决策者有用的数据。那么知识是什么呢?它就应当是经过使用证明是真理的信息,也可以说是固化了的信息。所以有学者认为,知识是信息的一个子集。我们也同意这种观点,所以讲述信息管理就应当包括知识管理。

信息管理包括信息内容管理和信息技术管理。同样,知识管理也应包括知识内容管理和知识技术管理。总体来讲,知识管理主要包含八大管理。

(1) 知识创新管理,包括创新的机制、创新的环境、创新的文化等管理。

(2) 知识转移管理,包括知识的传播、知识的培训、知识的有偿或无偿交换等。

(3) 知识应用管理,包括知识应用的制度、成本核算、预算和费用管理办法等。

(4) 知识组织管理,包括把整个组织建成知识性组织,这就是学习性组织、扁平化组织;也包括在传统组织中的负责知识管理的组织,如图书馆、信息中心、网站,一些非正式的组织,如知识社区、兴趣小组等。

(5) 知识人员管理,从事知识工作的人员和体力劳动者有许多不同之点,因而这些人员的招聘、培训、上岗、考核、激励均有一些不同的方式。

(6) 知识资产管理,包括专利的申请和管理、知识成果的价值评价、无形资产的评估和转移等。

(7) 知识技术管理,包括知识管理系统的建设或开发等。

(8) 知识战略管理,包括企业相关的知识发展的预测,企业知识发展的目标、远景、策略,知识项目的规划等。

本书是管理信息系统方面的教科书,我们更关心知识技术管理方面的问题。近年来利用软件管理知识的系统有很大发展,逐渐达到实用阶段。企业内容管理软件近年来的销售呈现明显增长趋势。

为什么企业企图利用软件管理知识呢?一方面知识越来越成为企业的资源和财富,成为企业竞争力的核心;另一方面企业的知识管理能力相对较低,企业知识管理水平低,造成大量的知识资产流失,这才寻求利用 IT 支持知识管理。

要管理好知识就要了解知识的性质。知识首先分为结构化知识(structured knowledge)和非结构化知识(unstructured knowledge);其次分为显性知识(explicit knowledge)和隐性知识(tacit knowledge)。

存放于数据库当中的知识是结构化知识。它很容易查询、综合、共享和使用。存放于图书馆中的知识就只能算半结构化的知识,它有分类、目录,也可以查询,但并不容易综合和使用。而存放于业务文件、电子邮件等上面的知识就是非结构化知识。

所有文件化了的知识叫显性知识,存于员工头脑中的知识叫隐性知识。

经济合作与发展组织还将知识分为：know-what,即知做什么；know-why,即知为何做；know-how,即知如何做；know-who,即知谁去做。

不同类型的知识要求有不同的管理。管理结构化知识的最好方式是应用数据库；管理半结构化的知识可用数据仓库或决策支持系统；而管理非结构化的知识现在还没有什么好方法,期望智能决策支持系统、新研制的知识管理系统能对它有所帮助。

显性知识可以是结构化的,也可以是非结构化的；而隐性知识一般均为非结构化的。因为隐性知识存在于人的头脑之中,因而管理起来和人的行为有很大的关系。

知识管理包括知识获取、存储、传播、加工、更新和使用的管理。它不仅包括技术,而且包括行为管理；不仅包括个人学习,而且包括组织学习。对一个企业来说,它包括推动和监控企业所有的知识活动,建立和维护企业知识基础设施,变革组织和转化知识资产等。

无论参与的知识管理系统是什么类型的,不能共享和应用于公司和经理所面对的实际问题的知识,是不能增加企业价值的。为提供投资的回报,组织知识必须成为管理决策系统的一部分,并适配于现存的和新的决策支持系统。新知识必须进入公司的企业过程和关键应用系统,包括管理内部关键企业过程、管理顾客和供应商关系的企业应用系统。管理层以创造(基于新知识)新的企业实践、新产品、服务以及新市场方式以支持这些过程。更为重要的,管理层要创建一个文化环境,在那里决策和过程是基于知识,而不是靠拍脑袋。

为了做好知识管理,企业需要进行一些投资。不仅投资于信息系统本身,而且要投资于组织和管理。或者说,信息系统的组织管理投资是为实现信息系统价值而对企业过程、文化和行为的投资。有了这些投资的保证,知识管理项目才能回收最大化。

当代的网络技术已为知识管理提供了强有力的工具。门户网站、电子邮件、即时信息和搜索引擎技术已成功应用于"知识"发掘和传播。再加上群组技术和办公系统,可以达到共享日历、文件和图形。当代技术已创建了信息和知识的洪流。复制和理解、培训计划、非正式网络和共享的管理经验,通过文化沟通的支持,帮助经理们将其精力集中于重要的知识和信息。

知识管理更像建造组织和管理资本,而不像技术。经理们的任务是去开发知识文化,在这种文化氛围中,寻求、发现和应用知识将受到尊敬和奖励。经理们也可帮助开发为寻求知识的新的组织规则和责任,包括设立知识主管(chief knowledge officer,CKO)职位、专职人员职位(知识经理)和实践社区。CKO是一个高级主管,他负责公司的知识管理程序。CKO帮助设计发现新知识源和更好地使用在组织和管理过程中的现存知识的程序和系统。

实践社区(communities of practice,COP)是公司内外具有相似工作活动和兴趣的专家和雇员的非正式网络。这些社区的活动包括：自我和群组教育、会议、在线消息信件和日常解决实际问题的共享的经验和技术。许多大的公司,如 IBM 和世界银行鼓励发展几千个在线实践社区。自然资源公司 RioTinto 设立了 30 个活跃的实践社区,论题包括环境标准、隐藏的安全和牵引运行等。

COP 主要做四个方面的工作。COP 可以指引社区成员至有用的文件，创建文件存储，帮助新来者选择信息；社区成员行动像个引导主持人，鼓励贡献和讨论；COP 可以缩短新成员的学习曲线，用的方法是提供和主题专家的接触和存取社区已建立的方法和工具；最后 COP 可作为新思想、技术和决策行为的孵化器。

18.2.2 企业范围的知识管理系统

图 18-3 提供了一个企业范围知识管理系统的技术和能力概况。它们包括储存结构化和非结构化文件的能力；在公司中发现雇员知识的工具；由主要业务系统，如企业应用系统和网站，获得数据和信息的能力等。它们也包括支持技术，如门户网站、搜索引擎和合作工具（电子邮件、即时信息、群件），用以帮助雇员寻找公司知识库和公司内外人员沟通与合作以及将存储的知识用于新情况。管理雇员学习的系统正出现作为另一类公司范围知识管理的支持技术。

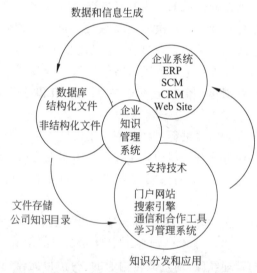

图 18-3　企业范围知识管理系统

经理和公司必然涉及许多不同类型的知识和知识问题。企业范围的知识管理系统有三种类型，涉及三种不同类型的知识。某些知识以结构化文本文件和报告或演示稿的形式已经存在于企业的某个地方，其中心问题是组织这些现存的结构化知识进入图书馆，使其易于在公司各处存取。我们把这种知识叫结构化知识，把这种类型的系统叫结构化知识系统。

还有其他的情况，如没有任何类型的正式文件，知识驻留于公司内某处有经验的雇员的头脑中。多数这种知识是隐性知识而很少写出。这里，经理们需要建立一个网络，以连接知识的需求和知识的供给。知识网络系统（knowledge network systems）也被称为知识位置和管理系统（expertise location and management systems），试图实现这个功能。

知识网络系统提供一个公司专家目录,按照定义好的知识领域归类,员工通过网络可以很容易地在公司内找到合适的专家。某些知识网络系统走得更远,将专家们提供的方案系统化,并存于知识库,作为最佳实践或常问问题(frequently asked questions,FAQ)存储。表 18-1 比较了几种主要的企业范围知识管理系统。

表 18-1 企业范围知识管理系统类型

知识的类型	知识的内容	企业知识管理系统分类
结构化知识	正式文件	结构化知识系统
半结构化知识	电子邮件、声音邮件、备忘录、小册子、数字照片、布告板、其他非结构化文件、数字资产管理系统	半结构化知识系统
网络(隐性)知识	个人知识	知识网络系统

18.2.3 知识网络系统

知识网络系统适用于当合适的知识不是以数字文件的形式存在,而是驻留在公司的专家个人头脑中时。根据 KPMG 的调查,在《财富》500 强公司中,63%的雇员抱怨难以取到非文件化的知识是一个主要问题。由于知识不能方便地发现,雇员们花费了大量的资源去再发现知识。图 18-4 显示了"收集忽略"的问题,即公司有人知道其解,但这个知识没有被汇聚地共享。

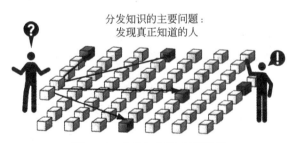

图 18-4 分发知识的主要问题

知识网络系统寻求去转化隐性、非结构化和非文件化的知识成为显性知识,这样即可存放于数据库中。被公司中的专家和其他个人开发的解答也可存放于知识库中。这个新知识可以存作推荐的最佳实践或常问问题(FAQ)库的一个解答。表 18-2 列出了公司知识网络系统的关键特征。

表 18-2 企业知识网络系统的关键特征

特征	描述
知识交换服务	支持交互式的 Q&A 会议 识别合格的公司专家的能力 发布以及和所有雇员共享文件知识

续表

特　征	描　述
实际支持社区	跨越职能和单位联系专家的能力 推动信息进社区的能力 社区强力的合作工具,如调度、文件检索和沟通
自动扼要描述的能力	自动扼要描述雇员专家的能力 允许个人管理其简介的能力
知识管理服务	自动管理提名、批准、传播最佳实践和解答 保证企业知识和规则规定一致,并支持企业过程

AskMe 公司生产了一个被广泛接受的企业知识网络系统。如图 18-5 所示。

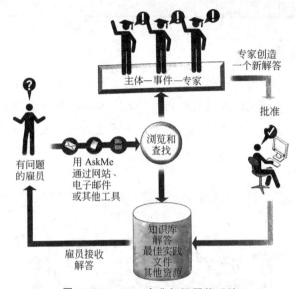

图 18-5　AskMe 企业知识网络系统

18.2.4　支持技术:门户网站、合作工具和学习管理系统

主要的商业知识管理系统供应商正在集成其内容和文件管理能力、与强大的门户网站合作的技术。企业知识门户网站提供存取外源信息,如新闻供给与研究,以及内部知识源的能力,并附加以电子邮件、交谈/即时信息、讨论组和影像会议等能力。用户可以容易地通过一个门户网站到一个合作的空间加入一个文件收集。Gartner Group 咨询公司用"聪明的企业外套"称呼这种前沿的知识管理软件。

18.2.5　学习管理系统

公司需要方法记录管理雇员学习的踪迹,将它集成入知识管理和其他公司系统。一个学习管理系统(LMS)提供工具,用来管理、递送、跟踪和评估各种类型的雇员学习和培训。一个强壮的 LMS 集成原系统的人力资源、会计、销售,从而雇员学习程序的企业影响较容易识别和量化。

18.3　企业信息策略管理

当前,市场全球化、竞争激烈化、经济信息化的趋势已十分明显。21世纪是信息经济的世纪、知识经济的世纪。

信息产品,也包括知识产品,具有以下特点。

(1) 产品的研发成本很高,边际成本或销售成本接近于零。

(2) 产品的产量无限界;生产企业只有第一,没有第二。

(3) 追求第一,产品无限细化,最终导致个人化。

(4) 产品的价值不是取决于生产的成本,而是基于顾客的期望。

(5) 同样的产品可有不同的价格,极端至一个人一个价。

企业要学会信息经营,参与世界竞争,以使企业得以发展。为发展信息产品,开始时企业要依靠其物质生产的收益,来支持信息产品的研发。要追求整个产品周期的价值最大化,就要学习信息经营的几个策略。

1. 信息投资策略

信息投资策略就是以信息作为资本,投资赚钱。人类社会的竞争由"武力掠夺"转到"商品掠夺",再转到"资本掠夺",现在已经到"信息掠夺"和"知识掠夺"。如果说"武力掠夺"是多本多利的话,"商品掠夺"就是少本多利,"资本掠夺"就是一本万利,那么"信息掠夺"和"知识掠夺"就是"无本万利"。例如,麦当劳在多国进行授权经营,靠品牌赚钱;Pearson出版集团出售图书版权,靠版权赚钱。它们的边际成本已经接近于零,所有的利润均是无本得利。

2. 信息定价策略

信息定价策略包括个人化定价(personalizing),即同样的产品,对不同的人要不同的价;成组定价(grouping),即对不同类别的人定不同的价格,例如,同样的书,卖给教师一个价,卖给学生一个价;同样的杂志,对个人定一个价,对机构定一个价;版本化定价(versioning),例如,学生版、专业版,吸引不同顾客购买,还有普通版、标准版和黄金版等。总之,使购买最大化,使消费者剩余最小化。

3. 锁定策略

把顾客锁定(lock-in)在自己的产品或服务上,以求未来的资金回收流最大化。为达到锁定,可以在"初"产品和"主"产品上给予优惠价,采用主品损失辅品补,初品损失,后品补。锁定策略追求达到整个产品生命周期的收益最大化,而非一时一事的得失。

4. 标准化策略

树立标准,抢占市场主导,掀起"正反馈",跨越数量临界点,扩大市场份额。

5. 外源化策略

最快、最大范围地联合集成优势资源去完成企业的目标。

这些看起来是一些零散的补丁政策,但正是它们使得知识企业在当今的世界市场上得以生存和发展,所有世界上最强的知识企业无一例外。

这是为什么呢?是不是由于信息产品不同以往,经济规律就改变了呢?其实不然,基本的经济规律仍然没有改变。这又得回到最基本的供求曲线,如图 18-6 所示。

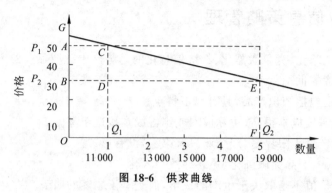

图 18-6　供求曲线

由图 18-6 可以看出,如果定价为 P_2,则有一部分愿意出高价买该商品的人,口袋里剩下了钱,这相当于 $\triangle GBE$ 的面积,叫作消费者剩余。这时卖出商品的总收益为矩形 $BOFE$。如果我们能让愿意出高价的人以 P_1 的价格购买,不愿意出高价的人以 P_2 的价格购买,则我们把消费者剩余降为两个小三角形之和,即 $\triangle GAC + \triangle CDE$,减少的消费者剩余量为矩形 $ABDC$ 的面积。为使一部分人愿以高价购买,高价商品必须伴以好的服务,使之买得方便、买得及时、买得体面、买得可靠等。这样才能使得到的顾客期望最大化。由于信息产品的边际成本接近于零,因而按照成本定价已经失去意义,只能按顾客的期望定价。多重定价就很自然了。在信息经济的环境中,只有善于利用信息经济的策略经营,才能使企业立于不败之地。

18.4　企业信息部门的组织

随着 IT 管理重要性的增加,IT 部门的位置在不断地提高。由部门下属到和部门平级,由平级到高半级,再由高半级到进入总裁级,即有一位副总裁级的 CIO 负责企业 IT 事务的全面管理,见图 18-7。

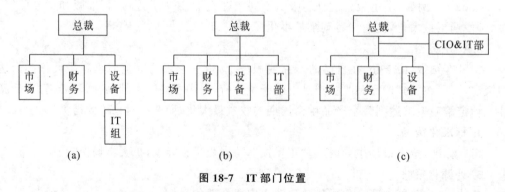

图 18-7　IT 部门位置

IT/IS 部门的内部组织因企业的规模不同而差别很大,例如一个小企业的 IT/IS 部门的内部组织见图 18-8。

一个大企业的 IT/IS 部门的内部组织见图 18-9。

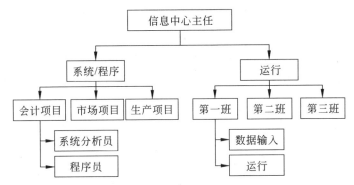

图 18-8　小企业 IT/IS 部门内部组织

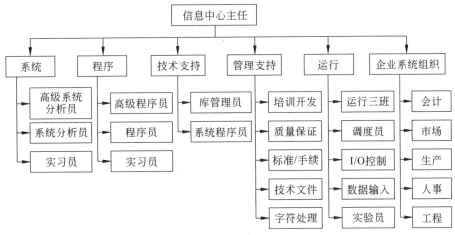

图 18-9　大企业 IT/IS 部门内部组织

近来信息管理更加强调面向顾客的服务，就将面向用户的功能组织在一起，包括交付服务、系统开发、支持中心和信息中心等；另一方面又很重视未来的管理和系统的规划，就把面向供应商的功能整合在一起，包括架构管理的规划和计划、技术扩散、数据管理以及研究发展等。一个可能的架构见图 18-10。

未来的 IT/IS 管理强调架构，或者说平台的管理，也更强调质量和安全的管理。

18.5　信息系统分析员的技能

正如前述，信息系统分析员是技术和管理之间的桥梁，是领导和员工之间的沟通渠道。他们是先进技术和先进管理模式的代表者，应不断地掌握管理和技术的发展趋势，他们又是现实的革新者，应能提出变革现实的方案，而且要善于处理矛盾，因势利导，组织实施，具有很强的执行力。信息系统分析员不仅要懂管理，而且要懂技术，不仅要善于说服领导，争取领导，而且要善于动员群众和组织群众。通过他们把技术与管理、领导与群众结合起来，完成企业的管理变革和信息系统的应用。

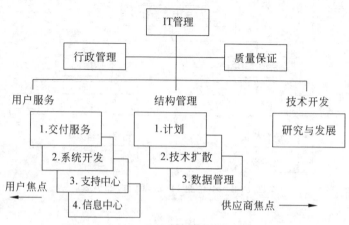

图 18-10 企业 IT/IS 职能的一个可能的架构

信息系统分析员是信息系统的核心力量,他们身处管理信息系统建设的带头群体。管理信息系统专业是一个未来型、革命型、系统型的专业,因而,他们也就是处于革命的带头人的位置,他们应当是先进生产力的代表,应具有科学发展观的视野,应有中国梦的理想,他们是带领中国建设新时代中国特色社会主义强国的先进分子。他们应具有正确的三观——世界观、人生观、价值观,应具有三正的品质——正知、正念、正能,从而能成为掌控企业命运,甚至国家命运的群体中的一员。对他们的要求是很高的,对他们的技能和修养的要求大致有以下几个方面,我们从低到高,慢慢道来。

18.5.1 系统分析员的知识结构

信息系统分析员的知识结构包括企业基础知识、IS 基础知识、IS 理论、信息技术等。其知识能力可以用模型表示,见图 18-11。

图 18-11 系统分析员的知识能力结构图

这个图是根据系统分析员应当具有的能力引出的,由这些能力引出的四方面知识是:企业知识、科学方法、变革能力和信息技术方面的知识。企业知识包括经济知识,如宏观经济、微观经济、工业经济、金融经济等;管理知识包括市场、会计、财务、生产和人力资源等,管理知识还包括行业领域,如制造业、运输业、农业等;社会知识包括政治、法律、城市管理、环保、救济、社区等。一般来说,先对一些行业有个大致了解,知道其任务和分工,在深入做某方面的工作时,再深入学习那个行业的知识。科学方法是应对所有任务的一般方法,包括计划、组织和运筹等,计划是设立目标、准备资源、安排进度等,组织则主要是筹备人力、建立组织、选拔干部等,运筹是用科学的方法尽可能最优地完成任务。变革能力包括沟通、归纳、决策和执行等,更多是情商方面的能力,不仅要学习知识,而且要更多历练才能达到。最后,信息技术,是系统分析员的最基础知识能力,尽管系统分析员不如计算机专业的技术人员更加精通,但对如何将信息技术应用到管理实际方面更具优势。

18.5.2 系统分析员的基础工作能力

系统分析员最基础的能力应当是看、听、说、写。

(1) 看,人类知识80%来源于看。看,分看书、看人、看景;又分粗看,细看,专注深究看。无论是看书看人或看景均要经历三步走,即粗、细、专。新分析员一般均容易忽略粗看的重要性,拿到一个东西就细抠起来,似乎觉得不懂多点就看不下去,因而看材料总是很慢。实际上,一开始应当先是浏览,多放一点精力看简介、看目录,大致理解这是一个什么问题。然后,似懂非懂地就往下看,不懂的地方先放着,重要的以后再杀回马枪,不重要的就算了。浏览就是要抓住要点,放下,准备细看。细看就要看懂,至少原理上弄通。抓住了要点,确定了自己的主攻方向,就可以专注专攻了。当要注意,越是高层人员,越需要粗看本领,对于基层的技术人员,不可以太粗,以免细节漏掉,酿成大错。

看景看物,抓住重点也是很重要的。一个有经验的系统分析员,到一个企业从头至尾参观一遍,看看企业的厂容,看看职工的工作精神和工作秩序,再看看报表、数据,就可以对企业了解个大概,就可以定性企业的好坏。看的能力在于会看,俗话说,内行看门道,外行看热闹。理工科的学生缺乏新闻工作者观察事物的敏锐的眼光,往往抓不住重点,走一圈参观,说不出看到了什么,而有经验的记者就可以滔滔不绝了。系统分析员应当具有新闻工作者的眼光,对于基于技术的系统分析员来说,应该花更大的功夫培养这种能力。

细看的目的就是要看懂,搞清原理。不能走马观花,也不能满足于下马看花,而要蹲下来看花。要一步一个脚印,每步都不要踩虚。当然也不是看不懂就不往下走,有时,看了后面的描述,反而把前面的搞懂了,尤其对技术说明书往往更是如此。

专注深究看,不仅要看手头的材料,而且要看关于这个材料的相关材料,或曰元资料、元数据。专注于你要研究的要点,一般就两三个。一篇学位论文有两三个创新点就可以了,有人说有十几个,反倒给人的印象是没什么大创新。对于信息专业的学生来说,越早锻炼自己的"看"的能力越好。

(2) 听,是系统分析员知识来源的第二个渠道。系统分析员应当永远给人一个印象就是"乐意听"。只有你乐意听,别人才乐意讲。系统分析员的听,不仅会听正式场合的讲话,还要会听非正式场合的话;善于听好听的话,也要善于听反面的话。系统分析员耳朵要灵,对于在过去那种"两耳不闻窗外事,一心只读圣贤书"的环境下成长的技术人员来说,听的锻炼是又一个艰巨的任务。系统分析员的听不是简单的记忆存储。他要根据说者的态度、说话的环境,判断说者的真实含意。俗话说"听话听声儿,锣鼓听音儿"就是根据声音来判断别人说的话的真实意思。

(3) 说,是系统分析员开展工作第一重要的本领。如果你不说,谁知道你想要做什么?有些根本就不愿说话的人,却要选择系统分析员的职业,我们说这可能是职能错位,是选错了行。系统分析员离不开说,在你说服领导设立信息系统项目时要说,在项目开始前培训时要说,讨论方案时要说,当组织群众实施时更要说。系统分析员不仅要说,而且要会"见什么人说什么话""在什么场合说什么话"。如果你不分对象乱说,不仅没有效果,反而产生副作用。对于一个信息系统分析员来说,应有"说"的意识,也就是认为任何场合均是机会,任何机会都只有依靠"说"才能得到,而且要说得得体、切题、简练、有逻辑、有艺术,说中要害,说得鼓劲,说动人心。系统分析员还要有很强的反馈能力,根据听者的情绪不断调整自己的内容。

(4) 写,是系统分析员又一重要能力。系统分析员离不开写,申请课题要写申请报告,了解情况要写调查报告,系统分析要写分析报告,设计要写设计说明书和使用说明书,系统使用运行还要写运行报告,鉴定验收也要写报告。尤其在现代网上办公、协同工作的时代,文字沟通增加,见面交流减少,写的重要性更加突出。系统分析所写的报告主要是客观描述的报告,因而要求真实、确切、详尽、简练等,也有些报告如规划报告等则要求有新鲜感,能振奋和鼓舞人心。当前互联网高度发达而技术还没有达到智慧的时代,文字沟通的重要性显得更加重要,这个时段可能还要持续几十年甚至上百年,我们这代人绝不可忽视"写"的重要性。

看、听、说、写的基本功,应当属于文科的专业范围,我们这里只是点出它们对信息管理与信息系统专业的重要性,提醒我们信息系统分析员注意修炼。除了看听说写的能力外,作为一个基层的技术人员还必须要有精湛的技术、严谨的态度、认真执行规章的习惯等。

18.5.3 中层管理者的管理能力

俗话说,基层凭技术,中层凭智慧,高层凭人品,顶层凭道深。凭智慧,就是要劳心了,古语云:"劳心者治人,劳力者治于人。"中层就是要劳心,要用自己的智慧,不能只是埋头干活了。

信息管理与信息系统专业本质上是个管理专业,是培养管理者的专业。什么是管理?管理者,计划、组织、指挥、协调控制也。信息管理与信息系统专业培养的人以后不是程序员,而是信息系统建设的管理员,或者说是计划、组织、指挥、协调、控制程序员等去完成信息系统建设的管理者,是系统分析员。这需要些什么能力呢?

首先,要有抓住目标的能力,或简称目标能力。要能认识到目标的重要性、关键性、可达性等。目标定得过高,努力也达不到,丧气;目标定得过低,不费力就达到,泄气。只有企业很需要、经过努力又能达到的目标才是好目标。系统分析员要善于根据环境状况、资源状况、企业文化状况作出综合判断,切忌只考虑自己技术能行,就制定过高的目标。这也许是大多数信息系统项目延期的原因。技术出身的"理工男"往往容易以自己的兴趣,或者对自己学习新知识的渴求,主张上马一些项目,而此项目并非对企业的发展很有效,项目就很容易变成负资产,对企业不利,又会损失自己的声誉。

其次,是组织资源的能力,或简称资源能力。它是根据目标的需要估计和收集这些资源的能力。这些资源包括管理资源、经济资源、技术资源、人力资源等。要知道这些资源由哪里供应,要打通供应渠道。保证当用到某种资源时,资源能及时到达,做到资源可用可取。更重要的掌握资源的能力,特别是掌握人力资源的能力,一个好汉要有几个帮,一群大学生创业者想创业,如果他们有7~8个人,领头人会掌控人力资源,经过两三次困难期仍不散伙,创业定能成功。

再次,是动员能力,或称为造势能力。动先造势,势在必行。就是要作好思想动员,作好舆论准备。做到绝大多数的人均同意这个项目,支持这个项目,大家齐心协力决心完成它。让反对的话、泄气的话没有空间,把该不该上的争论推入历史,大家一门心思搞建设。动员领导出面参与、领导、支持是信息系统分析员的一种基本功。领导的行政资源是信息系统的最后保证。只有内容正确,安排合理,领导坚决支持,才能形成基础巩固、热情高涨、持续时间长的盛势。

最后,是计划和控制的能力。计划的主要功能就在于将已有的资源针对目标安排好,排出进程。在进程中树立几个标杆,标杆所在时刻就是关键点和关键时刻。在关键点要对系统进行检测,用检测标准进行控制,发现问题及时纠正。对完成任务好的要给予奖励,奖罚分明。安排计划一般在最开始时要"留有余地",让人们"有产可超"。一旦进入状态,就不断加速,一气呵成,完成得干净利落。最后的扫尾工作不要拖,像建筑业的工地清理,要编写好信息系统的说明和组织鉴定等。

一个大型信息系统项目建设宛如一场战争。战争的胜负,按中国古代军事家孙子所说,取决于"一曰道,二曰天,三曰地,四曰将,五曰法"。道者,正义、正确、科学的意思。天为天时,地为地利,也就是说你是否占有天时地利,是否有时空的环境条件和自己的资源条件。将者,人才也,你是否有各路人才,包括管理人才、技术人才等。把合适的人用在合适的地方也许是管理的最大艺术。法就是规范、制度。有了法就有法可依,执法要严、赏罚要分明,就能保证项目的顺利进行。

18.5.4 高层管理者的领导能力

高层领导主要是把握方向,方向错了,一切全错。把握方向是深层次的用心,是战略策划,需要更高的水平、更开阔的视野、更多的系统思维、更坚定的决心和意志。这就不是一般人能达到的,只有少数人能够达到,但我们还是要从大多数人中培养这个少数,尤其要从大学生中培养。所以每个大学生均要接受这种培养,不管将来你是否能做到,均要接受这种考验,也不要失去这个机会。

高层能力和人品素质有很大关系,因而有人说人生的成就,性格因素大于智商因素,这话是有一定道理的。人生要想做点事,除了学习技术知识外,也要早下决心,培养良好的性格,早做修炼,使自己成为一个健全的人才。高层管理者的人品、声誉很重要。声誉是一个人品质的综合反映。只有声誉好,别人才愿意与你交友,和你做生意。声誉是个综合指标,例如学校的声誉主要由教学、科研、人才、设施等因素构成。个人的声誉也是由多方面构成,其核心是诚信。高层管理者的诚信,应当包括家国情怀,一个忠于国家、孝于家庭的正人君子,也就会对自己的事业极端负责,对自己的同志朋友极端负责,言必行,行必果。诚信,不仅是自己觉得诚信,而是要让别人也觉得你诚信。更高的层次的诚信,不仅自己诚信,还能交一批诚信之友,能判断别人的诚信度。从而能联络、聚集一批诚信的群体,共同完成事业。

18.6 信息系统分析员的修养

信息系统分析员是信息革命的带头人,他们不仅要实现一些IT项目,也要为企业的文化建设贡献力量,要改进企业文化,自身要有"四个自信"精神,即道路自信、理论自信、制度自信和文化自信。

中国是个非常重视道德的国家,中国的《道德经》是全球第二大发行量的图书,仅次于圣经。

我们在简单介绍一下道德的概念后,再介绍信息道德的特殊问题,然后讨论修养和文化建设问题。

18.6.1 道德、伦理和法律

道德是关于事物或行为的对或错的信念习惯。道德经说,道德是承先启后,据旧开新的观念。道德是历史的习俗,它有一系列规则。这些观念和习俗是从小不断地学习积累所得到的。如不要浪费粮食、不要乱扔垃圾、冒犯了别人时要说"对不起"等。

伦理是指引信念、标准、理想的框架,它渗透到个人、群组或社会。与道德不同,伦理可能因不同地区或国家而有很大的差异。

法律是引导行为的至高无上的正式规则,也可以说是道德的底线,它是由政府强行实施的。由于信息技术、互联网发展日新月异,相关的法律总是跟不上需求的发展。

计算机犯罪的第一个案例发生于1966年。一个程序员输入了一个信号,使他的信用卡上有了超额存款,导致他在亏空情况下仍可继续开支票。由于法律上没有条文,所以只能按错误输入来惩罚他。后来又有学生贷款数据库问题。政府为了方便学生贷款,降低成本,建造了学生情况的数据库,可为学生选择贷款提供方便,也为企业主放款提供决策信息。不幸,它被许多企业用来作为促销商品的工具,对学生带来了很大的骚扰。再后来,由于网络的发展,网络在给人们带来方便的同时,也给恶意攻击者带来了方便。Megan Meier,一个13岁的美国密苏里州的女孩的自杀,说明了网络攻击对小孩的危害有多么巨大。Megan是可恨的MySpace侵犯者的受害者。侵犯者是当地一个49岁的成年人Lori Drew,他操纵一伙学生,对Megan实施了思想控制,使这个原来内向的女孩抑郁不断地加深。攻击最深的时候,他甚至在网上说:"这个世界如果没有她,将会是一个更好的地方。"导致这个可怜的孩子完全失去了生活的乐趣而自杀。由于没有合适的法律之罪,法庭选用了"跨州欺诈"条款治罪,因为MySpac网站的服务器在加州,不在密苏里州。Drew不服,上诉。许多法律专家质疑这个条款应用于这个案例的事实是有问题的。

美国的信息立法起源于1966年的《信息自由法》,它赋予公民和组织权利,去查取联邦政府保存的数据。1970年出台《公平信用报告条令》,涉及信用数据的处理。1978年

《联邦隐私法律》出台,它限制了政府查取银行记录的权利。1988年出台《计算机隐私令》,限制政府利用计算机文件进行识别借贷人和配查的用途。从此美国联邦政府建立了计算机立法的框架。

2018年5月,欧盟出台《通用数据保护规则》(General Data Protection Regulation,GDPR),任何收集、传输、保留或处理涉及欧盟所有成员国内个人信息的机构组织均受该条例的约束。

计算机应用于企业,信息道德、伦理和立法起着很大的作用。经理、专家和用户这方面的观念十分重要。我国电子商务的发展,也出现了数据泄露、大数据杀熟、算法推销等侵犯消费者利益的事件,也迫切需要加强信息立法和执法。

在信息社会,我们应当清楚什么是道德的、合乎伦理的、合乎法律的行为。作为企业管理者,应注重在企业中建设信息道德文化。信息专家应履行其职责。企业的信息主管也要注重信息伦理建设,并应当制定相应的实施策略。

18.6.2　信息道德的主要内容

信息技术对社会产生影响,从而产生了许多道德问题。主要的有隐私问题、犯罪问题、健康问题、工作条件问题、个性问题、雇用问题等。在所有这些方面,信息技术均有有利一面和不利一面。例如生产过程的计算机化能改善工作条件,提高职工满意度,但又面对如何保证产品高质量和降低成本的问题。所以作为管理者,应当使负面影响最小,而使受益尽可能大。

信息道德主要涉及隐私问题、正确性问题、产权问题和存取权问题。

1. 隐私问题

关于隐私问题,要树立标准:在什么安全保障条件下,关于个人或单位的什么信息必须由他们自己发布,什么样的信息自己可以保存,不能被强迫发布。

隐私要求是用户个人的要求,该要求不受他人或相关组织的干扰和监督。隐私的要求也适用于工作地点,雇员在电子和其他形式的高科技监督下,使得信息技术威胁、侵犯个人隐私更便宜、更获利和更有效。

2. 产权问题

谁拥有信息?信息交换的公平价值是什么?谁拥有传输信息的渠道?如何分配这些稀有的资源?这些均涉及信息的产权问题。信息产权现在主要由知识产权来界定。知识产权是指被个人或公司创造的隐形资产。知识产权又包括三部分:作业秘密、复制权和专利权。

① 作业秘密。任何用于一个商业用途的指示工作的产品(个公式、设备、模型,或者一个数据编辑)都是一个作业秘密,它不同于提供给公共领域的信息。通常,作业秘密法支持在工作产品后的思想的垄断,但它不是非常精细的垄断。软件,含有情节或者独特的元素、过程或编辑,可以作为一个作业秘密。作业秘密法保护这个包含于一个产品后的思想,而不仅仅是它的表现。作业秘密创造者或拥有者必须以不许泄露协定来约束雇员和顾客,防止这个秘密公之于众。

作业秘密的有限性是,实际上所有复杂的包含某种独特的元素的软件程序,很难保护工作后面的思想,而不至于泄露。

② 复制权。复制权是一个"准予"的状态,它包护知识资产的创造者,在作者活着的时期和他过世后70年内,他的工作不得被其他人复制用作任何其他目的。对公司拥有的作品,保护延至创造后的95年。复制权又被扩展到保护书籍、期刊、讲演和动画片等。在复制权法律后面隐含的意图是激励创造性,保证创造人员得到他们工作的利益。大多数工业国家有他们自己的复制权法律,国家间有几个国际惯例和双边协定协调和加强这些法律。

复制权保护反对复制整个程序或其一部分。复制法的缺点是工作背后的思想没有被保护,只保护工作的外在表现。一个竞争者可以用你的软件的工作原理,以相同的概念编制一个新软件而并不触犯复制权。例如,20世纪90年代早期,苹果计算机起诉微软和惠普侵犯苹果界面,声明被告人复制了重叠窗口的表达。被告人反驳说重叠窗口的思想只能用一种方式表达,因此,在复制权法律的合并声明下是不能保护的。

③ 专利权。专利权给予其所有者一个排他性的对一个发明背后的思想的保护,持续20年。专利法律的意图是保护新机器、新设备或新方法的发明者得到他们劳动的全部报酬和其他的奖励,也为了促进发明的广泛使用。专利拥有者需提供详细的图纸,被许可使用专利者则可以利用这些详细的资料。专利权的关键概念是原创性、新奇性和创造性。

专利保护的优点在于它给予发明依赖的概念和思想以垄断。其困难是需要通过复杂、严格且不易执行的评判(也就是,工作必须反映特殊的承诺和贡献),并且其具有受保护的年限,年限期满后即被公开化。

3. 正确性问题

谁有责任保证信息的权威性、可信性和正确性?谁来统计错误并解决它们?

信息和软件与一般的产品有很大的不同。信息的正确性主要在于防止虚假,软件的正确性在于瑕疵和失效。现在的社会虚假信息铺天盖地,软件的瑕疵从理论上说不可能为零。它们所造成的损害,谁的责任,谁来负责,法律如何界定,都给我们造成了很大的困难。

物质商品的伪劣,生产厂家有责,销售商店也有责。购物网站是否对商品质量有责?书店是否对销售的书的内容错误有责?网站是否对通过它发布的信息内容负责?软件的销售商是否应对软件的瑕疵负责?这些皆是信息技术和新情况提出的新挑战。要做到软件的瑕疵尽可能的少,所投入的财源就会尽可能的大。追求无瑕疵的软件才能上市应用,将会抑制了应用该软件所带来的效果。所以,人们总是在风险和收益间找到平衡。法律在许多情况下,也不得不采取宽容的态度,法律不愿意追究书的内容的责任,因为怕影响言论自由,同样,它也不愿意过严的追究软件的瑕疵的责任。

4. 存取权问题

什么人对什么信息有特权取得?在什么条件有什么安全保障?

组织收集的或自己提交的有关自己的信息,自己应当有权提取。在什么情况下自己可以修改和存储?政府或企业的哪些信息可以提供给公民提取?公民提取的各种渠道的信息,谁来界定它们的合法性?当然也有谁来保障它的正确性和准确性问题。

法律问题和道德问题不同。一般来说,道德规定方向,法律规定界限;道德定性,法律定量。法律问题一方面要加强法律观念教育;另一方面要按照法律条文严格执法。道德问题只能通过长期的潜移默化的教育。往往是在道德问题形成一致观念后,再以法律形式固定下来。在处理信息技术以及其他新技术所带来的道德问题时,有四项道德原则。

① 匀称原则。新技术所带来的好处必须超过其损害或风险。不能再有别的比其好处多而损害少的方案。

② 获许原则。对新技术的影响应当事先知道,并同意接受风险。

③ 公正原则。必须公平地分配技术的好处和负担。谁得到利益谁就应当承担风险的公平份额。谁没得到益处,就不应当承受重大的风险。

④ 风险最小原则。即使以上三原则均被接受,技术的实现也应尽可能避免不必要的风险。

18.6.3 建立企业道德文化

道德上的公正也有利于法律的执行。考虑道德问题对决策的影响,是每个企业领导者责无旁贷的任务。

企业要兴旺发达,就要很好地建立企业的道德文化。尽管企业道德文化的建立有各种各样的形式,但也有一些一般性的规律。为建立企业道德文化,企业领导一般自上而下执行三个步骤,一直到每一个职工,如图 18-12 所示。

(1) 信条:公司希望提倡的反映公司价值观的简明的语言。其目的是提醒公司内外的人员和组织,知道公司的价值观。它又反映在各个方面,如对顾客的承诺,对雇员的承诺,对股东的承诺,对社会的承诺等。

(2) 道德活动程序:有一些活动主要用来进行道德精神教育,如新员工培训等。还有道德审计,审核各部门如何落实公司信条等。

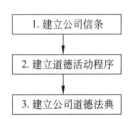

图 18-12 建立企业道德文化过程

(3) 道德法典:在公司法典中划出一部分专门用来规定道德标准。有些专业的信息组织也规定了这些道德准则。

一些信息专业组织也制定了自己的道德准则,如数据处理管理联盟(Data Processing Management Association,DPMA)。DPMA 专业标准如下。

(1) 对业主

① 尽一切努力保证自己具有最新知识和正确的经验,以适应工作的需要。

② 避免兴趣上的矛盾,并保护业主已意识到的任何潜在的矛盾。

③ 保护委托给我的信息的隐私性和机密性。

④ 不错误地表达和删除源于实情的信息。

⑤ 不企图利用业主的资源获得自己的好处,或做任何未经正式批准的事情。

⑥ 不利用计算机系统的弱点得到个人的好处或达到个人的目的。

(2) 对社会

① 用我的技术和知识传播给公众。

② 尽我最大努力,保证产品得到社会信任和应用。

③ 支持、尊重和服从地区、州和联邦法律。

④ 不错误地表达和删除公众关心的源于问题和实情的信息,也不允许这种已知的信息搁置作废。

⑤ 不利用个人性或秘密性的知识,不以任何非法的形式得到个人的好处。

(3) 对专业

① 忠于自己所有的专业关系。

② 当看到非法的不道德的事件时,应采取合适的行动,然而当反对任何人的时候,必须坚信自己是有理的、正确的、负责任的并不带任何个人情绪。

③ 尽力与人共享自己的专业知识。

④ 和他人合作以达到了解和识别问题。必须坚信自己是有理的、正确的、负责任的并不带任何个人情绪。

⑤ 在没得到特殊许可和批准的情况下,不利用信誉去做其他工作。

⑥ 不利用他人缺乏经验和缺乏知识去占便宜,以得到个人好处。

18.6.4　信息系统分析员的修养

信息系统的开发和运营是依靠一支专业队伍来完成的。这批专家包括系统分析员、高级程序员、计算机技术专家、业务员、录入员等。这里系统分析员是带头者。

信息系统分析员是技术和管理之间的桥梁,是领导和员工之间的沟通渠道。他又是先进技术和先进管理模式的代表者,应不断地掌握管理和技术的发展趋势。他又是现实的革新者,应能提出变革现实的方案,而且要善于处理矛盾,因势利导,组织实施,具有很强的执行力。他不仅要懂管理,而且要懂技术,他不仅要善于说服领导,争取领导,而且要善于动员群众和组织群众。通过他们把技术与管理、领导与群众结合起来,完成企业的管理变革和信息系统的应用。

信息系统分析员被赋予如此重要的使命,因而要求他们应有系统深入的专业知识、实用广泛的社会知识,要有计划、协调、组织、控制和监督的工作能力,更要有大公无私、廉洁自律、坚持原则、灵活机动、信守承诺、认真负责、谦虚谨慎、密切联系领导和群众等修养和作风。

信息系统分析员最基本的修养是有高尚的信息道德,分解开来主要有以下几个方面:

(1) 要有远大的理想和正确的信念

远大的理想和正确的信念可以说是正确的世界观、价值观或人生观,要有四个意识,即政治意识、大局意识、核心意识、看齐意识。符合科学的观点和观念就是正确的,就应积极支持,努力贯彻。不符合科学的,就要努力把它变成科学的。相信科学也就是相信真理,相信真理最终一定能战胜谬误。科学发展观基础巩固的人,绝不会弄虚作假,欺上瞒下。

远大的理想就是对未来有个美好的憧憬,有个美好的愿景。愿景就是长远要达到的美好的目标。心里怀着大目标,人有方向心里亮,就不会在做事的过程中东闯西摸、摇摆不定。过去的志士仁人心里有着共产主义的大目标,投入革命斗争,抛头颅洒热血,毫不动摇,这就是理想的力量。今天我们从事信息化的事业,也是一场革命,如果我们也有对美好愿景的执着,就不会为一些暂时的困难所动摇。我们应当不忘初心,坚持理念,相信"大道之行,天下为公""世界命运共同体"的大势一定是未来的大方向。

(2) 要有不断进取和勇于奉献的精神

信息化事业是未来化事业,是走在时间前面的事业。只有进取,才能达到未来。安于现状、墨守成规、只求平稳、不求上进绝不是一个信息系统分析员的素质。进要思变,变要思进,才能打通未来的道路。系统分析员要有敏感的"触角",甚至要有一点理性的"不满现实"和"喜新厌旧"。看出问题是解决问题的前提。如果一切都看得完美,那就不用什么变革了。

有了远大的理想和雄心壮志,有了进取精神和变革思想,还需有奉献精神。最高尚的道德首先表现为奉献。当一个系统分析员到企业去开发信息系统时,要有为企业兴旺奉献的精神,把企业的事业看得比自己的事还重要,他才具有最强的号召力和最广的感染力。

(3) 要有顾全大局和团结协作的精神

任何一项信息系统的工作都是一项团队工作,绝不是一个人能够完成的。人多意见杂,就会有分歧。现在许多任务完不成,大多是因为不团结所造成的。有学者研究描述说:"一个创业的小企业的7~8个创始人,如果他们能经得起一两次濒临倒闭的困难仍不散伙,以后定能成功。"使团队树立起团结的精神,对完成信息系统开发的工作是十分重要的。要团结就要求团队中的每一个人能识大体、顾大局,事事处处想着集体,想着项目。

古人讲要战胜对手首先战胜自己,"治人以服,不是治人以死"。别人不服你,要从自己找原因,大多是自己做得还不够好,或跑得还不够快。当你甩开矛盾,把距离拉得越大时,问题自然就解决了。古代还特别强调"忍"的修养,这对系统分析员修养锻炼也是一条很好的路。

(4) 要有助人为乐和乐观热情的精神

系统分析员另一个道德形象,甚至可以说是习惯,就是助人为乐。助人为乐不仅要有思想而且要有习惯,经常遇到的一些事,对你来说是举手之劳,对别人却是为其排忧解难,你没损失什么,或损失很少,别人却得到很大的益处,何乐而不为。经常助人为乐,就能树立良好的形象,也能获得更多的信息,系统的开发就会有很好的环境。

系统分析员推行信息化,不是生硬地替别人革命,让别人下岗,而是满腔热情地替别人着想,让在岗的人工作比以前更有兴趣,让下岗的人工作有安排更有前途。

热情助人的根基还在于诚信。在市场经济蓬勃发展、社会发生巨大变动的时代,诚信是最珍贵的东西。系统分析员应当令人感到你是最认真的人、最负责任的人、最信守承诺的人,从而也是最值得信赖的人。

如果系统分析员具有了以上的素质和修养,就为信息系统的成功提供了宝贵的资源。

18.7 高阶思维和高层修养

近代科学的发展,很多思维的研究成果已现端倪。高阶思维和高层修养也在融合中国传统文化和西方文化中走向高深。

高阶思维和高层修养实际上在我们的日常生活中早有显现,例如在许多大学校训中,但没有引起我们足够的重视而已。清华大学的校训是"自强不息 厚德载物",来自《周易》"天行健,君子以自强不息""地势坤,君子以厚德载物"。就是说,如果天时好,我们就要顺天时自强不息;如果地利,我们就要对事物厚德。复旦大学的校训是"博学而笃志,切问而近思",来自儒家孔门弟子子夏,"博学而笃志,切问而近思,仁在其中也",一般俗解为学校要培养自由而无用的灵魂。按《道德经》思想,无为无不为,无用无不用。恰恰是那些看似无用的知识,倒是无处不用。澳门科技大学的校训是:"意诚格物",来自《礼记·大学》中"致知在格物。物格而后知至,知至而后意诚,意诚而后心正,心正而后身修。"意思是分析事物,达到有知识,培养诚信,端正思想,然后就能修身。这些都讲了做人的根本,也讲了修身的道路。在学习知识的同时注意修身。这些古代的优良传统,很值得我们借鉴,经常回忆反思。

高阶思维就是站在更高的角度观察和探讨万事万物的根本规律。了解了这个根本规律,就能使我们坚定信念,持之以恒地完成更伟大的事业。习近平同志说,用辩证思维抓根本,即坚持和运用辩证唯物主义和历史唯物主义,注重矛盾分析,抓住事物发展的主要矛盾和矛盾的主要方面,注重从事物的普遍联系和发展中看问题,从纷繁复杂的事物表象中把握本质、掌握规律。从信息管理和信息系统专业出发,以下一些信念应当清楚。

(1) 真理的认识。真理总是相对的,绝对真理存在但总不可知。正像《道德经》所云,"道可道,非常道"。道可以说出,但那就不是永恒的道了。大道之行,天下为公,是中国人千百年来认识的真理,而如果急于马上实现,那就会失败而走向反面。

(2) 理想与现实。现在社会上很流行一句话,"理想很丰满,现实很骨感"。高阶思维就能理解这是常态,不怨天,不怨地。人就是要在这复杂的世界中生存、竞争。如果你能有高阶思维的四个意识,即政治意识、大局意识、核心意识、看齐意识,就能在这个社会中游刃有余,自由地发挥。

(3) 凡事都有两面性。高阶思维看待事物要既看好也看坏,这叫一分为二。遇事看到好的方面,还要先设反面,然后站在高位评判,再下结论。"天下皆知美之为美,斯恶已",知道美,就有了恶的概念,美恶总是同时出现。

(4) 意图和执行之间要有个策略环节。话将出口,暂停,想一下策略再说。一句错话,十句难消。故曾国藩述"两年学说话,一生学闭嘴",看来闭嘴比说难。

高层修养是在高阶思维引导下的习惯修炼,有以下几点需要注意。

(1) 看势判势。看清一个企业、国家,甚至世界的环境形势,是系统分析员第一要务。只有分析对了形势,才能看准大方向,从而引导企业的战略,选对项目。看准了方向,才能有四个自信,即道路自信、理论自信、制度自信和文化自信,才能有强烈的进取心。相由心生,美好之心,胜利之心,必然使形势更好,更能成功。

(2) 正能驾势。看准了大好形势以后,就要顺势而为。所谓正能,就是要进入大潮,引领大势。在团队中能看优学优,见贤思齐,使正气得鼓而不泄。社会中有些负能量者,看不清我国的大好形势,老是在唱衰自己,久之,不得不让人怀疑其三观不正,立场有问题。

(3) 平衡运势。当企业的大势起来以后,高层要善于平衡掌控。高层的修养是:宜静不宜动,宜忍不宜躁,扬长板,补短板。不要过分相信权力,切忌朝令夕改,让人无所适从。高人善成人之美,小人拖人后腿。善集人之优,才能成事共赢。

(4) 适可收势。当代的中国和世界,科技和商业的形势变化太快。一旦出现大变革,就要仔细分析,该转向时就转向,该下马时就下马,不可恋战。道德经说"为而不恃,功成而弗居",不可躺在功劳上,迷失未来。

(5) 修身养性。处世之道重要,修身养性才是根本。无论诸葛亮的"淡泊以明志,宁静以致远",或曾国藩的"慎独""主敬""求仁""习劳",均值得参照。而最重要者乃学习,列宁说"学习、学习、再学习"。孔子曰"学而时习之,不亦说乎",都强调了学习的重要性。

总之,信息系统分析员的职业是未来型的职业,是具有挑战性的职业。中国的信息化建设需要千千万万个优秀的信息系统分析员。希望我国大批德才兼备的青年投入这个行列,尽快成熟起来,担负起我国信息化的重任。

18.8 MIS 铸魂

我们生活在一个飞速发展的世界中,这个世界从工业经济转变为信息化、知识型的新经济形态,并且正在进入全新的数字经济时代。在这种背景下,"人工智能"这一概念已经在社会各领域被广泛应用。人们急于跳过"智能"阶段,直接向"智慧"前进。因此,我们看到越来越多以"智慧"命名的项目,如智慧小区、智慧交通等。然而,智慧的真正内涵并非易于达成的。

那么,什么才是真正的智慧呢?当所有自动化技术和人工智能都无法解决问题,必须依赖人的参与和判断,这样的层次我们方可称之为"智慧"。图灵测试就是对"智慧"的一种检验方法。显然,目前绝大部分所谓的"智慧"项目还没有达到图灵测试的标准。智慧只能悟得,不能搬来。智慧是人类的梦,是人类的魂。

一、什么是魂?

魂,这一无形的力量,就像操控生命主体的隐形手,它是我们生命的核心,是我们思维的源泉。魂,是那种只能通过深入的领悟、灵感的闪现或梦境的启示才能体验到的存在。

魂,只能通过深入觉悟而得知。习近平主席曾指出"学党史、悟思想、办实事、开新局"。其中,关键在于这个"悟"。"悟"需来源于主体的创新性思考,静心感悟,体现了高阶的思维活动。它像是心灵与外界的合流,是将眼中的景象投射到心中,经过深思熟虑后获得的感悟。它往往在主体经过无数的思考和琢磨,甚至就要失望之际才会出现。

二、MIS 魂

"MIS 魂"是什么呢?管理信息系统(MIS),是一个融合了人与机器的复杂系统。从整体来看,这一系统包含人的参与、设计和创造。由于它是一个人机结合的系统,当人被纳入其中,它便拥有了生命,有生命力的系统才能盛载"魂"。当前广为人知的"智慧城市"概念,其实也可以理解为数字化平台和智能化人群共同构成的城市。

我认为,我们需要通过"信"来探寻并理解"MIS 魂"。在中国传统文化中,"信"是构成"仁义礼智信"五常的重要一环。"信"既可以保持个体差异,也可以达成共识。只要有信任,就能产生独特的观点和言论,而这些独立的观点在某种意义上又可以统一众多的意愿。因此,这两种解释实际上是相通的,它们都有助于整合集体意见。"信"可以说是"魂"的基础,同时也具备无限的延展性。行动之初需建立信任,有了信任才能形成气势,只有在有利的态势下才能采取行动,没有优势则需要谨慎行事。

那么，MIS 的精神信仰是什么呢？首先，我们坚信，MIS 是推动先进生产力发展的重要工具，契合科学发展观念，并助力实现中国梦。其次，我们坚信，MIS 专业具有革命性、未来导向和系统性的特点。

(1) 革命性。世界上唯一不变的事情就是变化本身。当量变达到一定阶段，必将引发质变，这就是革命。当系统的熵增至一定程度时会突然下降，系统由混乱转向有序。革命性要求我们改变思维，促进变革，并保持四种自信：道路自信、理论自信、制度自信、文化自信。

(2) 未来导向。人无远虑，必有近忧。人若有远虑，近处扰动则会减少。眼光越长远，对近期的判断就越准确。我们的视野应该达到共产主义的高度。如能坚守初心，我们的眼光自然就能够看得更远。智者不纠结过去，睿者不沾沾自喜于现在，贤者则不会辜负未来。因此，我们应具备对未来的深入思考和梦想。

(3) 系统性。其意味着要具有适应能力，并且在互动中产生互联性，而这种互联性又带来了复杂性。面对复杂性，我们需要站在更高的层次、从全局的视角出发，深入分析和解决问题。这就要求我们具备以下四个意识：首先是大局意识，关注整体利益和长远发展；其次是创新意识，勇于探索和实践新思想、新方法；第三是服务意识，始终以满足人民需求为己任；最后是团队意识，懂得协作共赢，充分发挥集体智慧。

按照自然的规律，人类社会必将走向共享、公平，必将走向共产主义的道路，进入信息社会，信息意识成为最重要的觉悟。只要我们有了对 MIS 的信念，我们就能与社会共同发展。因此我们坚信，只要我们掌握了信息，我们就掌握了当下和未来发展的方向。随着信息技术的发展，权力的行使会逐渐下放，而信息会集中管理。反过来，谁能掌握信息的主导权，谁就可以影响未来社会的走向。

三、人的成败取决于自己的认知

认知形成习惯，习惯构建思维模式，这就是我们所说的思维模型，也被称为元认知或底层逻辑。高阶认知是理解兴衰发展之道、洞察成败规律、审视治乱动态和领悟去留原理的能力。拥有高阶认知的人能够深入理解环境，适应环境变化，对自我进行调整，并制定合理策略，避开危险并顺利达到目标。在一系列的尝试和失败中，他们能够承认错误，进行调整。高阶认知让人看清邪恶，但不贪图腐朽。高阶认知让人能保持中庸而不偏执，不固守中庸而包容广大，这种智慧是修行中得来的。由于性情和性格是思维模式的产物。性格决定着人的命运，因此，可以说人的成败取决于自己的认知。

需要明确的是，思维模式是可以改变的。因为思维模式被大脑执行，形成了大脑的"软件系统"。而"软件系统"是可以被修改和升级的。这里提出的修改是通过信息素养的积累和学习工作的修炼，产生主动自觉的改变。由于教师是灵魂的工匠，那么作为 MIS 教师，我们是思维模式的导师或工程师，是铸造思维模式的技师。

四、学思、炼修、铸魂、笃行

想要将 MIS 的精神深植于每一个从事此领域人员的心中，我们必须理解人生学习和工作的全程。人生总是充满坎坷，有顺境也有逆境，有高峰也有低谷。在一路学习成长后,人大约在 30 岁左右达到初次的职业高峰。有些人会经历较小的挫折,而有些人也可能会跌入谷底。到达 40 岁的"困惑期",急需再次学习并勇攀高峰,以取得新的成就,晋升为高级管理层,极少数人甚至能够达到灵性的觉醒。作为铸造精神的导师,应当根据不同的阶段施予不同的教诲。总的来说,教师应该采取启发式的教学方式。选择提升自我并影响他人的方式才是正确的。我们必须不断地学习思考,增强党性,注重实践,创造新的成就。

1. 童年之苦,成年之福

童年的艰难,造就了成年的福运。童年是人生最关键的时期,"三岁看老,七岁看终"。理想的童年、少年成长路径应该是:聪明活泼、头脑灵活、养成良好的学习习惯。

2. 青年之奋,成功之门

青年时期的奋斗,打开成功之门。青年时期是人生选择最重要的阶段,选择合适的专业方向,选择合适的人生伴侣。做好自己,公平竞争,不归咎他人,不制造冲突,塑造良好的思维模式。在大学时期加入党组织是最好的选择。年轻时学习能力强,早日投身先锋队,早点种下成功的种子,即使未能达成目标,一生追求也是荣耀。大学是铸造精神、立德树人的最佳时期。

3. 成壮之恃,业堆之基

在壮年期,自信成为事业成功的基石。据古语"三十而立",重要的是"立"字,即坚定不移的信念。在职场中,从业务骨干到项目带头人,再到创新主导者。以问题为导向学习,实现价值独立,并顺利融入社会进步的大潮。壮年是管理家庭和国家的关键时期,需牢记四项规律:声誉不能超过才华,财富不能超过德行,地位不能超越贡献,职位不能高于能力。

4. 四十有惑,再学可过

四十岁可能会有所迷茫,但再次学习可以帮助我们渡过难关。不断学习、学习再学习,智慧就会随之而来。改变思维模式,越过障碍,升级角色,晋升为高级管理层。

5. 知天通心,通透人生

我们要善于了解世界,洞察生活。少年阶段要热爱学习,培养对祖国的热爱、善良的品性、心怀自由的精神和多元化的兴趣。复旦大学的校训是"博学而笃志,切问而近思"。旨在告诉青年阶段要勇往直前,永不放弃,坚持不懈。清华大学的校训是"天行健,君子以自强不息,地势坤,君子以厚德载物。"旨在说明人应有坚定的信念,将专业发展与共产主义愿景相结合。秉持正知,维持正念,展现正能,澳洲科技大学的校训是"意诚格物",旨在要人们真诚地去理解世界。

我们需要牢记四个自信:道路自信、理论自信、制度自信、文化自信。同时也要有四个意识:政治意识、大局意识、核心意识、看齐意识。此外,我们应该秉持"服务人民"的信念,深入理解人民的需求和立场,并培养出一种习惯性地为人民服务的态度。我们应该有朝气蓬勃的精神去创造成果,明确自己的人生方向,将知识与行动相结合。培养抓重点的能力,并通过实际行动取得显著的成绩。同时,我们应该不断地学习,发展高阶的思考技巧,并提升自身的修养。

研讨题

即测即练

1. 信息管理主要内涵包括哪些方面？各方面管理有哪些问题和挑战？
2. 信息内容的管理包括哪些方面？当前发展的水平如何？讨论理想的信息内容管理的远景。
3. 什么是知识、知识经济、知识管理？知识管理对当前企业发展的重要性如何？
4. 当前知识管理的主要模式是什么？理想的知识管理环境应当怎样？
5. 当前企业最值得注意的信息策略有哪些？讨论一种策略问题，例如，外源化策略，阐述该策略的内容、长处和短处、问题和挑战以及如何使用好该策略。
6. 企业IT/IS职能的组织架构的发展趋势是什么？为什么？
7. 如果你是一位企业的管理者，你如何领导企业的信息系统走出一条成功之路？如果你是一位高级系统分析员，你如何做才能让信息系统沿着成功之路达到成功？
8. 发展信息系统为什么要建设信息道德文化？
9. 道德、伦理和法律有什么区别？
10. 信息道德的主要内容是什么？试分析目前信息道德方面所存在的问题。
11. 系统分析员主要应具有哪些方面的技能？
12. 系统分析员应注意哪些方面的修养？
13. 你认为信息系统分析员的修养和能力主要应包括哪些方面？如何才能进行这些修养和锻炼这些能力？
14. 你如何锻炼自己，使自己成为一个好的系统分析员？能否制订一个五年计划？

参考文献

(一) 书目

1. 薛华成. 一路走来——从无名灾童到信息先锋. 北京：清华大学出版社，2011.
2. 薛华成. 管理信息系统[M]. 第 6 版. 北京：清华大学出版社，2012.
3. 薛华成. 管理信息系统导论[M]. 北京：复旦大学出版社，1991.
4. 薛华成，陈晓红，刘兰娟. 信息资源管理[M]. 北京：高等教育出版社，2008.
5. 刘仲英. 管理信息系统[M]. 第 3 版. 北京：高等教育出版社，2016.
6. [日]向挚，岛田达已. 企业系统分析与设计[M]. 张福德，于长官，译. 哈尔滨：哈尔滨工业大学出版社，1987.
7. 王勇领. 计算机数据处理系统分析与设计[M]. 北京：清华大学出版社，1986.
8. 姜旭平. 信息系统开发方法——方法、策略、技术、工具与发展[M]. 北京：清华大学出版社，1997.
9. 黄梯云. 管理信息系统[M]. 第 6 版. 北京：高等教育出版社，2016.
10. B. L. 杰吉，R. 格里. 管理信息系统手册[M]. 中国人民大学外国经济研究所，译. 北京：中国人民大学出版社，1982.
11. [美]肯尼斯·C. 劳顿，简·P. 劳顿. 管理信息系统. 第 11 版[M]. 薛华成，编译. 北京：机械工业出版社，2011.
12. [美]詹姆斯，马丁. 战略数据规划方法学[M]. 耿继秀，译. 北京：清华大学出版社，1994.
13. 左美云. 知识转移与企业信息化[M]. 北京：科学出版社，2006.
14. 杨善林. 智能决策方法与智能决策支持系统[M]. 北京：科学出版社，2005.
15. 姜旭平. 网络商务处理系统[M]. 北京：人民邮电出版社，1999.
16. 陈禹六等. IDEF0 及 IDEF1X 复杂系统通用的设计分析方法[M]. 北京：电子工业出版社，1991.
17. 斯蒂芬·哈格等. 信息时代的管理信息系统[M]. 第 6 版. 严建援等，译. 北京：机械工业出版社，2007.
18. [美]斯蒂芬·哈格，梅芙·卡明思. 管理信息系统[M]. 第 3 版. 北京：清华大学出版社，2009.
19. [美]肯尼斯·C. 劳顿，卡罗尔·格思欧·特拉弗. 电子商务：商业、技术和社会[M]. 第 5 版. 北京：清华大学出版社，2010.
20. [美]彼得·圣吉. 第五项修炼——学习型组织的艺术和实务[M]. 郭进隆，译. 上海：上海三联书店，1994.
21. 顾基发. 系统工程新发展——体系[J]. 科技导报，2018，(20).
22. 陈伟宏，安吉尧，李仁发，等. 深度学习认知计算综述[J]. 自动化学报，2017，43(11)：1886-1897.
23. 董超，毕晓君. 认知计算的发展综述[J]. 电子世界，2014(15)：200-200.
24. 李子姝，谢人超，孙礼，等. 移动边缘计算综述[J]. 电信科学，2018(1)：87-101.
25. 吕华章，陈丹，范斌，等. 边缘计算标准化进展与案例分析[J]. 计算机研究与发展，2018，55(3)：487-511.
26. 孟小峰，慈祥. 大数据管理：概念、技术与挑战[J]. 计算机研究与发展，2013，50(1)：146-169.
27. 钱学森. 关于"第五代计算机"的问题[J]. 自然杂志，1985(1)：5-11＋82.
28. 施巍松，孙辉，曹杰，等. 边缘计算：万物互联时代新型计算模型[J]. 计算机研究与发展，2017，54(5)：907-924.
29. 王荣权，谭小南. 第五代计算机体系结构分析[J]. 计算机研究与发展，1985(2)：3-9.

30. 项弘禹,肖扬文,张贤,等.5G边缘计算和网络切片技术[J].电信科学,2017,33(6):54-63.
31. 中国区块链技术和应用发展白皮书(2016).
32. 朱建明,高胜,段美姣.区块链技术与应用[M].北京:机械工业出版社,2018.
33. 朱仲英,虞慧群,王景寅,等.软件技术发展趋势研究[J].微型电脑应用,2010,26(9):1-4.
34. 朱仲英.软件技术发展趋势研究[M].上海:上海交通大学出版社,2011.
35. 刘露.城市交通低碳发展的智能化选择[J].中国科技论,2013,1(6):105-108.
36. 徐建闽.智能交通系统[M].北京:人民交通出版社,2014.
37. 王铁滨.浅谈美国的智能化交通[J].北方交通,2013增刊.
38. 中国人工智能学会.中国人工智能系列白皮书——智能交通2017[R].
39. 36氪研究院.计算机视觉行业研究报告(2016年9月),https://www.docin.com/p-1735002579.html
40. 36氪研究院.人工智能行业研究报告(2017年6月),http://ftp.shujuju.cn/platform/file/2017-06-29/f121f1a5208749c89112758d50a9597f.pdf
41. 北京奥维云网大数据科技股份有限公司.中国智能家居白皮书(2016)[R].
42. 国家标准化管理委员会工业二部,中国电子技术标准化研究院.人工智能标准化白皮书(2018)[R].
43. 中国中文信息学会,语言与知识计算专委会.知识图谱发展报告(2018),http://cips-upload.bj.bcebos.com/KGDevReport2018.pdf
44. 刘峤,李杨,段宏,等.知识图谱构建技术综述[J].计算机研究与发展,2016,53(3):582-600.
45. 徐增林,盛泳潘,贺丽荣,等.知识图谱技术综述[J].电子科技大学学报,2016,45(4).
46. BERNERS-LEE T,HENDLER J,LASSILA O.The Semantic Web[J].Scientific American Magazine,2008,23(1):1-4.
47. 中国电子技术标准化研究院.生物特征识别白皮书(2017)[R].
48. 中国信息通信研究院.虚拟(增强)现实白皮书(2017)[R].
49. Gordon B. Davis. Management Information Systems:Conceptual Foundations,Structure and Development[M]. 2nd Ed. McGraw-Hill Book Company,1985.
50. Kroenke,David. Experiencing MIS[M]. 2nd Ed. Prentice Hall,2010.
51. Gary W. Dickson. The Management of Information Systems[M]. McGraw-Hill,1984.
52. James A.O'Brien. Introduction to Information Systems[M]. IRWIN,1997.
53. Laudon and Laudon. Management Information Systems—Organization and Technology[M]. 7th Ed. Prentice Hall,2002.
54. Laudon and Laudon. Management Information Systems—Organization and Technology[M]. 9th Ed. Prentice Hall,2006.
55. Mcleod. Management Information Systems[M].Prentice Hall,1998.
56. Stephen Haag. Management Information Systems for the InformationAge[M]. McGraw-Hill,1998.
57. Allen & Scott Morton. Information Technology and the Corporation of the 1990s[M]. Oxford University Press,1993.
58. McNurlin & Sprague. Information Systems Management in Practice[M]. Prentice Hall,1998.
59. Avison & Fitzgerald. Information Systems Development Methodologies,Techniques and Tools[M]. McGraw Hill,1995.
60. Len Fertuck. System Analysis and Design[M]. B & E Tech,1995.
61. Yoffie. Strategic Management in Information Technology[M]. Harvard Business School Press,1994.
62. M. Hammer & J. Champy. Reengineerng the Corporation A Manifesto for Business Revolution[M]. Harper Collins,1993.

63. M.Hammer. Beyond Reengineering[M]. Harper Business,1996.

64. Paul L. Tom. Managing Information as a Corporate Resource[M]. Harper Collins,1991.

65. Kathy Spurr. Computer Support for Cooperative Work[M]. Wiley, 1994.

66. Cash. Building the Information-Age Organization Structure, Control, and Information Technology[M]. IRWIN INC, 1994.

67. Thomas H. Davenport. Process Innovation Reengineering Work Through InformationTechnology[M]. Harvard Business School Press, 1993.

68. Paul Gray. Decision Support and Executive Information Systems[M]. Prentice Hall,1994.

69. TerBan & Aronson. Decision Support Systems and Intelligent Systems[M]. Prentice Hall,1998.

70. A.W. Scheer. Business Process Engineering[M]. Springer-Verlog,1994.

71. Bruce R.Kingma. The Economics of Information[M]. 2nd Ed. Libraries Unlimited, 2001.

72. Shapiro, Varian. InformationRules[M]. Harvard Business School Press, 1998.

73. Deitel. E-Business & E-Commerce for Managers[M]. Prentice Hall, 2001.

74. Warren D.Raisch. The E-Marketplace[M]. McGraw-Hall, 2001.

75. Galliers & Leidner. Strategy Information Management[M].3th Ed. Butterworth Heinemann, 2003.

76. Lynda M. Applegate. Corporate Information Strategy and Management[M].7th Ed. McGraw-Hill. Irwin, 2007.

（二）管理信息系统领域的期刊

1. Management Information Systems Quarterly（MISQ）

2. Information Systems Research（ISR）

3. Management Science（MS）

（三）参考网站

1. www.is.world.org

2. www.prenhall.com

3. www.tup.com.cn

4. www.baidu.com

5. www.google.com

6. www.erpassist.com

7. www.sap.com

8. www.ufida.com.cn

9. www.kingdee.com

10. www.intranet.com

11. www.ctrip.com

12. www.ups.com

13. www.tools.com

14. www.brint.com

15. www.datawarehousing.com

教师服务

感谢您选用清华大学出版社的教材！为了更好地服务教学，我们为授课教师提供本书的教学辅助资源，以及本学科重点教材信息。请您扫码获取。

❯❯ 教辅获取

本书教辅资源，授课教师扫码获取

❯❯ 样书赠送

管理科学与工程类重点教材，教师扫码获取样书

 清华大学出版社

E-mail: tupfuwu@163.com
电话：010-83470332 / 83470142
地址：北京市海淀区双清路学研大厦 B 座 509

网址：https://www.tup.com.cn/
传真：8610-83470107
邮编：100084